JN287929

家族の心はいま

研究と臨床の対話から

柏木惠子／平木典子──［著］

東京大学出版会

Changes in Modern Japanese Families :
The Evidence from Psychological Research and Clinical Studies
Keiko KASHIWAGI and Noriko HIRAKI
University of Tokyo Press, 2009
ISBN 978-4-13-011124-9

はじめに
―― 本書の目的と問題意識 ――

　「家族の危機」「家族の崩壊」「家族の復興／復権を」との言説は少なくない。離婚増、晩婚化／非婚化、DV、虐待、育児不安、育児放棄、単親家庭増、介護不安などの現象がそうした憂慮を招いている。しかし家族は果たして崩壊してしまうのか、どうにもならない危機なのだろうか。

　本書では、これらの現象をただちに危機／崩壊と問題視せず、ニュートラルに「変化」ととらえ、変化の背景や意味を実証研究と臨床ケースの両面から明らかにしていく。

　実証研究では、近年の激しい社会的諸変動が、オープンシステムである家族のかたちと機能に変化を促し、それが家族成員である男性と女性・子どもの生活と心理の変化をも引き起こしている様相をとらえる。かくて生じている近年の家族の変化の特徴は、長らく家族の要件であった特徴――集団性／凝集性、両親性ジェンダー（男性／女性である父・母が揃っていること）、永続性などの減退と要約される（目黒, 1999）。上記の家族の"問題"現象にもこれらの変化／後退の方向が認められる。

　しかし、家族の変化は規範と現実とが相互に影響し合って進行するため、常に移行期／過渡期として過去の惰性（イナーシャ）と未来への性急な変化との間を行き来し、すべてが一斉／一律には進行しないし、完結もしない。そこには厳しい環境や不慮のできごとなどとあいまって様々な逸脱や破綻も生じ、多様な家族／夫婦が現出する。そうした状況は、実証研究では十分にとらえきれず、むしろ家族の"問題"を抱えて来談する臨床ケースにその具体的な様相を垣間みることができる。

本書の構成

　本書では、各章ごとに、「実証研究による知見紹介＝データ篇（柏木）→臨床事例の紹介と解説＝ケース篇（平木）→ケースの理解についての質疑応答＝対話篇（柏木・平木）→ケースからデータをふりかえる＝まとめ（柏木）」の順

はじめに

で論を展開する。すなわち、まず柏木が実証研究によって明らかにされている知見に基づいて問題領域を概観し、次いで平木がカップル・家族カウンセリングの臨床実践から、実証研究でクローズアップされた問題にかかわるケースとカウンセリングの過程を紹介し、その結果が解説される。この平木によるケース紹介と解説に対して、柏木から質問と意見を出し、それに平木が回答し説明を補足することによって、実証的研究と臨床的研究との照合を図り、これを柏木がまとめるものとする。

このような構成としたのは、以下のような理由からである。

家族に関する実証研究は近年、方法も洗練され、かなりの量的データが蓄積されている。それに基づく家族心理学の概説書も出されている。しかし、そこでの知見は主として量的なデータによっており、概括的な傾向の把握にとどまりがちである。また調査／研究に協力する人（サンプル）の制約から、得られた結果の一般化は必ずしも十分にはできない。またこの種の研究からは、概括的な傾向の蔭に進行している個々の家族・夫婦・親子の具体像は十分にみえてこない。さらに、家族現象の発達・変化を重視しつつも、研究は横断的データによるものが主流であるため、時間的流れの中で家族——夫婦、親子に何が起こっているか、その経過は明らかではない。また、実証研究に準拠して、夫婦や親子の関係について説明モデルや理論が提出されているが、その妥当性は量的データによって検証されているものの、個別のケース、とりわけ問題を提起しているケースの理解にも有用なのかどうかが問われる。

こうした実証研究の短所——そこではみえてこない局面——は、継続的にカウンセリングを重ねるケース研究によって大きく補うことができる。また、臨床ケースにみられる夫婦の生活や親子の間で生じる個々の具体的なできごとや感情などは、実証研究が示す一般的な傾向の内実を肉付けする。と同時に、少数派の逸脱や破綻ともみえる現象は、多数派の蔭にある家族の実状や未来を象徴的に示し、全般的傾向の意味を示してくれる。

本書では、各章のテーマに沿って臨床ケースが選ばれ、主として経過の概要をまとめる形で記述されている。ケースを選択するにあたっては、以下のような臨床ケースの特徴に留意した。

第一に、心理臨床の支援は、個々のクライエント（たち）や周囲の人々がと

らえた心理・行動上の問題の訴えで開始され、その人々のよりよい適応や変化を主たる目的として行われる。個々のケースとその支援は、あくまでも各ケースに沿ったオーダーメイドの対応であり、ケースも支援も厳密には一般化できない。しかし、それはただ一度しか起こらない偶然の、特殊なできごとではなく、継続的な支援によってのみ明らかにされる人間の真相と深層でもある。

　第二に、臨床の焦点となる人々の問題は、人間の適応・不適応にかかわる生物学的・心理学的・社会的・文化的影響などの、幾重にも重なる多様な要素の相互作用のプロセスと結果であり、その査定と変化への支援が臨床の仕事である。多様な要素を含むケースの問題は、単純に原因と結果を結びつけて解釈したり、探索することは不可能である。しかし、一見不可解で「普遍」「正常」から外れているようにみえる問題でも、細かくみていくとそのメカニズムは了解可能であり、複雑であるゆえに、既成の解決法では対処困難で、個別の支援を必要としている場合が多い。その意味で、時に個別ケースは、その背後にある全体が抱える問題の傾向を先取りして示したり、端的に象徴していたりするとも言える。

　なお、各ケースの記述にあたっては、プライバシーを考慮し、テーマ理解に影響がない事実は省略した。また本書の目的は臨床的介入を紹介することではないので、それについても詳説していない。なお、ケース内の＊は、対話篇の参照番号を示す。

　ケースの紹介と解説をめぐって交わされる柏木と平木との対話―質疑応答では、実証研究から知り得た一般的動向とそれを説明するケース理解を述べ、それに対して臨床経験を背景にした臨床家の洞察を提示することによって、研究と臨床との統合／相補的理解を目指した。

　　2009年3月

柏木惠子・平木典子

目　次

はじめに　*i*

第Ⅰ部　すれ違う夫と妻

第1章　夫婦の成立　*3*

◇データ篇◇　*3*

見合い結婚から恋愛結婚へ　*3*　/　晩婚化・非婚化　*4*　/　進む結婚の価値の減退・変容　*5*

◇ケース篇◇　*9*

ケースA　夫の不倫を機に明らかになったお互いの自己開示の不十分さ　*10*　/　ケースB　親密さを伝え合うコミュニケーションの不足が招いた夫の不倫　*12*　/　ケースC　「気づかい合う」関係のみなおし　*13*

◇対　話　篇◇　*15*

◇ま　と　め◇　*21*

第2章　結婚生活の理想と現実　*23*

◇データ篇◇　*23*

結婚満足度　*23*　/　役割としての関係・個人としての関係　*27*　/　共同的関係・交換的関係　*31*　/　家族内ケア分担の不均衡　*35*　/　夫からの情緒的サポートの重要性　*39*

◇ケース篇◇　*45*

ケースD　ジェンダー差がもたらす仕事観の相違による妻のいらだち　*46*　/　ケースE　育児不安に陥りうつ傾向を示す妻のケア　*48*

◇対　話　篇◇　*50*

◇ま　と　め◇　*61*

第3章　仕事と家庭の多重役割　*63*

◇データ篇◇　*63*

女性の多重役割──働く母親研究　*63*　/　妻の就業形態による違い　*65*　/　多重役割のコンフリクトにどう対処するか　*71*

◇ケース篇◇　*74*

目　次

　　ケースＦ　お互いのキャリア追求のための別居の末に崩壊した夫婦関係　*75*
　　／　ケースＧ　仕事中心の夫を一方的に追及する妻　*78*
　◇対　話　篇◇　*82*
　◇ま　と　め◇　*88*

第4章　ジェンダーによるコミュニケーション・ギャップ　*91*

　◇デ　ー　タ　篇◇　*91*
　　夫婦間のコミュニケーション　*91*　／　コミュニケーションの量と質のギャップ　*91*　／　性別役割分業のもたらす負の影響　*98*　／　対等なコミュニケーションが成立するには　*101*　／　コミュニケーション・スタイルのジェンダー差　*106*　／　コミュニケーション・スタイルの変容　*109*　／　ジェンダー・ギャップの根本的な原因　*113*　／　夫の定年退職の波紋　*116*　／　夫婦関係の再構築　*121*　／　中高年離婚の増加　*124*
　◇ケ　ー　ス　篇◇　*126*
　　ケースＨ　近づきたくて追及する妻と回避する夫　*127*
　◇対　話　篇◇　*131*
　◇ま　と　め◇　*134*

第Ⅱ部　ゆれ動く親と子

第1章　変化する親子関係　*139*

　◇デ　ー　タ　篇◇　*139*
　　古くて新しいテーマ　*139*　／　目的としての子どもから選択としての子どもへ　*139*　／　夫婦中心家族ＶＳ（母）親子中心家族　*141*　／　子どもは「かすがい」か「くさび」か　*143*
　◇ケ　ー　ス　篇◇　*145*
　　ケースＩ　長男の不登校をきっかけに改善した父母のコミュニケーション　*146*　／　ケースＪ　末子の不登校に現れた家族の成長の難しさ　*149*
　◇対　話　篇◇　*154*
　◇ま　と　め◇　*166*

第2章　子育てをめぐる葛藤　*169*

　◇デ　ー　タ　篇◇　*169*
　　家族の基本単位　*169*　／　母性本能という幻想　*169*　／　専業主婦に強い育児不安　*174*　／　育児における「父親不在」　*178*　／　親になることによる発達

　　　　　　　　　　　　　　　　　　　　　　　　　　　目　次

　　　182　／　男性の発達不全のゆくえ　*184*
　◇ケース篇◇　*186*
　　ケースＫ　娘の自立を機に夫婦関係と生き方を模索し始めた母親　*188*　／　ケースＬ　父母の迂回連合により過食に走り登校不能になる長女　*190*　／　ケースＭ　父母の姿が重荷で進路をみうしない不登校になる長女　*193*
　◇対　話　篇◇　*196*
　◇ま　と　め◇　*206*

第３章　選択としての子どもの価値　*209*

　◇データ篇◇　*209*
　　人口革命——少子化の影に　*209*　／　子どもの価値の相対化と縮小　*210*　／　子どもの価値評価の男女差　*214*　／　子どもの価値評価の世代差　*215*　／　家意識と子ども数　*217*　／　女性のアイデンティティの変化　*219*　／　子どもの有無と結婚満足度との関係についての理論モデル　*220*　／　少子化を説明する理論モデル　*222*　／　愛情という名の支配　*224*　／　養育の忌避・放棄・虐待　*226*　／　「できちゃった」結婚に潜む問題　*229*　／　生殖医療技術とゆれる親子の絆　*231*　／　「誰が」よりも「どのように」育てるか——養育の質の研究へ　*232*　／　父親にとっての育児の意味　*236*
　◇ケース篇◇　*240*
　　ケースＮ　父親のしつけのエスカレートが引き起こした長男の学校不適応　*242*　／　ケースＯ　「教育ママ」の押しつけに疲れた長女の無気力　*244*　／　ケースＰ　不妊治療をめぐる夫婦の葛藤と妻の落ち込み　*246*
　◇対　話　篇◇　*250*
　◇ま　と　め◇　*257*

第４章　分離・自立の難しさ　*259*

　◇データ篇◇　*259*
　　パラサイト・シングル　*259*　／　子別れの重要性　*262*　／　資源の環流——生涯にわたる親子関係　*263*　／　双子の母娘——女性の発達の問題　*264*
　◇ケース篇◇　*270*
　　ケースＱ　母親の反対で結婚に踏み切れない長女　*270*　／　ケースＲ　夫婦関係の問題を出生家族にもち込む妻　*272*
　◇対　話　篇◇　*276*
　◇ま　と　め◇　*280*

目　次

終　章　ケースの先にみえるもの *283*

 カウンセリングに来談するケースの特殊性、一般性　*283*　/　カウンセラーとの相性　*285*　/　ケース対応　*286*　/　カウンセラーの価値観の影響　*287*　/　エビデンスベースについて　*290*　/　参考になるもの　*291*　/　実証研究と臨床実践　*293*

さらに学びたい人のための読書案内　*295*
引用文献　*297*
実証研究と臨床実践の交流を終えて　*307*
索　引

第 I 部
すれ違う夫と妻

第1章　夫婦の成立

◇ データ篇 ◇

見合い結婚から恋愛結婚へ

　日本の夫婦は1970年を境に恋愛結婚夫婦が主流となり、現在、見合い結婚は5％にまで減少（国立社会保障・人口問題研究所，2005：図Ⅰ-1-1）した（もっとも見合いといっても、かつての見合いとは異なり、交際して恋愛的な関係になって結婚するから恋愛結婚とあえて区別する意味は小さいのだが……）。

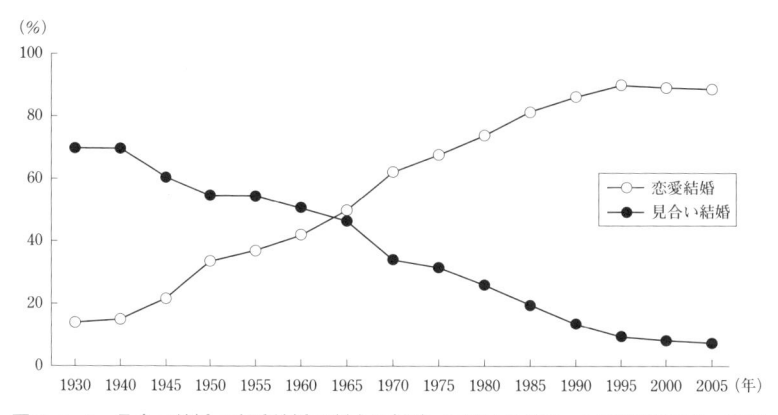

図Ⅰ-1-1　見合い結婚と恋愛結婚の割合の推移（国立社会保障・人口問題研究所，2005）

　恋愛結婚への移行は、夫と妻との関係に見合い結婚の場合とはいろいろな点で変化をもたらした。まず、かつて相手は親／親族・上司などの紹介であったのが、学校や職場など自分のネットワークによる選択へと移行したことである。このことは、二人が友人として出発し、やがて共感的対話者と相互に認知して結婚するという特徴をもたらした。こうして誕生した恋愛結婚夫婦は、結果的に夫─妻間の年齢（図Ⅰ-1-2）及び学歴などの差の縮小をもたらした。

I すれ違う夫と妻

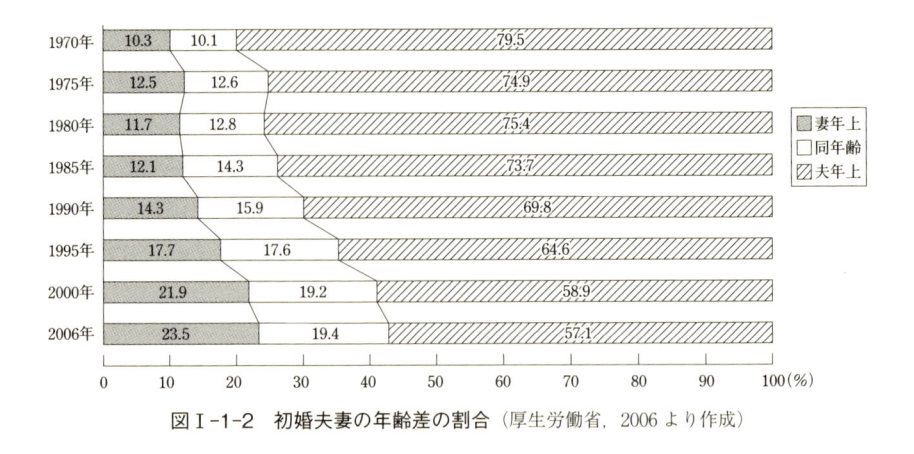

	妻年上	同年齢	夫年上
1970年	10.3	10.1	79.5
1975年	12.5	12.6	74.9
1980年	11.7	12.8	75.4
1985年	12.1	14.3	73.7
1990年	14.3	15.9	69.8
1995年	17.7	17.6	64.6
2000年	21.9	19.2	58.9
2006年	23.5	19.4	57.1

図I-1-2　初婚夫妻の年齢差の割合（厚生労働省，2006より作成）

加えて男女とも職業体験をもつことともあいまって、従来の見合いにおける（学歴・年齢・家柄などが男性上位という）「釣り合い」とは異なり、少なくとも当初は実質的に対等な関係が成立する。このことは、後々の夫と妻の関係や夫婦関係の心理に大きく作用することになる。

晩婚化・非婚化

日本の結婚事情としてもう一つ顕著なことは晩婚化の進行である。かつて女性は25歳前に結婚するのが通例で、「クリスマスケーキ」と言われ、このたとえは外国にも有名(!)なほどであった。しばらくたつとこれが「年越しそば」と時期は少し遅れたものの、多くが30歳前後には結婚するのが通例であった。そして生涯未婚者は極めて少ない状況が長く続いてきた。このような状況は日本人にとっては当たり前のことであったが、他国の人口学者からは「結婚好きな民族」と揶揄されるほど、世界的にみれば特異な状況だったのである。

ところが1980年来結婚年齢の遅れが現れ、さらにかつての「適齢期」をピークとする結婚分布が崩れて、適齢期前後での皆婚を特徴としてきた日本の結婚事情は大きく変化しつつある。図I-1-3にみられるように晩婚化が現出・進行しているのだ。未婚者の多くは「いつかは結婚する」「結婚したい」としている（男性87％、女性90％が「いずれ結婚するつもり」：国立社会保障・人口問題研究所，2005）が、晩婚化の進行は続き非婚化をうかがわせる気配が強い。

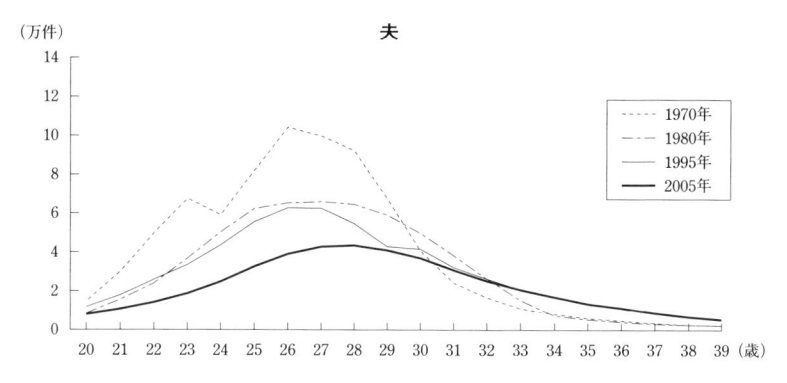

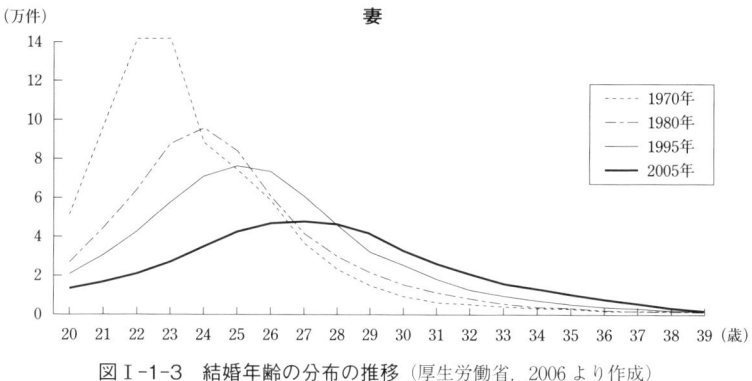

図 I-1-3　結婚年齢の分布の推移（厚生労働省，2006 より作成）

進む結婚の価値の減退・変容

　こうした晩婚化・非婚化の進展の原因は、一言で言えば「結婚の価値」の低下にある。産業構造の変化及び医学・公衆衛生の進歩・改善は、家族に否応なく「侵入し」（ドンズロ，1991）、家族の機能・意味を激変させた。長らく男性・女性双方にとって結婚は生存のための必須の手段、生活必需品としての価値をもっていたが、その価値は急速に低下した。家電製品の普及は男性にとっては家事担当者の必要性を減退させ、他方、女性にとっては家事有能さの意味を減退させた。加えて産業構造の変化、とりわけ労働力の女性化は、女性の職業的達成・経済力獲得を可能とし、「嫁」（親・生家による扶養から夫・婚家による扶養への移行）の意味を消滅させた。結婚は男性・女性いずれにも生活必需品ではなくなり、結婚の価値は減退したのである。

I すれ違う夫と妻

　このことは結婚についての意見調査の推移にみることができる。すなわち、「人は結婚するのが当たり前だ」との意見への賛成の減少、逆に「結婚しなくてもよい」への賛成の増加、「生涯を独身で過ごすというのは望ましい生き方ではない」への反対の増加などである（NHK放送文化研究所，2004；国立社会保障・人口問題研究所，2005：図Ⅰ-1-4・図Ⅰ-1-5）。

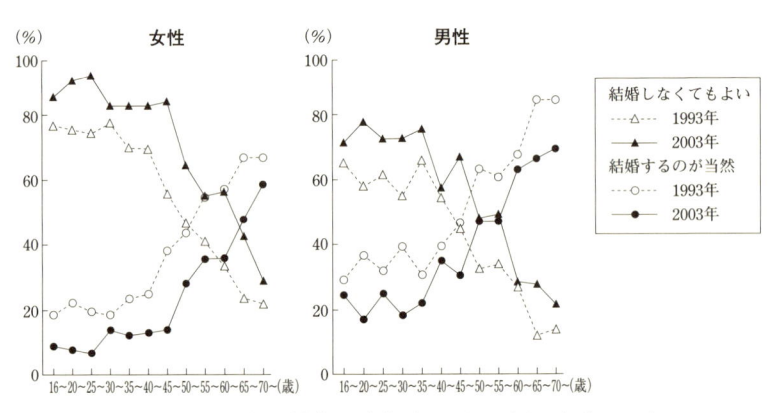

図Ⅰ-1-4　男女の結婚観の変化（NHK放送文化研究所，2004）

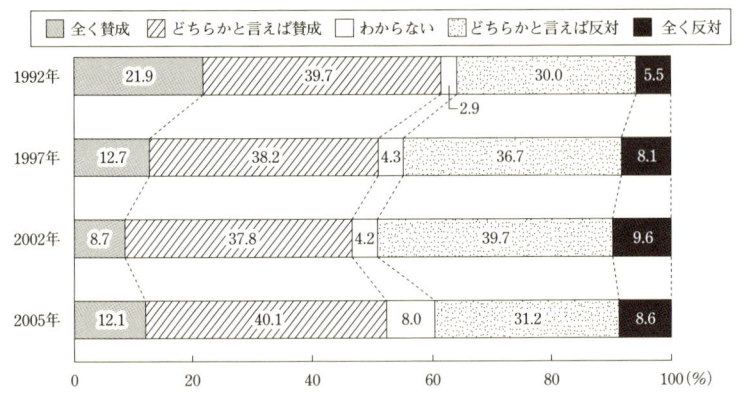

図Ⅰ-1-5　「生涯を独身で過ごすというのは望ましい生き方ではない」への賛否
（国立社会保障・人口問題研究所，2005）

　このような結婚の価値の低下は、若い層ほど、また女性ほど、より顕著である（図Ⅰ-1-6）。

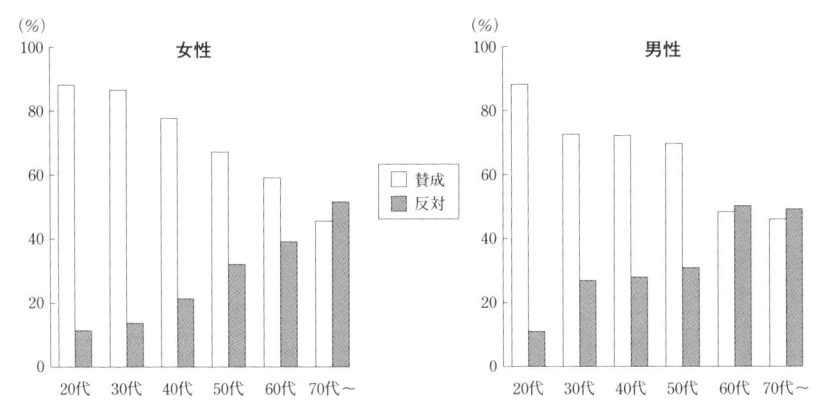

図Ⅰ-1-6 「結婚は個人の自由であるから、結婚してもしなくてもどちらでもよい」への賛否（内閣府，2007より作成）

一方、医学の進歩は、長らく確固たるものであった〈結婚—性—生殖（子ども）〉の連鎖をゆるがせた。性は結婚とも生殖とも直結しなくなり、性の自由化という状況が現出した。意識の上でも結婚と性を直結させる考え方は年々後退している（図Ⅰ-1-7）。

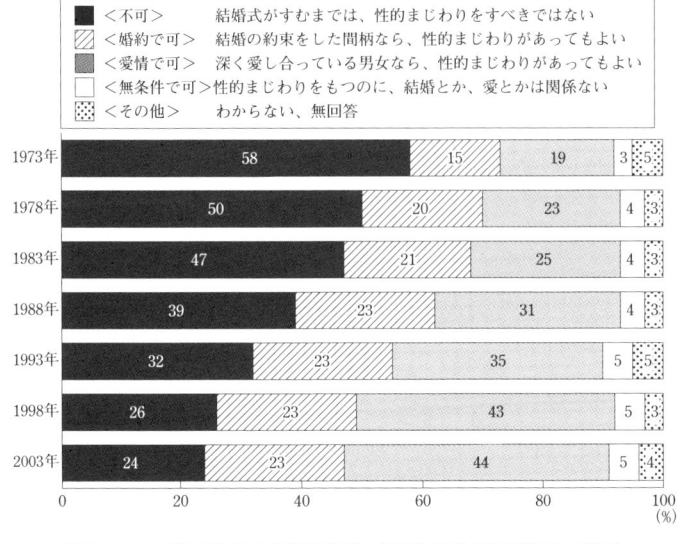

図Ⅰ-1-7 性に関する意識の変化（NHK放送文化研究所，2004）

I すれ違う夫と妻

表 I-1-1 結婚の価値の世代差 (柏木ほか, 2006)

	30代前半		40代後半
情緒的価値	3.16(.49)	>	2.91(.55) ***
伝統的価値	1.90(.47)		1.91(.48)
条件依存	2.68(.69)	>	2.51(.61) *
子どもを持つ価値	2.89(.48)		2.97(.52)

***p<.001 *p<.05

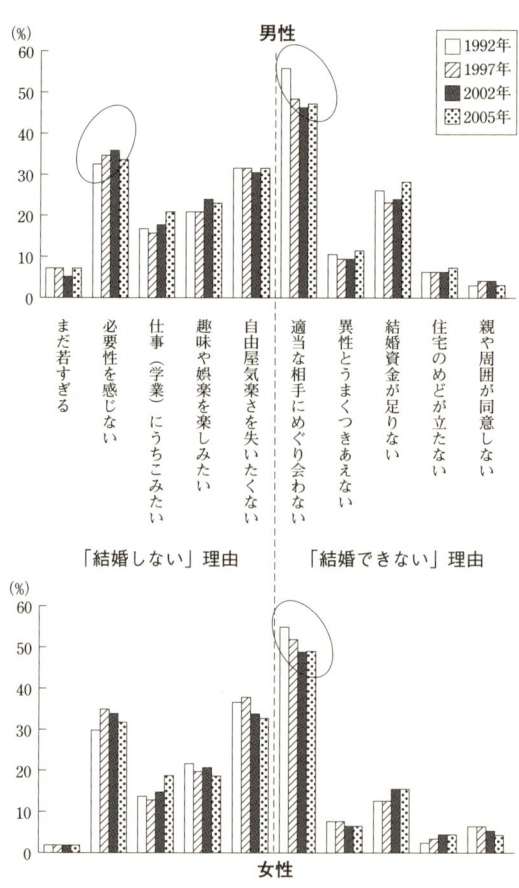

図 I-1-8 25-34歳の未婚者が独身にとどまっている理由
(国立社会保障・人口問題研究所, 2005より作成)
未婚者のうち何%が各項目を独身にとどまっている理由(三つまで選択)として挙げているかを示す。

貞操、処女というかつての「美徳」は死語となり、性体験の低年齢化をもたらした。こうした性をめぐる状況変化も、結婚の価値低下の一因となっていることは疑いない。

生活必需品と性の充足という結婚の道具的価値の低下と裏腹に、結婚の価値はもっぱら情緒的・心理的なものに収斂した。「親密圏」としての結婚への強い期待である。しかし、それとて絶対的な価値ではなく、個人の時間・経済条件・職業などの保証を求める条件依存傾向は若い世代ほど強い(柏木ほか, 2006：表 I-1-1)。

ただし、晩婚化の進行がただちに非婚増となるとは断言できない。未婚者のほとんどが「いずれ結婚したい」と回答しているからである。しかし、結婚がもはや生活必需品ではない以上、自分が重視する生活条件が結婚によって保証されるか否かが慎重に検討されることになる。情緒的価値が最

大であるが、それに次ぐのは条件依存であることがそれを示唆している。現在独身の男女が「結婚しない」理由と「結婚できない」理由とをみると、男女とも「適当な相手にめぐり会わない」が1992年来最多である（国立社会保障・人口問題研究所，2005：図Ⅰ-1-8）。

しかし、これは相手にめぐり会う機会がないということではなかろう。いまや多くの学校・職場に男女がおり、ほかにも男女が交際する機会は少なくないからである。「適当な」とみなす相手がいないということであり、それは男女で「適当な」と考える基準／条件が異なるからである。後にみるように、男性と女性とでは結婚に求める「条件」「理想」に総じて大きな相違がある。さらに重視すべきは、結婚しないのは「必要性を感じない」「自由や気楽さを失いたくない」が男女とも極めて多いことである。結婚に生活必需品としての価値はなくなったとなると、各人が相手として「適当な」とする条件が重要となり、そこに男女のギャップがあれば適当な相手と結婚することは容易ではなかろう。「結婚好きな国民」とまで言われた皆婚社会が崩壊する可能性も否定できないが、結婚の条件・理想についての男女間のミスマッチがどれほど解消されるかが、（少子化とともに）日本の結婚事情の行方を左右するキーであろう。

「いずれ結婚したい」としている未婚者が今後どのような条件でどれだけ結婚に至るのか、あるいは条件不調で非婚となるのか、この点を明らかにするようなデータが今後蓄積されることを期待したい。その動向は、単に結婚のみならず男女の生き方、日本人の生活スタイルと深くかかわるからである。

◇ ケース篇 ◇

本章では、カップル・カウンセリングに来談する事例の中から、夫婦の成立にかかわる問題のいくつかを取り上げ、それらがどのように解決され、あるいは破綻に至るかをみていく。

ただし、「見合い結婚か恋愛結婚か」といったテーマに直接かかわるような問題でカウンセリングに来談するケースはほとんどない。また、「晩婚化・非婚化」の中で、結婚に道具的価値を期待して問題になっているケースもみあたらない。

三高を求める女性の心理には、気楽で、わずらわしさのない生活志向があり、第Ⅱ部第4章で改めて述べるように、現在の親子関係に満足していれば非婚、もし家事・育児を他者に任せられるほど経済力があれば結婚、といった心理が働く可能性はある。事実、経済的に恵まれた夫婦では、夫は仕事、妻は悠々自適の子育てと趣味の世界での自立が叶えられ、交際範囲も広く、夫婦共に満足している。

　これは男性にとっても理想かもしれないのだが、サラリーマンの多くは自力でそれを実現するのはほとんど不可能であることを知っている。ただ、気楽で、わずらわしさのない生活、親密な関係の確保は経済的豊かさによるという幻想を抱いて、ひたすら仕事に精を出しているのかもしれない。そこには、仕事依存、他者依存の生き方が垣間みられるが、意識化されないため、それが直接の訴えにはつながらない。

　むしろ、以下に紹介するケースの中には、実証研究にみられる夫婦の成立の事情が、別のかたちで象徴的に示されていると思われる。

　ここで取り上げる3ケースは、関係のつまずきが出てきたことにより、夫婦が結婚に情緒的価値を求めていることが明らかになった（意識化された）ケースである。カップル・カウンセリングで提示される問題の多くにはコミュニケーションの問題がかかわっているので、第5章で述べられるテーマとも重なるが、ここでは、夫婦の成立と夫婦関係をクローズアップするために、子どものいない夫婦のケースを選択した。

ケースA　夫の不倫を機に明らかになったお互いの自己開示の不十分さ

（夫：34歳・会社員、妻：34歳・会社員）

　夫婦とも地方から上京し、大学時代にサークル活動で知り合い、付き合いを続けた後、卒業後3年で結婚。子どもはできなかった[*1]ので、自然に任せている。二人とも有能な職業人として活躍しており、年齢に応じて責任が重くなっていく環境の中で仕事中心の生活を送ってきた。

　カウンセリングは、妻が夫の不倫を発見し、妻の強い希望で、躊躇する夫を同伴して開始され、主として男女のカウンセラーとの合同面接[*2]で進められた。

夫の会社の同僚との不倫は、妻がクリーニングに出そうとした夫の背広のポケットに入っていたホテルの領収書から発覚した。夫がゴルフに出かけたはずの日のものであった。疑いをもった妻がひそかに夫の手帳をみたところ、仕事で遅くなったはずの日に同じイニシャルと場所が書いてあることが判明*3。不規則な仕事と外泊のない夫の日常から、妻はそれまで残業を疑ったことはなかった。

　妻は領収書の件で夫を追及したが言い逃れをされたため、手帳の件をもち出し、夫は付き合いを認めることとなった。しかし、性関係はない、結婚する気もないと言い張る。疑いが晴れない妻は、夫婦でカウンセリングを受けることを主張。夫は自分の言い分を信じてもらうために同行したとのことであった。

　面接は、「半年以上も頻繁に付き合っていて、性関係がないことはあり得ない」と追及する妻、「隠れて付き合っていたことはすまないと思っているが、ないものはない、妻と別れる気もない」と言い続ける夫の平行線で始まり、妻が夫の嘘を疑って、相手と一緒に出かけたところ、食事した場所などを問い詰め、「なぜその女性と付き合ったのか、自分との違いは何か」と追及を重ねた。「仕事を兼ねて、夕食をしていただけ」と答え続ける夫に、妻のいらだちは募っていった。ただ、夫の相手は結婚や彼との生活を望んではいなかったため、発覚した後、妻との関係を取り戻したい夫の強い希望でカウンセリングが継続された。

　同じようなやり取りがくり返された後、夫の嘘に傷つき信頼を失いかけている妻と、妻の傷つきを償おうとしても取り返せない夫の両者の苦悩が明らかになり、カウンセリングは夫婦別々の個別面接をはさみながら続けられた。個別面接では、各々の出生家族とのかかわり、成育史、配偶者の前で表現できない気持ちの確認*4などがなされ、その中から合同面接の場で語れること、重要なことを分かち合うようになった。結局、夫が嘘をついていたかどうかは明らかにならなかったが、これまで語ってこなかった各々の心の歴史や伝えきれなかった思いを分かち合うことで、お互いの心が近づき、同時に成育史を負った相手を受け入れることで、新たな関係がつくられ始めた。

　カウンセリングの終盤には、時に言い合いをしながらも、険悪にせず、気持ちを分かち合って二人で収束できるようになり、カウンセリングを終了した。

> **解説**　夫の不倫発覚まで、自分たちの出生家族への気持ちを分かち合ったことも夫婦間で激しい葛藤を経験したこともなかった夫婦は、カウンセラーに守られた場で自由に発言できたことが相互理解を深め、信頼回復に役立ったことを認め、再出発となった。自己開示が不十分だった夫婦が、不倫を機に本心を語ることができ、親密さを獲得した例である。

I すれ違う夫と妻

ケースB　親密さを伝え合うコミュニケーションの不足が招いた夫の不倫

（夫：36歳・公務員、妻：35歳・会社員）

　出会いは、英会話スクールで、クラスメートとして交際しているうちに、旅行が好きだという共通点とお互いのやさしさに惹かれて結婚し、6年経つ。子どもはいないが、どちらでもよいと思っている。

　夫の不倫は、不況により妻の仕事が厳しくなり、帰宅が遅くなって半年後に発覚した。もともとどちらかというと寡黙で、世間話などしない夫であったが、妻が帰宅しても仕事と称してパソコンに向かっていることが多くなった夫と、疲れて帰宅する妻との会話はより疎くなっていた。ある日、パソコンのメールから、夫が同僚の女性（独身）と頻繁にやり取りをし、デートもしていることを妻が発見。追及したところ、半年ほど交際していることが判明した。

　夫婦は結婚以来、家事は分担し*5、仕事の多忙さにより負担が一方に偏ることはあっても、お互いに不満なく過ごしていた。活動的な妻のイニシアティブで、週末は一緒に出かけたり、休暇を海外旅行で過ごしたりしており、妻は、夫が浮気をすることなど全く想像できなかったという。妻は、夫の不倫相手に会社のパーティで会ったことがあり、控えめで大人しい人という印象を持っていた。その人に惹かれたことも信じられなかった。

　来談した時、夫は付き合いをやめることを相手に告げ、結婚生活を続けることを妻に約束した後であったが、妻は裏切られた怒りと悔しさで、一方的に夫を非難し、夫は「何も言える立場ではない」と黙ってひたすら非難を聞き続け、言葉少なく応えるだけだった。

　当初、妻は、不倫相手に惹かれた理由を明かすことを求めて執拗に夫に迫るのだが、夫は自分では気の迷いとしか自覚できず、「わからない」と言うのみであった。

　個人面接を含むカウンセリングが進むにつれて、夫の決意がゆらぐこともあったが、不倫相手に惹かれた理由らしきものが明らかになり、改めて妻との関係を再構築する決意*6を新たにし、妻もカウンセリングのプロセスに満足して、1年半のカウンセリングを終了した。

解説　妻は論理的で雄弁であり、有能な職業人であることを想像させた。夫もその妻を尊敬しているにもかかわらず、妻とは対照的とも言える女性に近づいたのであった。そのため妻は、相手の女性の魅力と自分の欠けているところを非常に

気にし、補えるものなら補いたいと焦って夫を責めていた。それは夫にとってひたすら耐えると同時に、妻の自分への熱い思いにも出会う体験であり、自分が求めていたものを明らかにすることができた。妻が夫のやさしさを認め、そこに依存し安心していたことを理解するに及んで、夫は自分も親密なコミュニケーションを求めていたにもかかわらず自己表現が少なかったことに気づいていった。浮気が発覚するまで二人は、けんかをしたり葛藤を起こしたりすることは少なく、夫は妻のリードにほとんど不満を感じることもなく過ごしていたつもりだったのだが、妻＝リードする人、夫＝それを受け容れる人という相補的かかわりがエスカレートした結果、夫が無意識の反抗を試みた*7のかもしれないということを理解し、やさしさを望みながらもそれを伝え合わず、また、相手のやさしさを感じながらもきちんと受け取ってないことに気づいていったのだった。

ケースC 「気づかい合う」関係のみなおし

（夫：34歳・会社員、妻：36歳・会社員）

　同じ会社に勤務している時に出会い、結婚。その後、夫はスカウトされて他の会社に転出。夫婦ともそれぞれの部署で有能な職業人として信頼され、多忙な毎日を送っていた。夫の不倫*8相手は、取引先の担当者で、仕事で会うたび個人的な付き合いをするうちに親密になった独身の女性。妻が、夫のカードの引き落とし額の急増を不審に思い問いただしたところ、夫が白状して不倫が明らかになった。妻は自分たち夫婦の関係のもろさに失望し、夫は二人の女性の間で身動きが取れず、妻の希望でカウンセリングを受けることを決断したのであった。

　夫は不倫を後ろめたく思い、苦しんでもいたので、発覚を半分ほっとした気持ちで受けとめていたが、相手の女性への思いと両者への申し訳なさのためジレンマに陥っていた。お互いに相手を傷つけることをおそれて否定的な表現を避け、気づかい合う*9夫婦であったため、最初から夫婦合同でオープンに話し合うことは困難と判断し、最初の4回は二人のカウンセラーによる個別面接が行われた。個別面接では、妻はショックで涙に暮れ、やさしい夫が不倫をしたことが不可解であると嘆き、しかし夫の決断を待つしかないと述べた。一方、夫は二人の女性を裏切ってしまったことを悔やみながらも、すがりついてくる愛人と選択を任せる妻の間で決断できずにいた。

　それぞれのカウンセリングで怒り、おそれ、痛みを表現し、合同面接で相手と分か

ち合うことができるようになるに及んで、二人は自分たちがいたわり合っていたとか、冷静な自己を維持してかかわっていたと思っていたことが、実は、相手を受けとめたり、真剣にかかわったりすることにはなっていなかったと気づいていった。

　夫の愛人との別れは苦痛を伴ったものであったが、未熟な関係であったことを了解し合って、夫婦の再出発が可能になった。

> **解説**　この夫婦は、「仲がよい夫婦は、けんかをしない」という非合理的な思い込みのもと、葛藤や痛みを避けた関係を続け、実は抱え込んでいた欲求不満を別のかたちで表面化させている。不倫事件を通して初めて、自己の気持ちと相手に直面することになったのであった。カウンセリングの場で、たとえ傷つくことがあっても夫婦は気持ちや考えを伝え合い、傷ついたときはフォローし合う関係が体験できて、真の親密な関係を築き始めた。
> 　親密さには、いわゆる「ヤマアラシのジレンマ」と言われる状況が伴う。ヤマアラシは互いに近づきすぎると相手の刺で傷つき、離れすぎると寒いというジレンマに陥るが、傷つきながらも、いたわり合って適切な距離を探り当てるという。夫婦のような親密さを求める者同士は、近づきたいと思うゆえに時に要求も強くなるし、率直な物言いもする。それで傷ついたとき、傷つきを理解し、癒してくれる人として求める相手が、傷つけたその人だというジレンマを抱えている。
> 　このジレンマを当然のこととして覚悟し、コミュニケーションをとっていくことが夫婦の親密さの鍵なのであるが、葛藤を避けていると、このケースの夫婦のようなより大きな葛藤と傷つきに遭うことになる。コミュニケーションの課題については、第Ⅰ部第4章を参照。

　これら3ケースの共通点は、30代で子どもがおらず、仕事中心のすれ違いの多い生活を送っている夫婦に起こった不倫と再出発ということである。子どもがいない結婚生活の中では、家事は大きな問題でなく、夫婦は職場における様々なチャレンジの中で充実した日々を送っている。欠けていることは、夫婦の接触の時間、相互の心理的期待への応答、相互の親密性・ケアの維持であろうか。仕事に多くの時間を費やし、家族よりも職場の人との関係のほうが長い現代の日常では、不倫（情事）は唯一の人間的なできごとかもしれない。ここには夫の不倫のケースのみを取り上げたので、不平等な夫婦関係があった時の夫の不倫といった風潮が現代も続いていると受け取られるかもしれない。しか

し、現代の妻はそれを黙って耐えることはなくなった。むしろ、カウンセリングという支援をより積極的に利用できるのは妻であり、妻のイニシアティブが変化のきっかけをつくっている。これらのケースから推察できることは、浮気は、「夫の甲斐性」というよりも、夫婦のコミュニケーションの欠如と未解決な個人・夫婦の人間関係の問題にひそかに忍び寄る、強烈な情緒的満足を得る誘惑という側面が強いのではないかということだ。

データ篇で明らかになったように、男女の結婚への期待が道具的価値ではなく親密さにあることは、子どものいない夫婦の結婚生活の中では、浮気というかたちで象徴的に現れてくるのではないか。また、夫の浮気（親密さへの希求？）をひたすら耐える経済的に自立できない妻という一昔前の夫婦関係が、現代では妻のリードによる関係の修復となっていることは、意味深長である。

◇ 対 話 篇 ◇

Q：ケースAの夫婦は、結婚当初は対等な関係であり、それを志向していた典型的な恋愛結婚夫婦と言えるのでしょうね。また、「子どもはできなかった」（＊1）とのことですが、その理由・背景は。生まれないのでしょうか。たとえば子どもよりも仕事や夫婦関係を重視して産まないのでしょうか。
A：この夫婦の場合は、特に避妊をしていたわけでもなく、この時期まで子どもはできなかったようでした。そしてこのことは、二人にとってそれほど大きな問題ではなかったようです。

Q：「合同面接」（＊2）とは、どのようなかたちの面接でしょうか。また、後に、このケースでは個別面接も行っていますが、どのように面接方法を決めるのですか。夫婦の特性、問題の特性など、いろいろな条件によるのでしょうか。
A：面接形態は、本人たちの希望があり、カウンセラーも合意する状況であれば、希望に沿うことになりますが、夫婦療法の場合、基本的には合同面接を提案します。このケースのように自己開示が不十分で、お互いに配偶者の前で本音を出すことにおそれや躊躇があったり、葛藤が激しすぎて話し合いにならない時は、カウンセラーのほうから個別面接を提案することがあります。

Ⅰ　すれ違う夫と妻

Q：ケースＡでは妻は夫の動向に注意深く、関心をもって監視している向きがあります（＊3）が、こうした結婚・夫婦関係への関心の強さは男女、また職業の有無で異なるのでしょうか。「結婚の価値」の男女差ともかかわる疑問として、専業主婦では関心が強いのではと想像するのですが。また、子どもがいないことも（とりわけ妻の）関心の強さに関係するのでしょうか。
A：このケースだけから、「関心」や「監視」を云々することはできませんが、ケースＡでは、むしろ夫を信じきっていた妻が、クリーニングに出そうとした背広のポケットからたまたま領収証が出てきたのを機に、疑いをもち始めたということです。逆に、妻の不倫をみつける夫もいるので、特に有職の夫婦の場合は、相手への関心の強弱、猜疑心の有無、家族外の対人関係の要素、個人の性格などいろいろな要素が考えられます。

Q：「各々の出生家族とのかかわり、成育史、配偶者の前で表現できない気持ちの確認」（＊4）とありますが、若い夫婦にとっての出生家族の意味・位置の問題――特に、これは第Ⅱ部第4章で扱いますが、妻の実家との結びつきの問題――とも関連するでしょうから少し説明してください。
A：出生家族の問題、成育史を取り上げると、ケースの個別性が色濃くなるので省いてありますが、お互いに話し合っていないこと、分かち合わなくてもよいと思い込んでいたことが実は重要だったわけで、それらを分かち合った結果、違いを受け容れることができ、親密性が高まったということです。

Q：結婚以来、家事を分担している（＊5）ということから、ケースＢの夫は平等的なジェンダー観の持ち主ではないかと想像されます。だとすると、妻の仕事熱心、仕事多忙、妻のイニシアティブなどにも理解があったのでは？　それとも、妻にひきずられてなのでしょうか。このあたりは、第Ⅰ部第4章で扱う男性のジェンダーの問題でもあると思うのですが。
A：結婚前は平等なジェンダー観をもっていたと思われ、また性格的にも大人しく、やさしい夫でした。積極的な妻は夫の親密さを求める気持ちを充たしてくれる存在だったと思われますが、それがなくなったとき、潜在的な気持ちが、不倫というかたちで明らかになったのではないでしょうか。このケースＢは、

親密さを求める妻と仕事中心の生活で満足する夫という典型的な夫婦関係とは逆の関係と言えます。その意味で、ジェンダーの問題が多様化していることを示す例とも考えられます。

Q：ケースBは妻との関係を再構築するとの決意で終了しています（＊6）が、どのような「関係」を目指したのでしょうか。それは結婚当初のものと同じですか。それとも修正されたものなのでしょうか。
A：夫婦とも親密さを求めていたことを発見し、意識できたという意味で、結婚当初の関係とは異なっていると言えましょう。つまり、このケースの場合、夫も妻も親密さを求めており、それを旅行などの行動で示してはきましたが、仕事の多忙さによって気持ちのやり取りがおろそかになっていたわけです。それでも妻は仕事中心の生活で満足していた一方、夫には近づいてきた女性がいた、ということです。その点では、夫が受身だったと言えますが、これも一般に受けとめられている男女のパターンの逆で、このような夫婦が増えていると思われます。性格の点からみれば、男女の立場が変わることはあり得るので、現代的な夫婦と受け取ることができるでしょう。

Q：ケースBを、職業が女性を変化させ、男女・夫婦の関係も変化させる例として興味深く思いました。同時に、先にも指摘した男性のジェンダーの問題のケースでもあると思います。この夫は、日本の男性ではまだ少ない平等的ジェンダー観の持ち主にみえますが、それでも潜在的に伝統的ジェンダー観が作用している、それが噴出したということではありませんか。夫が自分とは違う（伝統的タイプの）女性に惹かれた事実を、妻はどう受けとめ、それを自分の行動にどう反映することになったのでしょうか。これはジェンダーについての男性の保守性／女性の先進性というよくある対照・対立が、どう解消されるのかを示唆するケースだとも思うのですが。
A：そのように解釈することは可能ですが、このケースのプロセスからそれを明確に指摘することには無理があります。先にも述べたように、伝統的ジェンダー観というよりも性格の組み合わせと考えるほうが、臨床的には納得できます。親密さの表現の仕方の違いと言ってもよいでしょう。相手が積極的であれ

ば、それに合わせることで親密さを表現しているというパターンです。伝統的タイプではそれが夫支配―妻服従ということになるのでしょうが、この夫婦は、妻は積極的行動で夫を誘い、夫はそれに応じることで自分の思いを伝えていたつもりだったのが、妻の多忙さにも従っていたら、夫に近づいてきた女性がいたということです。ただ、ここでは性格にまで問題を広げると、焦点が拡散するので、そこにかかわる情報の詳細は省いてあります。

Q：ケースＡもＢも、コミュニケーションの不十分さが関連しますね。これは、二人の間がうまくいっている間は、あうんの呼吸で何とか通じるが、それが積もると、あるいは問題が生じると、そうした日本的なコミュニケーションが問題を増幅させ、危機を招く可能性を示唆していませんか。そうだとすると、一層アサーション訓練の意味が注目されるのではないでしょうか。
Ａ：コミュニケーションの問題は第４章で出てくるので、ここではあえて指摘しませんでしたが、この章で挙げたケースをみわたすと、浮気に現れる情緒的コミュニケーション不足の問題がわかると思います。また、少し説明すると、コミュニケーションのパターン化が招く固定した関係のエスカレーションと受け取ることはできます。ケースＢで示唆したかったのは、性格の相補性がもたらす関係の安定と同時に、それが招く関係のパターン化があること、それに夫婦は気づかないで、片方が無意識の解決法を取ることです（＊7）。また、このケースだけで指摘するのは問題があると思いますが、現代の若者は、日本的なコミュニケーションというよりは、男女共にコミュニケーションが少なく、そこでは性格の違いが意味をもつように思います。

Q：ケースＡ〜Ｃに共通して、夫婦の危機は夫の不倫（＊8）から発していますが、そもそも浮気・不倫は夫が圧倒的に多いのですか。それとも妻の浮気・不倫もあるが、それは夫の無関心のために問題にならないのでしょうか。
Ａ：来談ケースでは夫の不倫が多いですが、全体ではどうか不明です。妻の浮気・不倫はないわけではありませんが、少ないです。おそらく、男女による相談という行動の起こしやすさの違いがかかわっているのではないかと思います。家庭裁判所にはどちらからも出されているので、男性はカウンセリングより、

問題解決的対処法を選ぶのかもしれません。

Q：妻からカウンセリングにもち込まれるものは、先のご指摘のように妻のリーダーシップとも言えますが、これができるのは妻の経済力と関係しませんか。
A：相談料を分担できるという意味で経済力と関係するかもしれませんが、問題を指摘されて夫が相談料を負担する場合もありますので、必ずしも妻の経済力だけではなく、妻が主張できるようになったことが大きいと思われます。

Q：ケースＣの互いに「気づかい合う」（＊9）とはどのようにでしょうか。また、それが合同面接を不適当とした理由ですか。他者に打ち明けたり相談したりということが女性ではしやすい、男性ではしにくいということもあるのではないでしょうか。
A：それはあるでしょう。特に「気づかい合う」夫婦は、日頃から相手を傷つけるようなことは言わないようにしていて、その配慮さえも通じていないのです。したがって、面接では、ストレートな表現がしにくく、最初はカウンセラーに少しずつ本音を出していくわけです。また、ジェンダーの面から想像すると、相談すること＝頼ること、となって、男性は潔しとしないかもしれません。

Q：それは、夫婦というものは平常時にも危機をはらんでいるものだとの認識を欠いていたり、平常のことなき状態に慣れた怠慢とも言えるでしょうか。
A：怠慢とまでは言えないと思いますが、無意識の回避・安定願望への依存、些細なすれ違いの軽視などの歴史があるかと思われます。「けんかをしない夫婦」に時に忍び寄る危機と言えましょう。

Q：Ａ～Ｃの３ケースに共通するのは、若い世代、恋愛結婚（＝対等な関係で出発）、子どもなし、共働き、という、これまでにない、しかし今後は多くなっていくと予想される夫婦の関係における問題です。かつては夫上位、夫唱婦随でことなきを得てきた日本に、新たな関係の夫婦が増えてきたということですね。しかし、新しい関係だけにゆらぎが生じやすいということでしょうか。旧来のあり方への潜在的な期待も（とりわけ男性側に）あるでしょうし、外側か

らの圧力もあるでしょうし。この危機をどう回避できるか・危機を乗り越えさせる要件は何かについて、結論的なまとめとしていただけませんか。
A：このような夫婦は、夫婦の接触時間、相互の心理的期待への応答、ケアの維持が欠けています。子どもの頃、専業主婦の母親が充たしてくれた情緒的サポートは、夫婦で交わす必要がありますが、男女共同参画が進むと、お互いに相手にだけ求めてしまうのです。加えて、そこには、現代のストレスフルな仕事の状況がかかわっていることも忘れてはならないでしょう。それでも、コミュニケーションを取り合い、危機に直面しようとする夫婦は、自分たちで乗り越えるのでしょう。夫の不倫という危機が起こった時、現代の妻は、黙って耐えるのではなく、社会的支援を求め、利用できるようになってきました。

Q：ところで、A～Cの3ケースはいずれも〈親密性〉という結婚の情緒的価値にかかわるものでしたが、先にみたように結婚の道具的価値の原則が消滅したにもかかわらず、その価値を期待しているケースもあるのではありませんか。三高を求める女性、家事を（自分は全くせず・できず）妻に期待する男性など。来談しない多くの夫婦では潜在的な問題としてある、あるいは問題とさえなっていない、ということではないのでしょうか。中高年夫婦の結婚満足度のギャップの背景には、妻は情緒的関係を求める、しかし夫はそれに応じない、道具的価値でよいと思っているということがあり、結婚当初は問題でなかった道具的価値が、後になって問題として顕在化する危険性を意味しているのではないでしょうか。また妻は、夫とでは得られない共感的・情緒的関係を求めて、娘や家族外のネットワークとつながっているのではないでしょうか。
A：先にも述べましたが、夫婦、あるいは結婚生活の問題で来談するケースに、男女とも結婚に道具的価値を期待しているものは経験していません。ただ、皆無ではないでしょう。また、潜在的問題として夫が妻に道具的価値を、妻が夫に共感性を求めるといった傾向があることは想像できますが、それが来談の主訴となることはありません。ただ、夫婦が、関係が冷え切った状態や紛争状態になって来談する時、主訴は子どもの問題であっても、家事ができない妻、育児が下手な妻に対して、夫がそれを指摘し、「任せていたのに失敗した」と妻を責める言葉が出ることがあります。一方、妻から「この人は冷たい」「この

人は仕事にしか関心がない」と非難が出されることもあります。これらの発言は、潜在的期待、以前は無意識だった期待が年月を経て顕在化してきたと考えることができます。

◇ ま と め ◇

　結婚の価値が大きく低下し、情緒的な価値＝〈親密性〉に収斂していることを先に概観したが、その大事な〈親密性〉のゆらぎないし喪失が、不倫というかたちにつながっていることは、深刻ではあるが興味深い。ここで取り上げた3つのケースは、いずれも「やさしさに惹かれて」結婚した夫婦の間に「夫の不倫」が起こる点で共通している。そして、いずれのケースでも不倫は「やさしさ」を求めるという夫の行動だが、それは夫婦に生じた危機的な問題が夫に不倫というかたちで噴出したものだという事情がよくわかる。夫婦に生じた危機的問題の具体的様相は個々のケースごとに異なるが、自分たち夫婦にとって何が危機なのかを意識化することは難しいようだ。また、親密性や「やさしさ」は黙っていて保持されるものではなく、メンテナンスが必要なこともよくわかる。そしてそれが破綻してしまうと、夫婦間のコミュニケーションで解決することもできない。大体の夫婦は、日頃よく聴きよく話す対話ができていない。そこで、「夫の不倫」が問題だと妻主導でカウンセリングに来る事情は共通している。夫の不倫は夫婦に重要なサインを提供したという意味では貴重な事件と言えるだろう。不倫などないにこしたことはないし、妻にも夫にもきつい体験ではあるが……。

　結婚当初、どの夫婦もやさしさ、親密性が大事と考えていたのに、その親密性を保つには相手との葛藤や自他ともに傷つくことは避けられない。それを避けていたという指摘は意味深長であろう。次章でみるように、家族内ケアについての実証的研究で、家事や育児以上に配偶者間の情緒的ケアが乏しく、しかも夫と妻の間のケアの授受のバランスが悪いことが明らかにされているが、配偶者間のケアの重要性はこの臨床ケースからも一層認識される。

　もう一つ。今日の社会では結婚・夫婦にとって「親密性」が重要であるのに、それをずっと保ちつづけることは難しい。妻も有職が多くなった今日、夫妻双

方がそれぞれの仕事に追われ、共通の生活体験が希薄になっている事情も大きな原因だろう。さらに、達成・業績が重視される生活の中でストレスは避けられず、その解消を手近なところで求めることにもなりやすいのではないだろうか。複数の役割（仕事も家庭も）に適度に能動的にコミットしている時、多重役割は精神的健康に寄与するという産業心理学の知見が成り立つような状況からは、日本の現実はほど遠く、あまりにも過重な役割であること、生活をゆっくりと味わうことができない状況が問題であろう。昨今しきりに推奨されるワーク・ライフ・バランスは、この点からも重要だと思われる。

　最後に、たびたび言及されるコミュニケーションの問題——第Ⅰ部第4章でみる日本の夫と妻の間の相互コミュニケーションの乏しさ、「釣った魚に餌はやらぬ」と言わんばかりの日本の夫婦の状況——が、しっかり聴いてもらえる、表現することが受けとめられ促される、カウンセリングという支援を一層必要としているように思われる。配偶者間では果たせないことがカウンセリングを通して専門家に求められている。これはどう考えたらよいのだろうか。確かにカウンセリングは重要な役割を果たしている——しかし、これも不安な関係が夫婦間にあればこそ、と思わざるを得ない。相手に耳を傾ける、自分も率直に話すというコミュニケーション・スキルを身につけることが誰にとっても重要な課題であろう。

第2章　結婚生活の理想と現実

◇ データ篇 ◇

結婚満足度

　夫婦は、結婚や配偶者にどれほど満足しているのだろうか。これについては、夫婦を対象に、結婚や配偶者への満足度、婚姻地位（既婚／未婚・死別／生別）による幸福感・ストレスの比較などについて、多くの実証研究がある。

　結婚から経過した3時点の夫婦を対象に、結婚満足度（19項目7段階評定）を測定した結果、結婚まもないうちは夫婦の得点は等しい（恋愛結婚した当然の結果であろう）ものの、年を経るに従い、夫と妻の得点には差が生じ、15年後には無視しがたい差となっている（菅原・詫摩，1997：図Ⅰ-2-1）。大体において夫の得点が妻を上回っており、しかも夫が年を経るほどに結婚に満足していくのに対して、妻の満足度は低下していくのである。配偶者への満足度を端的に示す、「もう一度結婚するとすれば誰とするか」という質問に「現在の配偶者」と回答した比率は、育児期・中高年期いずれでも夫が妻より高く、とりわけ中高年期の夫と妻間のずれは極めて大きい（柏木ほか，1996：図Ⅰ-2-2）。

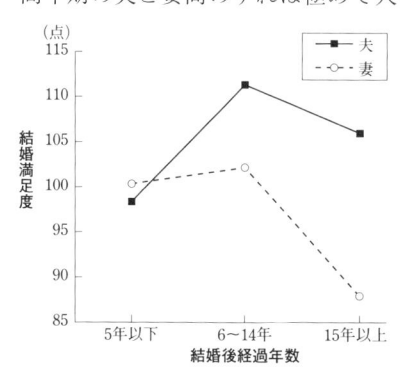

図Ⅰ-2-1　結婚からの経過年数別の結婚満足度（菅原・詫摩，1997）

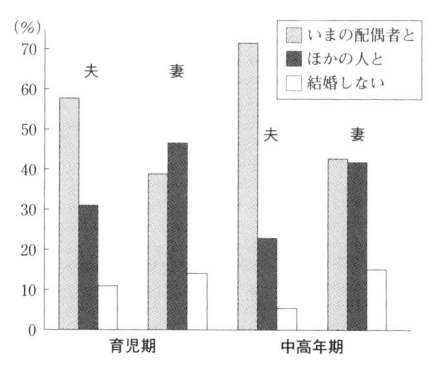

図Ⅰ-2-2　「もう一度結婚できるとしたら、誰と？」（％）（柏木ほか，1996）

Ⅰ　すれ違う夫と妻

　このような夫婦の結婚後の差（夫は満足・妻は不満という構図）は、これらにかぎらず多くの研究が一致してみいだしている。図Ⅰ-2-3（ライフデザイン研究所, 1999）は、より広い年齢層についてのデータ（10項目5段階評定）である。

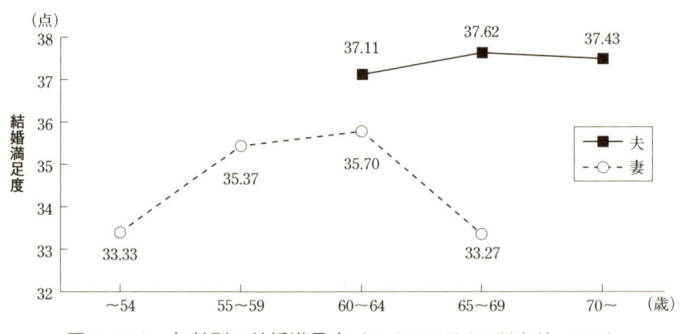

図Ⅰ-2-3　年齢別の結婚満足度（ライフデザイン研究所, 1999）

　池田ら（2005）は、夫と妻双方に自分の結婚満足度（10点満点）と相手の満足度の推定を求めて比較しているが、全般に夫の満足度は妻より有意に高く、夫婦単位でみても夫が妻より満足度が高い夫婦の数は、妻が夫より満足度が高い夫婦を大きく上回っている。さらに注目すべきは、妻の満足度が非常に低いにもかかわらず夫の満足度は妻ほど低くならないという顕著なジェンダー差がある（図Ⅰ-2-4：逆に、夫の満足度が低いのに妻は満足しているケースはみられない）。

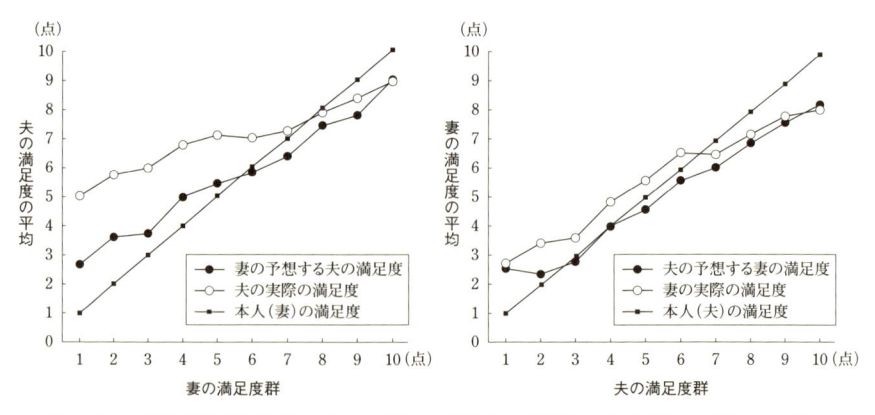

図Ⅰ-2-4　妻の満足度別にみた本人と配偶者（予想）の結婚満足度の関係（池田ほか, 2005）

このような妻の結婚満足度の低さは離婚思念にもつながる。女性では20代でも3割、50代では5割が「離婚を考えたことがある」と回答している。ちなみに、夫ではどの年代でも2割前後にとどまる（博報堂生活総合研究所，1998）。

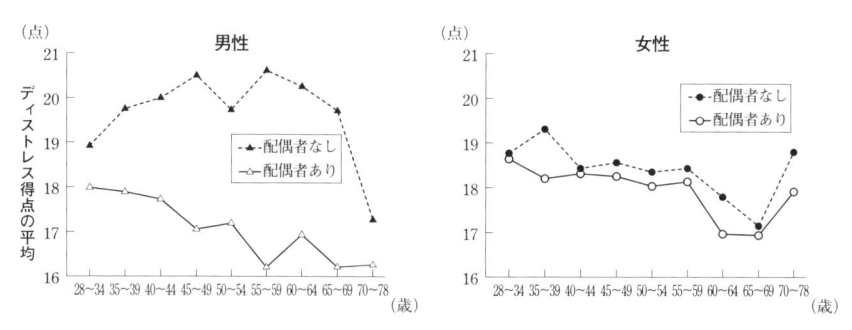

結婚がメリットをもっているか否かについて、満足度という肯定的な側面とは逆に、心身の不快・抑うつの側面に焦点を当てた研究も多い。稲葉（2002）は、家族社会学会による全国家族調査データを用い、28〜77歳の男女に、最近1週間の心身の状態の評定を求めた。「普段は何でもないことをわずらわしいと感じたこと」「家族や友達から励ましてもらっても気が晴れないと感じたこと」「憂うつだと感じたこと」「何をするのも面倒と感じたこと」「物事に集中できなかったこと」「なかなか眠れなかったこと」「一人ぼっちで寂しいと感じたこと」「悲しいと感じたこと」など16項目について、「全くなかった」（＝1）から「ほとんど毎日」（＝4）の4段階で評定を求め、ディストレス（個人が感じる不快な状態）得点とした。配偶者の有無とこのディストレス得点の関係を男女別・年齢別にみたものが、図Ⅰ-2-5である。

図Ⅰ-2-5　男女別・年齢別にみた配偶者の有無とディストレスの関係（稲葉，2002）

配偶者ありの場合、どの年齢でも女性のディストレス得点は男性より高い。また男性では配偶者なし群の得点が際立って高く、結婚・配偶者の存在がディストレスの低減に寄与していることを示唆している。一方、女性では配偶者の有無による差はなく、結婚・配偶者の存在がディストレスの低減にはつながらない可能性を示唆している。

稲葉（2002）はこのデータを初め、結婚と幸福感・抑うつとの関係にみられるジェンダー差を明らかにした研究を総覧して、男性にとっては結婚がディス

トレス低減の場であるが、女性ではそうではない（時にディストレス源とさえなる）と結論している。

このように諸研究において一致して認められている妻の結婚への不満の内実を、井上（2001）は孤独感の内容・場面分析によって明らかにしている。夫も妻も孤独感は（当然のことながら）「一人でいる時」が最高ではある。しかし、妻は一方で、「配偶者といる時」にも孤独感を強く抱いている（図Ⅰ-2-6）。このことは、配偶者と一緒にいることが妻にとっては必ずしも満足した状況ではなく、むしろ共にいる夫に充たされない思いをもつことが少なくないことを示唆している。夫よりも妻の結婚満足度が低い背景には、子どもや夫、さらに生活全般についての不安や不満があるのだが、夫はそれに気づいておらず、妻の心理状況を楽観視している。妻自身の生活感情（6段階評定）と夫による推測間のずれ（永久, 1995：図Ⅰ-2-7）がこのことを端的に示している。

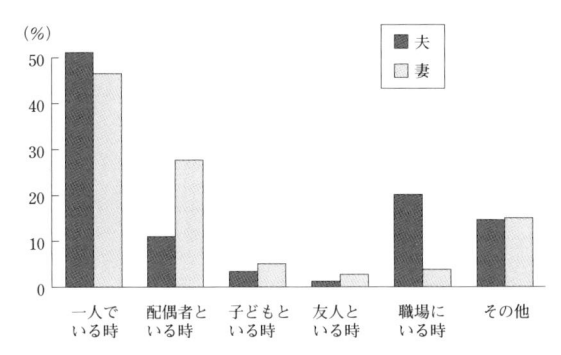

図Ⅰ-2-6　どんな時に孤独を感じるか（井上, 2001）

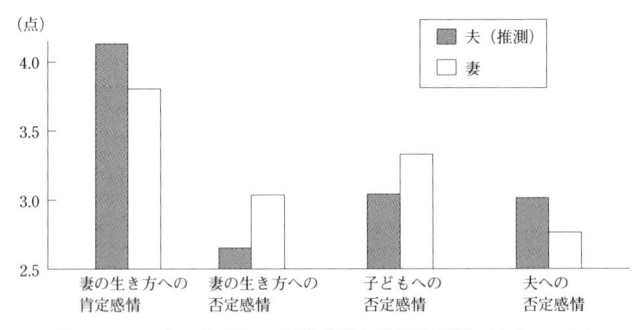

図Ⅰ-2-7　夫による妻の生活感情の推測と実際（永久, 1995）

以上の実証研究がほぼ一致して示す「夫は満足、妻は不満」——男性にとって結婚はストレス解消の場、女性にとってはストレス源——という対照が、愛し合って結婚した夫婦のなりゆきの全般的な状況である。しかも、日本の夫婦の結婚満足度は離婚の多いアメリカの夫婦よりも低く、妻側の大きい不満にもかかわらず、日本の離婚率は（近年高くなったとはいえ）アメリカよりずっと低い（厚生省大臣官房統計情報部，2000）。なぜだろうか。また何が恋愛結婚夫婦にそれほど時が経たないうちにこうしたギャップを生じさせるのであろうか。

　まず、結婚に何を求めるかに男性と女性とで相違があることが関与しているようだ。そのことは、どのような条件が結婚満足度に関与しているかを検討した研究データの分析から浮かび上がってくる。ただし、結婚満足度を扱った実証研究はいまのところいずれも横断データである。この種の研究が始まって日が浅いこと、あまりにプライバシーに属することで追跡困難であることなどの理由から、縦断データはほとんどないのである。そのため、どのような夫婦に、どのような経緯で結婚満足度が低下し、夫婦間にギャップが生じるかなどについて厳密な確認は難しい。その点を多少とも補い、満足度の規定因を示唆するのが、結婚満足度を夫と妻のペアについて分析した研究や、社会経済的属性や夫婦の生活内容の要因分析を行っているデータ（伊藤ほか，2004b；池田ほか，2005；永久，1995；平山・柏木，2001）である。それらから、結婚満足度を左右していると推定される要因を検討してみよう。

役割としての関係・個人としての関係

　夫と妻のペアの結婚満足度を比較した池田ら（2005）は、どのような関係を配偶者に対して重視しているかを測定し、それが満足度とどう関係しているかを検討している。配偶者に求める関係として「役割としての関係」「個人としての関係」を設定し、前者は「子どもの親」「家事・育児の担い手」「家計の稼ぎ手」の3項目、後者は「性的なパートナー」「自分を理解し支えてくれる人」の2項目でとらえ、それらの項目について「配偶者はどのような存在か」の重要度による評定（4段階評定）が求められた。

　まず全般的な傾向として、満足度によって程度に差はあるものの、妻が夫に重視するのは「子どもの親」「家計の稼ぎ手」としての役割であり、「家事・育

I すれ違う夫と妻

児の担い手」としての役割についての重要度は低い。さらに興味深いのは、夫では結婚満足度の高低に関係なく、妻に対して「役割としての関係」も「個人としての関係」もほぼ同様に重視しているのに対して、妻では結婚満足度によって夫にどのような関係を重視するかが異なることである（図I-2-8）。

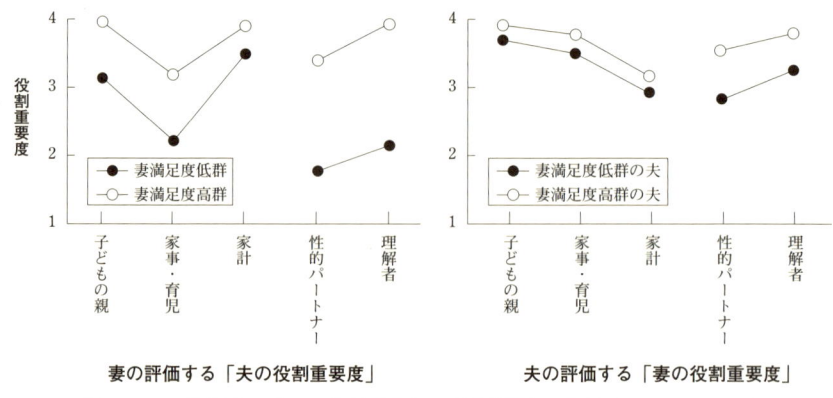

図I-2-8　配偶者に求める役割重要度と結婚満足度の関係（池田ほか，2005）

結婚満足度の高い妻は（低い妻より）「役割としての関係」「個人としての関係」双方を重視しているが、結婚満足度の低い妻は「役割としての関係」中「家計の稼ぎ手」としての役割は強く重視しているが、「個人としての関係」はほとんど重視しなくなっており、「性的パートナー」としてはむしろ「重要ではない」とさえ考えているのである。

結婚に満足していないにもかかわらず、離婚にはつながらない事情の一端がこうした結果からうかがえる。結婚満足度の低い場合でも重視している「役割としての関係」は（「子どもの親」としての役割を除けば）、夫には家計の稼ぎ手、妻には家事・育児の担い手としての役割を、という性別役割分業による夫婦の生活の保証である。先に述べたように、家事の省力化及び労働力の女性化以前には、性別役割分業は結婚の価値の中枢を占めるものであり、結婚は夫と妻それぞれの生存・生活のために極めて重要な手段であった。それが、女性も稼得可能となり男性も家事可能となった今日でも重要な位置を占めている事実に、注目すべきであろう。

とりわけ結婚に満足していない場合にも夫に対する「家計の担い手」として

の役割は極めて重視されており、そのことが「個人としての関係」にはもはや期待できずとも結婚継続を可能にしているのではないだろうか。このような夫婦では、心理的満足は得られなくとも、結婚が生活手段として機能していることでよしとしている、あえて離婚はしないでいると言えよう。しかし、そうした「役割としての関係」だけでの結婚生活に妻が満足できなくなった時、離婚を決意する。それを受けて仰天し、「しっかり生活させてきたではないか」「浮気もせず給料もきちんと渡してきたのに」と言う夫は、妻に対して「役割としての関係」を果たせばよいと考えているのであろう。

　一方、これとは対照的に、結婚満足度の高い夫婦では、配偶者に対して実務的な「役割としての関係」ではなく、人間として性的パートナーとして相互に理解し支持し合う「個人としての関係」を、夫・妻ともに重視している。このことは、結婚満足度の高さの決め手は、結婚を生活手段としてのみならず、相互に心理的・情緒的な支えとして重視することであることを示唆している。

　離婚率の高いアメリカでは、配偶者に求めるのは伴侶性、親密さとコミュニケーションが最重要で、その欠如は関係の終わり、つまり離婚を意味する。また、アメリカでは「個人的な問題を話し合う」「性関係」などが夫婦間の共行動の中心であるのに対して、日本では「経済的安定性」が最重要視され、夫婦間の共行動も「子育てを話し合う」が最も多いなど、日米で結婚に求めるものがかなり異なり、日本では性別役割分業に基づく機能が重視される手段的な色彩が強い。池田ら（2005）の結果は、この日本的特徴が満足度の低い夫婦には色濃く存在しており、それが（離婚せず）結婚継続を可能としている様相を明らかにしている。

　このような日本の結婚の特徴——生活手段として（心理的には不満でも）継続する——が今後も続くのか、アメリカ同様に工業国・高学歴社会である日本もアメリカのような結婚へと推移するのかは、今後注目すべき点であろう。その際、妻・女性の職業進出・経済力のゆくえはこの動向を左右すると予想される。

　60歳以上の夫婦を対象に、配偶者との関係性と結婚満足度、孤独感など心理的適応との関係を検討した宇都宮（2004）も、配偶者との関係性の質が結婚満足度を規定することを示唆するデータを提出している。配偶者との関係や結婚の意味に関する12の文章の前半を提示し後半を完成させるSCTを用い、そ

の回答を関係性ステイタス6種にコード分類した結果、自分と配偶者とは別個の存在であることを理解し、人格的肯定に基づいた積極的関与をしている「関係性達成型」と、配偶者を肯定的に評価しているものの人格的尊重までは深化しておらず、自己や家族に対する機能的メリットとして評価している「表面的関係性型」の二つが大半を占めていた。夫と妻とで「関係性」の認知がどの程度一致しているかをみると、73組中夫と妻のステイタスが一致しているのは33組（45.2％）であったが、その中では「関係性達成型」での一致31.5％が最高で、他の関係性では夫と妻の関係性認知にはずれが大きかった。このような関係性と結婚満足度との関係を、人格的尊重か機能的評価かの点で違いのある二つの関係性についてまとめたのが表Ⅰ-2-1である。

表Ⅰ-2-1　高齢期夫婦の関係性と結婚満足度（宇都宮，2004を改変）

	関係性達成型		表面的関係型	両者の差(t値)
	配偶者と自己とが別個の存在であることを理解したうえで、配偶者の存在を人格レベルから意味づけ続ける必要性を認識している。配偶者の存在そのものに高い価値をみいだしており、確固とした人格的肯定にもとづき、関与のあり方も積極的。		配偶者の存在意味を真剣に探求し続ける必要性には無自覚であるために、人格的レベルから意味づけようとする姿勢は、みられない。しかしながら、自己の人生にとって配偶者の存在は肯定的に作用していると認知しており、配偶者への関与は積極的。	
自己の満足度	59.12（4.95）	＞	54.64（6.32）	4.14＊＊＊
配偶者の満足度	57.35（7.57）	＞	51.95（10.06）	3.03＊＊
自己と配偶者の相関	$r=.46$＊＊		$r=.40$＊＊	

＊＊＊$p<0.001$　＊＊$p<0.01$

　関係性達成型では、すべての面において結婚満足度が有意に高く、夫婦関係における自他の独自性認識と人格的尊重が結婚満足度を規定する要因であることが示唆される。この結果は、先の池田ら（2005）の研究において、「個人としての関係」が「役割としての関係」よりも重要であったことと一致しており、結婚と配偶者に求めるものとして、相手の人格・意思・活動などの尊重が重要であることを示している。社会変動に伴って結婚の価値が変化する方向にある

こと——生存・生活の手段としての結婚から人格的・情緒的絆としての結婚へ——を示したとみることができよう。

「個人としての関係性」といい「関係性達成型」といい、配偶者を個人として尊重することが結婚満足度の基盤であることには、最近著しい家族の個人化志向（目黒，1987；山田，2004）も深く関係している。家族や結婚の価値が低下した今日、「役割としての関係性」に拘束される必要性が減退し、代わって家族個々のメンバーの意思・行動を尊重し、それぞれの幸福を重視する傾向——家族の枠内での個人化——が進展していくのは必然の流れである。家族の中の個人化への志向——〈家族でも邪魔されたくない時間がある〉〈夫婦といえども他人〉との意識——は、妻において極めて強く、子どもや夫との関係を最重要視し夫と一心同体とみる態度を遥かに上回っている（柏木・永久，1999：図Ⅰ-2-9）。

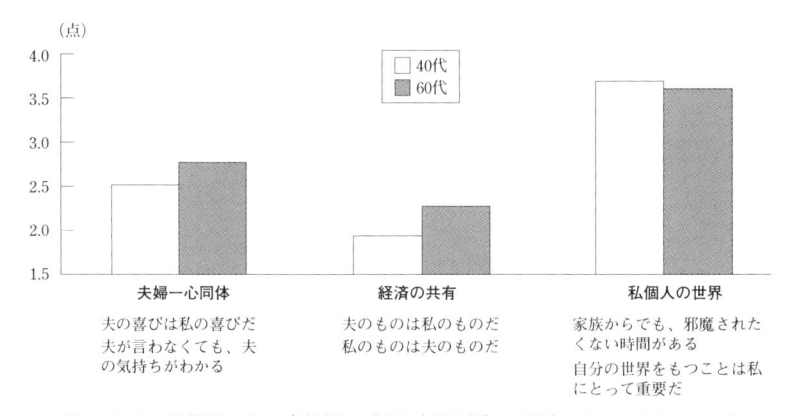

図Ⅰ-2-9　世代別の妻の家族観3次元（項目例）の得点（柏木・永久，1999）

配偶者の人格的尊重、「個人としての関係」が結婚満足度の規定因であることは、このような妻の強い個人化志向と対応するものであろう。そこで、結婚にこうした関係がみいだせないことが不満につながるのである。

共同的関係・交換的関係

いかなる対人関係や集団にも、成員間には利得の授受という関係があるが、そこには二つの種類がある。第一は相互に相手の安寧・幸福を願う感情に基づ

く「共同的関係」、第二は相手からの利得に対するお返しとしての利得の供与という「交換的関係」である。前者は特定の見返りを期待することはないいわば無私・献身的行為という特徴において、後者と大きく異なる。一般の集団や対人関係では、共同的関係だけでなく利得の授受のバランスが取れていることが、メンバーの満足と関係の継続にとって重要であると認められている（諸井, 1996）。

夫婦や家族においてはどうであろうか。夫婦という関係は、相手と自分の安寧・幸福を志向して「共同的関係」として成立する。他の集団や対人関係では稀な無私・献身の行為がしばしば夫婦間に自明のこととされ、実際にもみられるのも事実である。こうしたことから、夫婦関係は「共同的関係」の代表とみなされている（Clark & Mills, 1979）。

一方で、昨今の夫婦関係を観察すると、この「共同的関係」としてのみではとらえきれない状況が生じている。確かに結婚の出発は、相互の安寧・幸福のためにという相互志向的な感情を基盤としている。しかし、この相互性は次第に失われ、「夫を支える」という無償の行為が妻に求められ、それが現実に遂行されている場合が少なくない。この場合、妻の「夫を支える」行為は無私でも献身でもなく、「夫から養われる」という行為の対価だと暗黙のうちにみなされているのではなかろうか。つまり、一方は経済で他方はケアという労力でと、かたちは異なるにしろ、夫婦間の利得の交換という「交換的関係」の色合いが強いと言えよう。

個々の夫婦において共同的関係と交換的関係のどちらの特徴が優位になっているかには、結婚の経過や時代背景に伴う変化をみることができよう。

先に取り上げた「役割としての関係」の重視（池田ほか, 2005）は、家計と家事遂行との機能の「交換的関係」に当たると言えよう。そして配偶者との人間的な関係（「個人としての関係」）がなくとも結婚継続している夫婦が少なからず認められたが、その関係こそ、この交換的関係にほかならないだろう。

「共同的関係」と「交換的関係」とでは、必要・適切とされる行動が異なる（諸井, 1996：表Ⅰ-2-2）。現実の夫婦関係では、いずれの関係に当てはまる行動が多くされているかから、関係の質をみることができよう。

表 I-2-2 共同的関係・交換的関係における行動の特徴（諸井, 1996）

交換的関係に適切な行動
① 供与された特定の利得に対する即座の返報：供与された指定の利得に対する即座の返報は、交換的関係においては正当性の認知を促進するが、共同的関係ではむしろ苦悩をもたらす。
② 供与した利得に対する返報の要求：相手に与えた利得に対して返報を要求することは、交換的関係においては適切と見られるが、共同的関係においてはそうでない。
③ 相応する利得の供与：交換的関係においては、供与された利得が過去に受け取った利得の返報であるように知覚させるどのような変数も、肯定的な反応を生じる。交換的関係では、特定の負債が返報されることが期待されているのである。対照的に、相応していない利得は、共同的関係において好まれる。
④ 共同課題での個々のインプットを覚えておくこと：交換的関係では、課題へのインプット（貢献や寄与）に比例して利得を受け取るべきであるため、利得を分配するためには、インプットを覚えておくことが必要である。対照的に、共同的関係では、必要度の高い人がより多くの利得を受け取ることや、欲求が同じときには利得が平等に分配されるべきである。このため、個々のインプットを覚えておく必要はない。

共同的関係に適切な行動
① 援助供与：援助供与は、他方の安寧に対する関心を証明するので、交換的関係よりも共同的関係において、より期待される。さらに、交換的関係での援助供与は、相手が同じやり方で返報できるかに関わっているが、共同的関係ではそうでない。
② 援助供与による気分と自己評価の高揚：共同的関係を望んでいる者は、相手への援助供与に対して肯定的に反応し、相手を援助しないことに対して悪い気持ちを抱くはずである。
③ 相手の欲求を覚えておくこと：共同的関係では、利得を相手の欲求に応じて与えるようにするために、相手の観点に立ち、相手の欲求の兆候に注意することが必要とされる。
④ 相手の情動表出に肯定的に反応すること：交換的関係よりも共同的関係が望まれているときに、相手の欲求に対する注意が高まるならば、共同的関係にある相手による情動表出（欲求についての情報伝達）は、肯定的に受け取られる。
⑤ 相手に対する積極的な情動表出：共同的関係では、相手の欲求に対して自分が敏感であるべきであるばかりでなく、自分自身の欲求に対して相手が敏感であることも重要である。このために、相手に対して自分自身の欲求に関する情報を積極的に伝達し、返報を試みることなしに相手からの援助を受容する。

　ところで、「夫は稼ぎ、妻は家事・育児」といういわゆる性別役割分業は、交換的関係の一つである。しかし、妻が自分で稼ぐことができない状況（肉体労働が主流の時代、体力的に劣る女性は経済面では男性に依存せざるを得なかった）、また夫には家事が不可能な状況（家事の機械化・社会化の進んでいない時代には、スキルのない男性は日常的に慣れた女性に依存せざるを得なかった）では、夫と妻それぞれが、できることを相互に提供し交換することに何ら抵抗も不満も起こらず、夫婦ならではの行為として評価し感謝し合う、「共同的関係」ともなっていた。「夫の稼ぎによる扶養」と「妻の献身による家事・育児・世話」とのバ

I すれ違う夫と妻

ランスがとれ、家族という共同体として当然のあり方とされていたのである。

それが、女性も稼得可能となり、男性も家事可能となったことでバランスが崩れ、この交換の必然性は減退し、授受をめぐる不満や不公平感を招来することになった。ここで問題を先鋭化させているのは、一方が稼ぎという経済に直結しているのに対して、家事などのケアは無償の行為だということである。かつては、それが愛情の証であり、妻の献身として高く評価されたが、妻も稼得可能となったいまでは、無償でしている家事・育児に費やされる時間や心身のエネルギーは、職業をもてば稼得しうる経済的価値に換算され、その損失が明確化されもする。そして過小利得の側＝妻側に、不公平感や犠牲になっているという感覚が生じることとなった。これが、今日人々が家族関係においてもちやすい感情、「ずるい」という感情（山田, 2000）の背景である。

専業主婦における生き方や結婚に対する満足度の低さは、こうした状況と無縁ではない。朝日新聞への投書「ずるいんじゃない」は、夫との「交換的関係」が即「共同的関係」とはならなくなっている状況、換言すれば性別役割分業がもはや有効な方略ではなくなった状況であるにもかかわらず、性別役割分業を継続している夫婦における妻の心理が、あますところなく披瀝されている。

ずるいんじゃない　土浦市　T・K（主婦・31歳）（朝日新聞投稿欄, 1991.3.7）

私と夫は同じ大学の同学年生でした。学部は違いましたが、同じゼミで学び、同じスキー合宿に参加して、常に同等でした。

今、三歳の長女と九ヵ月の次女がいて、私は専業主婦。夫は仕事ばかりで、残業は毎日。休日出勤は当たり前で、家事も育児も関係ありません。転勤族で、近所との付き合いもなく、私は日々、子供と顔を突き合わせる生活です。

正直言って「こんなの、ずるいんじゃない？」という気持ちです。今まで男社会がつくってきた「子供、家族は女が──」という通りにすると、こういうことになるのです。

私の友人には、三十歳を過ぎても独身の女性がたくさんいます。既婚で子供一人という人はあまりいませんが、逆にDINKSの人もたくさんいます。これからは、男社会の考え方なんて気にせずに、いろんな生き方があって良いと思います。

私は子供から手が離れたら、また働くつもりですが、それは、まだ数年先のことになりそうです。

いま、日常的に妻たちに「ずるい」と思わせ、その不安や焦燥を高めているのは、社会変動が男性と女性の生活と心理とを変化させ、性別役割分業の最適性を喪失させたにもかかわらず、その性別役割分業が続いていることの一つの負の結果であると言えよう。

家族内ケア分担の不均衡

夫婦間の関係の質が結婚への満足度や生活感情を規定している様相は、家族内のケアの分担をめぐる事情にみることができる。結婚し子どもをもった夫婦には、3種のケアが必然的に生じる。家事という家族全員へのケア、育児という子どもへのケア、対配偶者ケアという配偶者への心身のケアである。恋愛結婚夫婦は、相手の心身の状況を敏感に察知し、相互に慰め激励するなど、愛情をもった相手との関係で最重視していた情緒的なやりとりを、生活を共にすることで継続的にもちたいと期待して結婚した。その意味で対配偶者ケアは恋愛結婚夫婦の中核とも言えるものであろう。

さて、育児期の夫婦において、これら3種のケアを誰がどの程度（5段階評定）遂行しているかを詳細に調査した結果（平山, 1999）が、図Ⅰ-2-10である。

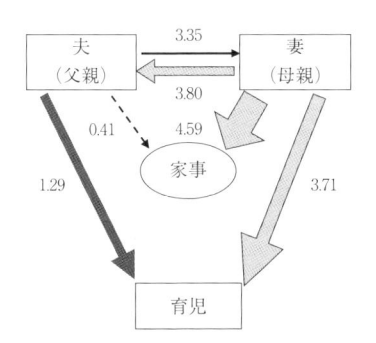

図Ⅰ-2-10 育児期の夫と妻の家族内ケアの授受（平山, 1999）

一見して、いずれのケアにおいても妻の遂行度合いは夫より多く、ケアの分担が夫婦間で不均衡な状況にある。夫が妻の遂行に依存している、換言すれば、「妻はするケア、夫はされるケア」という対照的な状況である。この状況が、恋愛中、相互にケアし合い、その継続を求めて結婚した夫婦の現実なのである。「釣った魚には餌はやらない」ということであろうか?!

I すれ違う夫と妻

　もちろん、大部分の夫は職業をもっているから、家族内ケアが妻より少なくなるであろうが、それにしても家族内ケアの女性偏在は他国に類をみないほど顕著である。生活時間の国際比較データからは、日本の男性が他国に比して家事・育児時間が著しく短いこと、職業、家事・育児、余暇などの時間配分に際立った性差があること（矢野, 1995；田中, 2001）がわかっており、さらに、有配偶・有子女性（妻・母）の労働率は年々上昇しているにもかかわらず、夫の職業一辺倒、家事・育児における夫不在には変化が少ない（伊藤ほか, 2005）ことも明らかである。妻が有職で稼得のある場合にも、家族内ケア（家事）の分担は依然として妻に偏っているが、かろうじて夫婦間の情緒的ケアのバランスに変化がみられる。妻が就労しており年収が100万円以上ある群と専業主婦群について、夫婦間で情緒的ケアが相互的に行われているかをみると、前者ではその対称性比率が高い（平山, 2002：図I-2-11）。

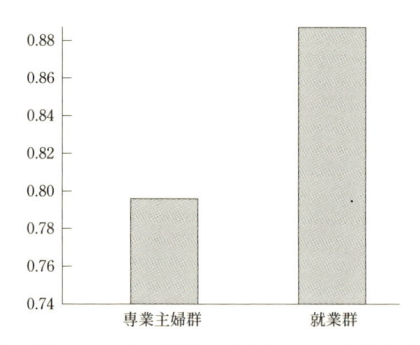

図I-2-11　妻の職業の有無と夫婦間の情緒的ケアの対称性比率（平山, 2002）
比率が1.00（夫と妻が等しい）に近いほど、夫婦のケアし合う関係が同等であることを示す。

　このような家族内ケアの分担における夫と妻間のギャップ、ケアする側（妻）対ケアされる側（夫）という構図が、ケアする側の妻に不満や否定的感情をもたらしていることは、1996年の国際家族年の理念——「小さな集団（家族）におけるデモクラシー」（の保証を強調した）——が、先進国と自負する日本でも、いまなお実現されていないことを露呈している。
　家庭内労働のジェンダー・ギャップは、子どもの目にも映じている。女子学生は親たち夫婦の分担状況を母親の過剰負担だと認知し、さらにそれは父親と比べて過小利得状態だと評価し、妻・女性が家族の中で不公平な状態におかれ

ていることを認識している（諸井，1997）。このことは、女性にとって結婚の価値・魅力を一層小さくさせる方向に働いているのではないだろうか。

　ケアの過重（偏重）負担、つまりケアの不均衡が妻の心理に及ぼす影響を説明する理論的枠組みとしては、衡平理論が有効である。社会心理学において、集団・対人関係の維持にとっては、集団成員間で授受のバランスがとれていること、つまり衡平性が重要とされてきた。一方で、家族とりわけ夫婦は、一般の集団や対人関係とは異なり、損得や勘定に左右されない無私の行為や愛情に基づく献身を特徴とするもので、衡平性は通用しない格別な集団だとされて、夫が稼ぎで妻や子どもを養護し、妻が夫や子どもを愛し世話する献身は当然のこととする家族規範が、長らく疑われずに支持されてきた。しかし、すでにみたように、家族・夫婦の間で、ケアするばかりでケアされることの少ない妻の側に不満や不公平感が生じ、ずるいとか犠牲になっているという感覚が生じており、家族・夫婦と言えども衡平性の治外法権ではなくなったこと、換言すれば「交換的関係」としてみるべきことを示唆する。そこで、等価な財の交換がなされているか否かを重視する衡平理論が、家族・夫婦関係においても妥当な理論として注目されることとなったのである（諸井，1996）。

　諸井（1989，1990，1996）は、妻の結婚満足度と家庭内労働の分担状況との関係に注目し、妻に、自分と配偶者それぞれが行っている貢献とそれぞれが夫婦関係から得ている利得とを評価させることによって、夫婦間の衡平性を測定している。夫婦間の衡平性については、妻側の過少利得とするもの51人、過剰利得とするもの46人、衡平利得とするもの47人と、ほぼ均等な分布であった。一方、結婚満足度については衡平群で他群より有意に高く、逆に非衡平群では有意に低かった。さらに利得が小さい時には怒り、利得が大きい時には罪責感がみられ、夫婦間でも家庭内労働は献身や無償の行為として当然視されてはおらず、衡平性が重要であることを示唆している。

　ところで家庭内労働の分担が結婚満足度に影響するか否かには、夫と妻のジェンダー観が影響している。ジェンダー観は近年次第に平等的志向を強めつつあるが、それでも年齢・世代、学歴を問わず、一貫して夫がより伝統的、妻がより平等的志向であることが、全ての研究が一致してみいだしている日本の特徴である（たとえば、内閣府，2005：図Ⅰ-2-12）。

I すれ違う夫と妻

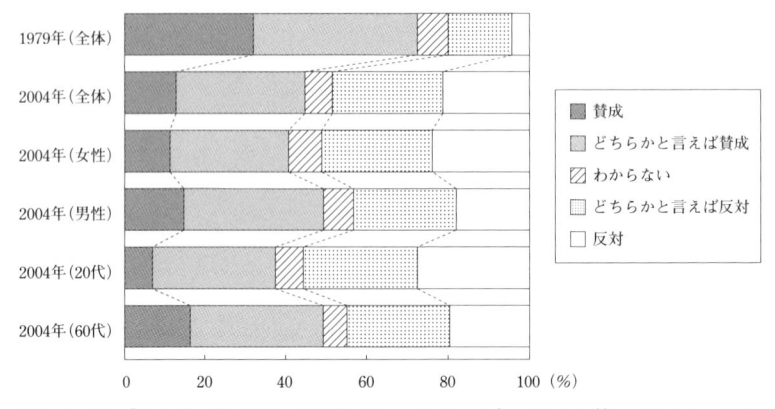

図 I-2-12 「夫は外で働き妻は家庭を守るべきである」に対する賛否（内閣府，2005）

　夫婦間にこの傾向が強い（夫は伝統的・妻は平等的である）場合に、妻の結婚満足度は最も低い。このような夫婦では、（夫が家事・育児は妻がすべきとの考えをもっていることを反映して）家族内ケア分担が妻に大きく偏るからであろう。それと対照的に、妻が平等的ジェンダー観をもつ場合には、妻が自分と夫の家族内ケア分担が衡平であると認知しているか否かが妻の結婚満足度を規定しており、妻の過剰負担と認知されている場合、満足度の低下と結びついている。
　以上の知見は、家族内ケア分担の衡平性が夫婦の「交換的関係」においては重要であり、それが「共同的関係」につながり、結婚満足度を左右することを示している。
　先に、育児期の妻の心身のエネルギーを発揮する「出口なし」の苦悩を綴った「ずるいんじゃない」を引用した（p. 34）。それは、「交換的関係」となった夫婦の間での利得の交換が不均衡で、家族内ケアが妻だけの負担となっていることへの異議申し立てであった。こうした夫婦間の家族内ケアをめぐる葛藤は、高齢期にも別なかたちで起こっている。ある老妻は、結婚以来（自分は無職で）夫の稼ぎのお蔭で安定した生活を保障されてきた。それゆえ、いま、自身の老いや体の故障にもかかわらず夫の介護を背負わねばならないと、悲壮な覚悟を述べている。夫の家計を稼ぐ役割は終了した。しかし、家族内ケア役割はいまだに妻の肩に掛かっている。残り少なくなった貴重な自分のもち時間や心身のエネルギーを自分のためには使えない、自身の健康もおぼつかない老いた妻の

嘆きは、交換的関係、性別役割分業の帰結であろう。それまで夫から受けてきた経済的保護に報いるための老後の介護が、女性の人生の後期を拘束している構図は痛ましい。

夫からの情緒的サポートの重要性

今日、かつて家族に求められていた機能の多くは、これまでみてきたように外部化されて縮小しているが、情緒的サポートについては例外で家族に強く求められている。川浦ら（1996）によれば、子どもをもつ親たちはいずれも家族を情緒的サポート源だと認知しており、中でも配偶者を重視している。育児期・中年期・老年期の夫と妻が、配偶者・子ども・友人のいずれをどのようなサポート源としているかをみた伊藤ら（2003, 2004a）の研究は興味深い。夫も妻も配偶者が最大のサポート源であるが、それは夫で著しく、全ての時期にどのような面でも、妻以上に配偶者を情緒的サポート源としている（図Ⅰ-2-13）。

このような夫の妻の情緒的ケアへの強い依存は、妻に偏った配偶者ケアあってのこと。夫との間の情緒的サポートのやりとりが均衡している夫婦ともっぱら妻側に偏っている夫婦について、妻の否定的生活感情（4段階評定）を比較した結果（図Ⅰ-2-14）は、夫からの情緒的サポートの少なさは妻の心理状態にネガティブな影響を及ぼすことを示唆している。

また、妻のディストレスの要因分析をした稲葉（1995）は、夫の情緒的サポートが強い規定因であることをみいだしている。妻の満足度を規定していると想定される諸要因を投入して検討した大規模調査（大和, 2001）も、夫からの情緒的サポートが他の要因（夫の家事、収入など）を圧倒して、極めて強い規定因であることを明らかにしている（表Ⅰ-2-3）。

夫からの情緒的サポートとは、「妻の心配事や悩みを聞く」「妻の能力や努力を夫が高く評価する」「妻に助言やアドバイスをする」などで、そう難しいことではない。先にみた平山（1999）において、家族内ケアの「対配偶者ケア」がほぼこれに当たるが、家事・育児などのケアと同様、妻による遂行の度合いの大きさと対照的に夫では極めて小さく、つまり妻は夫からケアされることは極めて少ない。

I すれ違う夫と妻

誰を情緒的サポート源として選ぶか

情緒的サポート源としての配偶者選択の状況

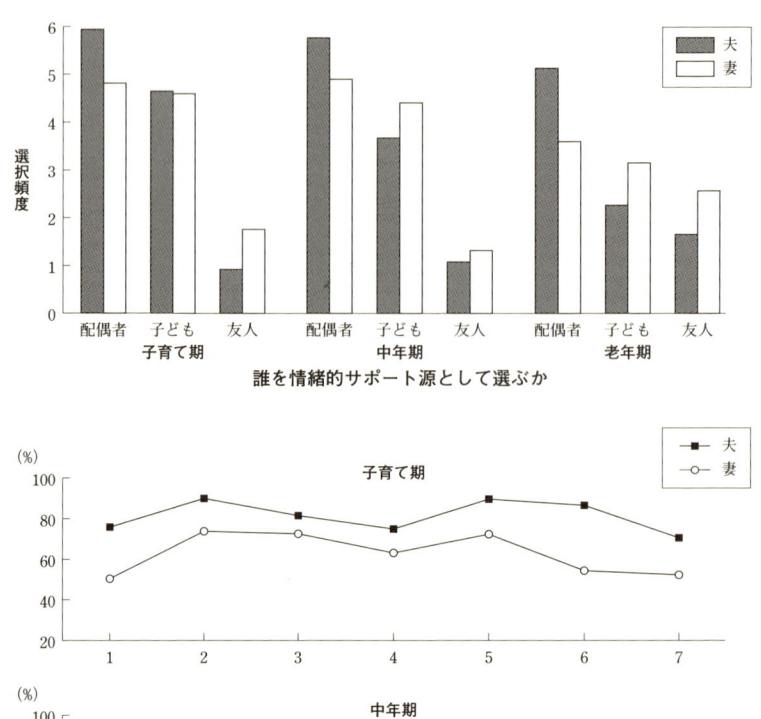

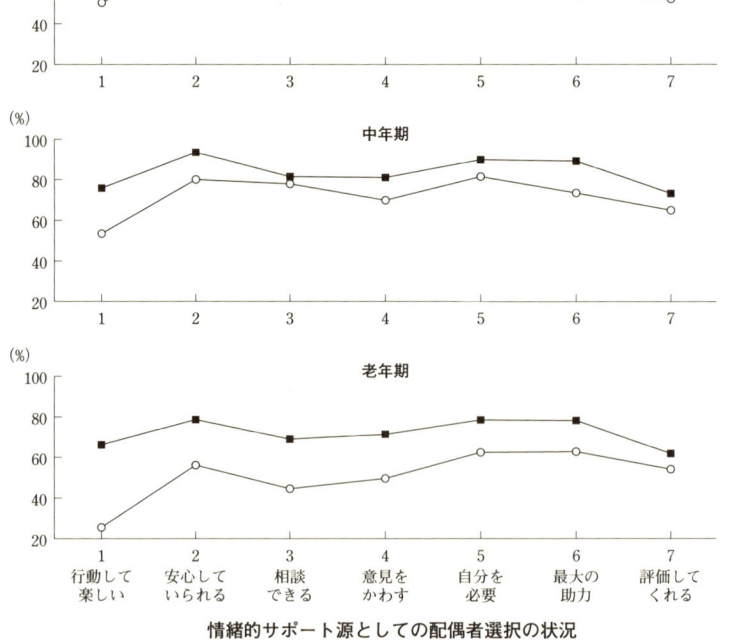

1 行動して楽しい
2 安心していられる
3 相談できる
4 意見をかわす
5 自分を必要
6 最大の助力
7 評価してくれる

図 I-2-13　誰をどのようなサポート源としているか　（伊藤ほか，2003, 2004a）

2 結婚生活の理想と現実

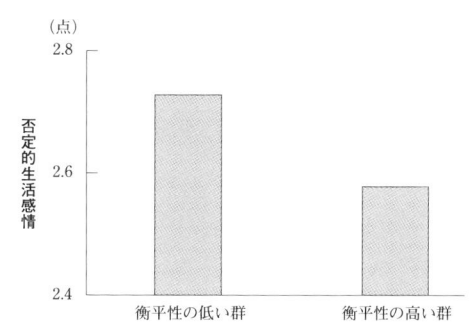

図Ⅰ-2-14 夫と妻のケア役割遂行の不均衡と否定的生活感情（平山，1999）

表Ⅰ-2-3 妻の収入貢献度別にみた結婚満足度の規定因（大和，2001を改変）

説明変数	育児期（末子が12歳未満）				非育児期（子どもなし・末子が12歳以上）			
	全体	0%	30%未満	30%以上	全体	0%	30%未満	30%以上
妻の年齢								
夫の収入	.104	.163			.086		.085	
夫の教育年数								
妻の教育年数								
妻の伝統的性別役割意識					.077	.100	.127	
夫の家事・育児回数	.106	.126	.118		.065			.105
夫の情緒的サポート	.580	.567	.549	.653	.522	.564	.489	.653

妻の結婚満足度を目的変数とする重回帰分析（一つの目的変数を複数の説明変数により説明）の結果，5%水準で有意であった標準化回帰係数（各説明変数の相対的規定力）のみ示す。
妻の収入貢献度（夫婦の収入に占める妻の収入の割合）に基づき，回答者を3分割。

さらに、夫の情緒的サポートの意味・影響は、妻がどのようなジェンダー観をもっているかによって異なることが明らかにされている（末盛，1999）。すなわち、妻が伝統的なジェンダー観――「夫は稼ぎ妻は家事・育児で夫を支える」との考え――をもっている場合に、妻の結婚満足度（20点満点）は夫から情緒的サポートがあるか否かに左右され、サポートがあることが重要である（図Ⅰ-2-15）。家庭内ケアを自分が引き受けていること自体は、自分のジェンダー観と合致しているので不満にはならないが、それに対して夫がねぎらい感謝し評価してくれることによって、家計と家事の「交換的関係」が「共同的関係」となり、結婚と配偶者に満足し、幸福感を抱くことができるのであろう。

先に、専業主婦の満足度が概して低いことをみたが、それは家事・育児をしている自分に対する夫からの情緒的なサポートが必要であるのに、それが容易に得られない——夫からのケアは極めて少ない（平山，1999）——状況の反映であろう。

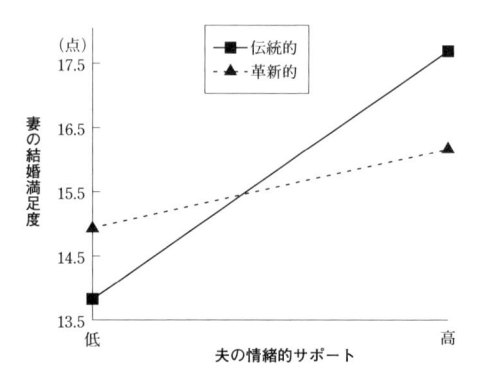

図Ⅰ-2-15　妻の結婚満足度に対する夫の情緒的サポートと妻のジェンダー観の交互作用（末盛，1999）

長津・濱田（1999）は、中年期の妻が配偶者とのかかわりにおいて抱くディストレスという負の側面に焦点をあて、その規定因の検討をしている。夫に対して否定的な気持ちを抱いている者は2割、また夫との共有時間に楽しさを感じない者は半数と、妻のディストレスは顕著であった。その強さを説明する最も強力な要因は、夫婦の友愛性パターンであった。友愛性パターンとは夫と妻とが情緒的にサポートし合う関係であるが、さらに妻のディストレスを強める要因は、夫婦間の「つくし方」のバランスが妻に偏っていること、育児期に夫の育児参加が少ないことである。これらはいずれも諸井（1996）の共同的関係にほぼ該当するもので、夫婦間にも衡平性が重要であることを示している。

育児期の妻の子ども及び夫に対する感情と日々の生活の中で抱いている生活感情（4段階評定）には妻の職業の有無によって有意な差があるが、とりわけ焦りや不安、いらいらといった否定的感情においてはその差は著しく、いずれにおいても専業主婦で強い（永久，1995：図Ⅰ-2-16）。

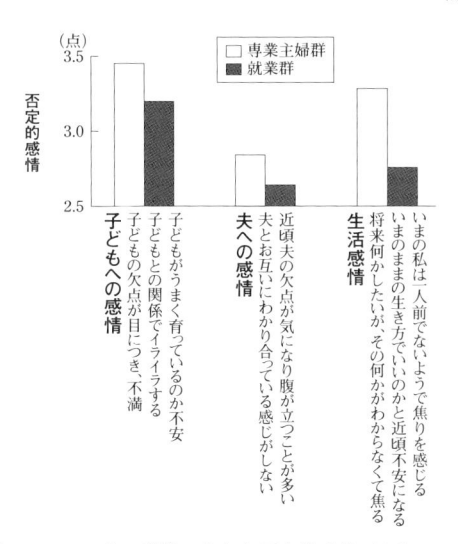

図Ⅰ-2-16 妻の職業の有無と否定的感情（永久，1995）

　妻たちは職業の有無の他は、年齢、学歴、子どもの数、末子の年齢が等しいため、職業をもたないこと、換言すれば専業主婦であることが、こうした否定的感情の要因であることが示唆される。
　なぜであろうか。職を辞して家庭を生活の場とすることは、必要に迫られての選択であれ、子どもは自分で育てたいとの希望に基づいてであれ、子どもへの愛情と子育ての意味を重視してのことである。その意味で子育て中心の生活からはやりがいも得られるであろう。しかし人間は動物と異なり、将来を展望する生き物である（白井，1997）。少子しか産まない自分のライフコースを予見すると、現在は家事・育児にそれなりの意味を認めていても、その生活はそう長くは続かず、その後の自分の存在意味を保証するものがあやふやであることに気づかずにはいられない。それが専業主婦の不安・焦燥の内実であろう。これは、将来を展望する人間として当然のことであり、わがままであるとか母性愛に欠けるなどと非難するには当たらない。
　さらに留意すべきは、家事・育児は必要であるがその成果は必ずしも評価されないことである。やって当然とされ、いくら一生懸命にしようが何の評価も得られない。また、したことの成果もすぐには返ってこない。こうしたことも

妻の不安・焦燥を高めるであろう。そこで、夫からの情緒的サポートがあることが専業主婦においては結婚満足度に大きな影響をもつ可能性が、末盛（1999）によって示唆されている。

夫からの情緒的サポートによって、妻は自分の存在や、していること（家事・育児）が夫から認められていることを実感でき、さらに配偶者と「個人としての関係」にあると認識できるのだろう。このことが専業主婦で顕著なのは、夫以外から自分の存在や業績が評価される機会が少ないからではなかろうか。

育児期及び中年期の妻の生き方満足度や生活感情、結婚満足度などを職業の有無と形態別に検討した研究（平山・柏木，2005）でも、同様のことがみいだされている。生き方満足度（100点満点）はフルタイム就業群が専業主婦群やパートタイム就業群に比して最も良好、そして不安・焦燥といった否定的生活感情（4段階評定）は最低である（図Ⅰ-2-17）。

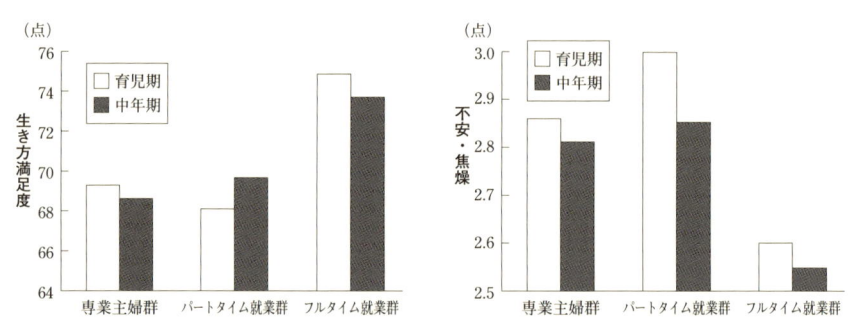

図Ⅰ-2-17　育児期・中年期の妻の就業形態別の生き方満足度（左）と不安・焦燥（右）得点
　　　　　（平山・柏木，2005）

一方、結婚満足度は、専業主婦群では育児期・中年期ともに、またフルタイム就業群では育児期で高く、パートタイム就業群がいずれの時期でも極めて低いことと際立った差をみせている。この結婚満足度が何によって規定されているかを重回帰分析によってみると、専業主婦群では不安・焦燥が低いことと夫婦関係の調和性とが重要な規定因であるが、フルタイム就業群では夫婦関係の調和性は直接影響せず、それよりも個人として〈自立的に生きていること〉と不安・焦燥の低さが重要な規定因である。

これらの結果は、妻の幸福感を左右する要因が職業の有無によって異なり、

無職の場合は夫婦関係が、有職の場合は自分自身の生き方が要因であることを示している。

　先にみたように、専業主婦では夫からの賞賛・励ましなどが結婚満足度に大きく影響していた。このことからも、生き方満足度の低さと結婚満足度とは密接に関連していると考えられる。逆に、就業している妻では情緒的サポートは、配偶者のみならず職業生活や社会的関係からも得られ、生き方満足度は結婚満足度と直結していないため、配偶者からの情緒的サポートの意味は相対的に縮小しているのであろう。

　以上の知見は意味深長である。かつては「女の幸せは結婚」と言われたが、いまや女性における結婚の意味、結婚満足度と生き方満足度との関係、換言すれば何が幸福の源泉かは、一様ではなくなった。それらは職業をもっているか否かによって異なるものとなった。女性は結婚したら妻・母として生きるのが当然、それがほとんど唯一の生き方であった時には、考えられなかったことである。当時は、女性の幸福は妻として・母としての幸福と一致していた。

　産業構造の変化及び高学歴化などの社会的諸変動は、女性の生き方に変化と多様性をもたらした。結婚し、子どもをもっても、職業をもつことを可能とした。そして実際、有配偶者有子女性の労働が増加するに及んで、女性にとっての結婚や家事・育児の意味は変化し、その結果、女性の幸福は結婚や夫婦関係だけに拘束される状況ではなくなったのである。生活感情、結婚満足度と生き方満足度との関係、夫からの情緒的サポートの必要性など、妻の心理の多くの面が職業の有無によって異なるという上記の知見は、その一端を示している。

◇ ケース篇 ◇

　個人カウンセリングにおいても、カップル・カウンセリングにおいても、夫婦関係の問題で来談するケースのテーマは、ほとんどが結婚満足度にかかわるものと言える。また、実証研究で結婚・夫婦関係に対する不満が大きいのは妻であることからも想像できるだろうが、カウンセリングの申し込みもほとんど妻からなされる。以下に、個人カウンセリングとカップル・カウンセリングから、その典型例と思われるものを取り上げてみよう[*1]。

ケースD　ジェンダー差がもたらす仕事観の相違による妻のいらだち

（妻：37歳・専業主婦、夫：40歳・商社勤務、子ども：9歳・女、7歳・男、4歳・女）

　妻がカウンセリングを受けようと思った動機は、夫への怒りと子どもたちとのかかわりの負担が、日常的欲求不満といらだちになり始めたからであった。次女の通う保育園で知り合ったある母親の誘いで、1年前からリサイクルショップの手伝いを始めたが、そこで出会う母親たちは、生き生きとしていて幸せそうなことを発見し、初めて自分が得ようとして得られないものがあったことに気づいたという*2。

　妻は、短期大学卒業後キャビンアテンダントをしていたが、夫と知り合って25歳で結婚。夫も自分も家族との時間を大事にしたいということで、結婚と同時に事務に転職。可能なかぎり一緒に夕食を取るという二人の希望と夫の多忙さもあり、仕事と家事を一人で引き受ける、制約の多い毎日が1年ほど続いた。空を飛んでいた頃の変化と刺激に富む自由な生活が自分に向いていたことに気づき、転職を考えて夫に相談するのだが、結論は家族のことを考えて生活することに落ち着いていた*3。

　最初の子どもが生まれて、妻は仕事を辞め専業主婦になる。子どもの誕生は、夫にとってはそれまでの妻との団欒や楽しみの時間を失う、予想外のできごとであったらしいが、夫は努めて夕食には帰宅し、その後は子どもたちと遊んだり、テレビをみたりして過ごし、妻とはほとんど話もせず寝てしまうようになる。

　妻は、夫の自分への無関心にも、家事への非協力的な態度にも不満で、いつも何かに腹を立て、文句を言っている状態になる。夫は妻の言い分を黙って聞き、すぐその場を離れてしまう。時に、妻の頼んだ小さな買い物を忘れるとか、文句を言うとからかうなどの仕返しもないではないが、全体としてはマイペースを続けている。夫の言い分は、自分の役割は家族のために稼ぐことであり、妻の役割は家事・育児だというものである。

　結婚して12年経って、初めて妻は自分と他の専業主婦との欲求不満には違いがありそうなことに気づき、カウンセリングを受けることを決心したのであった。夫は確かに一家の経済的支えであり、家族も子どもも大切にし、不満も言わず、冷静にものごとに対処している。しかし、それは自分の生き方を貫くことができる限りにおいてであって、妻の最大の不満は、夫が夫婦の団欒の喪失に耐える代わりに、妻の欲求不満や負担を無視し、かかわりさえも拒否していることだ。

　カウンセラーから推察すると、夫婦の時間や家族の団欒が減ったこと、妻のいらだちや文句の増加などに対し、夫自身にも欲求不満*4があるはずであるが、夫はそれ

を仕方がないものと否認し、また、怒りの抑制のために妻の訴えを回避して、妻との距離を取っている可能性がある。妻が自分の気持ちをわかってもらうために夫の来談を求めたところ、夫は自分が誤解されている可能性を懸念して来談した。夫は、「妻は人生をまじめに考えすぎる」「家族のために個人の生活を多少犠牲にするのは当然」と述べ、家事を手伝っていないことは認めつつも、「結婚当初からの二人の望み[*5]は叶えられているので、自分たちの場合、役割分業は公平である」「こんなことのためにカウンセリングを受けることは無駄」と言って、継続面接には同意しなかった。

確かに夫は妻との生活にコミットしようとしているのだが、妻の不満を理解できないことが判明した。その後のカウンセリングは、妻の言い分をアサーティブに表現し[*6]、それに対する夫の反応をカウンセリングにもち帰るという方針で、妻のみで継続された。

次第に、夫には妻の失望やさびしさが本物であることが伝わるようになり、妻の要求をからかったり、軽視したりするのをやめ、ある週末、夫は妻のリサイクルショップの商品運びを手伝った。また、妻が「自分にとっての家事は、結婚と家族への関与の証であって、『仕事』ではない」ことを伝え、夫の家事へのかかわりを要求するに及んで、夫は「何かすることあるか」と聞いたり、家事を手伝ったりするようになった。妻は、自分の欲求不満は夫の協力の量の不公平さによるのではなく、関与の質によることに気づき、気持ちを切り替えて自分の仕事と家族に自信をもって関与していくようになった。

解説 夫と妻の一見一致しているかにみえる結婚への期待が、ライフコースの変化にしたがってずれていった[*7]例と言えるだろう。結婚の契約は意識するものから無意識のものまで、また、言語化されるものから言語化されないものまで多様に存在するので、ある意味でこのようなずれは当然の現象であり、多くの夫婦が体験するものであると言える。しかし、この事例には、典型的であるゆえに多くの問題が潜んでもいる。

その第一は、本章のテーマでもある夫婦間の結婚満足度の落差と、その内容である。この夫婦には、他の夫婦にありがちな他者への否定的評価(自分の不幸は相手や環境のせい)とか、コントロール欲求(相手は自分の思うように動くべき)は顕在化していない。また、夫は仕事にしかコミットせず、結婚や家族を安定の証として利用しているだけというわけでもない。しかし、二人は、ジェンダー差による仕事観の違いには気づいておらず、また、考え方の違いを明確にし、話し合おうとする方略ももち合わせていなかった。特に夫は、家族を大切にするという妻と共有の価値観のもと、ジェンダー差には無自覚であり、妻の無意識も手伝

って、妻の転職希望は気まぐれ、あるいはわがままと決めつけていたようだ。ここでは扱わなかったが、妻の転職欲求は、キャリア発達への問いであるかもしれず、よい意味でも悪い意味でも女性のほうが男性よりも家計のために働くことをよしとしない心理を表現している。ジェンダーにとらわれた職業観、家事・育児観は、夫婦の共通の欲求である親密な関係の構築をめぐって、この事例のような欲求充足の格差を生んでゆくだろう。それは、有職の妻が専業主婦に比して生き方に満足し、夫への否定的感情が低いことにも現れている。

　また、二人とも家族の時間を重視していたことから、子育て期のストレスはそれぞれ当然のこととして受けとめようとしていた。しかし、終わりのない孤独な家事・育児に専従する妻と、仕事の始めと終わりが明確で、社会的な関係の中で他にサポート源をもち得る夫では、ストレスの質も量も異なる。妻は、やり場のない不満を怒りやいらだちで表現し、夫は自己に閉じこもり、役割を遂行するといった男性にありがちな反応でカバーしようとしていた。夫の冷静さは妻を一層いらだたせ、妻のいらだちは夫をさらに遠ざけていたと言える。

　さらに、経済的に夫に依存している妻にとって、夫の距離の取り方は、みすてられ不安が刺激されて情緒的つながりが脅かされるため、より依存的になる。それは、回避によって維持されている夫の冷静さを脅かすことになる。

　以上のような悪循環が始まると、不満をより強く感じ、表現するのは妻である。これは、「配偶者といる時」のほうがより孤独を感じるという実証研究の結果とも通じるだろう。

　一方、妻のリサイクルショップでの活動は、妻を時間不足と疲労に陥れる一方、ソーシャルサポートを得、自分を確かめる機会になっている[*8]。それはカウンセリングを受けるきっかけをつくり、夫との関係の質の転換を生み出す力にもなっている。

ケースE　育児不安に陥りうつ傾向を示す妻のケア

（夫：37歳・マスコミ関係、妻：35歳・専業主婦、子ども：5歳・男、3歳双子・男）

　夫婦は関西で結婚して10年になる。しばらく子どもができなかったこともあって妻は地方公務員として勤め、共働きをしていた。待ち望んでいた長男の妊娠がわかったばかりの時に、夫の東京転勤が決まったため、妻は仕事を辞めて転居。結婚当初か

ら勤務時間が不規則で、1〜2週間にわたる海外への出張を含めて不在がちな夫との生活は、高校・大学時代の友人とも離れた慣れない大都市での毎日を孤独なものにしていた。それに加え、双子の誕生と再度の社宅の転居で妻には最大のピンチが訪れた。しかし、九州の実家の年老いた両親の助けを借りることもままならず、妻は一人で家族を支えていた*9。

そのうち、妻は、子どもたちの過活動と乱暴にエネルギーを使い果たし、食欲減退、無気力が続くようになった。夫がごく自然に子どもたちと付き合っているのをみるにつけ、育児にすっかり自信をなくし、生きがいを失い、自分をとりえのない人間だと思い、すぐ泣くようになった。ただ、「だらしない母親でも、子どもにとって、いないよりはいたほうがましかもしれない」という思いで、がんばっていた。

一方、夫は、家族と過ごす時間は取れないものの、仕事柄、機知に富んだやりくりのうまい人でもあり、うつについての知識が多少あったこともあって、妻を心配して産業医に相談し、夫婦でのカウンセリングを勧められたのであった。面接は、主として夫婦並行で10回、合同で2回、7ヶ月間行われた。

夫の面接は、書籍の紹介によるうつに関する知識と対処法の伝達、特に具体的に二人でのデートの時間の創出を処方した。また、妻の疲労とうつ傾向は、彼女の育児能力のなさからくるのではなく、夫の家事・育児の責任をも背負っていることからくるという認知に変える方向をとった。結果として、夫は週3時間ほど子どもの面倒をみる時間を取ることができるようになり、その間、妻は自由に過ごすようになった。

また、妻の面接は社会とのかかわりをつくることにも向けられ、子育て支援の場やプログラムに参加することで人間関係のネットワークを広げることなどが試みられた。幼い子どもをもつ母親たちとの交流と専門家のかかわりは妻の自信喪失を癒し、ヨガのクラスに出席するなど自己の健康維持にも関心をもち始め、まもなく地域の支援センターの自助グループの一員としてボランティア活動をするようになった。ここで、カウンセリングは終了した。

解説 結婚満足度は夫婦だけで支えるものではなく、社会的・情緒的サポートが不可欠なこと、ディストレスには早期の、適切な対応が重要であることを示すケースである。

ディストレスやうつには、個人の性格特性やコーピング・スタイル、ふりかかるストレスの特質と人間関係の要素がかかわっている。したがって、カウンセリングでは、いずれの要素の検討も必要であり、うつが発症している場合は投薬を含む治療が不可欠である。

問題解決型のコーピング・スタイルをもたず、献身的で他者のケアに全エネル

> ギーを注ぎ、自己成長を棚上げにしてきた妻[*10]は、自他のコントロールを失い始めて、マイナスの結果を自分の責任に帰す性格傾向を強め、うつになりかけていた。それにいち早く気づいたのが、不在がちながら家族の変化に敏感で、やりくりができる夫であったことは救いである。夫のスピルオーバー気味のキャリア発達の問題は残されているが、なすべきことがわかれば可能なかぎりの動きをする夫の問題解決的で、社会的リソースを利用しようとするオープンな姿勢は、基本的に現在の結婚・子育てを含む家族づくりの重要なキーともなった。

　現代の家族づくり、夫婦関係の問題は、カウンセリングでは社会的・経済的問題（過重労働と借金・浪費などの経済問題）、家事・育児の問題、そしてそれらの相互作用から派生する配偶者のアルコール・薬物・賭けごと依存や子どもの心身症の問題などを通して訴えられることが多い。家族、あるいは社会のディストレスは、どのようなかたちで、誰によって表現されるかにもかかわりがあるので、ディストレスを訴えている人だけを問題にしたり治療したりすればよいというわけではないのだが、ケースEのように、早期にかなり明確なかたちで取り上げられると、多くの妻が負いがちな不安とディストレスが、社会の動きの速さと人間の価値観の変化の緩慢さに関係していることがわかる。人間関係でうつになる女性、仕事上でうつになる男性が多い事実は、この事情を語っていると言えるだろう。

　臨床の現場では、妻の結婚への不満は、個人的な怒り、うつ、不安で表現されやすく、夫の結婚への不満足は支配、情緒的交流の回避、不安を埋める過活動で封じ込められやすいことを示唆する事例に出会うことが多い。これは夫婦関係の問題であると同時に、無意識のうちに夫婦が背負っている社会的ジェンダー・ギャップの根強さを考えさせる[*11]。

◇ 対 話 篇 ◇

Q：来談する場合、結婚への不満は一方（妻だけ）のものですか、夫妻双方のものですか（*1）。カウンセリングを申し込むのは妻でも、その相手である夫も「（妻は不満だというが）自分だって……」と不満を述べることもあるのでし

ょうか。中高年離婚は妻からの申し出が圧倒的に多く、夫は寝耳に水と驚愕・憤慨することが多いとのことですが、若い層でもすでにこのようなギャップがあるのでしょうか。
A：カウンセリングに来談したり家裁に訴えを出したりする場合、寝耳に水の状況と、一方が不満を先に意識して、それを匂わせたり言い募ったりしても相手が本気に受けとめず、論争状態になっているなどの状況と2通りあります。前者の場合、多くは家族のためを思って働いている夫と、家族を思うならもっとかかわるべきと思っている妻とのずれによります。このずれがカウンセリングで明らかになることが多いのです。

Q：ケースDの妻は、家の中に一人でいる時にも、おそらく何となく不満や問題を感じていたのでしょうね。それが、他の母親たちとの比較によって自分を考えるきっかけとなり、（女性の）別な生き方の発見になっていますね（＊2）。閉じこもっていると、それでいいと自足している、あるいは問題を感じていてもそれが明確に意識されず、具体的な思考に展開しないので、社会的な場や同様な状況に置かれている女性たちからの刺激が重要だということでしょうか。
A：このような問題に突き当たる妻の多くは、自分の母親が妻・母親モデルとして専業主婦であり、同胞の数が少なくなった現在、幼い子どもを育てている姿やその葛藤などをあまり目にしていないのではないかと思われます。こうした葛藤をみて育った女性は、共働きや独身を選んでいる可能性があります。その意味では、このような状況に置かれた時、自分だけの責任ではないし、自分だけがいらだっているのではないことを知ることは重要です。ここに現代の孤独な育児状況の問題がみえると思います。

Q：自分だけの問題ではないと相対化するには、社会に出て他者を知ること、あるいは、歴史や社会の変化について、社会科学的見識をもつことが必要だと思います。このような変化は、カウンセリングの過程で起こることも少なくないでしょうね。ケースDでは妻の転職・退職について、妻自身がどれほど将来展望的な考察をしているのか、疑問です（＊3）。夫との討論・合意があったのでしょうか。これがきちんとされてこなかったことが、後々まで問題の根に

I すれ違う夫と妻

なっていったのでは？　今日多くの女性は子どもが生まれる前は働いています。辞める場合、なぜ辞めるか、自分にとってどのようなマイナスがあるかについてどれだけ考えたか、その決定に夫の意見がどのくらい入っているかは重要です。そこでこのケースでどうだったかをもう少し詳しく知りたいのです。夫の側も性別役割分業を疑わないとすると、妻の転職・退職もまともに相談に乗ることではないとしていたのではないでしょうか。いずれにしても妻が働くことをめぐる問題であり、さらにコミュニケーションの問題もありそうですね。

A：将来を展望して話し合いをしていなかったのではないか、と言われればその通りでしょう。むしろ、現代の残業の多い、家族を顧みる時間が取れない仕事の状況下では、大多数の夫婦が仕事と家庭を両立することの困難を前にして、ケースDと同様の妥協をするか、子どもを産むことを諦めるかを選んでいます。問題は、その時、女性が家族を支える役割を取りがちであり、社会的にもその常識が通用していることでしょう。夫婦とも、あるいは、女性自身、その問題をわかっている場合でも性別役割分業の決断をすることもあります。ここに潜む問題は、日本社会の競争・課題・成果中心の働き方であり、きりのない仕事にのめり込む日本人の傾向であり、何にもましてキャリア発達の視点で教育が行われておらず、男女とも自己の適性を理解し、それに基づいた生涯設計をすることができていないことです。キャリア発達とは、①人生を構成する一連のできごとであり、②自己発達の全体の中で、労働への個人の関与として表現された職業と人生の他の役割の連鎖を含み、したがって、③学生、雇用者、年金生活者、副業、家族、市民などの役割を含む一連の地位であることを、ほとんどの人が理解していない現実が反映されているのです。いわゆるワーク・ライフ・バランスの問題とも言えるでしょう。これらは、コミュニケーション不在の問題として夫婦の責任だけに収斂することはできない、日本社会の問題だと思っています。

Q：全く同感です。最近、キャリア教育とかキャリア形成とかしきりに言われますが、依然として職業中心、職業ガイダンスといってもいい状況です。ご指摘の通り、「職業と人生の役割の連鎖」を考えたキャリア発達が、日本の男性・女性双方に、必須の課題だと思います。これはかなり早期──進路を考え

る時──に教育されることが必要でしょう。ところで、ケースDの夫自身の欲求不満（＊4）とはどのようなことですか。また、その点で妻との間にどのようなギャップがあったのでしょうか。「結婚当初からの二人の望み」（＊5）とありますが、それは夫だけの認識であって、妻のほうの望みはそれ自体が結婚後に変化したのではないでしょうか。そのことへの気づきが両者、特に夫に欠けていたのではありませんか。

A：前の質問の答えとも重なりますが、キャリア発達の問題と考えます。結婚当初からの二人の望みは、夕食を家族が共に取るということで、その約束は双方とも守ろうとしていたのです。結婚当初はそれを実行するための決断に二人ともそれほど違和感はなかったわけですが、妻はこの期に及んでキャリアの問題に直面することになり、夫としては妻がキャリアの問題にぶつかっていることを理解し得ず、また、夫自身、自分のキャリアの問題にまだ気づいていないかもしれません。ケースDでは、夫のみが問題の変化に気づかなかったわけではなく、仕事を辞めた妻のほうが、このようなかたちで早く問題に気づき始めたと理解します。

Q：これは、結婚前に結婚後の重要な課題を話し合う、また合意を得ているケースは少ないという実証研究を考えての疑問ですが、ケースDに限らず、「性別役割分業をすること」の内実を明確に認識して、相互に了解していれば、起こらなかった問題ではないでしょうか。「結婚すれば妻が家事・育児をするもの」と曖昧に考え、それを疑うことなく自然に受け容れてしまったことの当然の結果が、こうした妻の不満、夫との離齟の原因ではないでしょうか。誰しもが知らず知らずのうちにジェンダーに囚われていることに、自覚的な視点をもつことが重要だと思います。先に指摘されたキャリア発達にもこの視点は必須でしょうが、クライエントはこうした問題意識をカウンセリングの過程で発見することになるのでしょうか。その過程で、カウンセラーはどのように、そこに問題の根があることをクライエントが発見するような方向づけをするのですか。複数のカウンセラーがかかわる時、その点についての基本的な姿勢・価値観が一致していることが必要だと思いますが、そうした確認はどのように行うのでしょうか。

A：キャリア発達について答えたこと（p. 52）が、私のカウンセリングをする上での姿勢です。つまり、カウンセリングの目的は、大きく次の3点です。①一番大きな傘として個々人のキャリア支援をすること、②そのために、心理的発達の支援が必要な場合は、そこにかかわること、③その前に癒すべき心的外傷があれば、それを癒すことです。③から始まり、①までカウンセリングが進むこともあれば、②から③へと進む場合もあり、また②あるいは③だけのこともあります。そこにはジェンダー・センシティブなカウンセラーとそうでないカウンセラーの違いは出てくるでしょう。終了の見定めの基準は、クライエントの主訴、事情、希望などによります。終了は双方の合意によりますので、多様です。主訴が解決したら、次の問題が見えることがあって、さらにカウンセリングを再契約することもあります。このような対応をする理由は、カウンセリングの価値観として、「心の成長は一生であり、本人がその成長にどのように取り組むかは、本人に委ねられてよい」と考えるからです。その意味では、双方が懸案を残していることを了解しつつ、カウンセリングを終わることもあります。

Q：ケースDの妻の変化（＊6）からは、それまで妻は相手に明示的に伝えるコミュニケーションをしていなかったので、夫は妻の気持ちを察することができなかった・察しなかったということがわかりますね。では、なぜこうした以心伝心への依存に陥ってしまうのでしょうか。第Ⅰ部第4章にみる夫婦間のコミュニケーションについての実証研究から、夫と妻の経済格差＝勢力関係が、夫上位／妻下位というコミュニケーションの背景であることがわかっていますが、臨床ケースではどうでしょうか。

A：コミュニケーションの中のやりとりの問題については、第Ⅰ部第4章で取り上げます。経済格差＝勢力関係が夫上位／妻下位となっている実証研究は重要一つのデータで、別れるか別れないかといった決断をするときの要素になるでしょう。ただ、コミュニケーションの問題には、性格・家族史・対人関係（特に最近ではいじめ、不登校など）の歴史などがかかわってきますので、カウンセリングでは経済問題があってコミュニケーションが取りにくかったということだけがクローズアップされることはあまりありません。

Q：「ライフコースの変化にしたがってずれていった」（*7）とも言えますが、そもそも結婚への期待について、夫と妻それぞれがどう考えていたか、そのためにどう生活を運営するか（特に性別役割分業をするのかどうか）について、十分な将来展望と自己認識に立ったものだったのでしょうか。このあたりは、今日・将来の結婚と夫婦関係の最適性を考えさせられる重要な点だと思うのですが……。

A：まず、そのような展望をしっかりもって結婚する夫婦は非常に少ないのではないかと思います。変化を含めて展望をもち、あるいは変化に応じて話し合える状態で結婚していれば、夫婦の問題でカウンセリングを受けることにならないでしょう。ある意味で、キャリア発達の問題ともかかわりますが、キャリアの展望ができない上に、価値の激動が加わって、結婚後にこのような問題に出会うことが多いのではないでしょうか。その意味で、先ほど述べたキャリア発達の教育や婚前カウンセリングが重要な役割を果たすと思われます。アメリカでは、キャリア・カウンセリングがすでに1960年代に開発され、小学校からキャリア発達の教育が行われていること、その中身は「職業をどう選ぶか」ではなく、「人生の変化に適応するための選択力をどうつけるか」という視点で、発達段階に応じた支援がなされます。そこでは、当然、心理的発達の問題と同時に、職業（主婦業を含む）の展望を考えることになります。したがって、結婚は重要なキャリア発達のテーマです。

　それに加え、家族心理学・家族療法の分野では、特に北米でPREPARE（結婚前の個人的人間関係の評価）とかENRICH（カップル関係の育成）などのプログラムが開発されていて（Olson & Olson, 2000）、心理療法家や結婚式をつかさどる牧師が一定の訓練を受けて、希望するカップルに実施しています。その中では、結婚前のカップルの関係の強さや成長が必要な領域、それぞれの家族文化の違い、財政管理、性関係、性役割観など、12の領域について検討し、話し合い、結婚を決める支援をしています。その結果、より確かな理解をもとにして結婚を決めるカップル、時には結婚を延期したり、やめるカップルもでてきます。

Q：ケースDの妻が社会的活動を始めたのは、専業主婦が家庭や家族内ケア

役割に生き甲斐を求められず、家族外の活動やネットワークにそれを求める動向の一つでしょうが、動機は何でしょうか。家族・配偶者との関係への失望・諦め、社会的孤立、あるいは就業へのバリアの高さなどが考えられますが……。最近注目しているのは、幼稚園や学校など子どもの友達の親同士の交流です。最初は「〇〇ちゃんのママ」「△△君のお母さん」として付き合っていますが、やがて気の合う者同士がファーストネームで呼び合い、子どもを離れて女性同士の友人ネットワークをつくっていくケースが多いようなのです。その個人としての付き合いの中で、(母としてではない)自分の生き方を考え直したりほかから学んだりする場になっています(*8)。夫との関係についてもまた仕事をもつことについても、この交流で再考する機会になっているようです。これは夫との話し合いの不毛さにも一因があるのではと思っていますが、今後に注目したい動向です。

A：直接の動機は、子どもの保育園で出会った主婦から誘われたことです。ただし、人は何かを成し遂げたいという欲求を必ずもっていますので、それが叶わないと、孤独感、不全感、生活の変化への欲求などとなって表現されます。その後、個々の活動を通じて、自分のキャリア発達をどう考えるかは今後の課題になるのではないでしょうか。

Q：ケースEは、家族内ケア役割が妻だけになっている(*9)非衡平性の問題ですね。当事者はその問題だと受けとめていたのでしょうか。
A：仕事で精一杯の夫の傍らで、妻は家族内ケア役割を担うことは当然と考えていた夫婦ですので、非衡平性の問題としては受け取っていなかったと言えるでしょう。妻は、孤独感を夫が理解していないことには不満でしたが、子育てについては夫と比較して、うまくできない自分の問題ととらえていました。いよいよ子どもの過活動に対応できず、うつになり、初めて助けを必要とすることに気づいたのでした。その意味では、無意識のジェンダー観も反映していると受け取ることができるでしょう。ただ、この夫婦の無意識のジェンダー観の問題は、二人の個人的な問題だけでなく、日本の男性の働き方の問題としてみのがすことができません。もし、妻の孤独、双子の過活動という特殊な状態がなければ、性別役割分業の体制が問題をつくり出すとは気づかれないで過ぎて

しまったかもしれません。夫の残業や不在が多い日本人の働き方の問題でもあり、ケースＥの夫は、家に帰って家事・育児を手伝う気がないというよりも、それができないことで夫婦が性別役割分業を選んだところがあります。もし、夫がこれほどまでに仕事に忙殺されなかったならば、家事・育児を分担した可能性があるので、あえてこの事例を取り上げたのです。ジェンダーの問題に性格の問題が重なってうつなどの心理的問題が発生するだけでなく、日本社会がうつを生み出しているとも言えるのです。

Ｑ：〈個人的なことは政治的なことでもある〉ということが、ケースＤでも当てはまりますね。臨床ケースというまさに個人的な問題の背景に、日本社会の働き方・働かせ方の問題がある、それを男性も女性も知らず知らずのうちに体得してしまっている、それが問題だと思いました。個人の治療や回復にとどまらずに、こうした個々のケースを超えて、共通している社会の問題を臨床家に強烈にアピールしてほしいと切望しています。社会的背景は置くとして、これらは単独・孤立育児、父親不在の育児の問題の典型と言えるのではないでしょうか。第Ⅱ部第２章で扱う育児不安の問題ともかかわりますね。
Ａ：再度、子どもがらみの問題として言及したいと思います。

Ｑ：ケースＥの場合、単にコーピング・スタイルをもたない（＊10）、という技術的な問題以上に、妻が「献身的にケアすること」の意味、自分自身の成長・存在を大事にするという視点の欠如、女性＝ケアラーとするジェンダー観などを疑うことなく取得・実践していることの問題としてとらえたいと思うのですが。実証研究で明らかになってきているケア役割をめぐる問題、ケアのジェンダー規範、それが女性の不満や不幸感を惹起しているケースとみることができるように思いますが、いかがでしょうか。
Ａ：外からみればそのように受け取ることができるでしょう。ただ、妻本人は、ケア役割に疑問をもったり、不満や不幸感があったりしたわけではないところに、うつになる要素があります。この裏側には、ケアを自己の役割として全うし、それが生きる意味として本人を支えている多くの妻たちの存在があることを見逃せません。逆を言えば、スピルオーバー状態になっても自己責任を全う

I すれ違う夫と妻

しようとしてSOSを出すことがない人は、男性でも女性でもストレスでうつになり、突然死に追い込まれることがあるということなのです。それに対応する術をもたない日本社会が、中年男性の働き手の自殺の増加をもたらしていると言えるでしょう。妻が不満や不幸感をもつことも制約されるほど、夫がくたくたになって帰宅し、5時間以下の睡眠で疲労をためて出勤するという状態の異常さが、夫にうつとして出ることもあれば、このように妻に出ることもあるという事例として受けとめる必要があると思います。

Q：ケースEは、妻に個人としての活動の場を設定する＝個人として生きる必要性を充たすことで終結していますが、この意味はとても重要だと思います。社会変動の中で、もはや専業主婦は妻・母親としての生き甲斐・アイデンティティをもち得ないこと、個人として生き、活動することが必要であることを示すケースとして位置づけられると思います。コーピング・スタイルの問題でもありますが、むしろケースEは、本章での社会変動と男女の生活・心理の変化、個人化に関する理論と呼応するものだと思いましたが……。
A：その通りです。かつては、乱暴な男の子3人を育てることは、妻の役割として当たり前と思われていましたが、そこにはコミュニティや親族の手助けがあり、コーピング上でも心理的にも支えとして周囲に人々がいてくれました。そんな中での子育てと現代の孤独な子育ての違いが、多くの夫婦にはみえていないのです。職場としてもコミュニティとしても、子育てが社会の課題であることを認め、その方策を打ち出さないかぎり、個人の能力や性格の問題として扱われ、ジェンダーの問題に気づくチャンスも失われていくと思います。カウンセリングのジレンマは、そんな社会の問題を個人が背負っていること、女性や母親、時にはまじめな企業マンの自己犠牲に出会うことです。

Q：ご指摘のように、これは男女共々、ジェンダーの病の問題ですね（＊11）。第Ⅱ部第2章で扱う男性の発達不全の問題としても、このケースEは重要ではないでしょうか。
A：男性の発達不全だけでなく、自然科学を中心とする近代科学が無視、あるいは軽視してきた現実の人間の経験や社会の動きへの無関心があるように思い

ます。この構造をつくり上げたのが男性であるという意味では、ジェンダーの問題でもあり、それを意識することなく動いている社会は、成熟した社会ではないし、その意味で、男性の発達不全と言うこともできるでしょう。ただ、その現実の矛盾を体験しているのが、実はセンシティブで、より多大な負荷を抱えている人や、弱い立場に立たされている障害者などであること、その人たちの問題は自分たちの問題ではないと思い込んでいるリーダーたちの排除の論理が働いていること、人間の存在の多義性に関心が向かない成果社会の問題などが潜んでいるように思います。

Q：そのことを臨床体験から声を大にして言ってほしいと思います。職業人の間に増えている燃え尽きやうつ、それに臨床的に対処することは急務ですが、その源を断たなければ問題の増加に対して歯止めがきかないと思うからです。臨床家ならではの使命ではないか、とさえ思うのですが。最後に、質問です。これまでいろいろな夫婦・カップルのケースが紹介されましたが、どのケースにも性・セックスのことは挙がっていません。これはなぜでしょうか。実証研究では踏み込めない問題である一方、親密さの重要な局面と思うのですが。また世間ではセックスレスが問題になっていますが、問題を抱えた夫婦ではどうなのでしょうか。

A：ケースで取り上げた夫婦の多くはセックスレスの問題を抱えていることもあり、相談の中ではどちらかが不満を訴えます。これらのケースでは大きな問題にはならなかったため、記述しませんでしたが、セックスレスであっても、それが問題にならないほど、ほかの問題に精一杯だということでもあります。

Q：同様に、経済のこともほとんど出てきませんでしたが、臨床ケースではこの点はどうなっているのでしょう。来談するケースは比較的富裕な層だと思われますが、それでも夫と妻の間の経済力の差が決定権などと関連して問題になることはありますか。夫婦関係における経済的対等性の重要さは実証研究からは検証されていますし、また第Ⅰ部第4章の退職後の夫婦のところでふれますが、財布の管理が妻から夫に移るケースが少なくなく、これが二人の関係性とどうかかわるのか関心をもっているのですが。

I すれ違う夫と妻

A：夫婦の問題には、ここに提示したケースのほかにも、ギャンブルや浪費で借金がかさみ、その件で夫、あるいは妻が「この人を治してほしい」と来談する場合などがあります。また、夫が浪費をしている場合は、銀行のキャッシュ・カードを妻に渡さないことも起こっています。また、夫が小遣いを増やしてほしいとか、昼食代が足りないと言ったりすることもありますが、大きな問題になることはありません。日本では、専業主婦が財布の紐を握っていることも多く、ここに挙げたケースでは、経済的な問題は出てきませんでした。一方、虐待のケースの中には経済問題がからむことが多くあります。

Q：実証研究からは、（女性では配偶者の有無による差は全くないのに）男性では配偶者がいるほうがストレスが低く、結婚が精神的健康にプラスに作用している可能性が示唆されています。このことの背景であろうと思われる現今の結婚・夫婦関係の特質・問題は、臨床研究からはどう考えられますか。

A：夫婦関係が冷え切って、妻が欲求不満を抱えていても、夫は結婚という「形式」を維持していることが社会的安定を保証するので、離婚を拒否する例があります。男性は形を整えていれば安心であり、女性は実質的な親密さや関係がつくれないかぎりストレスになることが推察されます。課題達成志向の夫と関係性志向の妻にみられるパターンでもあるでしょう。おそらく夫は、専業主婦のストレスなど、成果がみえない家事をしてみないかぎり想像もできないでしょうし、もし、平常が維持され、メンテナンスがうまくなされていれば、それがいかに大変かわからぬまま、整っている家で心理的に安定しているのだと思われます。また、よほど神経質で強迫的な傾向がある夫でない限り、寝る場所に帰ってくるだけの生活では、妻のメンテナンスの不十分さには気づかないことも多いのではないでしょうか。夫がメンテナンスに不服を言うことは非常に少ないです。

Q：性別役割分業の妻（経済力のない妻）が夫との間に個人としての関係を求めて結婚を解消するケースはありますか。

A：家庭裁判所ではたくさんあるでしょう。解消を言い出されて驚いた夫が調整のためにカウンセリングを申し出ることはあります。

Q：家族内ケア分担の不均衡があっても、交換的関係に取り立てて不満も問題も感じていない妻、「身についた主婦性」を当然視している妻は、いまも少なくないと思いますが、それが時を経て（たとえば双方の体が弱って）問題として顕在化するケースもあるのではないですか。ちなみに、老病夫を同じく老病妻が「自分しかいない！」「死ぬまで」と悲壮な覚悟で介護し、うつになっていくケースを知っています。ここに至ってカウンセリングに来談することはもうないのかもしれませんが、こうなる危険性はこれからの老老介護の時代、多くなっていくように思いますが……。

A：40代後半から50代にかけて、つまり子どもが自立した時に、離婚を申し出る妻、夫が退職した後「夫の顔もみたくない」という妻などに、そのようなケースがみられます。経済的な問題がない場合、あるいは子どもの支援が得られる場合、離婚する妻、離婚しないでボランティアや社会活動に参加していく妻、夫改造に乗り出す（人間関係の講座やカウンセリングなどで）妻など様々です。最近では、年金をもらえる年齢になるまで我慢して、それまでに離婚の準備をするといった相談にくる妻も出てきましたが、どのケースもあまり悲壮な覚悟はしていません。

◇ ま と め ◇

　各ケースから強く印象づけられたのは、人間が生きるということに対して日本の社会がもっている拘束的作用の強さである。取り上げられたケースは個々に事情が違う――夫と妻の性格、経済的状況、職業など、いずれも独特である――が、結婚への不満や夫婦間にずれが生じている背景には、個々の事情を超えて、職業的達成を最優先する日本の社会的風土の圧力を無視できないことが垣間みられた。「うつは日本の社会の産物」と指摘されているが、これは悲しい現実である。そのために続出する問題の対処に振り回されているのが臨床心理学とも言えるだろう。このことは、臨床家のみならず一般の人々が認識すべきことだと思う。また「うつは日本の社会の産物」と断言できる臨床家こそ、社会に、企業や政府に対して、そのことを強くアピールしてほしい。

　相談に来る家族が（夫も妻も）問題を自分たち自身の問題として顧み考える

ことは大切だが、問題の背景に仕事中心、課題達成・成果重視という日本社会の価値・風土があることも銘記しておく必要がある。自分たちに起こっている問題が自分たちだけの問題、責任ではないという、広い社会的な認識を養うことが重要だが、カウンセリングはそうした認識をもたせる役割を担うことに注目した。

家族をもつが「家族をする」ことのない・できない男性（夫・父親）、他方、家事・育児に全エネルギーを投入して自己成長をおろそかにしがちな女性（妻・母親）というコントラスト、いずれもが発達不全の状況にあることが実証研究から浮き彫りにされているが、ケースにその具体例をみることができ、ワーク・ライフ・バランスも、この視点から再考する必要を改めて確認した。キャリア形成も、全生涯にわたる発達をみとおし、学習、仕事、家庭すべてにわたる個人の生き方の問題として考えるべきであることも学べるが、その意味で、臨床のケースは個人的な問題でありながら、日本の社会における生涯発達の課題を考えさせる貴重な資料と言えよう。

第3章　仕事と家庭の多重役割

◇データ篇◇

女性の多重役割——働く母親研究

　前章で妻の職業の有無が夫婦の関係性やそれぞれの結婚満足度と関連していることをみたが、これは、多重役割及び「夫は職業をもって稼ぎ、妻は職業をもたずに家事・育児を担う」という性別役割分業を核とするジェンダー観と密にかかわる、まさに家族システム上の問題となる。多重役割については、一人で複数の領域に関与し、異質な役割を担うことは、当人の心身及び時間的負担によるストレスを生じるのではないかとの問題意識から検討されてきた。その延長として、長らく家庭領域だけにとどまってきた既婚有子女性の就業は、本人以上に子どもや夫に対して負の影響がある、と予想した研究が多くなされてきた（小泉，1998；土肥，1999；柏木，1999）。その根底には、母親となった女性は家事・育児を専業ですべきとのジェンダー規範があった（「働く母親」との語——「働く父親」という語はない——にそのことが暗に反映されている）。しかし、それらの研究のうち、「働く母親の子どもの発達は問題が多い」との一般に強い懸念を裏付けるものは皆無で、むしろ有職の母親の子どもは自立の発達に優れているというプラスの影響が報告されており、多重役割の問題は、それを担う既婚有子女性本人の心理的健康に研究の焦点が移ってきている。

　多重役割の影響としては、①職業役割と家庭役割両方を担うことで自分の有能観が高まり心理的健康が促進される「増大仮説」と、②役割が多くなることによって両役割間の葛藤が強まり負担感や憂うつな気分などネガティブな感情が生じる「欠乏仮説」とに区別されている。このいずれが妥当かについて、多重役割をもつ配偶者も子どももいる群と、単一役割の配偶者も子どももいない群、配偶者はいるが子どもはいない群の精神的健康を比較した稲葉（1995）は、3群間に有意な差をみいだしていない。しかし同様の3群について生活満足度

I すれ違う夫と妻

(100点満点)と役割過負担(6段階評定)の二面を比較した土肥ら(1990)は、多重役割群つまり働く母親では、役割過負担が高い一方で生活満足度は3群中最高であるとの結果を報告している(図I-3-1)。

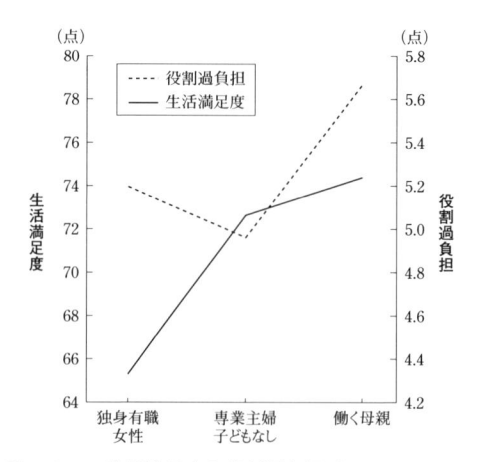

図I-3-1　生活満足度と役割過負担(土肥ほか,1990)

この結果は、多重役割を担うことはプラス・マイナス両方の影響を含むこと、増大仮説、欠乏仮説いずれかで説明することは困難であることを示唆している。その後、多重役割の影響について、ストレスの作用する方向に「職業から家庭へ」と「家庭から職業へ」が区別され、さらにこれらに加えて、どちらの役割に時間を使うかの時間配分上の葛藤、多忙さ、時間のなさなど「時間葛藤」も指摘されて(金井,2002)、より多角的な検討が行われている。

ところで、多重役割がそれを担っている女性の心理的健康に及ぼす影響は、役割によっても差がある。職業役割と配偶者役割は概してポジティブな影響を及ぼすが、家事役割・老親介護役割はネガティブに働く。また親役割についての結果は一貫していない(小泉,1997)。ポジティブな影響を及ぼす職業役割と配偶者役割の二つは男性も担うものであるが、家事や介護は男性が担うことが少なく、女性は職業をもっても依然として逃れようのない役割であるという事情を、上の結果は反映していよう。

そうなると、多重役割を担う女性本人のみならず、その女性を囲む人的環境とりわけ配偶者も含めて問題を考える必要がある。妻の就業が夫の心理や夫婦

64

関係に及ぼす影響、妻の多重役割の影響を左右する夫の働き方や家庭役割への関与、さらには職業役割と家庭役割についてのジェンダー観などである。こうして、多重役割の問題は家族・夫婦の心理学の問題となってきたのである。

妻の就業形態による違い

この種の研究については、女性の就業が早くに一般化したアメリカでは膨大な蓄積がある（小泉，1997；土肥ほか，1990）。日本でも、ここ数年、活発な研究が行われてきており、金井（2002）は共働き夫婦と夫のみ片働き夫婦の夫と妻双方のワーク・ファミリー・コンフリクトを比較検討し、妻の職業の有無は夫に対してはコンフリクトについてもメンタルヘルスについても差をもたらさないことを明らかにしている。つまり、妻が就業しようがしまいが夫の生活にも心理にもさしたる影響がない、というのである。なぜであろうか。自分が就業したことで夫に影響がないように妻が気をつかっているからであろうか。夫の家事時間は妻の職業の有無による差はなく極めて短いという生活時間調査結果（天野，2005：表I-3-1）などは、この推測を裏付ける。最近、「仕事と家庭の両立」が重視され、あらゆる領域での男女共同参画が政策課題にさえなっている。しかし、現実の夫婦の生活は男女共同参画とはほど遠く、家事・育児の責任は妻の肩にかかっており、「仕事も家庭も」は依然として妻側のみの課題である。金井（2002）の結果はこの現状を反映していると言えよう。

表I-3-1　妻の就業形態別の収入・勤務時間・家事時間の夫：妻の比率（天野，2005）

妻の就業形態	収入	勤務時間（平日）	家事時間（平日）	家事時間（週推計）
専業主婦	100：0	――	3：97	6：94
パートタイム	87：13	70：30	0：100	9：91
フルタイム	54：46	52：48	15：85	19：81

妻がフルタイム勤務で共働きの場合、夫妻の収入分担と家事分担のアンバランスが非常に目立つ。それでも妻が専業主婦の場合の夫の平日家事時間が18分で、フルタイム共働きの場合の夫は33分と、約2倍になる。

表I-3-1の生活時間調査結果も、妻が職業をもっていても夫は仕事（だけ）、妻は家事も担うという伝統的性別役割分業の生活である状況をみごとに反映している。共働きの場合、「仕事も家庭も」女性が背負うため、家事時間が多く家事過重となり、ワーク・ファミリー・コンフリクトを生じているのである。

I すれ違う夫と妻

一方、夫が仕事と家庭双方への関与が高い場合に、過重な仕事負荷の低減が認められている。

妻の就業を、夫と妻の主観的幸福感への影響に焦点をあて育児期と中年期について検討した研究（伊藤ほか，2004b）の結果は興味深い。まず主観的幸福感は夫が妻より高いが、結婚満足度（図I-3-2）ではその差はさらに顕著で、いずれの時期でも夫は妻より有意に高い。

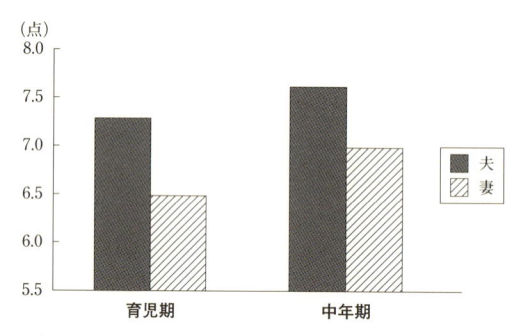

図I-3-2　育児期・中年期における夫と妻の結婚満足度（伊藤ほか，2004b）

この結果はこれまでの多くの研究結果と一致し、日本の夫婦の特徴を再確認したものと言えよう。結婚満足度は夫でも妻でも主観的幸福感と結びついており、そのことが妻の主観的幸福感の低さの一因であろう。さらに、伊藤ら（2004b）は夫と妻の主観的幸福感が何によって規定されているかを重回帰分析したところ、育児期・中年期いずれでも夫と妻の間に差がある上、妻では就業形態によっても差があることをみいだしている（図I-3-3）。すなわち、結婚満足度が主観的幸福感に影響している点ではどの群にも共通しているが、家計収入満足度、職場満足度の影響は群によって異なる。とりわけ家計収入満足度はフルタイム就業の妻では主観的幸福感に影響しないが、他の群では有意な影響がある。特に専業主婦において、育児期・中年期を通じて一貫して高い影響力をもつことは、（自身は無収入である妻にとって）主観的幸福感が夫の収入に大きく依存していることを示すものと言えよう。

伊藤ら（2006）は、さらに妻の就業が夫と妻双方にいかに影響し合うかについて検討している。妻がパートタイム就業の場合、妻の仕事へののめり込みが結婚満足度に対してマイナスの、自分の結婚満足度が主観的幸福感に対してプ

3 仕事と家庭の多重役割

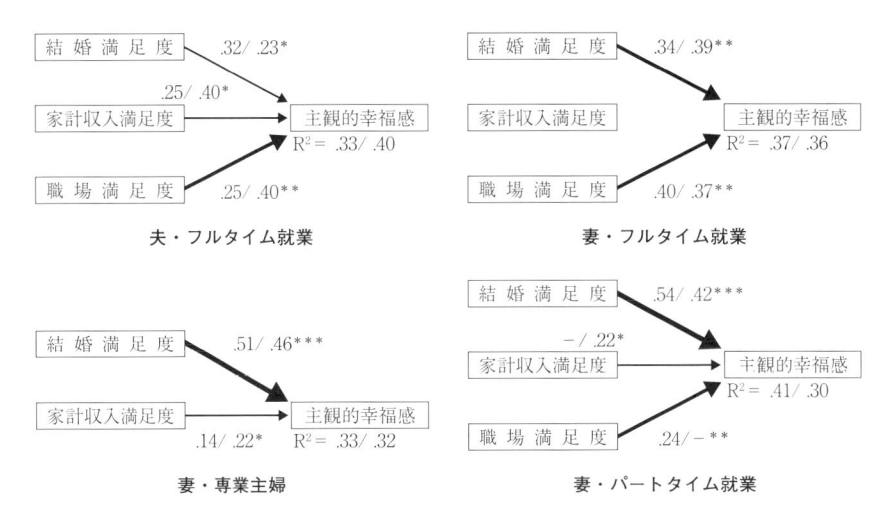

図 I-3-3 育児期・中年期の就業形態別の主観的幸福感の重回帰分析（伊藤ほか，2004b）
数値はすべて育児期／中年期の順に，有意な標準偏回帰係数のみ示す．
*$p<0.05$　**$p<0.01$　***$p<0.001$

ラスの影響をもつほかは、夫の主観的幸福感はおおむね自分の職業生活で決まる。他方、妻の主観的幸福感は夫の変数によって影響を受けるが、何が影響するかは職業の有無と形態によって異なるのである（図 I-3-4）。ここで注目すべきは、専業主婦の主観的幸福感はほとんど結婚満足度によって決まるのに対して、職業をもつ妻では自分の仕事満足度も主観的幸福感に大きく寄与していることである。仕事という緩衝要因のない専業主婦では、その精神的健康が夫との関係のあり方に影響されやすいと言えるかもしれないと、伊藤ら（2006）は推論している。前章でみた、専業主婦では夫からの情緒的サポートが重要であるという事実は、それを裏付けるものであろう。

妻の就業によって蒙る主観的幸福感への影響の内容が夫の変数によって異なるという知見は、夫のジェンダー観がそうした影響を媒介している可能性を示唆している。それだけではない。そもそも妻の就業の是非や形態（フルタイムかパートタイムか）は妻の意思だけでは決定されず、夫のジェンダー観に沿った形で規制されている。そうした意味で、夫のジェンダー観は妻の就業、多重役割の影響を左右するキーであろう。

福丸（2000, 2003ab）は、妻の就業の夫の心理への影響は、夫のジェンダー観

67

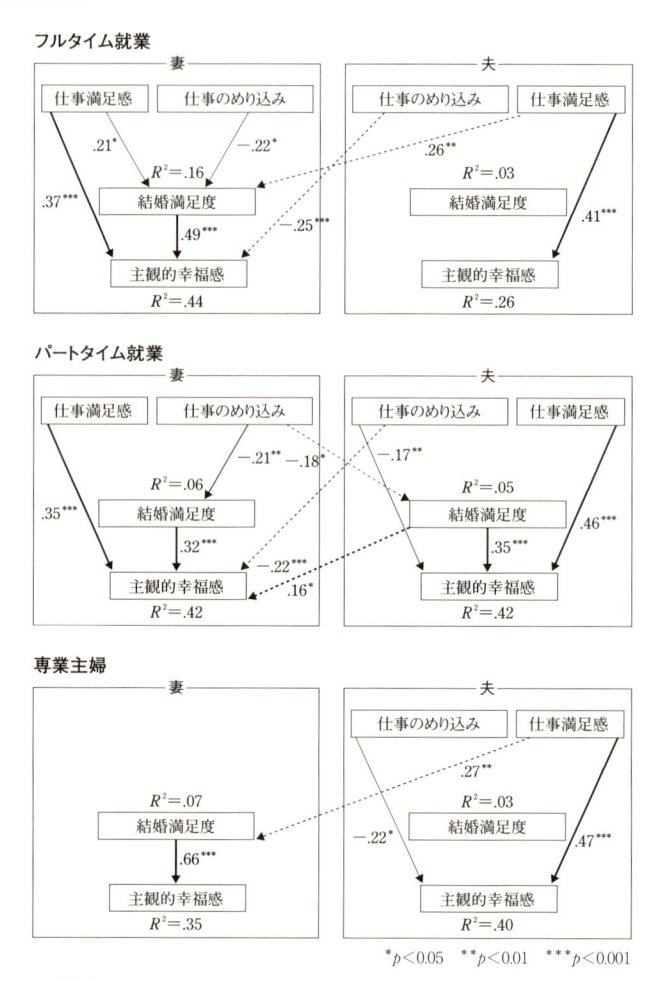

図Ⅰ-3-4　妻の就業形態別にみた結婚満足度と主観的幸福感への影響（伊藤ほか，2006 を改変）
有意な標準回帰係数（影響の強さ）のみ示す。R^2 は決定係数（説明率）。実線は個人内，点線は夫婦間での影響。

を媒介としていることを明らかにした。すなわち、妻の就業は、夫が伝統的ジェンダー観・性別役割分業観をもっている場合、夫の職場及び収入に対する満足度を低下させる。妻が職業つまり経済力をもつことは、自分が稼ぎ手であるべきとの夫の伝統的ジェンダー観と拮抗し、夫にとっては自分の職業や稼ぎに不満をもち自信を喪失することになるのであろう。換言すれば「男の沽券にか

かわる」ことなのであろう。

この問題について、相良ら（Sagara et al., 2006）はさらに詳細な検討を行い、夫のジェンダー観（12項目4段階評定）・性別役割分業観（4段階評定）などを妻の就業形態との関連で比較検討している。まず興味深いのは、ジェンダー観は妻の職業にかかわらず夫も妻もほぼ同様であるが、性別役割分業観は夫と妻の間に差があり、夫がより性別役割分業支持の傾向をもっている（表Ⅰ-3-2）。

表Ⅰ-3-2 妻の就業形態別のジェンダー観・性別分業観の関係（Sagara et al., 2006）

		フルタイム就業	パートタイム就業	専業主婦
ジェンダー観	夫	30.09	30.51	29.69
	妻	29.53	29.73	29.69
性別役割分業観	夫	2.22	2.74	2.84
	妻	1.82	2.26	2.49

さらに、妻の就業形態による差もあり、専業主婦群で最も性別役割分業観が強く、フルタイム就業群で最も弱いというもので、全般的にみれば妻の就業形態は夫婦の性別役割分業についての考えと一致している。フルタイム就業の夫婦では、夫が性別役割分業にこだわらず、むしろ男女共同参画の考えをもっているゆえに、妻のフルタイム就業を肯定し、可能としているとも言えよう。これは、妻のパートタイム就業が、家庭の責任は妻にあるとの夫の性別役割分業観のもとでの選択であったのと方向は逆であるものの、夫のジェンダー観によって妻の働き方が左右されているという点では軌を一にしていると言えよう。

最近、若い男性層において女性の就業に対する態度に変化がみられ、「子どもが生まれた後も働き続ける」を支持するものが増加してきている（内閣府, 2005：図Ⅰ-3-5）。この変化は、「出産・育児を機に退職し、子育て後パートで働く」という日本で長らく典型であった女性労働力のM字パターンが崩れる可能性を示唆している。現在は専業主婦でも仕事をもつことを希望している妻が多いことも、共働き家庭の増加の可能性を示唆している。しかし、これがどれだけ現実となるかは、夫が単に妻の就業を認めるのみならず、その結果生じる多重役割を自分の問題として引き受けるかどうか、性別役割分業を脱した男女共同参画の行動が取れるか否かにかかっている。

Ⅰ　すれ違う夫と妻

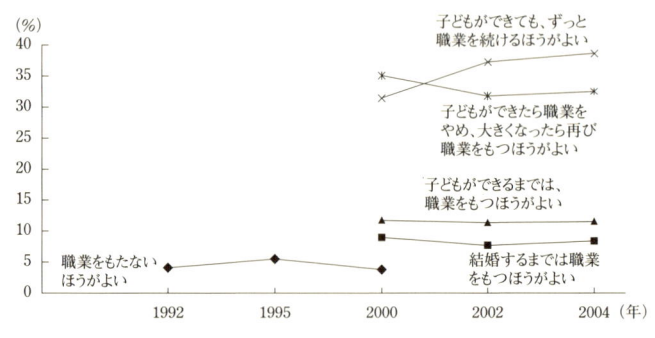

図Ⅰ-3-5　女性の就業に対する男性の意識変化（内閣府, 2005）

　多重役割が当人に及ぼす影響については、研究結果は必ずしも一貫していない。それは、多重役割には当人（妻）の職種、就業形態、夫の職業、価値観など多様な条件が関連しているからである。これらを丹念に分析的に検討する必要があり、今後の研究を待たねばならないが、就業形態は無視できない要因であることが検証されている。

　金井・若林（1998）が高卒を中心とするパートタイマーの40歳代既婚有子女性を対象に仕事満足度の規定因を探る調査を行った結果、ワーク・ファミリー・コンフリクトは極めて低いが、それは「現職を継続する（パートタイム就業を続ける）」とのキャリアプランをもつ、自己能力評価は相対的に低い、仕事への意欲は高いという前提のもとでのものであった。子どもの数が多いこと、労働時間が長いことはもちろん負の影響をもつ。しかし、それ以上に重要な規定因子は、今後もパートタイム就業を続けると自分のキャリアを限定していることであった。

　そもそもパートタイムで働くというキャリア選択、将来も現職（パートタイマー）でよいというキャリアプランは、家庭役割との両立を可能にするとの含意で行われている事情を反映している。世界的にみると、最近はワーク・シェアリングやパートタイム就業は増加しているが、他国ではこれは女性に限らず、男性も仕事と家庭を両立する戦略としていることに特徴がある。一方、日本の既婚有子女性がパートタイム就業を選択するのは、「家のこと（家事・育児）をおろそかにしない」との性別役割分業の条件に合致させるためであり、ワー

ク・ファミリー・コンフリクトを事前に回避する戦略であると言えよう。このキャリア選択が高い仕事満足度につながっているという結果は、調査対象が40代が中心、学歴もほとんどが高校卒という特徴によるところが大きいと推定され、より若い世代、より高学歴層においても通用するかどうかは検討を要するところであろう。また先に別の研究で、パートタイム就業の妻では生活感情や結婚満足度がフルタイム就業や専業主婦の妻に比べて低いことが報告されている（平山・柏木，2005）。パートタイム就業を選ぶというワーク・ファミリー・コンフリクトへの対処方略は、（仕事をもっても）家庭役割は全面的に妻が担うという性別役割分業を保持することが最大の目的で、そのため妻個人の意思や希望は諦めている可能性がある。育児を契機に退職するか継続するかにどのような要因が作用しているかを検討した研究は、（妻自身の継続意思に反して）夫の（育児は母親・妻がすべきとの）圧力が退職へ向かわせる方向に最も強く働いていることを明らかにしている（柏木ほか，2002）。これらのことを考えると、パートタイム就業は葛藤回避の戦略としては成功しているかにみえるが、職業をもち、稼得がありながら、家庭役割は自分だけが背負うという、まさに過剰な多重役割の構図——夫との連帯や協力なしの孤独な対処——は、夫婦関係や配偶者への不満につながっているのではなかろうか。

多重役割のコンフリクトにどう対処するか

妻の就業によって生じるワーク・ファミリー・コンフリクトは、パートの例にみるような妻側の働き方の調整によって処理されるだけではなかろう。妻の就業は妻だけの問題ではなく、家族システムの機能にかかわることであるから、生じたコンフリクトの解消には家族メンバーも何らかのかたちで関与している、せざるを得ないのが実態であろう。

そこで、妻の就業によって生じるワーク・ファミリー・コンフリクトが夫婦の間でどのように対処され、解決されたかが重要となる。この点に焦点を当て、面接及び質問紙調査による検討が行われている（加藤，2002；加藤・金井，2006）。その結果、3種の対処方略——①夫婦間役割調整対処（夫婦でスケジュールを調整して、仕事や家事をこなす、家事分担について配偶者と話し合いをする、など）、②家庭役割低減対処（家事を手抜きする、完璧を求めず、適当でもよいと割り切る、な

ど)、③家庭役割充実対処（家にいるときはなるべく家族と一緒にいるようにする、大変でも、仕事と家庭のどちらもおろそかにしない、など）——をみいだし、それぞれの対処行動を夫と妻について測定している（加藤・金井，2006：表Ⅰ-3-3）。

表Ⅰ-3-3　ワーク・ファミリー・コンフリクトへの対処行動（加藤・金井，2006）

対処行動尺度	男性　平均値（標準偏差）	女性　平均値（標準偏差）	t値
①夫婦間役割調整対処	2.91 (0.79)	2.79 (1.08)	1.28
②家庭役割低減対処	3.07 (0.66)	3.49 (0.73)	-5.96***
③家庭役割充実対処	3.76 (0.61)	3.87 (0.52)	-1.80

***$p<.001$

　結果は、3種の対処行動中、家庭役割充実対処が最多、夫婦間役割調整対処が最少であった。妻の就業によって生じたコンフリクトは、まずは、「家庭を大事にする」努力を、ということになる事情がうかがえる。また家庭役割低減対処が妻で有意に多いが、「家庭を大事に」と言いながらも夫よりも家庭役割を多く担っている妻はこの対処法にならざるを得ないのであろう。いずれにしろ「夫婦間役割調整」は少なく、「家庭役割」を強調しながらも、それを低減する形でコンフリクトに対処している有職の妻の姿を想像させる。夫婦間の調整が最も少ないことは、次節でみる夫婦間コミュニケーションの様相——夫婦間に応答的・共成的対話が乏しいこと——を考えると、さもありなんと納得できる結果ではある。加藤・金井（2006）は、さらに、こうした対処行動のうち、いずれの方略がコンフリクトを低減する機能をもつか、満足感や精神的健康にプラスに作用するかをパス解析で分析し、①の夫婦間役割調整と②家庭役割充実対処が精神的健康にポジティブな影響を及ぼすことをみいだしている。

　この結果は、加藤（2002）の面接による事例研究に具体的にみることができる。夫婦共働きの妻42人に詳細な面接を行い、そこで得られたプロトコルを対処行動の主体——誰がするか・誰に求めるか——の視点から分類し、その対処がどのような結果を生んだかについて調査し、これを夫婦の関係性別に比較検討している。ここで夫婦の関係性とした指標は、①妻の就業及び家事分担に関する考え方について夫婦の意見の一致・不一致、②夫と妻の勢力関係（どちらが相手をコントロールするか）についての妻の認知である。結果の総括である

表Ⅰ-3-4 から、夫婦間で意見の一致があり二人の勢力が均衡している夫婦群で唯一結婚満足度が高く、家事の共同での運営、コンフリクトに対する夫婦での対処に特徴があることがわかる。他の群では、家事は夫婦間に不均衡があり、コンフリクトに対して夫婦で対処することはなく、結婚に満足していない。各要因の因果関係を直接導きだすことはできないが、一致・均衡群では脱性別役割分業の意見で夫婦が一致し、夫婦の対等性が基盤にあることが示唆される。

表Ⅰ-3-4 面接による対処行動の事例研究（加藤, 2002）

対処行動の分類

カテゴリー			反応例
夫婦での対処			帰ると、自分は子どもの相手をして夫は食事をつくる。
個人での対処	他者巻き込み	夫との家事分担調整	家事分担について不満から喧嘩になって話し合いになる。
		サポート要請	夫婦とも忙しい時は近所の人や近くに住む父に助けてもらう。
	仕事量低減	仕事領域	いまは母親の役を一生懸命やりたいから仕事はセーブしている。
		家庭領域	家の中のことをある程度目をつぶる、手抜きをする。
		割り切り	ちゃんとできなくてもしょうがないと割り切る。
	取り込み	母親役割不達成の補償	家にいる時には絶えず子どもと一緒にいるようにしている。
		役割拡大	どちらかをおろそかにはできないから頑張る。

夫婦の関係性ごとの対処行動の比較

夫婦の関係性	家事分担	結婚満足度	対処行動	対処後の変化
一致・均衡群	共同	満足	夫婦での対処 サポート要請	→ スムーズな生活 → 援助者への感謝
一致・夫上位群	全て妻	どちらでもない	サポート要請 役割拡大	→ 援助者への感謝 → 達成感
不一致・均衡群	夫婦間で葛藤	不満	夫との家事分担調整 サポート要請 家庭領域での仕事量低減	→ 短期的効果から長期的効果 → 援助者への感謝 → 負担軽減
不一致・夫上位群	全て妻 夫婦間で葛藤	不満	サポート要請 役割拡大 家庭領域での仕事量低減	→ 援助者への感謝 → 疲労 → 負担軽減

近年の既婚有子女性の就労の増加、その結果、共働き家族が片働き家族を上回ったことは、家族心理学に新たなテーマをもたらした。その研究は緒についたばかりであり、ここではその一端をみたに過ぎないが、従来の〈夫は仕事で稼ぎ、妻は無償で家事・育児を担う〉家族を対象としてきた研究と臨床に大きな問題を突きつけている。妻の就労が家族のかたちと機能をいかに変化させるか、家族を構成するメンバー――多重役割を直接担う妻、その配偶者である夫、養育を受ける子ども――それぞれの生活と心理にどのような影響がどのようなメカニズムで作用するのか、が公平に詳細に明らかにされることに期待したい。その際、家族のメンバーが相互に影響し合って変化するシステムとしての家族という視点と、社会経済的・文化的状況の中で変化するオープンシステムとしての家族という視点、この双方をもった研究と臨床が必須であろう。特に後者については、これまでの家族心理学は性別役割分業家族を前提として（時にそれを「よい」家族とみなして）研究してきたきらいがあるが、そのことを批判的に自覚し、妻の就業が単に当人の意識や希望によるものではなく、近年の社会経済的・人口学的状況変化の必然的な結果でもあることを特に銘記すべきであろう。その視点なしの研究や臨床は不毛であるばかりか、有害でさえある。

◇ ケース篇 ◇

　前章で、夫婦の問題でカウンセリングを申し込むのは妻が多く、ほとんどが結婚満足度にかかわるものだと述べた。しかし、満足度の規定因となると、一筋縄で論じることは難しい。まず、妻と夫では異なることがほとんどである。カウンセラーは、規定因といわれるものを単純に決めることはできず、それを追及することは必ずしも有効な支援法ではないと考えているが、当事者たちはその判断を第三者に求め、被害者と加害者を決めようとする。原因がなくなれば問題が解決するとか、原因となっていることを変えれば物事はうまくいくと考えるのである。
　一般に主訴は、表に現れた個人の症状や問題行動などの変化がテーマとなるが、上記のような理由で、来談者はその原因を探り、認知している原因を変えてもらおうとする。また、来談者は原因として、症状や問題行動が現れるきっ

かけとなったできごとや個人を取り巻く重要な他者の言動、家族・学校・職場などの問題を訴える。しかし、それぞれの状況や関係の見方によって原因は異なり、一つに絞ることはできないし、人間関係の問題は、必ずしも一方だけが被害者で他方だけが加害者とは限らない。加害者とされている人が被害者だと思っていることや、他の人との関係で被害者であることもあり、そのようなものの見方自体が、問題を複雑にし、関係を悪化させることも少なくない。

　本人と関係者がとらえた規定因は、それぞれの人が考えうる限りのものであり、各自にとってはもっともな言い分でありながら、バイアスがかかっている。また、周囲の人は当事者たちの日常や体験をすべて理解しているわけではないので、原因など突き止めることは一層難しい。自分を含む人々の無意識の言動や他者との相互作用の過程には、気づかない要因やパターンが含まれており、原因追及はあまり意味がない。その意味で、臨床の実践、特に家族療法では、問題の原因や原因となる人を特定して変化を促すことはせず、原因を追及してもわからないこともあり、原因を特定しないでも状況を変え、問題解決を図ることは可能だ、という考え方で支援を行う。なぜなら、どちらかが変わればその変化は相手にも及ぶのであり、双方が変化を望み、変化する気持ちがあれば、原因を特定しなくても変化のよい循環は始まるからである。

　以上のような観点を踏まえて、本章では、原因追及と相手の変化にこだわった結果、思い通りの変化が起こらなかった夫婦のケースを紹介する。双方とも結婚当初は結婚と家庭の両立を望み、それを理想としていたのだが、原因追及と責任の固定化が、夫婦の論争や不仲をエスカレートさせていく様子がみて取れるであろう。

ケースF　お互いのキャリア追求のための別居の末に崩壊した夫婦関係

（夫：43歳・出版社勤務の写真家、妻：33歳・編集者、子ども：3歳・男、6ヶ月・女）

　夫婦がカウンセリングを受けようと思った動機は、仕事上の理由による長期の別居生活が終わり、望んでいた同居が始まったにもかかわらず、結婚した当時の関係[*1]を回復できないことに困惑し、専門家の支援を得ようと考えたからであった。

I すれ違う夫と妻

　来談の時、子どもに愛情をもち、子育てに関与しながらも、夫には緊張による頭痛や腹痛があり、妻は「しっかりしてほしい」という思いのいらだちや怒りを夫に向け、ギクシャクした関係が続いていた。面接で夫は、表情も反応も乏しく、「自分たちに何が起こったのか全くわからないし消耗した」と言う。妻は、一緒に暮らすことが可能になったにもかかわらずそれを喜んでいない夫に失望し、家にいる時はほとんど攻撃し合っていると嘆く。

　二人が出会ったのは、東京のある出版社で仕事をしていた時で、夫は先妻との結婚12年目であった。すでに、干渉がましく冷淡な先妻との結婚生活は破綻しており、性関係もなく、家庭内別居状態が10年近く続いていた。一方、職場の同僚であった現在の妻は活動的で生き生きとしていた上に、彼に対して積極的関心と尊敬を示してくれた。彼女もまた、これまで彼のような優れた才能をもった人に出会ったことがなく、憧れと尊敬を抱いて彼に近づき、二人は熱烈な恋に落ちた。やがて上司、同僚たちも知る仲になったことで、上司は、彼女を他社へ出向させた。その6ヶ月後に夫は先妻と離婚。間もなく二人は結婚し、妻は退社して大阪の出版社に転職した。夫も関西での仕事を探したが首尾よく進まず、東京－大阪を往復する生活を続けることになった。

　妻は、間もなく雑誌の編集長になり、社交性も手伝って関西での職業生活に馴染んでいった。夫は、妻の職業生活を積極的に支持し、2年後には長男が生まれた[*2]。時間の不規則な出版社での仕事をもつ二人にとって子育てはかなり厳しく、どちらかと言うと時間の自由が利く夫が週末に大阪に出かけ、出張や仕事の合間をみては子どもの面倒をみるという生活となった。ただ、夫婦が話をする時間は減り、毎日の電話も用件のみを伝えるメールに代わっていった。この間、夫は妻に週末の仕事を減らすように頼んだり、子どもを連れて東京の自宅にも来るよう勧めたりしたが、締め切り前の追い込み、著者との打ち合わせ、会議など不規則な仕事の連続で叶わない。会うと夫は妻を責め、妻は自分の日常を訴えて理解を迫るという言い合いになるのであった。

　妻は、子どもがいるのだから夫は家族の責任をもって当然だと思っており、夫は自分が負っている不利な状況を訴える。二人の平行線は交わることがなく、険しいものになっていった。時に、妻は夫が自分の成功を妬んでいると思ったりしたが、常に自分のキャリアを支えてくれた夫の変わりようが不可解でもあった。

　長男が2歳になった時、妻はもう一人子どもを産みたいと夫に提案する。夫は負担の大きさを予想して躊躇したが、結局妻の思いが通り、長女を出産[*3]。夫婦の家族にかかわる負担は大きくなり、夫は妻に対して「自分のキャリアを邪魔する気か」と迫るようになり、妻は夫の不服を不当だと思い、淡々と仕事と子育てを遂行していた。二人は関係が最悪の状態になっていることに気づきつつも、綱渡りのような毎日が過ぎていた。長女が生まれて6ヶ月がたった時、妻は東京のある雑誌社から編集長の仕

事に引き抜かれた。二人は、同居とそれぞれのキャリアを追求できることに大喜びし、望みが叶うことを期待した。

　ところが、同居してみると、相変わらず二人がゆっくり話をする時間はなく、子ども連れで出かけることはあっても、二人の関係を取り戻すチャンスにはならず、生活は、互いに用事のみをメモで交換することに変化しただけであった。週末は交代で仕事をし、子どもの世話もできる者がするということになったが、毎日の都合をつけ合う生活は新たなチャレンジとなった。夫はそれまで大阪行きに使っていた時間を友人と飲みに出かけることに使えるようになったものの、妻はこれまでの生活のリズムに夫の細かな生活のリズムの変化が加わること、同居生活が相変わらず別居のようなすれ違いであることに大きな失望を感じ始めていた。夫は、妻に利用されたような気持ちをぬぐいきれず、妻は、それを理解できぬまま、居間に一緒にいると喧嘩、そうでないときは冷戦といった状態に疲れ果てて、「こんなはずではなかった」という思いのもと、夫婦療法を受けようということになったのであった。

　5回の面接で、二人は時々言い合いをしながら上記のようなことを語り、不規則な仕事と子ども中心の生活で互いに無理をしていることを理解しつつも、そこから自分たちを解放する試みをする気持ちにもならない。仕事の時だけでなく、二人の時間を取るために子どもをベビーシッターに預けて出かけるといった提案も実行しない。夫は元気を取り戻すことなく、妻はそれが理解できず、両者は育児以外はカウンセリングの共通目標を探し出せない状態であった。

　6回目の面接でカウンセラーはその問題を指摘して、二人の共有できる目標について話し合う必要性を示唆。その結果、8回目の面接で、二人の一致点として、結婚生活をやめたいという結論に至る。二人は離婚に踏み切ることに合意し、弁護士を立てて話し合うことを決心してカウンセリングを終了する。

　解説　この夫婦の問題は、ワーク・ライフ・バランスの問題と言えるだろう。両者とも、理想としてワーク・ライフ・バランスを志向していた。したがって、それぞれが望み、能力を発揮できる仕事を追求し、多少の困難や不都合も乗り越え、家族生活を確保すべく最大の努力、協力をしてきた。ところが、この夫婦はおそらく、この困難はいつか解消できる、一緒に生活ができるようになれば相手から協力が得られると錯覚していたのではないか。つまり、家族生活を取り戻す鍵は同居と相互協力という期待だったのだが、すでに二人の生活には、同居しても別居しても変わりないすれ違いが存在していた。妻には夫を同居生活者として受けとめる余裕がないほどの仕事中心の生活があり、夫には母子の生活パターンに入りきれず、適応できないという問題があった。夫が体調を崩すに至り、立ち止ま

り、状況を変える必要があった。しかし、二人にはそのエネルギーも時間もない。変化をつくり出すみとおしがなくなった時、別れを決心したと思われる。

　この夫婦のようにギリギリのワーク・ライフ・バランス（バランスが取れていたかどうかも疑問）を維持していると、特に長期の別居（単身赴任）生活の後など、仕事と家族の発達（幼い子どもの養育期など）の課題が重なる上に、同居に伴う適応課題に取り組むことになり、「引越しうつ」に象徴されるような不適応が家族の誰かに起こることがある。この夫婦の場合は、それに対応する余裕もなく、苦渋の選択をせざるを得なかったと考えられる。

ケースG　仕事中心の夫を一方的に追及する妻

（夫：42歳・父から受け継いだ会社の社長、妻：35歳・教師、子ども：6歳・男）

　二人は、夫が海外出張中、妻が夏季休暇中の旅行先で知り合い、帰国してしばらく付き合った後、結婚して7年になる。カップル・カウンセリングの申し込みは夫からで、妻が離婚調停を出すというので、その前に話し合いをしたいと提案して妻も同意し、来談したのであった。

　妻の離婚調停の動機は、夫の「全く家庭を顧みない仕事中心の生活」であり、「夫婦の意味がない」ことによるという。子どもをかわいがってはいるが、おもちゃや洋服など物を買い与えて、休日に遊ぶだけで、面倒な子育ての部分は全くしないし、助けを求めてもほとんど応じない。ついに長年の欲求不満が1週間前に爆発して、大喧嘩になり、妻は子どもを置いて家を出てホテル住まいをしている。昼間、子どもが家に帰る頃をみはからって、時々子どもに会っているが、夫も子育ての苦労を味わうべきだと思っているという。

　夫は、「いきなり子どもを置いて行き先も告げず出ていくという仕業は親のやることではないし、けしからんことだ。従業員の生活を保障しなければならない中小企業の経営は生死を賭けたものであり、自分の母親も父の仕事を手伝いながら子育てをしていた。自分の母親よりはるかに時間の余裕がある教師の仕事をもちながら、この状況を理解できない妻はわがままである」と言う。また、この1週間、いきなり子どもの食事の面倒、宿題などをみることになり、ともかくあらゆる情報を入手して援助を得ながらやりくりしてきたが、それを放っている神経がわからないとも言う。

　一方、妻はこれまでの子育ての苦労や夫の家庭へのかかわりの少なさを友人や仲間

の教師たちに話すと、男女を問わず、「あなたの夫はひどい」と言ってくれる*4。友人の一人は、問題が解決するまでアパートに来てもよいと言っている。これが離婚調停を出す気になった理由だと主張する。ただ、子どもにはできるだけ不便をかけたくないので、これまでより頻繁に子どもの様子をみには行きたいと述べる。

夫は、「これは子どもの母親として責任放棄で、すぐさま家に帰ってくるべきであり、これで離婚が成立するはずはない。まだ、実家の母親にはこの状態を伝えてないが、これが続くとすれば、母親に助けを求めるしかないので、帰ってくるかどうかを決めてほしい」と主張。

初回面接は、互いの役割分担観と現状の問題解決法の主張の相違を確認し、夫は離婚に応じるつもりはないことを明確に述べて終了。次回面接では、現状の打開を図るためにそれぞれが解決案を考えてくることを提案して、1週間後の面接を約束した。

2回目の面接では、妻は、この6年半いかに家事・育児で大変だったか、夫の亭主関白ぶりは時代遅れであり現代の夫婦関係とは思えない、友人たちも大いに離婚に賛成していると述べ、夫の変化を要求し攻撃する。また、この間も子どもの面倒はみてきており、夫も相応の子育ての分担をするべきなので、無責任とは思わないと主張。

夫は、多忙な父親の下に子どもを置いて出て行く妻に賛同している友人・仲間は常識はずれであり、そのような仲間に煽動されている妻の感覚も歪んでいると言う。

現状をどう打開するかの話し合いになり、最終的に、妻がまだ離婚の申し立てをしていないことから、離婚の申し立てを決心するまでは同居して二人が子どもの世話をし、カウンセリングに通うことを了承。3回目の面接を約束する。

3回目の面接では、二人の同居の様子が語られ、夫は多少育児への協力はするものの、他の人に任せていた家事は妻の仕事となり、妻の欲求不満は一向に解消されていない状態であった。そのことを言い募る妻に、夫は黙って耳を傾けていたが、突然、このような生活は避けられないのが現状であり、もしこれが不満であるならば、現実的解決としては離婚しかないので、自分から離婚を提案したいと述べる。

妻は一瞬呆然とし、ショックを隠しきれず「カウンセリングを続けている最中なのにどうして？」と問う。夫は「この間の話し合いの中で、自分はそんなに悪いことをしてきたとは思えないのに妻から非人間的だと責められ、できるだけのことをしてきたにもかかわらず攻撃される。また、妻やその仲間は自分を非人間的だというが、この間の妻の行動こそ（子どもの母親として）非人間的であり、そんな妻と家族をつくる気持ちがなくなった」ときっぱり述べる。

妻は、もう少しカウンセリングを続けて結論を出したいと言うが、夫は、このカウンセリングは自分の希望で、自分の支払いで続けてきたが、今後は支払いを受けもつつもりもなければカウンセリングを続けるつもりもないと述べ、終了を願い出る*5。

妻からは、今後は自分の支払いでカウンセリングを継続したい旨の希望が出されたが、夫は離婚したいと譲らない。次回の面接については、改めて申し込みを受けつけること、妻のみ、あるいは夫のみのカウンセリングも可能であることを伝えて3回目の面接を終わる。その後のカウンセリングの申し込みはなく、3回で終了。

> **解説** 前章でふれた育児不安の問題とも重なるが、ここでは多重役割の問題として取り上げた。おそらく夫にとっては、性別役割分業のジェンダー観に加えて中小企業の多忙さも手伝って、妻が家事・育児を放棄することは大きな疑問であり、妻が共同参画が実現できぬ現状を変える動きを開始して初めて、妻の本気にふれて、カウンセリングを申し込んだのであろう。しかし、夫の価値観はそう簡単には変わらず、妻はその現実を確認するに及び、一層仲間の支援を必要とするようになった。それは夫にとって「家族を省みぬ妻」を確信させることとなり、「そんな妻とは離婚でよい」ということになったのであった。
> 　カウンセラーには、初回面接で妻の離婚の動機は低いと予測されたが、夫には妻の言動そのものが妻への不信を高め、自分が変わる必然性も認められず、結果として夫婦が互いの考えや気持ちを分かち合う間もなく、夫の一方的な離婚の同意でカウンセリングは終了した。カウンセリングが継続すれば、相互に歩み寄るか、歩み寄りが不可能であることを相互に納得するかの道があり得たと思われる。このケースは、相手の行動を変えようとする強硬な否定的主張が状況を悪化させる例と考えることができる。このようなコミュニケーションの問題については、第Ⅰ部第4章で改めて取り上げる。

　本章で取り上げた二つのケースは、結婚を救うには来談が遅すぎたと言える。ケースFは8週間の面接を経過して双方で離婚を決意し、ケースGも3回の面接後、離婚を考えていなかった夫がより強く離婚を希望するようになり、その後の離婚の可能性は高い。

　夫婦は、結婚当初から結婚に希望をもち、お互いに対する善意をもって生活を始めている。しかし、時が経つにつれて、仕事と家庭・子育ての両立の厳しさに振り回され、自分たちが望まない方向へ生活が展開していることに直面せざるを得なくなっている。両ケースの夫婦とも、事態が深刻になって面接を受け始めたのだが、時すでに遅く、元に戻ることが不可能な状態になっていた典型的な例と言える。欲求不満と問題の要因は、仕事と子育ての多重役割を前提

とはしつつも、お互いに相手の無理解と非協力がかかわっていることを主張している。つまり、お互いに問題解決には相手の変化が必要であることを主張するのだ。

　カウンセラーからみれば、コミュニケーションの欠如が予想される。もちろん、両ケースの夫婦ともコミュニケーションの欠如には不満を覚えている。しかし、その不満と裏腹に、ケースFの夫婦のコミュニケーションはどんどん減少・後退していたし、ケースGの夫婦では妻の一方通行の訴えと夫の一時的我慢、そして周囲に理解を求め支えを得る妻の行動によって、どうにか関係が維持されていた。つまり、これらのケースの夫婦は日常の課題に追われる生活に取り紛れて夫婦のコミュニケーションの回復には関心もエネルギーも向けず、いよいよ関係が破綻する寸前になってコミュニケーションを始めている。

　その時起こりやすいかかわりは、どちらかが「追及する人」、他方が「回避する人」となるパターンに陥っていくことである。つまり、一方が相手に攻撃をかける形で接近し、他方がそれを回避して退くことで問題の深刻化を防ごうとするパターンである。追及する人は理解と親密さを求めて、要求を突きつけるという接近の仕方を取るのであるが、回避する人は同じく二人の関係を維持するために攻撃や衝突を避けるというかかわり方をする。二人がこのパターンに陥ると、接近すればするほど回避され、回避すればするほど接近されるという悪循環が始まる。それがエスカレートすると、二人が当初理解と親密さを求めて取っていたはずの行動が、その逆の意味に受け取られ始め、収拾のつかない事態になっていく。

　カウンセリングでは、そのパターンを認識し、関係の回復に取り組む夫婦もある。しかし、専業主婦が夫に失望して子どもの自立を機に離婚を申し出ることや、ケースのようにパターンのくり返しを相手の無変化のせいにしてうんざりし、関係を取り戻すことにエネルギーを使う気持ちも失せるほど悪循環がエスカレートすることもある。たとえば、残業が続く夫に向かって妻が、「どうしてこんなに遅いの！」と言い、夫が「仕事なんだよ」と応えたとしよう。その後、夫婦の間では、以下のようなやり取りがよく起こる。

　　妻：でも、夜中まで働くことはないでしょう

I すれ違う夫と妻

夫：厳しい状況だから、仕方ないんだよ
妻：家族はどうでもいいの?!
夫：そんなことないよ
妻：じゃあ、どうしてこんなに遅くなるのよ！＊
夫：だから、仕事だって言ってるだろ！
妻：だからといって、夜中まで働くのはおかしいのよ
夫：厳しい状態で、仕方ないってことだよ！
妻：要は、家族はどうでもいいってわけね！
夫：そんなことないよ。家族のために働いているんじゃないか！
妻：そんなこと、家族に顔も見せないで、わからないわよ＊＊　……

　このやり取りをみると、＊から再度、同じやり取りが始まり、＊＊でそれがくり返され、エスカレートしていく様子がわかるであろう。この場合、夫婦のやり取りの不毛さや怒りの高まりの原因を、夫は妻の、妻は夫の無理解であると訴えたり、夫の冷淡さや妻のさみしがりといったそれぞれの性格に帰したりする。会社や不況（あるいは好況）のせいだとすることもあるだろう。また、周囲の人は、この夫婦はコミュニケーションに問題があるとか、互いにわかり合おうとしていない、など他の見方をするかもしれない。

　しかし、問題はそれだけではない。夫も妻も働き続けることを選択し、子育ても人並みにしようとすれば、地位や責任が重くなる中年期には、夫婦は立錐の余地もない綱渡りの生活になる。冷静に考える余裕もなく、身近な相手（夫や妻）の支援に頼ろうとすると、ケースのようなコミュニケーションの問題が起こる。夫婦は、互いを責めるのではなく、ジェンダー観にからんだコミュニケーション、過重な多重役割、キャリア選択などの問題を見直す必要がある。

◇　対　話　篇　◇

Q：ケースFの「結婚した当時の関係」（＊1）とは、どのようなものだったのでしょうか。どのように試行してどのようにうまくいっていたのでしょうか。
A：両方とも仕事と家庭を両立させたいと思っていました。結婚した当初は、どちらも仕事はもつ、二人とも仕事を大切にしてそれぞれにやりたいことをや

っていくつもりでいました。

Q：ケースFの場合、東京、大阪で別居していてすごく忙しかったのに、2年後に子どもが生まれたとあります（＊2）。積極的に子どもをもつことを望んだのですか。子育ても大変で葛藤があったのですよね。さらに二人目をもうけています（＊3）が、どういう意味でこの人たちは「子ども」を位置付けていたと思いますか。
A：妻が希望したから産んだのです。産めない年齢になるということも気にしていました。特に選んだというわけではないけれども、子どもはつくりたいと思っていたようで、二人目の提案も、妻が、「一人産んだらもう一人」「子どもは二人いたほうがいい」「一人っ子はかわいそう」と思っていました。

Q：別居で、仕事と子育ての両立が大変という状況が変わらないまま、さらにもう一人となると、大変になることは目にみえていると思うのですが、その辺のことはあまり考えないものですかね。ケースFが最終的にうまく行かなくなったのは、あまりにも障害が多くなったためにどうにも回復できないところまで行ってしまったのでは。非常に重要なことだと思いますがどうでしょうか。
A：おそらくこういうケースは結構あると思います。全く計画性がないわけではないのですが、「たぶんどうにかなる」とか、あまり現実的に考えないで、「できる！」と思っている。一方で、子どもを産むことはすごく大変だからやめるという夫婦はいます。この夫婦は、「私が責任をもって育てるから」と妻が言ったのでした。離婚して育てる気になれば、「できる！」という思いも間違いではないのでしょうが、家庭と仕事の両立をめぐっての夫婦のずれが、かえって関係を悪くしていったと言えるでしょう。

Q：第Ⅱ部に出てくる子どもをめぐる問題は、子どもに何か問題が起こってから始まっていますけれども、このケースは、子ども自身の問題ではなく、まさに子どもを「もつ」ということが、問題になっていますね。子どもを「もつ」ということが選択の対象になったいまの時代、自分には別居してまで大事にしたい仕事があって、その中でどうすれば子育てがうまくいくかという具体的な

検討なしに、ただ「年齢」とか、「二人はほしい」ということだけに引きずられて産む危うさを感じますが、どうですか。

A：ある意味でこの夫婦にとっては、子どもを「もつ」ことが現実的ではなかったということが考えられますね。子どもを産むには大きな決心が必要だと思うのですが、子ども二人時代には、大きな決心にならない人もいると思われます。能力ある女性は、何とか育てられると考える人もいるし、できちゃった結婚もあります。子育てに慎重でない、「できた時は、育てればいい」と思っている人たちは多いのではないでしょうか。むしろ、社会的状況や子育ての大変さを考えている人は、自分の欲求充足のために産むことも、産まないこともあるように思います。もう一つ、この夫婦は妻のほうが大変アクティブで、積極的で経済力もあった。それもあるのではないかと思います。むしろ夫がどこか、引きずられているということがあったのではないかと思います。

Q：ですから、子どもをもつことについても、妻のほうが子どもをもつべきだ、またもう一人もちたいとなると、夫はそれに巻き込まれたのでしょうね。結局は二人で対処できなくて、離婚になってしまっていますが、妻が子ども二人を引き受けるのですか。ある面でしっかりしていて経済力もあるのでしょうけれども……。そういうことを考えると、リスクを考えないで、「やはり子どもはもつものだ」「ほしい」「一人よりも二人がよい」となってしまうことの危うさを感じます。世間並み、当たり前ということで行動してしまっている――。そうではなく、自分の人生／生き方の中に、子どもをもち、育てることをきちんと位置付けた上で子どもをもつのでないと、子どもにも災いを残すことになる。あまり考えないから、子どもをもつ、また育児が大変になると簡単に仕事を辞める。そうして育児不安になっていく。そうすると夫との間に距離ができてしまい、それが中高年までずっと続いていく。こうしたパターンが多いのですが、なんとか歯止めができないでしょうか。子育てはとても大きい問題ですから、もう少し事前に考える教育・訓練が必要だと痛感しますね。子どもが選択の対象となった今日では、そうした事前の検討は大人の発達課題だと思います。

A：子育てが大変だと怖がりすぎる夫婦と、逆に安易すぎる夫婦と両極端な気がします。ケースFのような夫婦は現実にたくさんいると思います。夫婦と

も会社勤めしていて、子どももいる夫婦は、綱渡りだと思います。保育園に6時に迎えに行くのはどっちかとか。近距離なのに新幹線を使って、ぎりぎりセーフで迎えに行く人もいます。夫婦だけで子育てするのは、とても大変でしょうね。ケースFの場合、妻が一人でやりくりしていたほうが、大変ではあるのですが、相手と調整する必要がないからよかったのでしょう。別居生活から始まって夫婦相互に適応性を確立する期間がなかった頃に子どもが生まれて、仕事と生活のバランスを取ることは大変だったのだと思います。

Q：ケースGでは、ごたごたした時に、妻の周りの人は妻の言い分を聞いて、同情・同感する（＊4）。夫の側はなんだ母親のくせにと言う。その辺の相手への非難は、すごく典型的な日本の男性と女性のギャップが現れていますね。
A：妻が最初に離婚調停に出して、夫は離婚が嫌だということでカウンセリングにやってきたのですが、カウンセリングの中で話をしているうちに、夫は妻が周りの人たちから「あなたの夫は変だ」と言われていたことを再三聞かされ、夫も自己主張をしたのです。そういうやり取りのプロセスで、夫がこれではやっていけないと思い始めたわけです。妻が離婚調停を出したのですが、夫がそれを受け入れるかたちで同意したところ、妻が慌てたというケースです。

Q：なぜ妻は慌てたのですか。
A：妻は離婚調停を脅しで出していたのではないでしょうか。周りの人たちもそういうふうに煽ったのだと思います。夫も非常に頑なですが、そういう状況下で、夫が「自分は離婚を受け入れよう」と言った時点で、妻が慌てたわけです。

Q：ケースGの場合は妻が言い出したけど、逆の場合もあるわけでしょう。それは、いかに普段、双方の本当のところがわかっていないかということですね。
A：夫は少なくとも妻がそこまで批判的だとは思っていなかったのでしょう。その意味では、普段のコミュニケーションも悪いし、夫は典型的な仕事人間だったのもあると思われますが、妻が周囲の煽動的な支援にやや乗りすぎたこともあった。「あなたは変だ」と言えば、夫が変わると思っていたところがありますが、そんな簡単な関係、問題ではなかったわけです。

Q：コミュニケーションの中身もわからなければ、スタイルが違うことは、最終的には二人は気づいたんですか。
A：夫がもう離婚するからカウンセリングには来ない、となったので、その後の経過はわかりません。

Q：結局、離婚したのですか。
A：わかりません。カウンセリングとしては、半ば失敗したような思いをし、驚いたケースでした。夫はカウンセリングに来てくれと妻を呼んだという経緯があるので、自分のポケットマネーからカウンセリング費用を出していたのですが、離婚するんだから、もう費用は出さないとも言っていました（＊5）。

Q：カウンセリングは、自分が話しているうちに、はたと気づくということだと思うのですが、この夫婦は、結局、何も気づかなかったのでしょうか。
A：ある意味、夫は、この妻とはやっていけないと気づいたのでしょう。夫のほうが、離婚と言われて、関係の回復が必要なことにまず、気づいたわけです。夫がお前の言う通りに離婚しようと言った時に、妻もまた、はたと、私は本当に離婚したかったわけではないと気づいたわけだから、本当はここからカウンセリングが始まるはずだったんだと思います。この後で、二人が離婚したのかどうかわかりませんが、夫が毅然として、「お前が言うように離婚するんだからいいだろ」と言った時、再度の来談を促すことはできませんでした。妻が面接を続けたいということをサポートしましたが、結局、申し込みはありませんでした。夫は、子どもを置いて出て行くのはけしからんという視点にずっと立ったままだったような気がします。

Q：そこが変わらないかぎりダメでしょうね。そうなるとやはり問題は、役割についてのジェンダー・ギャップが存在している点ですね。そういう夫婦が一番変わりにくいでしょうか。
A：夫がこういう感じだとそう簡単には変わらないですね。特にその時は、本人は努力しているつもりでいましたから。子どもを置いて出て行かれたことで、夫はものすごく混乱したわけです。こんな大変な思いをさせられたと。

Q：こんな大変なことを妻は一人でやっていたんだ、という理解にはならないのかしら。
A：歩み寄ろうとしたところはあったのですが、そこまでは行かなかったですね。できることは手伝うという話にはなったのですが、妻は周りから「そんな夫はひどい」と言われて勢いづいていたので、夫は怒りが収まらないうちに離婚を決めることになったのでした。"立場の違うところにいる二人"の理解の道筋を立てることができないうちに、面接が終わってしまったわけです。

Q：もう少し進めば、接点をみいだす余地はあったかもしれませんね。こういうケースでは母親が子どもを引き取るのですか。子育ては女の仕事だということで。
A：その時点では、子どもを置いて出て行くような妻には子育ては任せられないので、夫が引き取り、自分の母親に頼むと言っていました。

Q：ケースGの場合、いっそのこと、それぞれが一人でよく考える時間をつくれば、随分違ってきませんか。いろんなものがむしろ入らないようにして、一人だけでそれぞれで考える——しつけ法に、子どもを一人だけにするアイソレーションという方法があり、自分で考える、内省できるようになった子どもには効果的な方法ですが、それを思い出しました。
A：それができればよかったでしょうね。中断のような形になったため、データが少なくて想像でしか言えませんけれども、ある種の価値観に縛られてはいましたが、経済力もあって、7歳も年上の夫は、妻にとって、頼りになる夫だったのでしょう。甘えられると思ったが、期待が外れたというのもあるでしょう。周りの人たちにその話をすると、あなたのほうが正しいと言ってもらえて、元気をもらって、おそらく脅すつもりで離婚を言い出したのでしょう。話し合いができない時、離婚の決心をしていないのに、そのようなことを口走る妻もいますが、夫はもしかしたらその妻を嫌になったのかもしれません。

Q：妻が自分の周りの友達に相談するというのはよくあると思いますが、それもよし悪しですね。カウンセラーが客観的に自由に話す場をつくってくれれば、

自分なりの衝突ができたのに、憤慨している自分に有利な意見を言ってくれる人とばかり会うということになると、いよいよ自説に凝り固まって、フレキシブルに考えられなくなってしまう——。結局自分に賛成してくれる人ばかり選んで話すから、「みんながそう言う」っていう「みんな」って誰なのかと。

A：夫一人に対し、妻は群になるという対立的三角関係になるわけです。そういうことに対する夫の怒りというのもあったのでしょう。そういう意味では、離婚調停に出す前にカウンセリングに来るべきでしたね。カップル・カウンセリングでよく言うことですが、「二人の問題は自分の味方をしてくれる人に相談せず、カウンセラーに相談しなさい」と。最近では、実家の親がすぐ「帰って来い」とそそのかす例も増えました。離婚を考えている人には、自分の味方の意見だけを聞くのではなく、まず、カウンセラーのところで話し合いをしてみましょうと伝えたいです。本当に。

◇ ま と め ◇

　多重役割は、女性が結婚し子どもをもった後も働き続ける、いわゆる「働く母親」の問題として研究されてきた。当初は、母親が職業をもつ多重役割は当人にも負担が大きく無理がある、家族とりわけ子どもにはしつけが行き届かないとか愛情に欠けるなどよくない影響があるだろうと予想されていた。しかし、「働く母親」が子どもの発達にマイナスということは今日では実証的に否定されており、子どもへの直接の影響よりも、職業と家庭の多重役割を担う本人と配偶者との関係に問題の焦点が移ってきている。ここで取り上げられているケースもそうだが、問題になるのは「なぜ子どもをもつか」ということに関係している。かつてのように、〈結婚—性—生殖（子ども）〉という連鎖は自然なものではなくなって、子どもは性と切り離されて選択の対象となった。そして子どもは少なくなったが、育児や子どもの教育は経済的にも心理的にも負担の多いものとなった。そして仕事をもち続ける女性も増えてきた。そういう状況が、多重役割の問題をさらに複雑にしたと思う。

　ケースをみて痛感するのは、子どもをもちたいとの希望が強いこと、しかしいざ子どもが生まれ、その子どもを育てる生活が始まると、妻と夫との間でそ

れまでの二人の関係や仕事に対処することが困難になることである。仕事と家庭の両立と一口に言われるけれど、そこには二つをどうやりくりするかという技術的レベルの問題以上に、夫と妻の間の生活の調整、それをめぐる葛藤が大きいことがみて取れる。子どもをもてば、そうした生活の変化や葛藤が当然起こることを、具体的に事前に予測して覚悟や対策を考えることができないものなのだろうか。子どもがほしい、かわいい、と子どもを産むだけでなく、子どもを育てることがどのようなことかについての知識や覚悟を醸成するような産前の教育が、子どもが選択の対象となった今日、必要ではないだろうか。これも、先に平木が強調したキャリア発達の教育の一環だと考える。子どもを産み育てることと自分自身が成長発達することとが、往々にして葛藤や対立を生むことになる、人間の宿命とも言えることも指摘したい。このことは、第Ⅱ部で育児不安の問題として取り上げる。

　また、夫婦の関係に問題を感じた場合、身内や友人に相談することが多いだろう。「自分のことをよくわかってくれる」と。しかしこれが必ずしもよいとはかぎらない——同情や身びいきから問題を客観的にとらえ柔軟に考えることを阻んでしまい、自説にこだわり、解決の道をみいだせなくなる危険性が大きいことをケースから感じた。その意味で、赤の他人であるカウンセラーとの対話は貴重な自己発見であり、問題の客観的理解を助ける、その役割が広く知られるとよい。

第4章　ジェンダーによるコミュニケーション・ギャップ

◇ データ篇 ◇

夫婦間のコミュニケーション

　前章では結婚満足度にとって、情緒的サポート、配偶者へのケア、共同的関係など、夫婦間相互の心理的配慮のやりとりが重要であることが確認された。ところで、情緒的サポートや心理的な配慮が相手にそれと認知されるには、コミュニケーションが必要である。それ以上に、密なコミュニケーションが豊かにあることは、夫婦が（交換的・道具的関係にとどまらず）共同的感情を共有する関係となるための必須の基盤であろう。

　しかし、このことは一般には必ずしも合意されてはいない。それどころか全く反対の意見さえある。「言わなくてもわかり合える」以心伝心の関係を最も理想とする考えが日本では長らく支配的であるが、いまも夫婦間のコミュニケーションは以心伝心でよいとの考えがあり、特に夫にその意識は強い（赤澤ほか，2005）。実際、日本の夫婦間の会話は決して活発ではなく、とりわけ夫の発言は少なく「めし、ふろ、ねる」のみだと揶揄されながらも、それが当たり前に通用するのが家庭・家族とされ、居心地よいと肯定されてきたきらいもある。

　この状況は、一体どのように機能しているのであろうか。

コミュニケーションの量と質のギャップ

　夫婦間の会話は、若いうち、つまり結婚後間もなくのうちは多いが、年を経るほどに減少する。特に夫の減少は著しい（藤原ほか，1986：図Ⅰ-4-1）。

　日米の夫婦の共行動を比較した調査は、日本の夫婦の会話は子育てについてがほとんどで、それだけはアメリカの夫婦に匹敵するぐらい頻繁に話し合っているが、他の話題や夫婦の共行動についてはことごとく少ないことを明らかにしている（日本性教育協会，1986：図Ⅰ-4-2）。

I　すれ違う夫と妻

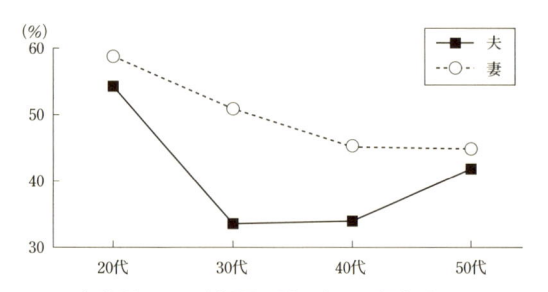

図I-4-1　年代別にみた夫婦間の話し合いの程度（藤原ほか，1986）

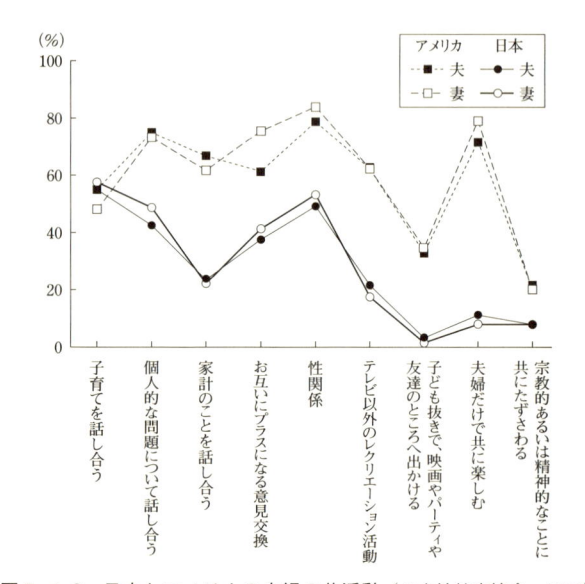

図I-4-2　日本とアメリカの夫婦の共活動（日本性教育協会，1986）

　ニッセイ基礎研究所（1994）の調査でも、日本の夫婦の会話の少なさはほぼ同様である（表I-4-1）。

表I-4-1　日本の夫婦の会話（ニッセイ基礎研究所，1994）

沈黙型	36.4%
妻だけ会話	32.4%
夫だけ会話	8.5%
対話型	22.7%

このように日本の夫婦間のコミュニケーションは、結婚当初を除いて時間的にも短く話題も限られ、活発とは言えないのが全般的状況である。それでも変化はないわけではない。門野（1995）は、二つの世代の夫婦を対象に、結婚の前後で「妻の就労」「家事の分担」という夫婦の重要課題についての話し合いがどのくらいされていたかについて調査を行い、世代差をみいだしている（図Ⅰ-4-3）。

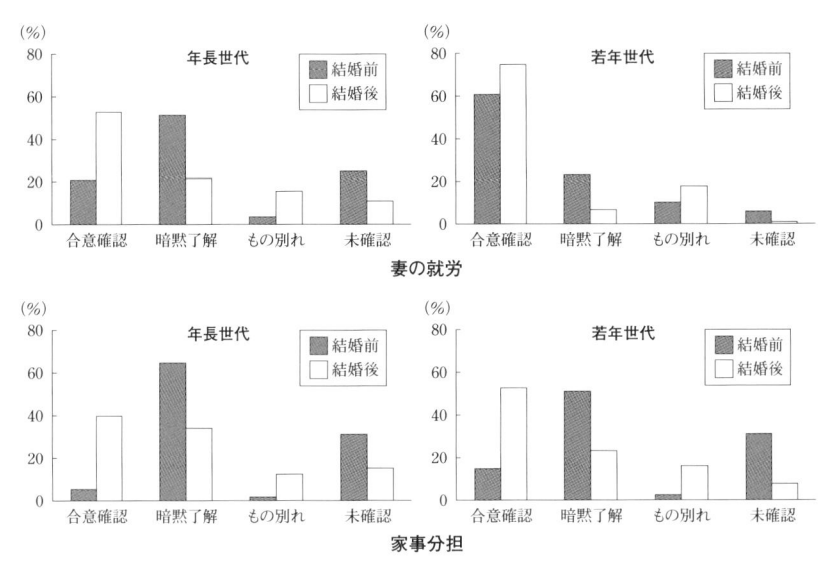

図Ⅰ-4-3 世代別にみた結婚の前後での重要課題についての話し合いの割合の変化
（門野，1995を改変）

年長世代（1977-79年大卒者）では、夫婦での話し合いなしの暗黙の了解や、相手の意思が未確認の場合が多いが、若年世代（1987-89年大卒者）では年長世代に比べると話し合いが行われて合意・確認されることが多い。この世代差は、若い世代では夫婦間で合意形成のためのコミュニケーションがより活発に行われるようになってきていることを示すが、その変化の背景には、性別役割分業が当然視されてきた状況が変わり、妻の就労の道が開かれたという事情があろう。夫の就労は当然視され話題にもならないが、妻については夫婦の合意が必要という点では、男女共同参画と言いながらまだ過渡期にあると言えるが、と

もあれ夫婦ごとに決める必要が生じて、若年世代では合意形成のコミュニケーションの増加となったのであろう。加えて、若年世代ほど恋愛結婚が多くなるから、結婚前から二人の間に率直で対等な会話が成立しており、その延長で夫婦間のコミュニケーションも多いという事情もあろう。

そうは言っても、日本の夫婦のコミュニケーションは活発になってきたとは決して言えず、その様態はかなり特異である。国際結婚夫婦についての研究（矢吹，1996）はそれを間接的に示している（表Ⅰ-4-2）。

表Ⅰ-4-2　言語的・非言語的コミュニケーションのプロトコル例（矢吹，1996）

Ⅰ　日本人妻がアメリカ人夫に、非言語化したコミュニケーションをとり、察しを求める。
「日本の、『あうん』というのがありますよね。何も言わなくても『ちょっと』とか『うん』とか言えばやってくれちゃったりする、暗黙の了解。そういうのが（アメリカ人夫には）なかったんですよ。『何々をしてちょうだいね』、『そこにある、何々をとって』というように、細かく言わなければ（アメリカ人夫には）わからない。それが私はわからなかったんですよ。そういうのが、とても歯がゆかったんですね。で、向こう（アメリカ人夫）は、『言われないのに、なんで僕がわかるんだ』って。向こうも私が言わないのに『なんでわかるのを求めるんだ』って言う。そういうことで、けんかがありましたね。」（妻S）

Ⅱ　日本人妻が、結婚当初から現在まで、性役割観の違いを調整課題として認知しているが、それを態度で表し、言語化しない。
「夜、彼（日本人夫）がテレビを見ている時間は、私は子どもをお風呂にいれたり寝かしつけたりするので、家事がたまっていて、家事はしなくちゃいけないし。私はワークする時間なわけよ！　10時とか、11時でも12時でもそうなのね。彼は、帰ってきたら、もう、全身オフなわけよ。〈略〉（夫は）もう会社を出たら、彼はないわけ、やることがね。〈略〉（妻のストレスを夫に伝えるために）だから、（妻は）わざと洗濯物を彼の目の前で、／パンパン、と音を立てて干す。〈略〉お茶を出すときに、わざとドンって音をたてて（テーブルに）置く。」（妻T）

アメリカ人夫と結婚した日本人妻は当初、相手に不満や要求をしぐさや表情で何くれとなく示している（つもりでいる）──嫌なことやしてほしいことをいちいちことばで言うのは角が立つ、それとなく示せばそれで通じる、と。「黙っていてもわかり合える」「以心伝心」の美学が親しい夫婦間では当然であり望ましいもの、との思いが背景にあろう。ところが、これが思ったようには相手（アメリカ人夫）に通じない。嫌なこと、してほしいことをなぜきちんと言わなかったのかと夫から言われる経験を経て、必要に迫られて、日本人妻は

次第に意思の疎通のためにことばで明示的に表現するようになっていく。また夫婦間で解決しなければならない課題に対して、日本人夫婦では態度や語調で暗にほのめかしたりお互いに察し合い暗黙の了解で進めることが多いが、アメリカ人夫と日本人妻の夫婦では明示的なコミュニケーションによる解決を図っている。

　ことばで意見や感情を表明することで、課題についての認知や感情の齟齬や一致点が明確に意識化され、意見の調整と合意形成が円滑になされる。この日米夫婦の事例は、日本人の間では当たり前に通用している以心伝心のコミュニケーション様式が、明示的・論理的表現を重視する異文化との接触によって修正を迫られた文化化の過程を示す。このような変化は、様々な場面で国際的交流がさかんになっている今日、国際結婚でなくとも生じるのではないだろうか。アメリカ人、在米の日本人、日本人についてコミュニケーションを比較した最近の研究（Kikuchi, 2006）は、日本人のコミュニケーションが状況依存的な特徴を薄めて欧米的な特徴を帯びる方向に変化していることをみいだしている。最近、家族の成員がそれぞれ個人としての心理的・行動的領域を確保しようとする傾向が強まりつつある（目黒, 1987；柏木・永久, 1999）。そうした変化の中で、これまでのような以心伝心の方式ではうまく機能せず、自分の意思を家族の間でも明確に表明することが必要になるのではなかろうか。

　先にみた若い世代での夫婦間コミュニケーションの増加もこうした変化の一端とも考えられるが、内容は妻の就労や家事分担といういわば家庭の運営方式についての課題解決のためのコミュニケーションであった。夫婦間のコミュニケーションの重要性は、こうした課題解決志向的な面以上に、情緒的な配慮・ケアのやりとりの面にあろう。先に妻の結婚満足度が夫からの情緒的サポート、言語による評価・賞賛の有無に左右される事情をみたが、この情緒的サポートの実が果たされるには単に会話の量の多寡ではなく、その質、さらにコミュニケーションにおける関係性が問われるであろう。このコミュニケーションの質は、結婚満足度とどうかかわっているだろうか。

　中年期夫婦との面接調査を行ってその言語分析を行った難波（1999）は、夫のコミュニケーションの特徴として、妻との「突っ込んだ話し合い」を避ける、妻の言うことが気にいらないと「黙る」「怒る」「席を立つ」「無視する」など

の行動特徴を明らかにしている。同じく中年期夫婦を対象に、夫と妻がそれぞれ配偶者に対してどのようなコミュニケーションを行っているかについて評定を求めた研究（平山・柏木，2001）も、同様な夫と妻の差を確認している。すなわち、夫婦のコミュニケーション・スタイルには、「共感」「依存・接近」というポジティブな面と「威圧」「無視・回避」というネガティブな面が区別されるが、これを得点化して比較した結果、夫では「威圧」「無視・回避」というネガティブな面、妻では「共感」「依存・接近」というポジティブな面がより多かった（表Ⅰ-4-3）。

表Ⅰ-4-3　夫と妻のコミュニケーションの特徴（平山・柏木，2001）

態度次元	コミュニケーション態度の方向と程度
威圧 日常生活に必要な用件を命令口調で言う 話の内容が気に入らないとすぐ怒る 相手より一段上に立って小ばかにした受け答えをする	夫 ──────▶ 妻
無視・回避 相手の話にいい加減な相づちをうつ 他のことをしながら上の空で聞く	夫 ──────▶ 妻
依存的接近 あなた自身の悩み・迷いごとがあると、相手に相談する 会話が途切れると相手のほうから話題を提供する	夫 ◀────── 妻
共感 相手の悩みごとの相談に対して、親身になって一緒に考える 相手に元気がない時優しい言葉をかける	夫 ◀────── 妻

矢印部分は夫婦間得点差をもとに作成したイメージ図。

　この結果は、難波（1999）がケースで明らかにした夫のコミュニケーション態度を再確認すると同時に、妻のより積極的・共感的に相手にかかわろうとする態度を明らかにしている。このように、夫婦のコミュニケーション態度には顕著な差があるが、それは単なる量的な差ではなく質的な差であり、その特徴は夫が上で妻が下という非対称な関係に相当する。先に妻が夫に求める情緒的サポートとは、「心配ごとを聞く」「能力や努力を高く評価する」「助言やアド

バイスをする」などであり、それが妻の結婚満足感を規定することをみた（大和, 2001）が、この結果は夫がこの種のコミュニケーションを妻に対してすることは少ない事情を明らかにし、妻の結婚満足度の低さの背景を示唆している。

ここでみられた夫婦の非対称な上下関係は、夫婦が日常相手に対して用いている呼称の様相ともほぼ対応している（表Ⅰ-4-4）。

表Ⅰ-4-4 夫と妻が相手をどう呼んでいるか（柏木, 未発表）

夫は妻を	(%)	妻は夫を	(%)
お母さん	74	お父さん	86
名前（呼びすて）	30	名前（＋さん）	4
おい	14	おい	0
おまえ	13	あなた	10

2003-2005年調査。対象者310名、複数回答。

赤澤ら（2005）の最近の研究においても、夫婦間コミュニケーションの非対称な上下関係が確認されており、さらに結婚満足度の高い夫婦と低い夫婦の間では、「共感」「依存」「非共感」「退避」「威圧」すべてにおいて有意な差があることを確認している（図Ⅰ-4-4）。

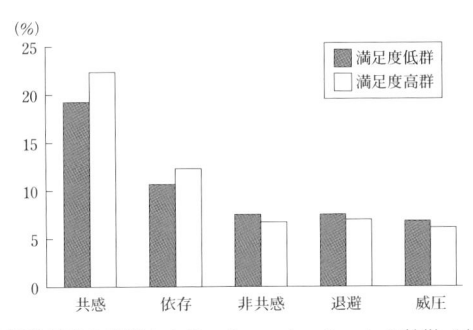

図Ⅰ-4-4 結婚満足度の高低と夫のコミュニケーションの特徴（赤澤ほか, 2005）

そして、その背景として夫と妻のコミュニケーションについての意見がずれていることを明らかにしている（表Ⅰ-4-5）。夫は妻よりも以心伝心がよいと考え、徹底的に話すことには消極的であり、妻は夫の意見に従うべきと考えているのである。

表 I-4-5　夫婦のコミュニケーション観に有意差がみられた質問例 (赤澤ほか, 2005 を改変)

意見が合わない時は徹底的に話し合うべきだ	夫＜妻
意見が対立する時は妻が夫に従うべきだ	夫＞妻
言葉にしなくても以心伝心で相手に気持ちが通じているものだ	夫＞妻
コミュニケーションをとることは夫婦円満の秘訣だと思う	夫＜妻
意見が対立するような話題は避けるべきだ	夫＞妻

いずれも $p<0.001$

　また、夫婦間コミュニケーションの不在は中高年夫婦に限らず、育児期の夫婦にもある。発達上の障害や問題をもった子どもの臨床相談に父親が来談することはほとんどなく、妻を通じて夫の意見を聞こうとしてもその声は聞こえてこない。「(妻に) まかせている」「(そんな話) 聞いたっけ」などの発言が少なくない (高橋, 1995)。こうした重大な問題状況においてさえ、夫の会話回避があり、妻は夫から共感的コミュニケーションも心理的サポートも得られていない。取り立てて問題がない夫婦間では、夫と妻が対等に共感的に会話することはさらに少ないことを予測させる。事実、中年期夫婦が結婚生活や配偶者に対する満足度は、あらゆる面で夫が妻より高いが、妻の満足度は夫との会話の量と質にかかっていることが明らかにされている (土倉, 2005)。

　伊藤ら (1999) は、夫と妻の心理的適応の変数として「疎外感」を取り上げ、その規定因を検討した。その結果、夫、妻とも夫婦の会話時間の増加は配偶者を情緒的サポート源として認知させる方向に作用することをみいだし、夫婦間のコミュニケーションが情緒的サポートとして機能することを確認している。しかし、その効果にはジェンダー差もあり、会話時間の増加は夫では空虚感や圧迫拘束感を減じて心理的適応を高めるが、妻では必ずしも心理的適応には結びついていない。これは、会話時間という量の問題ではなく、夫婦間コミュニケーションの質が重要であること、威圧や無視が多く共感的態度が少ない夫のコミュニケーションは、妻にとって情緒的サポートにはなり得ない事情を物語っている。威圧的な夫のコミュニケーションは妻にとっては、応答を封じさせるものであり、「もの言えば唇寒し……」ということなのではなかろうか。

性別役割分業のもたらす負の影響

　このような夫婦のコミュニケーション・ギャップの原因は何であろうか。こ

れを示唆するデータの一つ（家計経済研究所，2000）は、夫婦の性別役割分業と関係したものである。夫婦の日常会話の量は、妻がフルタイム就業の共働き夫婦において、妻が専業主婦の夫婦よりも多い（図Ⅰ-4-5）。

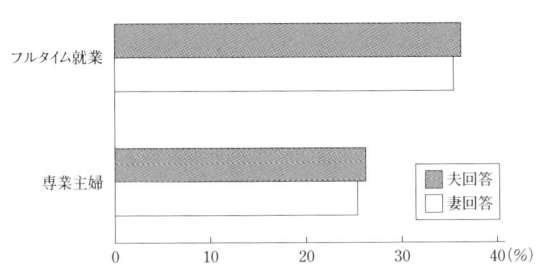

図Ⅰ-4-5　妻の職業の有無と夫婦で「よく話す」と回答した割合（家計経済研究所，2000）

共働きであれば、多忙で時間的制約があり夫婦の会話は少なくなると素朴には予想させる。しかし、この結果はその予想を裏切る。なぜだろうか。夫婦間のコミュニケーション、とりわけ夫のコミュニケーションは、妻をどう評価しているかと関連すると予想される。この点を検討した研究で注目されるのは、妻の職業の有無によって夫から妻に対する能力・努力の評価の差が大きいことである。専業主婦ではフルタイム就業や自営業の妻に比べて夫からの実際の評価が低い上、妻自身の予測はさらに低い（家計経済研究所，2000：図Ⅰ-4-6）。

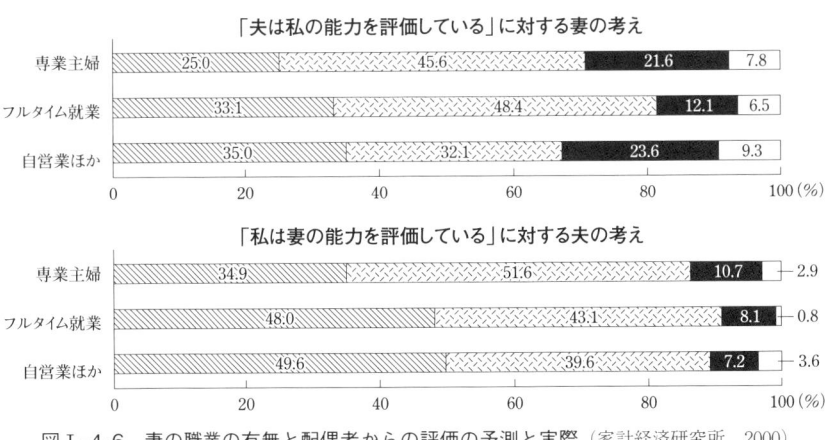

図Ⅰ-4-6　妻の職業の有無と配偶者からの評価の予測と実際（家計経済研究所，2000）

I　すれ違う夫と妻

　つまり、現実に夫から評価されていない、換言すれば情緒的サポートが得られていない上、夫から評価されていないとの悲観的認識を強く抱いている。こうしたことが、これまでくり返し確認された専業主婦の結婚満足度の低さの背景をなしているのではなかろうか。

　一体なぜ、専業主婦に対する夫の評価は低いのだろうか。また妻自身も低いと予測しているのであろうか。妻が有職である場合との違いは、①妻が全面的に担っている仕事は家事・育児（だけ）であること、②それは無償であること、さらに③稼得の可能性を放棄していること、などである。これらのことを夫がどう評価しているかは、夫の妻への評価や情緒的サポートにつながる共感的コミュニケーションと関係していると予想される。では、妻自身は自分の状況をどのように評価し、どの面に注目しているのだろうか。

　考えられるのは以下のようなことである。専業主婦に対する夫の評価が低いのは、前述の①と②とりわけ①と関係しているのではないだろうか。専業主婦が担当している家族内ケア役割は（妻たるもの）やって当たり前、とりわけ無職なら当然のこと、なぜなら自分は稼いで扶養しているのだから、また（昔はいざ知らず、いまは）家事などは誰でもでき、取り立てて能力や努力は不要、それに家計収入に貢献してはいない、などの夫の思いが窺える。しかしこれは、自分が仕事に没頭できるのは妻の全面的な家事・育児に依存しているからだ、との認識が薄く、「正当な評価」とは言えないのではなかろうか。他方、妻が自分の能力や努力は評価されることは少ないと、控え目とも自信に欠けたともとれるような認識をもつのは、夫と同様、①②のゆえであろうか。それだけではなかろう。③の、自分も稼得することができるのに、その道が閉ざされている、という状況認識もあるのではなかろうか。

　これらの点を分析的に検討し、その推測の成否を確認できるような研究はいまのところほとんどない。しかし妻の職業の有無がコミュニケーションをはじめ、夫婦関係や妻の心理に差異をもたらす要因であること、専業主婦では、夫からの評価が低く、妻に否定的な生活感情があるなどの事実を理解する上で、日本の家族・夫婦が置かれている状況を考慮する必要がある。とりわけ産業構造の変化に伴って労働、家事、出産・子育ての状況に著しい変化が生じ、その変化が家事・育児の心理的意味も大きく変化させている事情である。従来の性

別役割分業方式の最適性はゆらぎ、崩壊の方向にある。労働力の女性化に加えて、家事が機械化・社会化（外注）により格別の能力や努力とは無縁となったことは、家事だけを担うことに誇りや意味を認めにくくさせ、同時に夫からの評価の対象とはなり難い状況を生んだ。少子高齢化により、育児は終生にわたる生き甲斐とはなり得なくなった。しかも家事・育児は無償で目にみえるかたちで家計に貢献するものではない。

しかし、それでも家事は誰かがしなければならない。だがそれは無償であり、市場労働なら得られるはずの収入との対比がクローズアップされてくる。先に家族内ケアが妻だけに偏在している時、妻の否定的感情が強いことをみた（平山，1999）が、それはこうした社会変動がもたらした家庭内外の変化にもかかわらず、性別役割分業スタイルで運営している負の産物であり、最適なかたちへの転換が遅れをとっている、とみることができよう。

対等なコミュニケーションが成立するには

先に夫婦間のコミュニケーション・ギャップは、単に量的な差にとどまらず、その内容、質に問題があり、対等で共感的なコミュニケーションをしていないことをみた。これは中高年夫婦の全般的特徴であるが、中には対等なコミュニケーションが成立している夫婦もいる。それはどのような夫婦なのだろうか。

コミュニケーション態度として析出された4タイプのうち、「共感」は、「相手の悩みごとの相談に対して、親身になって一緒に考える」「相手に元気がない時優しい言葉をかける」など、配慮があり、能動的な聞き手・話し手であることを示す因子である。そして、この因子が全般的に夫に最も欠けていることが特徴として注目されていた。この「共感」的態度こそ、受け手が情緒的サポートだと実感できる重要なコミュニケーションである。

この「共感」が夫において、どのような条件下で強まるのか分析・検討を行った結果、唯一、妻の収入の多少が夫の「共感」得点（5段階評定）に顕著な差をもたらしている（平山・柏木，2001：図I-4-7）。すなわち、夫の「共感」は妻の収入高に応じて変化し、無収入の場合に最低、夫に匹敵する収入の場合に最高になるのである。この結果は、先の共働き夫婦における会話の量的な差とも対応するが、それ以上に重要なのは、通常夫では少ない「共感」的態度が、妻

I すれ違う夫と妻

が自分と匹敵する経済力をもつ夫で最大だということである。逆に言えば、妻に収入がない、あるいは経済力において自分より下位にある場合には「共感」的態度は少ない。夫からのサポートがとりわけ重要な専業主婦に対して、このように夫の共感的コミュニケーションが最も乏しい事実は悲劇的である。

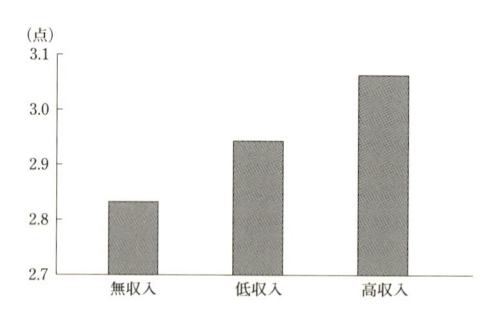

図I-4-7　妻の収入別に見た夫の「共感」得点（平山・柏木, 2001）

妻に対する夫の心理的・言語的暴力としてしばしば見聞するものに、「食わせてやっている」がある。ここには、家族・夫婦という私的な関係においても、世俗におけるのと同様に経済力が権力と結びつき、もつ者がもたざる者を下位とみなし、対等とは対極の支配・上下の関係になることを物語る。

先に会話の量が共働き夫婦で多いことをみたが、そこには妻の職業の有無による役割分担方式の違いが包含する様々な面が作用していることに注目する必要があろう。第一は、〈男は仕事・女は家庭〉の性別役割分業か、〈男も女も仕事も家庭も〉の男女共同参画か、の違いである。さらにこの分担方式の違いは、夫と妻の経済力における差の有無につながっている。これまで結婚満足度、生活感情、相手の評価、さらにコミュニケーションなど様々な局面において、妻の職業の有無による差が、妻本人にも夫にも認められることをみてきたが、その差が役割分担方式の違いのいずれの面によって生じているかが問われる。

妻の経済力によって夫の共感的コミュニケーションに差がある事実（図I-4-7）は、経済力の有無やその差が夫婦関係——コミュニケーションの質、とりわけ対等性——に密に関係することを示唆している。ちなみに、妻の夫に対する「共感」的態度はその収入の多寡によって変化しない（つまり自分の経済力が増大したからといって「共感」の減少にはつながらない）。その結果、妻に夫と

対等な収入のある夫婦において、夫と妻の「共感」は同程度の多さとなり、対等なコミュニケーションが成立している。

　家庭内の勢力関係は夫婦それぞれの稼得・資源によって規定されるとする相対的資源理論は、アメリカで提出され実証されてきたが、上記のように、最近、日本でもこれを支持するデータが提出されてきている。日本では家事・育児という無償労働が他国に例をみないほど妻に大きく偏り、夫の家事・育児参加は極めて少ない。この家事・育児への夫の参加が妻の収入高に応じて増加する事実（鎌田, 1999；松田, 2005）も、この理論を支持するデータの一つと言えよう。

　では、なぜ妻の経済力が夫のコミュニケーションを「共感」的なものに変化させるのだろうか。自分と同等の稼ぎをもつ妻には「食わせてやっている」とは言えないということだろうか。それほど単純ではなかろう。妻の経済力が、夫の妻への共感的態度に対してどのようなプロセスで作用しているか、その因果関係を分析した結果（平木ほか, 2003：図I-4-8）をみると、経済力そのものが直接作用するのではなく、妻の収入に経済的・心理的なメリットを認め、フルタイムで働き自分と同等の収入を得ている妻に対する肯定的評価を介して、夫に親和的・共感的態度をとらせているのである。つまり、妻の活動に対する夫の積極的評価・人格的尊重が核になっていると言えよう。

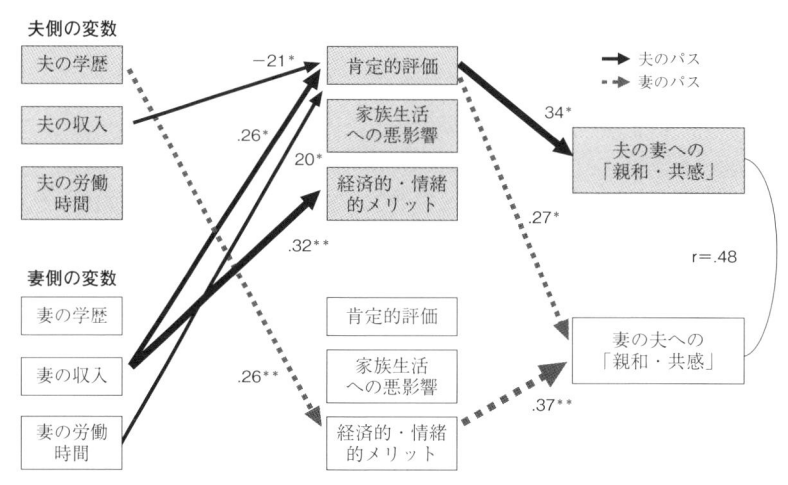

図I-4-8　夫婦の〈親和・共感〉的態度のパス図（平木ほか, 2003）
有意な標準回帰偏数（影響の大きさを表す）のみ示す。

I すれ違う夫と妻

　この構図は、専業主婦に対して夫の評価が低く、妻自身も評価されていないと自信が低いこと（図 I-4-6）と対照的である。先に、夫と妻との関係の質として「役割としての関係」と「個人としての関係」が区別され、後者の関係が結婚満足度にとって重要であることをみた。夫と妻が対等に共感的なコミュニケーションをしているのは、まさに夫が妻の存在・能力・活動を認め尊重する、「個人としての関係」が成立しているということであろう。そうした関係は、妻が夫と同等の経済力＝勢力をもつ対等性によって可能となっている。換言すれば、高い結婚満足度につながる「個人としての関係」が築かれるには、妻の就業、つまり夫と妻の経済的対等性が重要な契機となることが示唆される。最近、男女共同参画がしきりに喧伝されているが、夫も妻も職業をもつという稼得役割への男女共同参画は、夫婦の対等性を保障する上でも重要であると言えよう。性別役割分業はこの点において難点があると言わねばならない。

　性別役割分業と対照的な共働き夫婦の妻は、（専業主婦に高い）否定的な生活感情が低く、逆に結婚満足度は高い。「もう一度結婚するなら誰とするか」に対して、夫は妻を選ぶが、妻は他の人を選ぶかもう結婚しないとするすれ違い夫婦が中高年では多いことを先にみた。そうした趨勢の中で、夫と妻双方が（もう一度結婚したい相手として）現在の配偶者を選択しているのはどのような夫婦かを中高年夫婦について分析したところ、妻が継続して職業をもってきた共働き夫婦に際立って多い（柏木ほか，1996：図 I-4-9）。

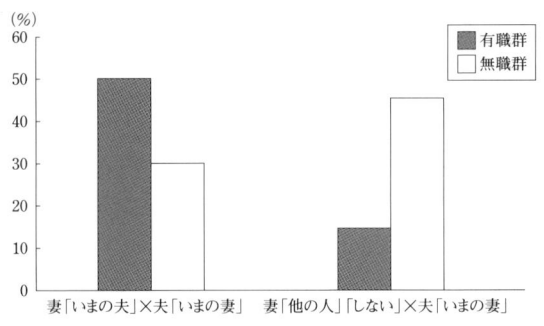

図 I-4-9　妻の職業継続と「もう一度結婚するなら誰とするか」への回答（柏木ほか，1996）

　この研究の時点で 50 〜 60 歳である中高年夫婦の世代では妻の職業継続には多くの困難があったと予想されるが、その中で共働きを続けてきたことの意味

は大きい。今日でも、妻本人の継続希望にもかかわらず、夫の「家事・育児は妻の仕事、妻に任せたい」との圧力は強く、それによって職業継続を断念するケースは少なくない（柏木ほか，2002）。また妻の就業を夫が「家事や子どものことをおろそかにしない」との条件で認め、その結果パートタイマーになる例も枚挙にいとまがない。このような状況を考えると、中高年世代の継続共働き夫婦には、妻の役割を家庭に限定しないジェンダー観がベースにあり、妻の活動を尊重し共感的なコミュニケーションが活発にされてきたことが推定される。そうした生活が、夫も妻も結婚相手として「いまの配偶者を」との相思相愛の関係をもたらしているのではなかろうか。

共働き夫婦における活発で対等なコミュニケーションの背景には、妻の経済力以外にもいくつかの要因が考えられる。その一つは夫と妻の共通体験である。前述のように共働き夫婦で（時間的な制約にもかかわらず）会話が活発な理由として、夫も妻も職業をもつ、夫の家事参加も多いなど、二人が共通の体験をもつために、共通の話題が多いことが考えられよう（諸井，2003）。さらに、コミュニケーション・スタイルについても共働き夫婦では片働き夫婦とは異なると推測される。コミュニケーションは、その場面や課題、相手などによってふさわしいスタイルがとられるものである。夫は仕事（だけ）、妻は家庭と、それぞれが全く異なる生活領域と体験をもつことは、二人の関心とコミュニケーションのスタイルを異なったものにさせる。職業生活では論理・明快さ・客観性などの特徴を備えたコミュニケーションが必要かつ有効であり、多用される。他方、子どもの相手や家庭周辺での付き合い中心の生活では、相手の気持ちを忖度し具体的な状況に臨機応変に柔軟に対応するコミュニケーションが求められる。ここでは論理・客観性よりも他者との共感・主観が重要である。

職業生活をしている夫のコミュニケーションは客観性・論理・断定といった特徴を帯び（伊藤，2002）、その結果、家庭生活中心の妻の柔軟で主観性が強く曖昧さもあるコミュニケーションとの乖離・齟齬をもたらす可能性は大きい。先に、コミュニケーションの特徴として夫には「威圧」「無視・回避」が多く、妻には「共感」「接近」が多いという差をみたが、それは、情感に訴え論理や簡潔さを欠いた妻のコミュニケーション・スタイルに、（そのスタイルに慣れない）夫がいらだっている構図とも言える。しかも、この夫と妻の分裂が夫だけ

I　すれ違う夫と妻

が職業をもつ夫婦に多いのは、コミュニケーション・スタイルが二人の生活の分離のために全く異なってしまっているためだと納得できよう。

コミュニケーション・スタイルのジェンダー差

このような夫と妻のコミュニケーション・スタイルのギャップの萌芽は結婚前からすでにある。友人関係から恋愛関係に移行すると、(それぞれ男女同権の考え方をもち他の場面ではそう振る舞うのに) 恋人との一対一の場面では、男性がリーダーシップをとり、女性はそれに従い相手の世話をするという、いわゆる男らしさ・女らしさに合致する行動をとる傾向がある (土肥, 1995；赤澤, 1998)。こうした恋愛中に生じやすいジェンダー規範が結婚後の夫婦関係にもち越されて、ケア役割において、またコミュニケーションにおいて、夫と妻の間に非対称の関係がもたらされる。さらに、子どもの誕生を契機に妻が職業を辞め、性別役割分業の生活となるに及んで、その関係の分裂・上下関係化は一層進むことになる。

夫との間で生じる葛藤課題 (家事分担をどうするか、休日の過ごし方など) をどう解決するかを、新婚の妻を対象に面接によって明らかにした研究 (東海林, 2006) は、妻が自分の主張を抑え、相手の主張を受け入れる「譲歩的対処」を自分の意見や欲求を押し通す「主張的対処」と匹敵するほど多くとっていることを報告している。そして妻は、譲歩的対処にはその場の情緒状態が険悪になるのを避ける情緒調整の効用があるとし、相手と折り合いをつける方策だと肯定的に意味づけている。妻自身そのように納得しているとしても、そこには夫を立てる、妻は控えることでことを収めるというジェンダー規範の働きを窺うことができる。この研究では夫については全く扱っていないので、譲歩的対処が妻に特徴的なのかどうかは不明であるが、恋愛中に芽生えたジェンダー規範が結婚後にもち越され、結婚した二人の関係を「平和に」維持するために女性が折れて相手に合わせることになる「譲歩的対処」は、夫を立て妻は従う上下関係とみることができよう。

日本人の自己開示の特徴は、自分や身内のことは控え目に卑下するスタイルを取ることにあり、欧米の自己高揚的傾向と対照的である (Markus & Kitayama, 1991；遠藤, 1997；唐澤, 2001)。この特徴は、家族の成員についての

4 ジェンダーによるコミュニケーション・ギャップ

表現において顕著にみられる。夫が妻を愚妻、子どもを豚児と言うなどはその最たる例であるが、これは、日本的自己卑下の態度と夫が妻子を自分より下位にあるとみなすジェンダー観とが結合した産物とみなせよう。こうした呼称は夫の妻子への親愛の表現だと言われるが、妻は夫や子どもにこのような呼称を用いないことを考えると、男性上位という意識をもつ夫のディスクールの反映であることは確かであろう。

　DV（家庭内暴力）のほとんどは男性から女性へのものであり、そこには性的・身体的暴力のみならず言語的・心理的な暴力が含まれている（内閣府, 2006：図Ⅰ-4-10）。夫が妻に乱暴な口をきいたり、身体的・性的暴力を振るったりしても、「親しい間だからでしょう」「ご主人の愛情の現れだ」「他人にはしない、奥さんならではでしょう」などと問題視されることがなかった長い歴史がある。それがようやくDVとして認知されたことは、夫婦間に起こる行為についても人権の視点からとらえられるようになったという意味で画期的なことである。かくてDVについて訴えることができ、調査もされるようになったいま、夫婦の25％ともいうDVの多さに改めて驚かされる。

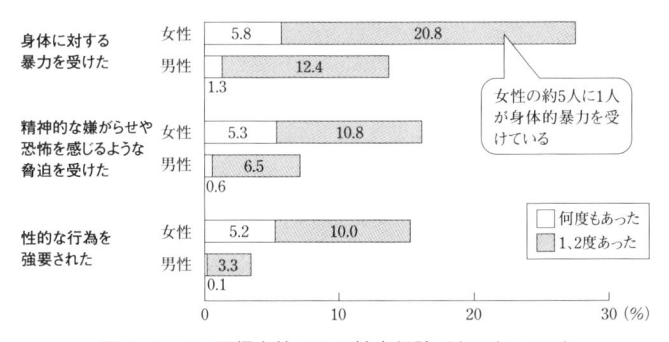

図Ⅰ-4-10　配偶者等からの被害経験（内閣府, 2006）

しかし、それはこれまでみてきた夫婦間のコミュニケーションの実態に照らせば、不思議ではない。応答性や共感に欠け、相手を無視し会話を回避する、さらには一方的に威圧するといった特徴をもつ夫のコミュニケーション態度は、相手の人格を認めず下位の者を支配する行為であり、DVの本質に通じる。このような夫の態度に抗議や反抗をせず、自分が譲歩することでことを荒立てず

にやり過ごすケースは少なくないと思われる。「言っても無駄」「余計言い募るからそっとしておく」など、夫の威圧や無視に対する妻の対処（難波, 1999）は、その場ではことなきを得て「平和」を保てる賢明な方策にみえるかもしれない。しかし、その長年にわたる積み重ねは夫と妻の上下関係を固定化し、妻に「個人としての関係」を諦めさせ、「役割としての関係」だけでよしとすることになるのではなかろうか。それどころか、さらに深刻な結果になる危険さえはらんでいる。

　朝日新聞投書「止められない暴力」は、長年にわたる夫の言語的・心理的暴力にさらされ耐えてきた老妻が、介護が必要となり無力となった夫に対して報復のように暴力を振るってしまう気持ちを切々と語っている。家族の中で生じた一つの暴力が次なる暴力を生むことになるメカニズムを、ここに端的にみることができる。

止められない暴力　埼玉県　匿名希望(無職・65歳)（朝日新聞「ひととき」欄, 2003.11.20）

　また夫に暴力を振るってしまった。もうやめようと固い決意をしたのに。

　夫は75歳で、まだらボケがある。いくつも病気を抱えて週3回の通院に付きそう。トイレと食事は自分でできるのでありがたいと思う。一人で外出するが、時間の感覚がないので、遅くなると探しに行く。このぐらいは苦にならない。

　が、私が腹を立てるのは、夫は若い頃から身勝手で、妻などは自分や家族のために働く道具ぐらいに思い、田舎者の私だけでなく、私の実家の悪口を毎日の酒のさかなにしたことだ。若かった私は何の反論も出来ず、どれほど悔しい悲しい涙を流したことか。全部子どもたちのためと耐えた。

　それを見かねた神様が、私の味方をし、今では立場が逆転してしまった。それでも夫の性格は直らず、今でも私をバカにしたりする。私が暴力を振るってしまうのはそんな時だ。あの頃と同じ憎らしい夫の顔、あの時もこんな顔だったとつい手が出てしまうのだ。

　今、高齢者への虐待が問題になっている。もちろん虐待はよくないが、高齢者の中には妻や夫、息子の妻などへの来し方に原因がある場合もあるのではないかと思う。自分のことを大事にしてくれた人なら、老いて手間がかかるからといって暴力など出来るものではないのではないだろうか。

コミュニケーション・スタイルの変容

さて、コミュニケーション・スタイルは生活体験とジェンダー規範によって形成されるものであるが、それゆえに生活領域と体験の変化によって変容する。

日本語には性別化を鮮明に強調し、女性を男性より下位に位置付ける女ことばという装置がある（寿岳，1979）。しかし、高崎（1996, 2002）は、近年、女性たちの間に「女ことば」を逸脱したことば遣いがみられることを、テレビに出る女性ゲスト・評論家たちの発言分析から指摘している。「よし、やるぞ」「○○だったな」など、通常女性には乱暴で行儀の悪いとみなされてきた歯切れのよい表現で、鋭い辛口批評を展開するケースなどである。この例は、女性の言語表現が（評論という男性優位の領域に進出することによって）従来の女ことば・男ことばの枠を超えた豊かなものとなっている可能性を示唆している。

会社員、大学教職員、公務員、店員など様々な職業の男女における会議、応対、雑談の3場面での言語表現を採取し、その内容について評定したデータ（高崎，1993）の中で、語尾と呼称（自称・他称）の形式や表現が女性専用のものか、男性専用のものか、中性的なものかを分類してその分布をみたところ、男性と女性とで分布に相違が認められた。すなわち、男女にかかわらず職種や場面によって言語表現は変化するが、男性の変化の幅は狭くしかも中性的表現が突出して多いのに対して、女性では職種による差があり、変化の幅が広く中性的表現に偏らない多様な表現がみられている（高崎，1993, 2002）。

さらに、女性では個人差も大きい。高崎（2002）は、女性を対象に日常生活での情報摂取法と言語行動について質問紙調査を行い、学歴と職業の有無による差を検討している。いずれの面でも学歴による差があり、さらに職業の有無と就業形態（フルタイムかパートタイムか）による差があり、高学歴化と有職化が女性の言語行動を変化させていることがみて取れる（図Ⅰ-4-11）。女性が職業をもつことが当たり前となった今日、職業生活の中で必要・有効な——家庭中心の生活の中では用いることのなかった——表現スタイルを身につけ、結果として、従来の女ことば／男ことばの域を超えた多様な表現が女性に生じている事情がうかがえる。

変化は表現スタイルにとどまらない。会話の中で、話題の提供、転換、割り込みなどをするのは男性が有意に多く、女性には相づち、説明要求や質問など

I すれ違う夫と妻

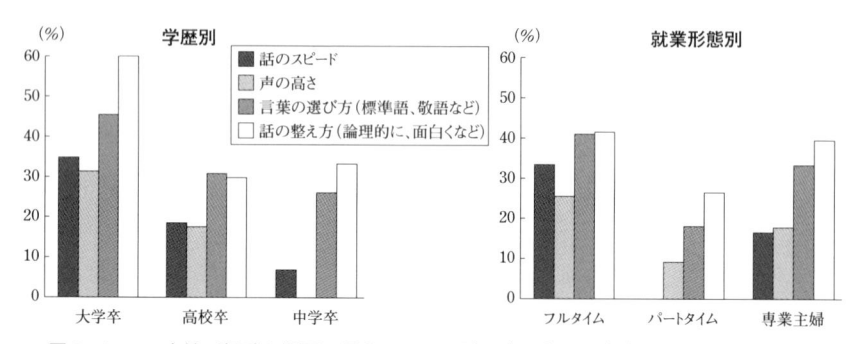

図I-4-11 女性が相手や場面、場合によって話し方を変える内容（高崎, 2002を改変）

補足的・従属的な立場に立った発話が多いことは、多くの実証研究が明らかにしている（中村, 2001：内田, 1997）。男性のことばは女性のことばを封じ込め、女性をリードしており、まさに「ことばは男が支配する」（スペンダー, 1987）という特徴を帯びがちである。しかし、こうした特徴も、女性の職業の有無、職種、学歴などによって異なることを示唆するデータも高崎（2002）は提出している。

女性のコミュニケーション・スタイルの変容は、配偶者とのコミュニケーションにも及んでいるであろう。共働き夫婦でコミュニケーションが活発で相互性が高くなる背景には、夫と妻が共通のコミュニケーション・スタイルを取る、取れることも一因かもしれない。

女性語についての研究はかなりの蓄積があるのに対して、男性語についての研究はまだ緒についたばかりであるが、先の高崎（1993, 2002）の指摘のように、男性では概して変化は乏しく、中性的な表現に終始している。何よりも職業一辺倒の生活で、女性であれば職の有無にかかわらずもつ家事・育児の時間、子どもや近隣と接触する場面が圧倒的に少ないことが原因であろう。さらに、服装、職業などいろいろな面で、女性の男性領域への参入よりも男性の女性領域への参入のほうが困難だという事情が考えられる。この背景には、女性領域のものは男性領域のものより低い価値が付与されてきていることがあり、ことばも例外ではないのであろう。

そうした中で、男性の言語行動の変化として注目されるデータがある。それは親が子どもをしつけるに当たって用いる言語表現についての研究である。子

どもがしてはいけないことをする逸脱行動に対して、親がどのようなことばで制止／指示するかというしつけ方略を、父親と母親とで比較している。

　かねて日本の母親のしつけ方略は、アメリカの母親のそれとはかなり異なる特徴をもつことが明らかにされてきた。アメリカの母親では子どもに対して逸脱行動がなぜ悪いかを説明してそれを制止し、なすべき行動をとるよう明示的に指示・命令する方略が最も多い。これに対して、日本の母親では逸脱行動がもたらす意味、特にそれが人の気持ちにどのような影響をもつかを説明する（だけで、どうすべきかは言わない）、暗示的で状況に応じて柔軟に表現を変える方略が多い。この類いの方略はアメリカの母親にはほとんどみられない。この日本の母親の暗示的で柔軟な方略は、日本の母子間の強い心理的な絆——子は分身——によると解釈されてきた（東ほか，1981）。日本の母親と子どもは一心同体だ、だから明示的に言わずとも暗示するだけで親の言わんとすることは子どもに感得されるというのである。

　このように文化差が認められてきたしつけ方略を日本の父親と母親について調べてみると、全般的に「暗示説得／気持ちに訴える」という日本的な方略は圧倒的に母親に多く父親には少ない。逆に（アメリカの特徴である）「明示的命令」は圧倒的に父親に多く母親では稀なのである（目良，1997：図Ⅰ-4-12）。

　この結果は、いわゆる「厳父慈母」の特徴に合致し、やはり母親はやさしく子どもに寄り添うもの、父親は厳しく子どもを罰するものとの対比的特徴を実証したかにみえる。しかし、これは父親＝男性、母親＝女性に固有のゆるぎない特徴なのであろうか。これまでみてきたように、言語行動はジェンダーのしがらみをもつ性的社会化の一貫である一方、生活体験の中で養成され特徴づけられるものである。男女の違いのほかに、両者の生活体験の相違、ひいては子どもとの距離や育児体験の違いを考える必要がある。

　そこで、育児参加度の多少によって父親を2群に分けて各群のしつけ方略を比較したところ、育児に多くかかわっている父親のしつけ方略は育児しない父親に比べて「気持ちに訴える説得・暗示」が多く、「明示的な指示・命令」は少ない（目良，1997：図Ⅰ-4-13）。

　この結果は、父親のしつけ方略は母親のそれと本質的に異なるわけではなく、育児体験が父親の子どもに対するコミュニケーションを変化させることを示唆

I すれ違う夫と妻

図I-4-12 父親と母親のしつけ方略の割合 (目良, 1997)

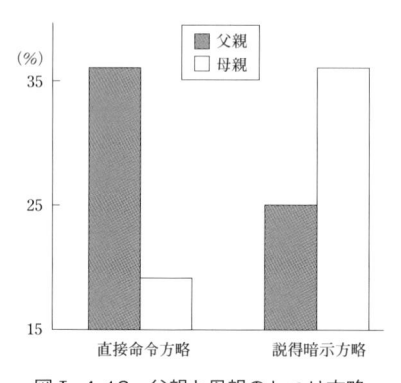

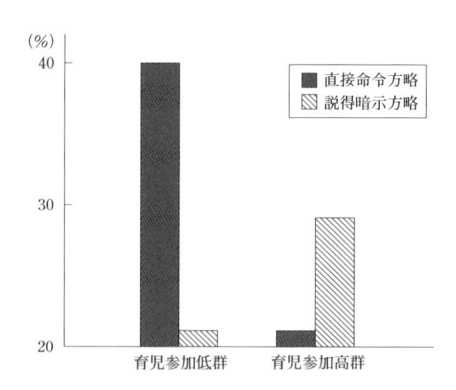

図I-4-13 育児体験の多い父親と少ない父親のしつけ方略の割合 (目良, 1997)

している。父親は育児にかかわる中で、それまで職業生活で身についた計画・能率・論理を核とした明示的なコミュニケーションは子どもには通用しないことを体験する。子どもは融通無碍に変化し、待ったなしの対応が迫られる育児場面では、子どもの気持ちを読み取り子どもに寄り添って臨機応変に対応する柔軟な態度が否応なく要求される。その結果、間接的・誘導的なコミュニケーションを体得していくことになるのであろう。そもそも課題達成型のコミュニケーション・スタイルは、職業生活の中での必要性・有効性のゆえに男性に身についたものであり、それとは対照的な関係維持的・共感的なコミュニケーションも、育児体験によって（男性でも）体得し得ることを示している。

このことは、第II部でみるように、子どもに対する感情や行動も父親と母親とで絶対的に異なるものではなく、育児体験の相違が差をもたらしているという知見とも対応する。それは、状況の変化に対して高い学習能力をもって柔軟に対処する人類の特徴に通じるものである。少し前に、『話を聞かない男、地図が読めない女』（ピーズ＆ピーズ, 2000）が耳目を集めたが、そこで述べられているような、脳の構造が男女で異なる結果だとの生物学的レベルに還元した主張では、男性と女性、夫と妻のコミュニケーション・スタイルの違いは十分に説明できない。人間の言語発達は脳にその生理的・進化的基盤をもちながら、生を受けた環境の中で獲得していく社会化そのものであることはつとに知られており、どのようなコミュニケーション・スタイルをもつかも同様である。職

業をもつ女性においては女ことばという枠にはまらない多用な言語行動が展開されつつあることを見たが、日本の男性はまだ職業一辺倒の生活にあり育児や家事への参加が極めて少ないことから、課題達成志向的なスタイル優位にとどまり、女性ほど柔軟で多様なコミュニケーションが乏しく、それが妻とのコミュニケーション・ギャップにつながっているのであろう。

ジェンダー・ギャップの根本的な原因

夫と妻の関係や心理には、様々な面においてジェンダー・ギャップがあることをみてきた。結婚満足度において、家族内ケアの分担・構造において、コミュニケーションにおいてなどである。ギャップの特徴は、夫は妻よりも結婚と配偶者に満足しており、ケアの構造とコミュニケーションにおいて夫と妻は非対称——夫はケアの受け手で、コミュニケーションにおいては妻より上位に立つ——というもので、その結果、夫にとって家庭はストレス解消の場、他方、妻にとってはストレス源となる。

このようにくり返し観察される様々な面でのジェンダー・ギャップの根は何であろうか。そもそも夫と妻が結婚に求める理想に相違があり、それが現実の結婚満足度を規定しているのではなかろうか。夫と妻の現実の結婚満足度のギャップが最も大きい中高年の夫婦277組を対象に、半構造的面接から構成された質問項目による調査結果から、結婚の理想が検討されている（柏木・平山, 2003）。その結果、3因子が同定され、その得点（4段階評定）を夫と妻別に算出したところ図Ⅰ-4-14のようであった（3因子の詳しい内容は表Ⅰ-4-6）。

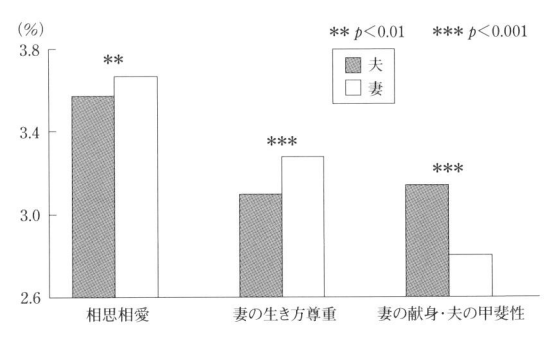

図Ⅰ-4-14　夫と妻の結婚の理想の違い（柏木・平山, 2003）

I すれ違う夫と妻

表 I-4-6　結婚の理想の3因子（柏木・平山, 2003）

第1因子：相思相愛
　妻が、夫を心から尊敬する。
　妻が、夫の人柄を愛し、かけがえのない人として大切にする。
　夫が、妻を心から尊敬する。
　夫が、妻の人柄を愛し、かけがえのない人として大切にする。
　妻が、夫の仕事・活動を理解し、支える。
　妻が、夫の才能・能力を認め、それを伸ばすための手助けをする。
第2因子：妻の生き方尊重
　夫が、妻の才能・能力を認め、それを伸ばすための手助けをする。
　夫が、妻の仕事・活動を理解し、支える。
　夫が、妻の意向を尊重し、やりたいことを自由にやらせてあげる。
　夫が、妻と同等に家事をする。
第3因子：妻の献身・夫の甲斐性
　妻が、夫を心から尊敬する。
　妻が、夫を立てる。
　夫と妻が「一心同体」であることより、それぞれが自立的であることを目指す。
　夫が、妻に経済的に豊かな暮らしをさせる。
　妻が、夫と同等に生活費を稼ぐ。

　結婚の理想として配偶者への尊敬・愛情を重視する第1因子〈相思相愛〉の得点が、夫でも妻でも飛び抜けて高く、3因子中最高である。これは、恋愛結婚が優勢であることから当然の結果であろう。また結婚は愛情に基づくものとのイデオロギーの強さ、その反映でもあろう。この因子得点は妻が夫よりも高く、〈相思相愛〉の理想は妻でより強い。

　ところで、他の2因子〈妻の生き方尊重〉〈妻の献身・夫の甲斐性〉の得点はいずれも第1因子〈相思相愛〉よりずっと低いのだが、夫と妻の間に有意な差がある。このことはその因子の意味から注目される。〈妻の生き方尊重〉は、妻の意志・才能・能力・仕事・活動などを夫が理解し尊重すること、及び夫の（妻と同等の）家事参加を求めるものであり、夫と妻の対等な関係を志向する因子である。他方、〈妻の献身・夫の甲斐性〉は、妻は夫を立てて尽くし、夫は稼いで妻に経済的に豊かな生活を保障するという性別役割分業を志向する因子である。このように二つの因子は対照的な内容をもつものであるが、対等性を志向する第2因子では妻、伝統的な性別役割分業志向の第3因子では夫の得点が、より高いのである。

要するに、夫と妻とでは、〈相思相愛〉が大事といういわば原則論では一致しているものの、具体的にどのような夫婦関係のあり方を求め、相手にどのような態度／行動を求めるかとなると、正反対とも言える関係を望んでいるのである。

　高齢期夫婦の結婚満足度を調査した宇都宮（2004, 2005）は、夫が妻に対して愛情をもち、肯定的に認知していることは、夫の満足感にはつながるが、妻の満足感には、夫が妻を一人の人間として尊重しているか否かが重要であることを明らかにしている。ここでも、妻にとっては（夫の抱いている）愛情とか肯定的な認知という概念レベルではなく、具体的に自分が夫から一人の人間として尊重されていること、つまり夫との対等性が重要であることが明らかである。

　こうした結婚の理想における夫と妻の差――夫の保守性／性別役割分業志向、妻の対等性／個人尊重志向――は、ジェンダー観に一貫してみられる傾向と一致している（国立女性教育会館・伊藤，2006）。

　このように理想においてずれがある結婚の現実はどうであろうか。大勢としては性別役割分業が基本であり、夫は期待する（家族をサポート源とした）情緒的サポートを実際に妻から受けているのに対して、妻は情緒的サポートを求め、それが幸福・満足感の重要な決め手だと認識しているのに、現実にはそれが得られていない、という対等性を欠く状況がある。このことはこれまでもくり返し見てきたところである。

　結婚の理想について調査した夫婦に、結婚の現実についても評定してもらった結果も、同様の傾向であった。とりわけ特徴的なのは、妻の志向する対等性と個人尊重は実現されていないのに対して、〈妻の献身／夫の甲斐性〉は理想以上に行われているとの妻の認知である。この点で、夫以上に妻では理想と現実とのずれが大きい。このことが、妻の結婚満足度が夫より低い背景であろう。先に、夫が妻を人格的に尊重することが妻への共感的コミュニケーションを変化させることを見た。森川（1996）は、妻は（対等な）「パートナーとしての夫」を求め、夫は（情緒的にかかわらなくてすむ）「役割としての妻」を求めるという食い違いの構図を臨床体験から指摘し、このずれの構図が結婚の成否や満足度を左右しており、夫が妻の結婚の理想が自分とは異なることに気づいて、この構図を破れるか否かが問題解決のキーであることを示唆している。森川の指摘

したようなケースは、フェミニスト・セラピーや女性センターや公民館などの相談室や「女性論」の学習会などでは数多くみられる。ここでは、ケースを紹介することはしないが、妻の志向する対等性や自立の獲得が、以下のようなかたちで表現されていることを述べておきたい。

自立志向、対等なパートナー志向の妻の多くは、カウンセリングだけでなく、より積極的な行動によって自立を企て、早い場合は子どもが手を離れ始める思春期になった頃、遅くとも子どもが大学を卒業した頃には、「役割としての妻」を降りて、自己実現に取り組み始める。再就職、起業、ボランティア活動、大学や大学院への社会人入学などによって、生涯学習とキャリアアップに取り組む妻たちにしばしば出会う。また、これまでのケア役割体験で身についた能力を活用して、社会人としてカウンセリングや福祉の再学習にチャレンジし、専門職につく妻たちも増えている。

あるいは、第Ⅱ部で紹介するケースKのように、「○○さんの妻」「△△ちゃんのお母さん」でしかなかった自分に気づき、アイデンティティの混乱から自己探索を始める妻もいる。その結果、対等な夫婦関係を確立していく場合もあれば、夫に失望しつつも多くを望まず、離婚はせずに、夫と同様に自分の世界をつくることで充実感を得て、ある意味で対等の関係を獲得していく場合もある。また、妻が「妻と母を降りる」のと同じように、夫が定年退職後に「会社人間」を降りて自己への回帰を図り始める場合もある。

夫の定年退職の波紋

日本の夫婦の生活と心理には著しいジェンダー・ギャップがある様相をみてきたが、この状況は結婚の終期はどうなっていくのであろうか。夫と妻の生活と役割の分離＝性別役割分業を推進してきた夫の職業生活が終わり、稼ぎ手役割も終了することになる夫の定年退職は、家族生活や夫と妻の関係などに大きな影響をもたらすことは必至である。

2007年から大量の団塊世代の定年退職が始まり、折しも、離婚時の厚生年金の分割制度が施行された。夫の定年退職後の夫婦関係、家庭生活の運営を巡って、夫と妻間にどのような攻防が生じどう解決されるか、また分割制度を契機に離婚するケースが増えるのでは、など家族発達の視点からも強い関心と寒

心がもたれる。労働や年金の問題が「2007年問題」として論議されてきたが、夫の定年退職を迎える家族の心理と生活にとっても重大な節目であり、家族／夫婦関係にも今後少なからぬ影響を及ぼすであろう。

団塊世代の男性とその配偶者を対象に、定年退職後の生活への期待を調査した結果（博報堂エルダービジネス推進室, 2004）は、夫の85％が楽しみだとしているのに対して、妻は39％が夫の定年退職を憂うつだと答えており（図Ⅰ-4-15）、両者のギャップは著しい。

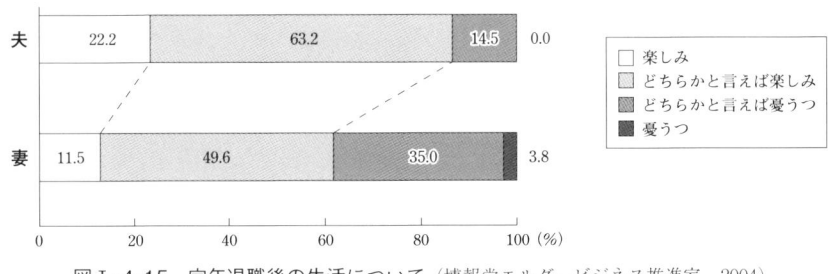

夫	22.2 / 63.2 / 14.5 / 0.0	
妻	11.5 / 49.6 / 35.0 / 3.8	□ 楽しみ／どちらかと言えば楽しみ／どちらかと言えば憂うつ／憂うつ

図Ⅰ-4-15　定年退職後の生活について（博報堂エルダービジネス推進室, 2004）

夫はこれまでの職業生活では得られなかった自由な活動や趣味の時間、またこれまであまり顧みなかった妻との時間にも期待している。しかし、妻は「友達との生活が楽しみ」と言い、夫と妻のすれ違いがここにも浮き彫りにされている。定年退職した夫がずっと家にいるようになってから妻の体調が悪化する「主人在宅ストレス症候群」（黒川, 2005）が注目されているが、これは決して例外的なものではないであろう。

団塊世代の夫と妻を対象に、夫婦関係について評価を求めた結果（岡村, 2001）は、概して配偶者に満足し夫婦同伴性を認めているものの、生活や関係のあり方については夫と妻とでギャップがあり、妻の不満がより大きい。

夫にとっては、妻と一緒にいることでほっとするし、妻は言わなくてもわかってくれる存在である。しかし、妻は夫が家庭に無関心で家事はおろか自分の身辺のこともできないとみて、自分への関心はないのに干渉が多い、と夫の態度により多く不満を抱いている。このようなギャップは、夫が心身の世話を妻に全面的に依存して職業一辺倒の生活をしてきた結果であり、定年退職し家庭

I すれ違う夫と妻

生活に移行した後もその依存が全く変わらない状況を示している。

定年退職後の夫婦を対象に行った面接調査（林ほか，2006）は、定年退職前後の夫婦関係の変化の有無を明らかにしている。対象は、高学歴で夫が片働き・妻が専業主婦の経済的にも恵まれた層であった。夫は、定年退職後妻の勢力が概して強くなった、命令されることが多くなったとみている。しかし40代の頃と現在のコミュニケーションを比較した結果は、「威圧」は夫により強く「接近」は妻がより多いなど、先にみた夫婦の上下的なコミュニケーション関係は基本的には変化していない。

長らく身についた配偶者への態度はそう容易には変化しないのであろう。「妻に命令されることが多くなった」との夫の感想は、妻が上位になったことを意味するものではなく、「家事に不慣れな夫」対「家庭の采配を振るってきた妻」という家庭領域での力関係の差が自ずと現れた結果であろう。

家事については、定年退職後は概して夫の家事参加が増え、その分妻の家事は減ったとしている。しかし、その内容をみると、夫は大工仕事や庭仕事、電気関係などに集中し、炊事や近所の付き合いなどは妻に、内容による分業が顕著で、男女共同参画にはほど遠い。この調査対象は比較的富裕層で、2009年現在60歳以上の世代であることから、妻は性別役割分業に疑義をもつことも少なく、長年自分がしてきた／夫はしてこなかった家事、特に炊事などについて不慣れな夫に参加を求めることはしないのであろう。「身についた主婦性」がここにもみられる。また、夫が担っている家事は、夫が働いていた時には外注していたものを夫がするようになったのではあるまいか。しかも、この傾向はかなり強いと考えられる。

定年退職後の男女を対象に幅広く行われた家事についての意見調査では、「夫がすべき」は皆無に等しく、年齢により多少の差はあるが「妻がすべき」「妻がすべきだが夫が手伝う」が大半を占めた。男性も女性も基本的に「家事は妻がすべきだ」と考えているものが少なくない（内閣府，2004a：図I-4-16）。夫には職業からの引退があっても、妻には家事からの引退はない。その違いに気づいていないのであろうか。中年期の妻においてケア役割の非衡平性が不満の背景であったことを思い起こすと、定年退職後においても依然として強い家事のジェンダー化は夫婦の幸福を左右するのではなかろうか。

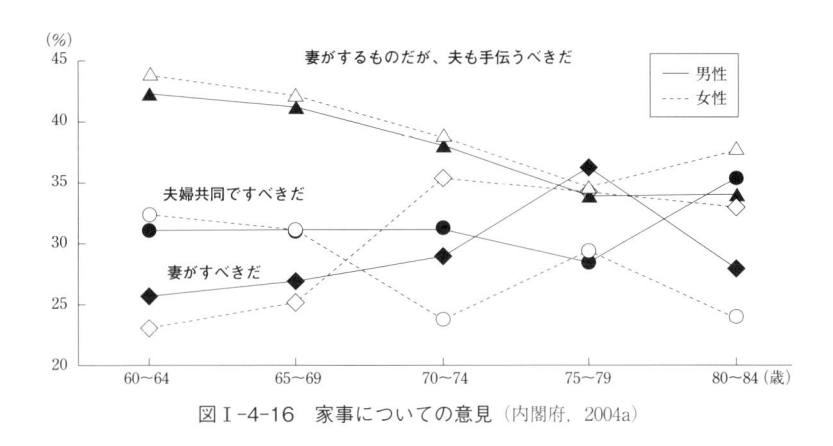

図Ⅰ-4-16　家事についての意見（内閣府，2004a）

さらに、面接調査（柏木ほか，2006）で注目されるのは、「財布の紐」を誰が握るかについての、夫の定年退職前後の変化についてである。夫が働いていた時期には75％の夫婦で妻が財布の紐を握っていたが、定年退職を境に夫へ移行するケースが現れ、妻が継続して財布の紐を握っている夫婦は60％に低下する。この変化がなぜ、どちらの意向で起こるのかは不明であるが、誰が財布の紐を握っているかは夫の心理には何ら影響を与えない。ところが、妻では、夫の定年退職前と変わらず自分が財布の紐を握り続けている場合に生活満足度が高く否定感情は低く、夫からの無視は低いと認識している（柏木ほか，2006：図Ⅰ-4-17）。

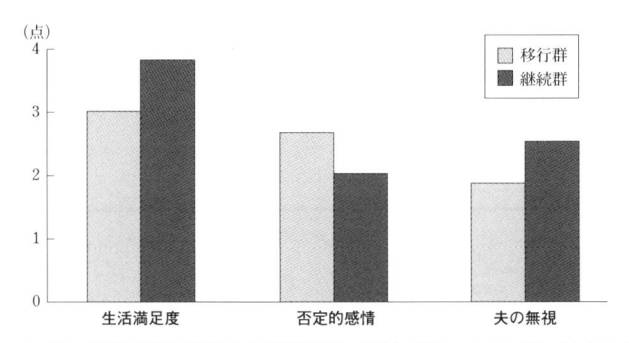

図Ⅰ-4-17　妻の経済主導権移行と生活満足度・否定感情・夫の無視（柏木ほか，2006）

I すれ違う夫と妻

　先に、夫の妻に対する共感的態度が妻の経済力と密接に関係していることをみた。妻自身に経済力のない場合、夫の稼ぎを妻が管理し主導権をもつことは、夫の信頼の証として妻に自信を与えるのであろう。夫の定年退職後も家計の主導権を握り続けることが、家庭内での地位と夫との関係に安定感をもたらし、主導権を失うことになれば、自信はゆらぎ、夫への不信が生じるのだろうか。

　夫が職業に専念し妻との関係を疎んじていた間に、妻の側は、家庭役割以外の社会的活動やネットワークに心身のエネルギーを注ぎ、生き甲斐をみいだす場を形成している（西田，2000）。そうした中でみいだした友達との生活や社会的活動の魅力が大きくなり、長年夫とのコミュニケーションの不毛を体験してきた妻にとっては、定年退職で家庭に戻ってきても夫には期待しない・できない心境になってしまっているのであろう。夫・妻として、父・母としてではなく、個人として生きることへの志向性は、概して夫より妻に強い（岡村，2001：表I-4-7）。

表I-4-7　夫婦の個人化についての意識（％）（岡村，2001）

	妻	夫
夫婦の一体感は、同姓でなくても保てる	61	48
できるだけ夫婦の時間よりも一人の時間を大切にする	43	23
新しく趣味をはじめるときには、自分だけでやりたい	59	32
できるならば、夫婦はそれぞれの個室を持つのがよい	68	53
夫婦は、一緒の墓に入らなくてもよい	38	20
妻は、夫よりも自分のことを優先するべきだ	48	54

　定年退職後、家庭役割はおろか心理的にも自分に依存する夫は、個人としての活動領域をもち、そこに生き甲斐をみいだしている妻にとって歓迎し難い存在であろう。かつて「共白髪」の安寧な生活が夫婦の理想とされたのは、寿命が短く退職後の生活は限られた年月であったからである。加えて、女性は妻として母として生きるほかなく、結婚が女性の生活保障であり唯一の生き甲斐の場であったからである。結婚の価値・意味の変化は晩婚化・非婚化をもたらしたが、その影響は長期化した高齢期にも及び、性別役割分業を正当化していた夫の職業生活の終了とともに、その負の影響が顕在化しつつある。

　こうした状況は、共働き夫婦ではどうなっているのであろうか。共働き夫婦

は、近く定年を迎える世代にはまだ少数である。結婚あるいは出産・子育てを機に妻が退職することが一般的だったからである。そうした中で、経済的理由ないし社会で働きたいとの強い志から、子どもをもち保育所づくりに奔走しながら定年まで働き続けた妻たちがおり、『働く母たちの定年』ほかを公にしている（働く母の会，1997, 2005）。その記録からは、保育所もない、もちろん育児休業もない時代に、働き続けられたのはひとえに夫の家事・育児参加、また子どもの協力のおかげであったことが例外なく読み取れる。そうした家庭の共同運営は定年退職後も続き、家事が妻に偏重した生活は見られない。財布の紐をめぐる攻防もない。そしてそれぞれが働き続けた結果、夫も妻も受給できる年金を基盤に、それぞれが自由に趣味や勉強などで定年によって得た時間を楽しみ、経済的にも心理的にも安定した生活に満足と感謝の念を記している。

夫婦関係の再構築

　家族発達段階論は、子どもの独立後の夫婦の課題として「夫婦関係の再編成」「（夫婦の）相互扶助性」を挙げている（Carter & MacGodrick, 1999）が、これまでみてきたような長い性別役割分業体制と夫婦の心理面での大きなギャップを考えると、この課題は容易なものではなかろう。

　これまでの知見を総合すると、夫は夫婦単位の行動を望む共同化志向、妻は個人体位の自由な行動を望む個人化志向という対照が浮かび上がる。

　カーターら（Carter & MacGodrick, 1999）のいう「再編成」「相互扶助」とは、このような顕著な夫と妻のギャップを埋めることであり、それは夫と妻それぞれが個人として生き甲斐を得、課題を達成するという人生の最終目標にもつながる。そのためには、夫は職業（＝有償労働）から、妻は家事（＝無償労働）から引退し、家事の共同運営をすること、すなわち性別役割分業から男女共同参画への移行が重要である。それまで最適かのように遂行してきた性別役割分業からの離脱の成否が、定年退職後の夫婦の幸福を左右するのではなかろうか。

　夫の定年退職後の離婚は長年の夫婦関係への不満、そのジェンダー・ギャップの解消の一つの方策としてみることができるが、結婚や配偶者への不満層の多さの割には、離婚は少ない。いかに不満が強くとも、結婚に自己の生活保障を依存している、つまり経済的依存をしている専業主婦の場合には、離婚は難

しいからであろう。そうなると、夫との対等で情緒的関係はもはや期待せず、妻・母という役割としての関係に甘んじて夫婦関係を継続せざるを得ない、この極みがいわゆる家庭内離婚の現象であろう。

最近、専業主婦の在宅時間の減少が注目されている（伊藤ほか，2005）。これは、近年ますます盛んな社会的活動やネットワーク作りへの参加と対応していると考えられる。専業主婦の社会的活動に対する積極性別に幸福感（6段階評定）を検討した研究（西田，2000）では、その生き甲斐や充実感・幸福感は家事・育児など家族内の活動や配偶者との間でよりも、社会的活動や家庭外の対人ネットワークにおいて得られていることを明らかにしている（図Ⅰ-4-18）。

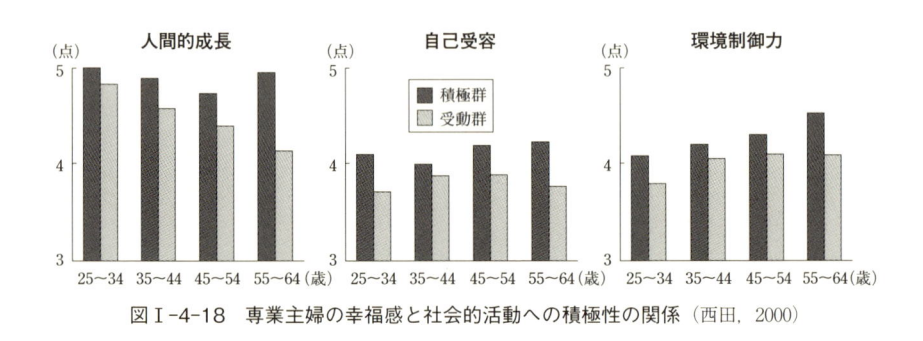

図Ⅰ-4-18　専業主婦の幸福感と社会的活動への積極性の関係（西田，2000）

社会的活動の内容は、若い年齢層ではPTAや子ども会、中高年では学習・趣味・スポーツなどや生協、福祉などの活動、と年代により異なるが、専業主婦たちは、家庭外で「個」として活動することの中に自分の存在感と生き甲斐を求めているのであろう。これは、性別役割分業によって妻側に生じた負の影響を解決する一つの方策とみることもできよう。現在、様々な領域・テーマで多くのNPOや勉強や趣味のグループが組織され、活発な活動のもとに成果を上げている。それらの主要な担い手は専業主婦たちで、そのあり余る心身のエネルギーによって社会的活動／ネットワークが支えられている事情を、上野は「女縁」と名付け、その活動の社会的意味、女性たちにとっての意味を論考している（上野・電通ネットワーク研究会，1988；上野，2008）。

青年期から成人期の女性では、女性性は幸福感には結びつかず、むしろ男性性も兼ね備えていることが適応と主観的幸福感と正相関している（岡崎・柏木，

1993；渡辺，1986)。老年期になると男女ともに概してアンドロジニー的傾向をもつ者が多くなるが、そうした人たちの自尊感情は高い（下仲ほか，2003：図Ⅰ-4-19)。

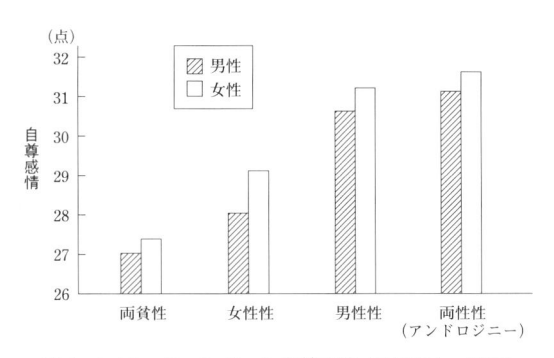

図Ⅰ-4-19　ジェンダーと自尊感情（下仲ほか，2003)

　このことは、男性であれ女性であれ、伝統的なジェンダーから離脱し男性的特徴・女性的特徴を合わせもつことの重要性を示唆している。定年退職後の夫婦関係の再編成には、多くの夫婦で行われていた性別役割分業から男女共同参画への移行が求められるが、それもこの重要性と呼応するものであり、関係の再構築とはジェンダーの囚われからの脱却を含む課題であると言えよう。
　日本の社会では職業集団でも家族でも「和」が最重要視されている。そして思いやり、助け合い、協調性などを備えていることが強く求められている。人間が社会で生活する以上、「和」の重要性は言を待たない。しかし「和」の尊重が時に個の抑圧を招来し、家族において発達途上の子どもとの関係はともかく、成人同士の関係である夫婦においても、自立なき個の相互もたれ合いになっているケースは少なくない。稼ぎはできるが家事はおろか自分の身辺のこともできない夫、社会的経済的活動を放棄し稼ぎはもっぱら夫に依存し家事や世話で夫に報いる妻という関係には、それぞれの個を尊重した対等な関係は難しい。守屋（1995）はこうした日本の家族の問題をケースを挙げて指摘し、個を犠牲にすることなく、それぞれが対等な存在であるには、夫と妻それぞれが大人として自立していることが前提であることを指摘し、自立したもの同士の助け合う関係を、従来のもたれ合いに堕してきた「和」に代わる「絆」として強

I すれ違う夫と妻

調する。この守屋（1995）の指摘は、これまでみてきた日本の夫婦の危機、夫と妻の間の亀裂の解決、さらに定年後の夫婦関係の再構築の方向を提示するものであろう。

中高年離婚の増加

離婚は、家族・結婚に関する夫と妻のギャップを解消することも諦めることもできない場合の、一つの決着の仕方であろう。離婚そのものは日本では決して稀ではなく、とりわけ結婚3年以内の離婚は以前からかなり多かった。見合い結婚し実際に生活してみると、相手や婚家との折り合いが悪いとか子が生まれないなどの理由での結婚解消は少なくなかったからである。一方、近年の離婚の特徴は、中高年つまり20～30年結婚生活を送った層での離婚増にある（厚生労働省, 2007：図Ⅰ-4-20）。

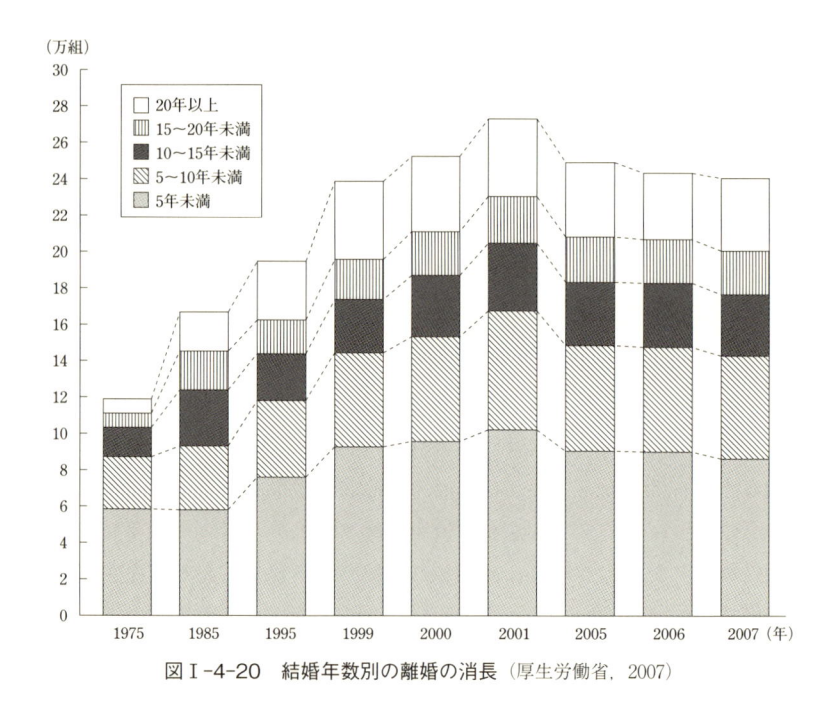

図Ⅰ-4-20　結婚年数別の離婚の消長（厚生労働省, 2007）

妻は結婚に人格的尊重／情緒的コミュニケーションを期待している、しかし

それは現実には容易には叶わず、妻には不満が大きい。それに夫は気づいていない。中高年離婚の70％強が妻側からの申し出によっている。これは、少子高齢化という人口動態的変動の必然的結果である。結婚満足度の夫と妻のギャップは中年期に最大となるが、それは子どもが成長して親としての役割が一段落し、夫は早晩職業生活から引退するという、家族生活が大きく転換する時期でもある。この転換を前にして、妻はかつてのように忍従して添い遂げるには長くなりすぎた人生を、妻として母としてだけでは時間的にも心理的にも充足し得なくなったという状況が現出した。その結果が先にみた個人化志向であり、それは単なるわがままなどではなく、長くなった人生をいかに幸福に全うするかの模索の現れである。

近代社会では、家族は選択不能かつ解消困難であった。それが、生活必需品としての結婚の価値が相対的に縮小し、役割としての関係ではなく個人として尊重される関係が重要となった。それが充足されない場合に結婚の解消は一つの必然であろう。かつての女性の「離婚できない不幸」は、女性も労働で生計を立てることができるようになり、原則的にはなくなったからである。離婚率の上昇を裏付けるように、離婚を否定的にとらえる意見も最近は半数程度で推移し、離婚のバリアが低くなっている（内閣府，2007：図Ⅰ-4-21）。

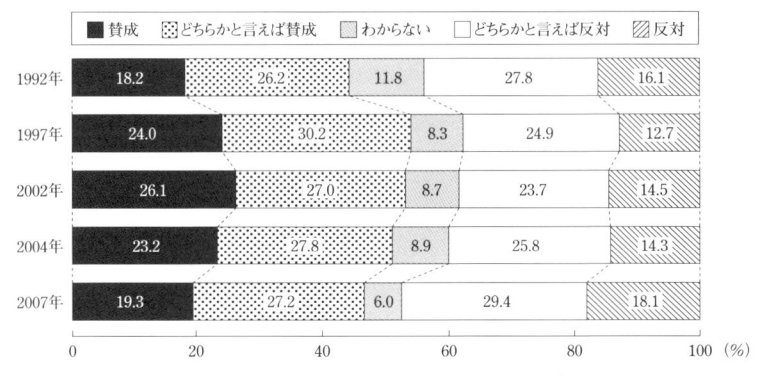

年	賛成	どちらかと言えば賛成	わからない	どちらかと言えば反対	反対
1992年	18.2	26.2	11.8	27.8	16.1
1997年	24.0	30.2	8.3	24.9	12.7
2002年	26.1	27.0	8.7	23.7	14.5
2004年	23.2	27.8	8.9	25.8	14.3
2007年	19.3	27.2	6.0	29.4	18.1

図Ⅰ-4-21 「結婚しても相手に満足できない時は離婚すればよい」への態度（内閣府，2007）

夫の定年退職は家族と夫婦に多大の影響を及ぼすが、妻に経済力がある共働き夫婦では、定年退職＝収入減という事態は、片働き夫婦の場合のように画期

的な事件とはならない。しかし、妻の経済的独立性は、夫との間に対等性と親密性など心理的な関係を最重要なものとして求め、これが満たされなければ、（専業主婦のように経済的保障を求める必要性は低いため）離婚する方向に向かわせる可能性は高い。俗に、女性の経済力は離婚を促進すると言われているように。

　妻の経済的独立と離婚との関係を検討したアメリカの研究を総覧したもの（Sayer & Bianchi, 2000）によると、妻の収入と離婚率との間に正相関ありとしているものが多い（取り上げた研究13中9）ものの、妻の就労—経済力が離婚の直接の要因ではなく、夫と妻のジェンダー観が媒介していると考えられるものも少なくない（13中4）。このことは、夫のコミュニケーション態度が、妻の収入の直接の影響ではなく、妻に対する肯定的評価を媒介として変化するという事情を考え合わせると納得がいく。すなわち、妻の経済力そのものが直接に夫婦関係を左右するのではなく、夫の妻への態度や関係を変化させる、また当事者たちがどのようなジェンダー観をもつか——とりわけ性別役割分業を志向するか否か——によって妻の経済力の評価が左右される、などである。

　経済力をもたない専業主婦の場合にも、いわゆる性別分業体制を夫婦ともどもベストだと考えているかどうか、経済力において下位にある妻を夫がどう人格的・能力的に評価しているかなど、夫のジェンダー観と妻への評価が重要なキーとなることは同様であろう。このような関係、とりわけ夫による妻への評価の様相については、実証研究はほとんど手つかずの現状である。

　結婚はお互い利益があるかぎりの結びつき、つまり「契約」であり、利益（親密性、情緒的サポートなど）がなくなれば解消は必然である。このことを家族の崩壊、危機というのは当たらない。社会経済的状況が従来の家族規範を脆弱化させ、同時に個人化志向をもたらした、その必然的な結果だからである。離婚の増加は、このような状況変化による結婚の脆弱さを如実に反映している。それだけに、子どもの独立、夫の定年退職など家族成員の動向が変化するごとに夫と妻の関係の点検と再構築、補強が必要となったのである。

◇ ケース篇 ◇

　データ篇で注目すべきことは、夫婦の共行動に男女差があまりないことであ

り、日米の比較からもコミュニケーションの相互性が示されているように思う。加えて、多民族国家の米国におけるコミュニケーションの必要性と、同質性を前提とする日本のコミュニケーションの少なさが想像できる。ただ、若い世代のコミュニケーションが活発になったことには、女性の就労だけでなく、共学によって気軽に話ができること、女性がアサーティブになってきたことなど多様な変化が影響しているであろう。

　また、結婚後に「合意確認」が上昇しているところは、もっぱら問題あるケースをみている臨床家にとっては驚きであると同時に、「もの別れ」が増加するところに、ケースにみる夫婦のコミュニケーションの問題が予想できる。

　カウンセリングで夫婦のコミュニケーションが問題になる場合、コミュニケーション不在やその内容の問題もあるが、むしろかかわりの中でつくられていく循環的なコミュニケーション・パターンを改善することがより重要である。思考中心で論理性・問題解決型の表現が優位の夫（あるいは妻）と情緒性を重視し、関係維持的表現優位の妻（あるいは夫）の相互の期待のギャップが、コミュニケーションの悪循環を招くことは多い。時にそれが埋められず離婚に至る場合もある。

ケースH　近づきたくて追及する妻と回避する夫

(夫：33歳・会社員、妻：30歳・主婦)

　結婚4年の妻は、夫が自分に無関心で話しかけても反応が返ってこず、冷淡だと腹を立てている。夫は、妻は感情的で怒ってばかりいて、自分を馬鹿にしているとしか思えない[*1]。どうにかしようと話を始めてもすぐ喧嘩になり、もの別れに終わってしまう。時には1週間も口をきかないことがあり、二人で解決することは無理な状態である。妻がカウンセラーを探し、夫もカウンセリングを受けることに同意して来談。

　妻は、夫がいつも帰りが遅く、ゆっくり話す時間もない毎日に空しさを感じて、「早く帰ってきてほしい」「結婚した意味がない」と伝えるのだが、夫はわかってくれない。近づこうとすればするほど、夫は離れていく。自分の言い分を聞いてくれない夫の冷たさ、無関心に傷ついている。夫の態度は自分にとっていかにひどい仕打ちであるかを説明し、話し合おうとするのだが、夫は壁をつくってかかわりを拒否し、無視される。自分はそれを壊したくなって怒ってしまう。それでも夫はわかろうとせず、

I すれ違う夫と妻

我を通している。夫はよそよそしく、冷たい人だ、と言う。

一方、夫は、妻の「あなたは私に無関心だ」とか「冷たい」という攻撃に圧倒されており、妻が何か言い出すと怒られているように感じて、「危ない！」と思ってしまうという。妻の怒りに満ちた顔つきをみると、攻撃されているように感じて、防衛的になり、どうしようもないので閉じこもって嵐が去るのを待つ。妻はますます怒って、「どうしてそうなるの？」「ひどい！」と責める。夫は、耳を傾けるどころか、ひたすら「やめてほしい」「一人にしてほしい！」と思っている。しかし、妻は要求を続け、侵入してくる。夫は何も考えられなくなり、ほとほと嫌気がさして「黙れ！」と怒鳴って、その場を立ち去り、もの別れに終わる[*2]。

〈ある場面のやり取りの要旨〉（C＝カウンセラー、H＝夫、W＝妻）

C：妻の怒りは不当なもので、不公平だと思うのですね。

H：そうです。母親ゆずりの性格のせいだと思います。

C：あなたと直接関係のないことで怒っていて、ともかくかかわらないでおくしかない、と。

H：それ以外の方法は考えられません。

C：あなたは言い争いを避けようとしている。ただ、妻はあなたに近づこうとするのにあなたが離れていき、関心を示さないと思っている。一方あなたは、妻は自分に敵意さえもっているようで話をすることは不可能に近いと思っている。（中略）

W：確かに、言葉が激しくなってしまい、まずいとも思っているのですが、夫は私の言うことを聞こうとしないし、私を避けて、黙ってしまうのです。

C：夫から反応がほしくて、つい激しくなる……。黙っている夫にどうかかわったらいいかわからない。こちらが怒らないでいる限り、反応はない、と。（中略）

C：（夫に）Wさんに「実は、あなたの批判が怖いのだ」と言えますか。

H：そんなこと言えません。

C：難しいですか。

H：そんなことを言うともっと怒ると思います。自分を危機にさらすようなものです。

C：では、「自分は危機にさらされているようで、近づくと傷つけられるような気がする」とは言えますか。

H：まあ。（妻に向かって）離れている必要があるんだよ。

C：彼が近づくことができるようにあなたの反応を変えることができると思いますか。

W：うーん。すぐ怒らないようにして、静かに話をするとか……。

C：いま、Wさんが言ったことはとても大切です。Wさんは、Hさんに近づきたいのですね（妻うなずく）。Hさんに「近づきたいのに、あなたが黙ってしまうと、

さみしくなる」と言えますか。
W：それは何度も言ってきたんです。でも、彼はますます離れていくんです。
C：いま、ここで言えますか。
W：壁の向こうに行ってしまって、みすてられたような感じがする……（涙ぐむ）。
C：（夫に）Wさんの気持ちがわかりますか。
H：（しばらく沈黙）自分を守るのに精一杯だったようで……お互いに傷ついていたのかもしれませんね。
C：いまのあなたの気持ちを伝えてください。
H：遠ざかりたいわけではなかったのだけど、どうすればいいかわからなくて……。
C：Wさんに反論するともっと関係が悪くなりそうで黙ったのであって、本当は近づきたかったのですね。Wさん、どうですか。
W：いま、混乱してます。驚いてしまって……。
C：Hさんのこと、どう感じますか。
W：静かに近づきたいと思います。

解説 このような夫婦の変化はすぐに起こるとはかぎらず、時には同じ非難の応酬がくり返され、相手が変わるべきであるという主張が続くこともある。しかし、もし夫婦が自分たちの関係をどうにか変えたいと思っている場合は、相手に悪意がないことがわかり始めると、徐々に自分の気持ちに素直になり、自分の弱い部分、さみしさや傷つきやすさを表現することができるようになる。つまり、弱さも強さも表現できるアサーティブな関係づくりができるようになる。アサーション訓練では、特に強く攻撃しているようにみえた側（事例では妻）が攻撃的な言い方をしなくなると、逃げているようにみえた側（事例では夫）は、安心して自分の頑なに隠していた弱い部分を表現できるようになる。双方が弱さをわかり合えると、サポートする気持ちが表れ、同時に相互理解も深まっていく。

　上記の事例では、追及する側が妻であり、回避する側が夫であったが、この逆の役割を取る夫婦もある。このようなコミュニケーションや葛藤解決の問題には、それぞれの生育暦の中で親から受け継いだコミュニケーション・スタイルや葛藤解決の方法、結婚生活や社会生活のストレス、そして怒りのコントロールの問題などが絡んでおり、夫婦の組み合わせによって様々なパターンがありうる。ただ、激しい怒りのコントロールの問題が絡んでいる場合や虐待の問題がある場合は、夫婦の合同カウンセリングは行わず、個別の面接をすることになり、時には離婚もありうる。

夫婦にとってコミュニケーションは不可欠であり、その回復の努力をしない生活の積み重ねは、時に取り戻すことのできない大きな溝をつくる。

ゴットマンとその研究グループ（Gottman et al., 2002）は、カップルのコミュニケーションに関する25年の実証研究をまとめて、安定した関係を続けるには、感情のプラスとマイナスの表現の割合を5：1にするよう努める必要があることを示した。この割合は、以下のようなまったく異なるコミュニケーション・スタイルをとっているカップルのいずれにもあてはまることが実証されており、夫婦のコミュニケーションのあり方に示唆を与えている。

一つの極には、安定した関係を維持し、感情はプラスもマイナスも積極的に表現するカップルがいる。言語的にも非言語的にも批判も称讃も多くするが、表現豊かで、声も大きく、ユーモアと愛情に満ちている。説得に生きがいをみいだしているかにみえるが、相互性と個別性を尊重し、物理的にも心理的にも自己の空間を維持することを重視する。いわゆるアンドロジニーのカップルである。

もう一つの極には、回避的なカップルがいる。感情のコミュニケーションはプラスもマイナスも少なく、お互いの共通性を探し合い、葛藤を減らし、違いを感知し合おうとする。不和や意見の不一致は時間が解決すると考えており、その通りにものごとが進んでいるカップルである。

この中間に、中ぐらいの感情表現をするカップルが位置し、日常の会話は気楽な、静かなやり取りで進んでいるが、重要な問題では葛藤が起こる。通常は、一方が他方に耳を傾け、有効な質問を交わし、共感的応答もする。彼らは、意見が違っていてもこのような応答をすることができ、違いを表現することにも躊躇がない。二人の姿勢は、互いに共通の問題に取り組もうとするものであり、個人の目標追求よりも二人の関係を重視するような問題解決を好む。

つまり、コミュニケーション・スタイルが重要なのではなく、二人がプラスとマイナスの感情表現を5：1の割合で行う限り、カップルの関係は安定することを示している。この研究結果は、結婚満足度や夫婦のコミュニケーション、相互作用の問題を探る一つの鍵になるだろう。

4 ジェンダーによるコミュニケーション・ギャップ

◇ 対 話 篇 ◇

Q：ケースHは対照的なコミュニケーションをする夫婦の典型ですね（＊1）。この夫婦のギャップの原因はなんですか。妻は専業主婦ですね。結婚4年目、仕事を辞めてさみしくて相手になってもらえない、話し相手は夫だけ。でも、接点になるような話はあまりない。コミュニケーション・スタイルも分かれてしまっている結果が、余計関係を悪化させたということはあるでしょうか。

A：様々なことの積み重ねがありますので、原因探しは、無理ですが、一つの可能性と考えてもよいでしょう。パーソナリティとして、人と近い距離で接触したい妻と人と距離を置きたい夫の組み合わせで、うまくいっている時はよいのです。距離を置きたい人がいることで妻が冷静になれるとか、詰め寄ってくれる人がいることで夫がさみしくならないですむとか、よい時はそういう関係になるのですが、悪くなると、追いかければ追いかけるほど逃げる状況がエスカレートしていきます（＊2）。つまり、それぞれの特徴がうまく働く時もありますが、それがエスカレートするととまらなくなる状況が起こるのです。このような「堅固な相補性」は、どちらかがかかわりのパターンを変えることができれば、エスカレートしない方向へ行くのですが、お互いに慣れた、うまくいっているかかわりを変えることに踏み切れないことから起こるのです。

Q：子どもがいないと余計そうなるのかもしません。子どもがいれば、一時は母親としてコミュニケーションの相手がいますから——。

A：そうですね。人間は二者関係でつまづくと、第三者の存在が頼りになり、救ってくれることもあります。第Ⅱ部で改めて触れますが、第三者は二者関係のバランスを調整する役割（かすがい）になることもありますが、その第三者が一方の味方になると、いわゆる三角関係になって、元の二人関係は一層悪化することになることもあります。

Q：いまの時代ですから、この年齢の妻は結婚前にはおそらく仕事をしていたのでしょうね。学歴も低くはありませんし——。それなりの仕事や生活をして

いたわけでしょう。そういう人が、結婚を機に仕事を辞めるのは、今日では、構造的に無理がありませんか。
A：この夫婦の場合、会社の風土として、結婚退職が当たり前の状況だった可能性はあります。その意味で、構造的な問題を背負っていたでしょうね。

Q：女性が結婚退職をするという会社風土が、構造的に無理がありますね。以前の電化製品もない時代、家事が山のようにあり、結婚前に家事能力があり、それがその人の生きがいや誇りになる時代ならいいけれど、いまはそうではないのだから。このケースは最終的にどうなったのですか。
A：最終的に、二人の違いがわかり始め、正直に弱さを表現できるようになり、相互理解が深まり、「自分たちの対人関係スタイルから問題が起こっているのかもしれない」と、つまりコミュニケーションに問題があるとわかり、うまくいき始めたと思います。

Q：いずれは子どもが生まれることを前提に、妻は仕事を辞めてケア役割を負うことを決めたのでしょうけれども、こういうことで少しコミュニケーションの問題が解決したとしても、基本的にはどうなのかなと気になります。
A：この人たちにはまだ課題があります。コミュニケーションのところで起こっている問題を一つは解決したけれども、根本的な問題、つまり、どのようなキャリアを生きていくのか、という問題に出会うでしょう。そこでもコミュニケーションがうまく取れるかどうかが問題です。二人ともコンフリクトを起こすのを避けているということもありますので。

Q：つまり、葛藤を避け、みてみぬ振りしているわけですね。もう諦めるとか。この人に話してもどうしようもないと、いま、多くの妻たちは家族、夫との対話は諦めているのか、家庭外の友人と親しく話している現状があります。友人がいる、そこで話ができること自体は素敵なことですけれど、夫との対話不在の代償のような感があるのは悲劇的ですね。これは日本の中高年夫婦の悲劇だと思いますが……。
A：いまの若い夫婦は、楽しい時間を過ごすことが大切。楽しい時間を過ごせ

ないようなことはやらない。葛藤は関係の終わりだと思っていたりします。だから、葛藤を避けているのです。ただ、女性が専業主婦を選んだとしても、それに不満をもつとは限りません。カウンセリングには訪れませんが、現代の企業社会のあり方を夫を通してみている賢明な女性の中には、働き方をどう選ぶかを真剣に考えている人もいます。

Q：ケースHの夫婦はコミュニケーションに問題があるからなんとかしようとして来たわけですが、多くの夫婦は諦めて、子どもの教育に入れあげるか、会社人間になっていく。子どもがいる場合も、それは一時のことですから、いま、夫が定年退職を迎える日本の中高年夫婦にとっては、途絶えてしまった夫婦間のコミュニケーションをどうやって修復するか、とても大きな課題ではないでしょうか。たとえば、アメリカの場合には、もっとアサーションするのではありませんか。

A：情緒的に近づこうとして追いかける妻と、冷静に問題解決して喧嘩してもしようがないと割り切ってしまう夫というのは、アメリカにも多いです。両方とも相手がおかしいと思っている。相手のよいところをみて結婚したのだけれども、最初によいと思ったお互いの違うところが、結局、問題の根になってしまう。二人で話し合って調節をすることができない夫婦は、事例のようにその状態が悪い形でエスカレートし、片方がどんどん感情的になる、他方はどんどん冷たくなるということになってしまうのです。アメリカのカップル・カウンセリングでもよくある状況です。

Q：そう考えると、人生が長くなった。この頃、長寿命というけれど、「寿」の字を取りたいくらいです。結婚の「賞味期限」がもたなくなったと思うのですよ。「寿」にできるか否かが夫婦に問われているように思います。

A：うまくいけば、世の中には自分と違っていて面白い人がいるのね、というようになっていきますが、そういう相互理解は下手ですね。別の見方をすれば、相手を理解した結果、「そうか、こういう人だったのか、私はこういう人とはやっていけない」ということを納得し合った離婚だったらいいのですが……。

Q：二人のコミュニケーション・スキルのギャップは、夫と妻の生活領域が分離している（夫：仕事、妻：家庭）ことも一因でしょうが、妻が職業をもつようになったことによる変化もあるのではないですか。また、問題を外に（カウンセラーに）出す、訴える力、意志があることも重要なのでしょうね。

A：最近では、職業をもつことで、論理性や決断力が高く、自己主張もきちんとする妻は増えています。その結果、両者とも仕事に熱中し、情緒的な関係を必要としないかのような毎日を送っている夫婦も増えていると思われます。それが二人の価値観であり、満足している場合は、大きな問題にはならないでしょう。しかし、第Ⅰ部第1章で取り上げた夫婦にみられたように、ギャップがつまずきとなって現れて初めて、コミュニケーションの問題に気づく場合もあります。人は、成長していくプロセスで、様々なことに出会い、影響を受けて人生観が変化していくのですが、その変化を分かち合うようなコミュニケーションが不足していると、問題が起こるのではないでしょうか。

◇まとめ◇

　言語によるコミュニケーションは人間ならではの能力であり、豊かな人間関係を生む原動力である。それは夫婦の間でも必須のものであるが、そのコミュニケーションの弱さやずれが、夫婦間の問題を醸成し、大きくすることにつながっていることがケースからみて取れる。これは極端で悲劇的なケースだが、通常の夫婦にも潜在的に共有されていることだろう。

　こじれたコミュニケーションが、臨床家の洞察に基づいた辛抱強い対応に支えられてゆっくりと回復していく様相についての解説は、大変納得できる。中高年夫婦で相互に信頼し合い能動的かかわりをもっているのは40％どまりで、そうした関係性を諦めたり表面的によい夫婦を取り繕ったりこんなものと割り切っていたりが、大勢である。そうした夫婦は、成熟した関係をつむぐコミュニケーションを育むことを放棄してしまっていると言えるだろう。先の〈親密性〉と同様に、実りあるコミュニケーションは黙っていて生まれるものではなく、双方の絶えざる努力がいるのだ、ということがよくわかる。

　以前、日米の子どもと親の比較研究をした時、印象的だったことの一つは、

アメリカの母親が、子どもが幼い時から「自分を表現すること／主張すること」を期待し、奨励していることであった。それは、親に言われたら黙って言うことを聞くこと、素直、従順を大事だとする日本と対照的であった。どちらがよい／悪いというのではなく、日米の社会的状況、その歴史的背景の違いとして、多様な価値、違いがある人々との生活が自己主張を必要とし価値あるものとしているのだと理解してきたが、日本の人間関係の理想だと言われてきた「黙っていてもわかり合える」は、最近の激しい社会の変化や顕著な世代差などから、そろそろ再考しなければならないのではないだろうか。これは夫婦間のコミュニケーションについても当てはまるだろう。ただし、コミュニケーション・スタイルが夫と妻とであまりにも違いすぎる背景としては、生活体験やジェンダー規範によるところが大きいことに自覚的でなければならない。肯定的なことと否定的なことをどちらも感情豊かに表現することも重要だが、論点を整理して明快に表現することも重要である。

　そのような柔軟で豊かなコミュニケーション・スキルの養成をめざすアサーション訓練の重要性が確認されるが、以前は女性が圧倒的に多かった受講者に、最近男性が増えてきたとのことである（園田，2008）。それも、以前は男性の受講者は訓練を仕事に生かしたいとの目的だったのが、最近は友人関係や家族とよい会話をしたい、よい関係をつくりたいという動機になってきたとのことだ。

　携帯電話全盛の昨今、いかにもコミュニケーションが溢れているかにみえるが、そこで話されていることは実に断片的・感覚的であり、相手の反応に応答的に柔軟に対応し、感情を込め同時に明快に表現するコミュニケーションの力はかえって衰えているように思える。ケースから浮かび上がったコミュニケーション能力の欠陥、それを回復してゆくプロセス、それに伴って夫婦の関係そのものが修復されていく様相から、夫婦臨床の問題を超えた示唆を得ることができる。

第II部
ゆれ動く親と子

第1章　変化する親子関係

◇ データ篇 ◇

古くて新しいテーマ

　親子関係は、発達及び家族の心理学において長らく中心的テーマであった。それはいまも変わらない。しかし、その関係はかつてとは一変した。先に夫と妻の関係においても画期的な変化があることをみたが、親と子についてはそれ以上である。その変化は、ここ数十年に起こった人口革命及び生殖革命に起因している。それは子どもの命の誕生にかかわる画期的な変化であり、医学・科学技術の進歩と価値観の変化によってもたらされた。少子化も、その余波の一つである。その結果、かつて家族の研究と言えば欠かせないテーマであったきょうだい関係は影を潜めた。あえて研究する必要がなくなった、研究するほどのきょうだいが存在しない事態となったからである。それに代わるかのように、親と子との関係に関して量質ともに多様なテーマが新たに浮上している。

　その意味で、この第Ⅱ部はかつての家族心理学での親子関係とは装いを新たにしたものとなっている。

目的としての子どもから選択としての子どもへ

　古今東西を問わず、結婚は長らく子孫を残すことに最大の目的があるとされてきた。次々と誕生する子どもは「授かりもの」であり、とりわけ家を継ぐ男児の誕生は待ち望まれ、片や「子なきは去る」が当然視された。西欧でも同様で、夫婦の性は子をもつ手段であり、結婚した夫婦において性の快楽は論外でさえあった（阿部, 1991）。

　近年の家族はこの点で大きく変化した。長らく続いてきた〈結婚―性―生殖（子ども）〉の連鎖は消滅し、あるいは弱まった。性のない夫婦（セックスレス）も昨今少なくなく、性はあっても子どもをもたない夫婦（ディンクス）は稀で

はなくなった。この変化は、生殖のメカニズムの解明と避妊法の確立という科学的知識と技術が、性と生殖の分離を可能としたことによる。科学・文明が家族・結婚の意味・目的に大きな変化をもたらした一つの典型である。これは日本に限らず先進諸国に共通している。

その結果、「(結婚しても)子どもをもたない生き方」を肯定する意見は欧米では極めて多くなり、子どもを必須のものとする見方は明らかに後退している。日本をはじめアジアの国々では、前者の割合は欧米よりは低いものの、日本では約半数が肯定的であり(内閣府, 2003：図Ⅱ-1-1)、昨今の少子化や「子どもの価値」の変化は、欧米と同様の方向に向かいつつあることが示唆される。

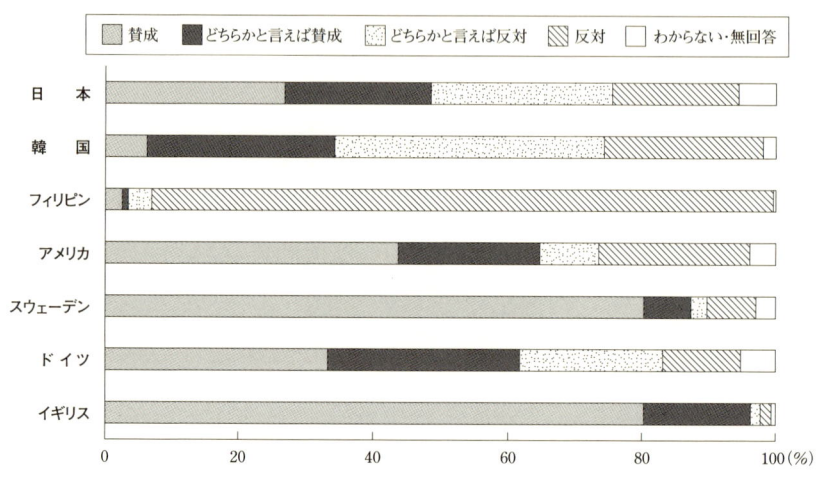

図Ⅱ-1-1 「結婚しても必ずしも子どもをもつ必要はない」という考え方への賛否の割合
(内閣府, 2003)

このように、子どもは結婚の必然的結果ではなくなり、夫婦の選択の対象となった今日、結婚後、夫婦二人の時期の後に子どもの誕生による親役割の時期とそこでの発達課題を提出している家族発達モデル (Rhodes, 1977；Carter & McGohdrick, 1980) は一般性を失い、修正を余儀なくされた。最新の版では、人種、宗教、ジェンダーなど、文化と歴史の変遷と連動した家族の多様性、家族メンバーの多様性が盛り込まれている (Carter & McGohdrick, 1999)。とりわけ、従来の家族発達モデルに欠けていた子どもの選択という新たな発達課題につい

ては、今日の親子関係を語る上で極めて重要なトピックであり、後に詳しくみていく。

夫婦中心家族 VS（母）親子中心家族

子どもが選択の対象となったいまも、子どもをもつ夫婦が大勢を占める。もっとも、子どもの誕生が選択の結果なのか否か（第Ⅱ部第3章に後述するように、いわゆる"できちゃった"結婚も増加しつつある）、どのような選択が行われたのかはいろいろであり、それが夫婦に新たな問題をもたらすことになる。その場合、家族に加わった新たな子どもは夫婦の間でどのような位置を占めるのだろうか。このことを端的に示すものの一つが、家族の共寝パターンである。

いずれの社会にも「誰と寝るか」（co-sleeping arrangement）について暗黙の決まりがある。欧米では結婚した夫婦の共寝は当然の義務、共寝がなくなることは夫婦関係の崩壊を意味する。このような欧米人にとって、日本の家族の就寝パターンは驚異の的であった。日本の家族や親子関係について参加観察法によってその特徴を定量的に明らかにした研究者たち（ボーゲル, 1968；Caudill & Weinstein, 1969）は、子どもの誕生を契機に妻が夫との共寝をやめ、子どもとの共寝にこともなげに移行することに驚きをもって注目している。

以来、「誰と寝るか」は家族関係の特徴を反映する指標として研究されることとなる（篠田, 2004）。日米の家庭と子どもの発達についての比較研究において、子どもが3歳半の時点で「誰と一緒に寝るか」が調査されたが、そこでも顕著な差がみいだされている（東ほか, 1981：表Ⅱ-1-1）。

表Ⅱ-1-1　日本とアメリカの3歳児が誰と寝ているか（東ほか, 1981）

	日本	アメリカ
一人	4%	70%
同胞と	12%	25%
親と	72%	4%

アメリカの子どもがほとんど一人で、あるいはきょうだいと寝ており、親との共寝は極めて例外的であるのに対して、日本の子どもでは、親とりわけ母親との共寝が大多数である。この差は、日米の家屋の広さ・部屋数の差によるも

のではないことが確認されている。日本では、部屋はあっても子どもが別室で寝ることにはしない（させない）のである。つまり、子どもと親の共寝は物理的制約のためではなく、「母親と子どもは一緒に寝るのがよい」との考えによっていることを示す。「誰と寝るか」は、夫婦・親子のあり方、家族の基本単位についての文化——夫婦を最も優先される基本単位であるとするか、子どもと母親の結びつきをより優先するか——を端的に反映している。

このように、日本の夫婦は、子どもの誕生を契機に夫も妻も「夫・妻としての自分」を後退させ、夫は「社会にかかわる存在」として、妻は母親として自らを位置づける方向に変化する。つまり、夫と妻のパートナーシップは後退し、夫は仕事・妻は育児という性別役割分業となる。この変化は先にみたように、子どもをもつ夫と妻の間の呼称が、ほとんど「お父さん・パパ」「お母さん・ママ」に集中していること（前掲表Ⅰ-4-5）、子どもの誕生後、子どもと母親の共寝が圧倒的に多くなり、それに伴い夫婦だけの就寝は急速に減ずる事実（篠田，2004：図Ⅱ-1-2）などに、端的に現れている。

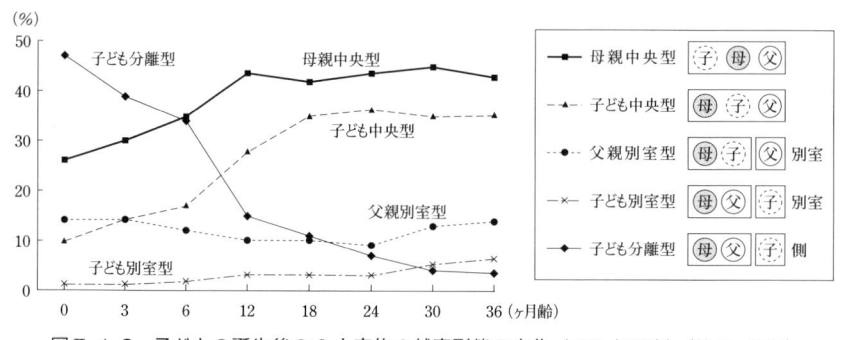

図Ⅱ-1-2　子どもの誕生後の3人家族の就寝形態の変化（1989年調査）（篠田，2004）

このような性別役割分業＝夫と妻の生活領域の分離に、先にみた夫婦の関係性における非衡平性——ケア関係におけるジェンダー・ギャップ——の萌芽がある。このことが結婚生活出発当初、二人の間でどれほど話し合われ、合意の上で行われているものかが重要なポイントであろう。恋愛から結婚に至るまでの婚約期間に、結婚生活上の重要事項——妻の就労、家事役割の分担、育児の分担など——についての話し合いと合意があるかをみた研究（望月，1987）は、

重要課題全てに一致しているカップルは101組中わずかに8組に過ぎず、多くの課題についての合意はなされておらず、話し合いすら行われていないことを明らかにしている。また出産を機に退職する妻の中には、自身は継続を希望しながら夫の（「母の手で」子育てをとの）要請・圧力で退職する場合が少なくなく、これが育児不安を増幅させる事情（柏木ほか，2003）につながっている。

　これらを考え合わせると、子どもの誕生を機に、夫婦としてのパートナーシップを脇において成立する性別役割分業には、少なからぬ問題が潜在している。このことは、後に育児不安を扱う際に詳しくみることにする。

子どもは「かすがい」か「くさび」か

　しばらく前、『子供をもつと夫婦に何が起こるか』（ベルスキー，1995）が翻訳出版され、かなりの読者を得た。アメリカの家族についての研究結果に準拠して子どもの誕生が夫婦に及ぼす影響を述べたものだが、内容を要約すれば、子どもの誕生は夫婦の愛情や幸福感を低下させる、一種の危機をもたらすという。夫婦は、子どもの誕生以前はパートナーとして最も親密で幸せな関係にあった。それが子どもの誕生によって破壊されそうな脅威を感じ、幸福感が低下するというのである。

　このことは、夫婦の結婚満足度を子どもの有無との関係で比較しているアメリカの研究約100についてメタ分析した結果からも支持されている（Twenge et al., 2003）。それによると、夫婦関係満足度は子どものいない群がいる群よりも高く、子どもの数が多いほど結婚満足度は低い。さらに夫より妻で子どもをもつことによる結婚満足度が低下する傾向が顕著であり、子どもが結婚満足度に及ぼすネガティブな影響は、若い世代ほど、また高収入・高地位層で著しいことなどが確認されている。

　これらの結果は、アメリカでは子どもは夫婦にとって即幸福とはならないことを示唆している。子どもは夫婦をつなぐ「かすがい」にはならず、むしろ夫婦の間に打ち込まれる「くさび」となっていると言えよう。

　日本ではどうであろうか。夫婦の愛情や幸福感は低下するであろうか。残念なことにこの趨勢を展望するほどの研究蓄積が日本にはない。その理由の一つには、夫婦にとって子どもは言うまでもなく宝、二人の愛の結晶、二人のきず

なを一層強めるかすがいといった考えが広く支持されており、それが研究者にも暗黙裡に共有され、結婚満足度を子どもの有無と関連づけるという発想そのものが生まれなかったことがあろう。とりわけ母親にとって子どもは最愛の存在、女性の幸福は母親としての幸福とみなされ、その子どもが母親の幸福感を揺るがす、低めるなどあり得ないと考えられてきたふしがある。このように子どもの誕生を夫婦の心理的変化と関係づける視点が乏しかった中で、妊娠から出産後まで68組の夫婦の生活と心理的変化を追跡した研究（小野寺・柏木，1997；小野寺，2003）は貴重な知見を提出している。

　活動性、情緒不安定、養護性、怒り・イライラなど気分や行動の特徴について、出産前後の変化を夫と妻についてみたところ、怒り・イライラ（4段階評定）が夫ではほとんど変化しないのに対して、妻では出産後著しく増加しており、女性が母親になると幸せ一杯との通念とは異なる様相を呈している（小野寺，2003：図Ⅱ-1-3）。

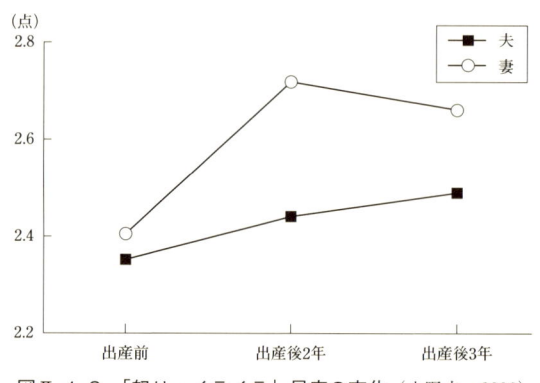

図Ⅱ-1-3　「怒り・イライラ」尺度の変化（小野寺，2003）

　さらに夫婦の関係は、夫は妻の機嫌を気遣い、妻は夫に甘えて和気あいあいとした仲というのが全般的特徴だが、子どもの誕生後、夫の妻への態度は変化しないが、妻は夫への甘えや不在をさびしく思う気持ちが減少し、夫への心理的依存は後退していく傾向をみせている。

　このように子どもの誕生が妻側に大きな変化をもたらしているという結果は、夫婦双方に結婚満足度の低下をもたらすというアメリカの場合とはかなり異なる。日本では、子どもの誕生により（夫婦にではなく）妻に何が起こるかが問わ

れる。それはなぜであろうか。

「社会にかかわる自分」「夫・妻としての自分」「父親・母親としての自分」のいずれがどのくらいかを自分全体を10として配分を求めた結果、男女間に顕著な相違がみられる（図Ⅱ-1-4）。

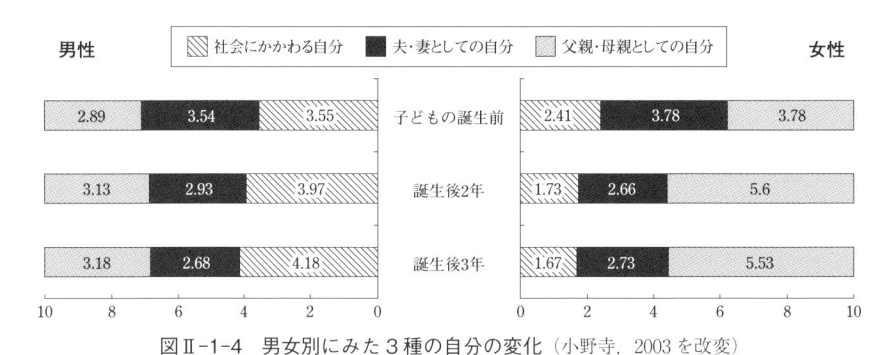

男性					女性
2.89	3.54	3.55	子どもの誕生前	2.41　3.78　3.78	
3.13	2.93	3.97	誕生後2年	1.73　2.66　5.6	
3.18	2.68	4.18	誕生後3年	1.67　2.73　5.53	

凡例: 社会にかかわる自分／夫・妻としての自分／父親・母親としての自分

図Ⅱ-1-4　男女別にみた3種の自分の変化（小野寺, 2003を改変）

3種の自分中、「社会にかかわる自分」が女性ではより小さい点に、ジェンダー差は最も顕著である。さらに子どもの誕生前後の有意な変化は、男性では女性より小さいものの、「社会にかかわる自分」の増加、逆に「夫としての自分」の減少がある。これに対して、女性では3種いずれにも有意な変化があり、「社会にかかわる自分」及び「妻としての自分」の減少、逆に「母親としての自分」の増大が顕著である（小野寺, 2003）。

子どもが「くさび」か、「かすがい」かには、日米の家族・夫婦関係の特徴と関連した文化差があることをみたが、日本の夫婦にも個々にみると、子どもが「くさび」となっている場合がある。そして子どもの存在は、「くさび」であれ「かすがい」であれ、家族・夫婦にとってプラス・マイナス両様の意味をもっている。このことは、ケース篇で扱われる少し年長の子どもについてのケースⅠ・Ｊからも示唆される。

◇ ケース篇 ◇

データ篇での調査によれば、日本では子どもは「かすがい」、アメリカでは「くさび」とされているが、臨床ケースでは大きな違いは認められず、子ども

は「かずがい」にも「くさび」にもなるようだ。日米とも臨床ケースには、無意識に「かすがい」として子どもを利用している夫婦もいれば、「くさび」ととらえて配偶者の子ども虐待をみてみぬふりをしている妻（夫）もいる。

　一昔前の日本では、よい意味でも悪い意味でも子どもは「かすがい」となり、子どもが生まれたら嫁ぎ先から追い出されないとか離婚できないなど、妻を護ったり縛ったりする考え方があった。家族療法では、「かすがい」にあたる考え方として「迂回連合」という概念がある。つまり、夫婦の関係は薄いか葛藤状態にあり、子どもを媒介にして父母がつながりを得ている夫婦の連合で、子どもに仲立ちの役を負わせたり、子どもなしでは夫婦関係が成り立たなかったりし、ある種の病理的現象がうかがえる。子どもは意識的に仲介役を果たしたり、無意識に利用されたりする。たとえば、子どもが病気や問題行動を起こしている時は、夫婦でそのことに集中して、協力的になれるのだが、子どもが元気になると夫婦関係は悪化するといった状態になる。子どもは、夫婦が険悪な状態になると必死に自分に関心を向けさせようとしてひょうきんな言動をとったり、問題行動を起こしたりする。このような循環がくり返されて、子どもの問題行動や不安定な状態が維持されていく。時に、家族の一員となっているペットが同じ機能を果たす場合もある。

　「かすがい」にしても「くさび」にしても、問題にならない場合、問題になる場合、問題となってから関係改善に至る場合などがある。ケースを取り上げながら考えてみたい。

ケース1　長男の不登校をきっかけに改善した父母のコミュニケーション

（長男：10歳・小学校5年、父親：42歳・会社員（課長）、母親：36歳・専業主婦）

　父親は一流大学を出て、海外出張、海外勤務がある一流企業に就職。母親は短期大学を出て銀行勤務。父親32歳、母親26歳の時に見合い結婚をし、母親は退職。父親の仕事のため、長男2歳から小学校入学前までニューヨークで生活。帰国後は、2ヶ国語の生活への適応など、多少の混乱はあったが、間もなく慣れ、順調に進級した。しかし、4年生になって不登校が始まった。2学期は最初の1週間ほど登校後に全休、この間、医師に相談していたが、5年生になっても登校せず、母親の外出を不安がっ

たり、父親への嫌悪を示したりするようになり、喘息の治療を受けていた医師から家族療法を勧められたとのこと。

医師からは家族で面接を受けるよう勧められたが、長男は来談を嫌がっているので、父母面接中心にカウンセリングを実施することで開始。父母の長男の不登校に対する見解は以下の通りであった。

両親が一致している問題点は3点。4年生になって、1年から3年まで持ち上がりで、面倒見のよかった女性の担任から男性の担任に替わったこと。登校を渋り始めた時、担任があまり関心を示さず、3学期をうやむやにして進級させたこと。担任は不登校を母親のせいだと受け取っているようだ[*1]が、父母は学校の問題でもあると思っていること。

一方、父親は、母子がべったりで離れず、母親が過保護、過干渉であるため、ひ弱に育ったこと、男の子らしさが必要な年齢になって他の子どもたちについていけず、依存傾向が特に顕著になったことを挙げる。

母親は、海外生活による再適応の困難に自分がかかわらざるを得ないできたため、過保護になった可能性はあること、この年齢の男の子には父親のかかわりが必要であるのに、父親の帰宅は遅く、接待で酔って帰ったり、日曜もゴルフで不在だったりすること、父親に長男は不平不満をもっていることを挙げる。ねだる物をすぐ買い与え、長男に甘く、その状況を把握していないのは父親だとも語る。

カウンセリングの目的についても、父親は長男の集団参加への支援、母親は家族のあり方、関係改善と一致せず、カウンセラーは以下の目的に同意を得て、父母カウンセリングの契約をした。

父母と長男との関係は葛藤状態ではあるが、関係が途絶えているわけではなく、長男は両親とのかかわりを求めている可能性がある[*2]こと、両親も協力して子どものことを考えようとしていること、まず、長男とのかかわりの改善が得られれば、登校について共に考える可能性が広がることを伝え、月1回の面接を行うことにした。

また、帰宅したら長男に月1回の面接契約をしたことを伝えるよう依頼。次回の来談までに、最低でも1回、家族で外出・外食をする（海外勤務以来、ほとんどしていないとのことだったので）、長男が好きなゲーム、または運動を父と一緒にすることを宿題[*3]とした。

その後の面接の経過は、以下の通り。

母親が長男に父母で面接に行くことを伝えたところ、長男は「ふーん」と言っただけで、特別な反応はなかったとのこと。次の週の日曜日には家族で外食をし、楽しかったこと、父親は土曜の午後、2回長男とサッカーボールを蹴るチャンスをもったことが報告された。父親は、長男が少しうまくなったら、近所のサッカーチームに入れ

るつもりで、元気になれば、登校もできるようになるだろうと期待していた。

　母親は、父親の運動へのかかわり方が問題と批判。長男が転んであちこち怪我しても全く気にせず、悲鳴を上げるまで練習し続けるなど、いきなり極端すぎると言う。父親は、ひ弱に育っているので鍛える必要がある、二人で気持ちよく汗を流して帰ってくるのに、「痛かっただろう」とか「疲れすぎ」だと世話を焼くのは過保護だと反論。長男への対応をめぐって葛藤は続いていた*4。カウンセラーは子育てには両方のかかわりが必要、父母はよい役割分担をしているので、このまま続けるようにとリフレーム。

　その後も、父母の葛藤は続いたが、面接の場が唯一の二人でゆっくり話をすることができる場だ*5ということになり、父母の来談の話題は子どもだけでなく、夫婦の問題に集中していった。

　母親は、父親を「何でも引き受けるノーが言えない人」と批判し、「家族の一員であれば、帰宅の時間の変更や日曜の予定などきちんと知らせてほしい」「子どものことを考えているのであれば、学校に行って担任と話をしてほしい」などと要求を出すようになった。父親は、「家族のことを忘れているわけではない」「こんな会社にいることをわかってほしい」*6と言いつつ、「反省してます」とカウンセラーに助けを求めるようになってきた。

　数ヶ月後には、長男をめぐって父母は無意識のうちに対抗していたことを認めるようになる。そこでカウンセラーは、夫婦はお互いに相手が気づかぬ反対の動きをとって相補的になろうとする傾向があり、それは実は協力していることでもあると、二人の行動を支援する。

　父親は徐々に長男と母親の要求に応える努力をするようになる（たとえば、帰宅の予定が変わった時は連絡を入れ、出張を早目に伝えるなど）。また、長男の担任と連絡を取り、担任との関係改善にかかわり始める。

　3回目の面接の後、カウンセラーは新学期が迫っており、親子の関係が変化してきたことを考慮して、長男の来談を提案。4回目の面接には長男も参加。長男はすでに始業式に出席し、その週は2日登校できたことが報告された。また、登校をきっかけに、父親と長男はフットサルの練習チームを探そうと話し合っていた。

　長男はきゃしゃな身体つきではあるが、日焼けして健康そうで、言葉少なく、「学校には行けるような気がしている」と語る。カウンセラーが、「アメリカから帰ってきてすぐ学校が始まり、一生懸命がんばっていたが少し休みが必要だったのかもしれない。それに、父母のことが気になって、落ち着いて勉強できなかったかも……。いまは大丈夫だと思えるようになったようだ」と伝えると、大きくうなずく。

　一家は、この調子で進めばよいと思えるものの、5月の連休後が心配とのことで、

再度の面接を約した。
　その次の回で家族は自分たちでやっていけることを確認し、カウンセリングを終了。父親の最後の言葉は、「自分がいなくても会社はやっていくんですよね」*7、母親は「家族の面倒をみる人は私しかいないと思ってつい過保護になっていたよう。息子が不登校にならなかったら、わが家はどうなっていたか……。大変だったけれど、不登校になってくれた息子に感謝です」、長男は「授業はまだつまらないけれど、学校は面白い」であった。

> **解説**　親は、自分たちにとって子どもが助けになれば「かすがい」、ならなければ「くさび」と勝手に認識するのだろうが、臨床の場面で親子関係を細かく知っていくと、子どもはいずれの役も果たしながら、家族をつないでいるようだ。
> 　このケースにおける子どもの機能は、不登校によって父母の潜在的な葛藤を顕在化させ、解決を迫っていることと読み取ることができる。その葛藤は、不登校後の父親の厳しさと母親の過保護という子どもへの接触の仕方で明確になり、それが実は相補性でもあることをカウンセラーが支持することで、単純な対立からより深いかかわりへと変化したと言える。子どもは、「くさび」を打つことで「かすがい」になると考えられる一例である。

ケースJ　末子の不登校に現れた家族の成長の難しさ

（三女：11歳・小学校6年、父親：46歳・会社員、母親：43歳・専業主婦、長女：17歳・高校2年、次女：14歳・中学校3年）

　母親から電話予約があり、父母と三女で来談。インテーク時の両親の話では、三女は幼い頃から大人しく、一人遊びが好きな子どもであったが、幼稚園以来、仲のよい友だちはいて、成績は中ぐらいで、格別の問題もなく過ごしてきた。しかし、6年生の5月の連休明けから、朝になると頭痛や吐き気を訴えて、学校へ行きたがらなくなった。多少熱もあったので内科の医師に診てもらっていたが、頭痛・吐き気も昼過ぎには治まり、悪化する気配もないので、当初は車で送ったりして無理やり登校させていた。しかし、そのうち、登校に抵抗し、朝は部屋に鍵をかけて、出てこなくなった。父母は困惑し、母親がスクールカウンセラーに相談したところ、カウンセリングをしようということになったが、三女が学校に行くことを拒んだため、家族療法を勧められたとのこと。母親は、会社員だったが、結婚後退職。三女の小学校入学後パートタ

Ⅱ　ゆれ動く親と子

イムで仕事を始めたが、不登校が始まって間もなく専業主婦に戻っている。

　現在、父母は登校を強要せず、三女は昼頃起きて、TVを見たり、コンビニエンスストアに買い物に行ったり、勉強したりして過ごしている。

　父母とも最終学歴は高校卒。長女、次女ともこれまでの学校生活に問題はなく、父親の厳しさへの反抗は激しかったが、積極的に自分のやりたいことをやり通して、父親も認める生活をしており、長女は高校卒業後、専門学校に行く方針をもち、次女は水泳部の中心選手として活躍し、水泳の強い高校への進学を希望している。三女の不登校に対して、二人は「大丈夫だよ」と言っている。

　初回面接時の三人の様子と印象は、母親の発言が最も多く、他者の発言に注意深く耳を傾け、感情は抑制し、理性的で、穏やかな対応。三女は、ニコニコしているが、上目遣いにカウンセラーをみて、カウンセラーの質問には黙しがちであり、助けを求めるように母親のほうをみる。カウンセラーからの質問に三女が黙っていると、母が代わって答えるところがあった。「学校には行ったほうがよいとは思っているが、行けない理由は自分でもわからず、行こうとすると気分が悪くなり、どうしたらよいか知りたい」と言う。一方、父親は三女の養育はほとんど母親に任せているとのこと。質問にはざっくばらんな態度で答えた。

　以上のことから、深刻な家庭内葛藤も大きな問題もないものの、母子密着の傾向[8]と父親が二人とは離れた位置にいることが推測され、また、三女と姉二人との違いに注目する必要があると考えられた。

　不登校になってから比較的早期に対応を始めており、三人の来談意欲も高いので、早急な対応が効果をもつと思われ、3週に1回の面接を提案して、契約。

　その後の面接経過は、以下の通り。

　三人姉妹の上二人と三女の違いについて父親・母親・三女の意見を尋ねたところ、次のような家族歴が明らかになった。

　父親は一人っ子で、かわいがられて自由奔放に育ち、幼い頃からガキ大将であった。周囲の状況に反発し、大人に反抗する反面、仲間をかばったり、人助けをしたりして（正義感のある反社会性）、人には慕われてきた。ただ、第一子も第二子も望んでいた男子ではなかったことで落胆し、二人をたくましく育てるべく、しつけにも教育にも厳しくかかわり、時にはたたくこともあった。しかし、長女は、思春期になると激しく反抗し、父親にかまわずわが道を歩み始めた。次女に対する父の厳しさは途中から減退し、三女には怒ったこともなく、不登校にはどうかかわってよいかとまどっているとのことであった。

　一方、母親は弟二人がいる長子で、家業を継いだ独断的な父親と従順な母親のもとで、家業・家事を手伝いながら育ち、人々の仲立ちの役を担いながら過ごしてきた。

中学・高校時代も目立たないながら、仲間の調整役を担っていた。

　父母は職場で知り合って結婚。やや怖いところがあるが人情味のある夫、物事を丸く治めることがうまい妻と互いを認識し、結婚以来、夫婦間の葛藤はほとんどない。また、長女と次女は父親似、三女は母親似と受けとめていた。

　三女は二人の話を半ば興味津々、半ば心配顔でうかがっていた。母親が姉たちの反抗を描写して三女に同意を求めると、にっこりうなずき、助け舟を出して母親を支えているようであった。また、三女にとっては、家族の歴史と家族関係を改めて知るチャンスになったようで、聞き終わった後はほっとした様子であった。

　2回の面接を総合して、カウンセラーは以下のような家族関係の見立てをした。

　父母は相補的な夫婦であり、父親の方針や動きに母親は従順な調整役を担ってきた。それに対して上の姉妹は、父親に正面から反抗する形で自分たちと母親をも守ってきたが、三女は母親の影に隠れて、守られた存在[*9]として成長してきた。しかし、子どもたちの成長につれて、三女は無意識のうちにその位置取りに不安を感じ始めているのではないか。姉二人のように反抗しながらも父親に気に入られる子どもにはなれない自分、だからと言って正面から反抗できない自分、二人に代わって母親を守る役割も担えない自分といったストレスがあるのではないか。ここで三女は不登校という行動で、父親にも母親にも何かを訴えているかもしれない。さらに、専業主婦として表面的には父親と姉二人の調整役をしながら、同時に姉二人に守られていた母親という関係は、三女との間には成り立たない。対立はないがかかわりも薄いのが父親と三女の関係であり、父親：母親と三女（1：2）の三角関係になっている。

　そこで三人に伝えたメッセージと提案は以下の通りである。

　父親と上の姉二人：母親と三女の組み合わせで安定してきた家族が、姉二人の成長・自立の始まりに伴って、父親：母親と三女の組み合わせに変わりつつある。しかし、三人のかかわりはこれまでの父親・母親・子どもたちとのかかわりとは違い、三女と父親とのかかわりが薄い三角関係になっている。三女は父親を怖れているところもあるかもしれないが、かかわりを求めている可能性もある。不登校を続けると以前より父母と話が増える上に、父母同士もよく話し合いをするので、家族全員の交流が増えて、家族の成長に役立っている。家族の変化の節目を乗り越えることが重要な時なので、今後、どう乗り越えるかを考える面接を続けよう。

　家族は同意し、面接は以下のように継続した。

　まず、面接の場では、三女が父親にわかってほしいことを、母親の助けを借りず、直接伝えてみることを練習し、家でもそれを試みること。父親は当然ながら、姉たちに取ったような厳しい対応は控えること。その時、母親は従来のような仲介役をすぐ取らず、三女が助けを求めたら出番とすること、三女が母親に意見を表明したら、父

II ゆれ動く親と子

親も助けること。父親と三女は時間を決めて遊ぶこと。母親は姉たちに父親との喧嘩の仕方を習うこと、という課題が出された時は、三人とも笑いながら聞いていた。

このようなかかわりを促進したり、母親と三女の積極的な意見の表明を促したりすることで、これまでぎこちなかった三者の関係はほぐれ始め、父親の正義感のあるざっくばらんな対応にも助けられて、家族は明るくなっていった。

7回目の面接で、父母から、三女が姉たちの頼みごとを断ったり、姉同士の喧嘩に意見を言ったりしたエピソードが語られ、三女は誇らし気にうなずきながら、「生意気だ」と言われたと笑っていた。夏休みには一家でキャンプに出かけ、三女の日焼けした顔つきにも、たくましさがうかがえた。カウンセラーからは登校について一度も触れなかったが、学校が始まると来談の時間をとることが難しいとのことで、終結となった。三女は2学期から登校しているとの報告があった。

> **解説** このケースは、家族の成長・変化が、個々のメンバーの関係の取り方にいかに微妙に影響していくかを教えてくれる。男児を期待した父親は、二人の姉娘への干渉過多のかかわりを反省して、三女には控え目に接したのであろうが、それは三女にとっては干渉がないことではなく、むしろかかわりを失うことになった。父母はそれを補うべく苦慮していたが、長女・次女との葛藤の中から生まれた父娘の近親感は三女との間では獲得すべくもなく、それに末っ子である位置づけが加わって、母親との関係のみが密着していくことになった。カウンセラーの勧めで父親と三女が近づくことで、家族における三女の位置づけが公平になり、また自立が可能になった。家族の無意識の中で関係の問題は起こることを教えてくれるケースでもある。

ケースIとJは比較的短期間に復学が可能になり、家族にも変化がみられている。しかし、すべての不登校がこの2ケースのように半年ほどで解決することはないし、全く家族に無関心の父親もいれば、病的な母子共生関係もある。夫婦間葛藤や社会的引きこもりなどが重篤な場合もあり、カウンセリングが長期化する場合もないわけではない。ただ、不登校に多くみられるメカニズムと父母と子どもの家族関係はこの2ケースに典型的に現れている。

一般に、不登校の問題は教育環境の問題と養育の問題にされることが多く、ケースI・Jにも、母親の過保護・過干渉、母親に取り込まれた子どもの姿はみえるし、学校の支援の不適切もないではない。家族療法の視点から家族力

動だけをみた場合でも、「子どもと結婚したような母親と会社と浮気しているような父親」[*10]と呼ばれる三角関係の悪循環がみえることも確かである。このような悪循環には様々なパターンがあり、専制的な父親から自分と子どもを遠ざける母親、夫婦間葛藤を防御するために父母の関心を自分に引き寄せる子ども、子どもに関心がない父親を責める形で母子が連合して、父親を家庭から遠ざけて仕事に集中させ（あるいは、父親が仕事に集中しているため、母子が連合して父親を放逐し）、子どもを両価感情（依存したい vs 離れたい）のストレス下に置いている状況、など様々である。また、不登校には心身の症状を伴うことが多いが、これらは副次的なものととらえる必要もあり、その対応だけにかかわっていては埒が明かないだけでなく、ますます不登校、家族関係が固着したり、悪化へエスカレートしたりすることもある。

　ただし、不登校をめぐって機能不全にみえる家族は、家族関係の問題だけでなく、学校の子ども・家族とのかかわり（ケースI）、父母の出生家族の歴史（ケースJ）、家族・社会の価値観の問題など、家族と社会環境との相互作用の問題をはらんでいることを忘れてはなるまい[*11]。それでも、家族関係に介入することで、上記のように問題が解決する場合もある。これは、家族だけが問題であったととらえるべきではなく、家族が関係の問題に取り組むことでエンパワーされ、社会環境にも対応できるようになった[*12]ととらえるべきであろう。

　その意味で、子どもの症状や問題行動は、家族にマイナスの影響を与えているというよりも、硬直化した家族関係やコミュニケーションなどに変化をもたらし、さらに社会の矛盾や構造に敏感に反応している SOS の発信者といったプラスの面ももっていることを知る必要があるだろう。となると、子どもは問題をはらむ「くさび」であると同時に、ある種の安定をもたらす「かすがい」でもあるわけである。特に、現代日本の夫婦関係の希薄化には、子どもの取り込み、子どもの親利用といった三角関係化、子どもを通して、あるいは子どもの問題を通して夫婦が迂回連合する様がみえる。それらは慢性化することもあるが、夫婦関係を変えるチャンスに働くこともあるという視点は重要である。

　その点で、不登校や摂食障害、非行などの子どもと夫婦関係をめぐる事例には、心理教育的アプローチが有効に働く。つまり、クライエントの心理的体験に配慮しながら、臨床心理学や精神医学の問題や病理に関する最新の知見、正

Ⅱ　ゆれ動く親と子

確な知識や情報をクライエントに伝えていくことが重要になる。ある意味で、クライエントが知らない問題や病理を脅威にならないよう、いわば「告知」をする必要があるのであるが、それにあたって、クライエントが社会で体験している心理や苦しみを理解しつつ、エンパワーする必要がある。

　なお、上記のような心理的葛藤を行動で解決しようとするケースには、本章で述べた不登校のほかに、摂食障害、非行がある。いずれも家族と社会の相互作用のメカニズムが、子どもの性格、夫婦・家族の発達、社会的現象の組み合わせの中で、様々な症状になっているとみることができる。

◇ 対 話 篇 ◇

Q：ケースⅠでは不登校について、担任は不登校を母親のせいだと受け取っているようだ（＊1）とありますが、学校側のこういう受け取り方はよくある一般的なものですか。

A：一般的に、学校側は、親の過保護だとかしつけが悪いから不登校になると考えます。事実、しつけがうまくいってない場合もあります。一方で親のほうは、学校がうまくやっていないと批判します。この面接があった頃から、多くの親が学校批判を激しくするようになっていて、「モンスター・ペアレンツ」と呼ばれる親たちが出現しています。しつけの責任は学校の仕事だとか、自分ができないことは学校がしてくれると思っているのです。「先生、（自分の言うことを聞かないから）子どもにお風呂に入るように言ってください」「朝、妻が起こしたのでは息子が起きません。僕は先に出てしまうので、先生が起こしてください」とか。それで対応しないと学校を訴えたりすることがあります。教育委員会はそのような父母に対応するため、弁護士を雇い始めました。学校側が正しいことをやっていることを法律的に守ろうという姿勢になっています。

Q：そういう親はそれなりに教育熱心ですよね。けれども、実際には子どもが言うことを聞かないから、子育てを放棄して専門家に頼ることになる。その原因はなんだとお考えですか。親の役割を認識していない、自分の役割だとは思っているけれどもどうしたらよいかわからない、あれこれ工夫するよりも専門

家に頼む……、いろいろ考えられますが。
A：しつけとは、エネルギーも時間もかかり、くり返しの多い仕事です。おそらく子育てをみたり手伝ったりする経験がない現代の親は、基本的に子育ての現実を知らず、子育てが下手なのだと思います。子育ての社会化により、基本さえも専門家に任せてよいと勘違いしてしまっているのではないでしょうか。安易な依存と無知によるおそれがあるのでしょうが……。

Q：昨今の親は幼少期から「親ぶり」をみたり、手伝ったりする機会がなく、いきなり親になる。その結果として、よい意味での親の力、権威を子どもに示せなくなっていると言えるのでしょうね。
A：子どもが権威を認めなくなるくらい甘やかしているか、放任しているか、あるいは自分の思い通りにならないと、理不尽に当たったりもします。

Q：子どもの教育問題で一番気になるのは、お金も口も手も、あらゆることが「量」だけは過剰に親から注がれていること。でも、本当は中身が問題。どのようにしつけるかとか。少し大きくなれば子どもは、言われたことよりも親はどうしているかを、よくみている、親は子どもの学習のモデルです。そうした面がまるでダメですよね。
A：難しいようです。親は「こうも言った、ああも言った。だけど聞きません」と言いますが、言えば子どもは聞くというわけではないことを理解できてないのだと思います。

Q：餌をやって芸を身につけるのでは動物の学習です。この古典的な学習に対して、社会的学習理論を提唱したバンデューラが言っています、「親が言うようには子どもはしない、親がしているように子どもはする」と。本当にそうで、それが人間だと思いますが、このことを教育熱心な親は気づかない。
A：それをわかっている親は少ないのではないでしょうか。講演などで、私は、「親が子どもに対してしているように、子どもは学校に行って他の子どもをいじめています」と言いますが、そのような視点で自分をみる親は少なくなっているように思います。

Q：親自身がしていることや、「あの家は○○ねえ～」などと言っていることを、子どもは、ああいうふうにすればよいのだ、とちゃんとみている、それを身につけるのです。

A：親がいくら言っても聞かないということは、他の要素があると知る必要があると思います。「パパは帰ってきたらそこに鞄を置いているのに、なぜ僕だけ『すぐ部屋にもっていきなさい』って言われるのか」、そう言える子は言うのでしょうが、黙って親のする通りにしている子どももいるでしょう。反抗期の子どもは、親の言うことに一々反抗することもあると思いますが、親が手を洗わないのに子どもに「洗いなさい」と言ったりするのは小さい時からありますね。親は自分の思うように動かせないから、他の人（先生）の力を借りて動かそうとします。

Q：子どもの問題をさらに延長して言えば、「子どもがどう育つか」「子どもはどのように学ぶか」ということについてきちんとした認識がないですね。育てるということに関心が集中し、子どもは育つもの、自ら育つ力や学ぶ志をもっていることをみのがしています。しかも、育てることに熱心でありながらその中身は問うていない。

A：子どもは、何度も何度も失敗するから、何度も何度も訓練をする必要がありますね。片付けにしても、こんなふうに片付けるのだといくら言ってもダメで、手取り足取り片付け方を教え込み、できるようになっても、励ましたりほめたりして身につくまで見届けなければなりません。昔の親はこうしていましたが、いまはこれが面倒くさいのでしょうか。

Q：この場合、面倒くさいの反対、「便利」が、何よりよいこと・大事になったことが、大きな問題だと常々思っています。「便利」がよい、効率的なことがよい、そうではないことは面倒くさい、よくない、だから「しない」というふうになってしまっている。家庭生活についても子どもに対しても、そういう風潮が広がっていると思います。

A：「ちゃんと言ったのにやらない」という親はすごく多いと感じます。子育てには、手間ひまかかる。時間と根気がいるということがわかっていないので

Q：育児不安とまではいかないけれども、手間ひまかける習慣やそうすることで味わえるものがあるという体験が欠けている。でも、子育てほど合理的にならないものはないのですけれどね。
A：昔の人はそれを何となく悟っていったと思いますけれど、あまりにも世の中が便利になりすぎて、そこが悟れないのですね。

Q：ケースIで、「父母と長男との関係が葛藤状態ではあるが、関係が途絶えているわけではなく、長男は両親とのかかわりを求めている可能性がある」（＊2）とありますが、これはどのような形で判断、評価、推論するのでしょうか。判断はなるほど、と思いますし、臨床家の洞察なのだと思いますが。
A：葛藤を起こしているということは、関係を求めているということだと理解します。関係を求めていなければ、「無視する」になりますから。

Q：その次に宿題（＊3）を出しますね。宿題の内容について、カウンセラーとしての仮説は何ですか。仮説があって宿題の中身を決めていると思うのですが。親子関係の強化・促進？　あるいは父子関係の強化？
A：父親と長男との間に接触が起こるようなことをやってもらおうとしました。父親が長男に歩み寄ってもらえるようなことは何か。父親が好きなことではなく、子どもがやりたいこと、一緒にやってほしいことが入っています。

Q：なるほど。父親についての実証研究によると、父親の育児や子どもへのかかわりはなかなか時間が取れないこと、また二次的な立場であることから、つい性急に父親ペースで子どもに働きかけてしまうことになることがわかっています。この宿題は、親ペースでなく子どもに応答的であることを父親に求めての宿題ということだと納得しました。ケースIでは父親の長男への対応をめぐって父母間での葛藤がまだ続いていた（＊4）とありますが、父親は厳しく、母親は保護的と対照であることが葛藤だったのでしょうか。これは相手のやり方に批判的だから逆の形で出るのですか。

A：批判的だから逆の形で出ることもありますし、微妙です。心理療法家は両方考えながら進めていきます。批判的だから逆の形で出ていることは、夫婦関係としては悪いことではありません。つまり、相補おうとして相手の反対をやろうとしているからです。

Q：表向きは葛藤にみえ、相手を攻撃しているようにみえますが、結果的に相手を補完しようという思いがあるかもしれないのですね。また前述のように育児の立場が母親は一次的、父親は二次的と違っていることも、そもそも父親と母親の子どもへのかかわりが違うこともあるでしょうね。
A：家族は無意識にそうなることが多いですね。ただ、無意識だから、互いに反対されていると受け取りやすいのですが……。

Q：面接の場がゆっくり二人で話し合える場になった（＊5）とあります。カウンセリングの内容そのものも大事ですが、それ以前に、父親と母親が話し合うチャンスとなったことが有効だったのでしょうね。相手がどうかよりも、二人が共通の話題で腹を割って話すことがなかったことへの発見ですね。これはとても大事なことだと思いました。その時間をもてたこともですが、二人が向き合う時間が欠けていたことに気づいたことはもっと重要ですね。
A：まさにその通りです。家族の問題ではよく起こることで、話し合いが暫定的にでも解決まで行けばよいのですが、中断で終わることがあります。言いっ放しでその場を立ち去ったり、黙ったことで終わりにしたり。

Q：なぜなのですか。仕事では話し合いの中断をしたらダメになりませんか。またこれは、日本人に強い傾向ではありませんか。問題を鋭くとらえ対決することを避ける、関係を壊さないようにとの配慮が働きますから。中高年夫婦で、二人の間に問題があってもそれはそれとして表面的に仲よくしていたり、妥協したりしている例が大変多いというデータを思い出しましたので。
A：どちらもこれ以上、葛藤を起こしたくない。きちんと話し合いで解決するという体験が少ない。葛藤は別れや離婚までいくのではないか、とおそれてしまうのではないでしょうか。日本人には、「自分が我慢してここは収めよう」

という傾向が強いから、そうなりやすいでしょうね。ただ、アメリカ人の夫婦にも同じような傾向はあります。孤独や別れに対する人間の不安、おそれがあるのでしょう。

Q：客観的にきちんと話す訓練を受けていないのですよね。感情的になってしまうか、ある程度言ったらお互いわかってくるはず、ともう少しきちんとした形で話をする訓練がなく、逆に自分の論理で理詰めで責める、といったことがとても大きな問題ですね。この頃痛感するのですが、携帯電話が会話を破壊していますね。大学生が、授業で「先生、その言葉、スペルを書いてください」と言うのです。日本語ですよ。その語彙の少ないこと。大学生に語彙テストをして、大学生並みの語彙をもっている人と中学生くらいしかない人とで、携帯電話の使用量を比べた研究をみつけたのですが、はるかに後者の使用量が長いのです。携帯電話では非常に感覚的に限られた語彙しか使っていません。客観的に、論理的に詳細を話すという力を失わせていますね。大学では、心理学だ、社会学だという専門教育以上に、「言葉できちんと表現する」という教育をしないと、科学的思考ができなくなってしまいます。最近は、とことんまで話し合う、喧嘩しても言葉で伝え合って解決するということをしなくなったでしょう。「そう、そう」などと言って、何となくわかり合える感じになっているようにみえます。

A：携帯電話はきちんとメッセージを伝えるツールではないですね。文脈とか非言語的なメッセージがないから、理解がすごく狭くなります。携帯電話を使い慣れてしまうと、文脈や非言語で伝える状況が訓練されませんから、ますます人のことがわからなくなります。子どもたちは非言語のメッセージを読めないし、自分も使えないから、非言語のメッセージに対応しなければならないような対面の場を避けるようになったりします。対面しての豊かなコミュニケーションをほとんどしなくなった夫婦も、そうなっていくと思います。

Q：『ケータイを持ったサル』（正高, 2003）に、大胆に書かれていますが、本当に携帯電話によって、簡単に同調する傾向が強まった。反論し合うということがなくなって、サル並みにかぎられた語彙だけでやり取りしている。ケース

Ⅰの親たちは、そういうことには気づいたのですね。

A：その通りです。ただ、常日頃コミュニケーションが取れている家族にとっては、携帯電話は非常に便利なものです。「あれ、どうなった？」「〇」で、笑顔も語調も通じていることもあります。自分たちには十分気持ちも内容も伝わっていても、他人がみると「？」ということになるかもしれませんが……。

Q：父親の「自分がいなくても会社はやっていくんですよね」（＊7）という発言、これは「会社第一、男は仕事」というジェンダーの縛りに気がついたと言えますが、素晴らしいことです。最初のうちは（自分が）「こんな会社にいることをわかってほしい」（＊6）と会社人間であることを譲ろうとしていなかったのを思うと、大きな変化ですね。最近、家族社会学の論文で読んだのですが、共働きしている夫婦（だから比較的先進的な人ですが）で、夫の給料が夫婦の収入合計の60％を割るとすごくストレスになるのだそうです。やはり夫が稼ぎ手。妻が働いたとしても収入は少しがむしろよい。だから妻はパートならよい、というのはそれもあるかもしれません。どちらのほうがより稼いでいるとなってしまうと困るようです。

A：妻も競争相手になってしまうわけですね。

Q：最後に、このケースⅠで、問題が不登校という形で現れているのはなぜか。登校／不登校のメカニズムについて説明してください。

A：子どもの症状や問題とされる言動は、子ども自身の性格傾向、周囲との関係で表現されると考えることができます。たとえば、親の期待やしつけが子どものパーソナリティやアイデンティティに合わなくなった時、子どもは親への反抗として、親がまさに期待し、しつけてきたことと逆のことをすることがあります。それらは、不登校とか、拒食症、いじめや非行といった形です。内向的な傾向の子どもは、不登校や拒食など、どちらかというと自分の不利になるようなことをしたり、自分を犠牲にして訴えますが、外向的な傾向の子どもは、いじめや非行など、家の外で、他者に向かって親が困惑するようなことをします。どちらもSOSを出しているという意味では、変わりはありませんし、そこには、学校が面白くないとか、先生が叱ったとか、いじめられたとかいった

ことや、腹が立った時に親に言えないことをいじめる相手に言えたとか、非行の仲間が一番自分をわかってくれたといったきっかけがあるに過ぎません。それを多くの人は、問題の原因として意識し、誰かの責任や原因を追及したくなるのですが、あえて言えば、それだけで問題が起こるわけではありませんし、複雑な要素が絡まってある行動が起こっていると考える必要があります。その意味では、親の問題だけで子どもの問題が起こるわけでもありません。変化する社会の中で、社会の価値観ややり方に適応すべく親がベストを尽くしていても、問題は起こります。家族療法家は、家族が問題だから家族療法をするのではありません。家族療法では、SOSを出している家族メンバーのことをIP（Identified Patient＝たまたま患者となった人）と呼びます。個人・家族・社会の相互作用の中で、個人や家族が自分たちに馴染まない生き方をしている時、誰かがSOSを出してくれるのであって、その人だけが治ればよいとは考えないのです。ただ、原因は一つではないし、相互作用の中で国家や世界レベルのことをたどることは無理なので、基本的に最も身近で、変化が可能な家族関係のレベルで支援をしようとしているのです。その意味で、子どもは「反抗する者」であると同時に「救助者」でもあると考えることができます。

Q：ケースJで「母親が代わって答える」「三女の養育はほとんど母親に任せている」「母子密着の傾向」という部分（＊8）は、このケースに限らず日本の親子関係に共通する特徴でしょうね。それが「問題」として顕在化するか否か、それを分けるものはなんでしょうか。一般に、女の子が不登校になるのは珍しいですか。

A：最近は多くなりました。いろいろな理由があります。一つは、男の子のように「男はきちんとしなくてはならない」というプレッシャーはない反面、女の子も「女だって一人前になれるのよ」と、昔のように「お嫁さんになればよい」とは思われなくなったこと。また、「学校に行けない」と内面的な葛藤を抱えている不登校がある一方で、先ほどの「便利さ」の話ではありませんが、競争に勝とうと思わなければどこかで何かできるという安定した世の中になったことで、嫌なことは避けるといった、内的葛藤がない不登校も出てきました。少子化は中学校・高校への全入時代をもたらしたので、不登校でも学校を選ば

なければ、どこかに進学できます。むしろ賢い子どもが、荒れた学校、評判のよくない学校にすっかり失望し、「なぜあんなむちゃくちゃなところに行かなくてはいけないの？」と思っている場合もあります。

Q：不登校というかたちは同じでも、その原因というかメカニズムは一様ではないことは重要ですね。とりわけ、不登校というと何か内的な葛藤があるのだろうと考えがちですが、嫌だからという安直な不登校が最近出てきたことは、大変興味深い、今後注目したいと思いました。ところで、ケースJで「守られた存在」（＊9）であることへの不安とありますが、この姉との差への不安がストレスだったのでしょうか。ストレスや葛藤が「不登校」というかたちで現れるのはなぜか、子どもにとっての不登校の意味をもう少し説明してください。
A：先でも説明しましたが、大雑把に言いますと、外に向かって攻撃的な怒りの表現や「私はこういうことが嫌だ」と表現できない子どもが、むしろ内向的になって、逃げるといったマイナスの信号で危機を訴えていると言えます。

Q：子どもがサインを出すのに不登校でなく他のことでもよいはずでしょう。それなのに不登校となる背景には、「学校に行く」ということが、親にとっては何よりも関心事だから、それに対して「ノー」を突きつけることが、戦略的に効果的だということがあるのではないでしょうか。もちろん、意識してではないとしても。
A：それもありますし、他のことで訴えている子どもたちもいます。内向するかたちで訴えるのは、拒食症とか、引きこもり、ニートと言われている人たちで、葛藤があったり批評されたり傷ついたりするような場には出ない、成果重視の社会や親に対する無意識の消極的な反抗と言ってもよいでしょう。もっと悲劇的なのは、外に向かって怒るというよりも、自分はダメだと思い込んでしまって、早々と降りてしまうことです。

Q：このような子どもたちは概して自尊感情が低いのでしょうか。どのようなかたちを取るにせよ、自分はこれでよいという自己尊重の気持ちが低いのでは、と思うのですが。

A：低いというか、育てられていません。否定されることばかりで、できることを認められていない。このレベルで親子の関係がつくられると、「できない子はダメ」となり、存在そのものも受けとめられていない、「おまえはいらない」というメッセージになっており、自尊感情どころか、「ここにいてよい」という居場所さえない感じになっています。

Q：なるほどね。この頃、若者の事件が多くなって凶暴になったと言われますが、実際に統計データを見ると必ずしもそうではないのです。進化心理学者によれば（長谷川・長谷川，2000a）、世界中ほとんどの時代、通文化的に、殺人では男が多いのが共通で、20歳位がピークだそうです。それは、性的な意味での葛藤、動物になぞらえて言えば配偶者競争で、それから社会的な地位をつくるための対人的なストレスが暴発するのだろうと考えられています。日本でも、高度成長期まではそうだったのですが、それ以降どんどん低くなって、いまではフラットになっています。つまり若者の殺人がなくなったわけです。一方で、刑法における少年事件の年齢が引き下げられ、若者の起こす凶悪事件についての情報は多くなっています。情報が多いから、増えたような印象をもってしまいますが、殺人に関しては、以前よりも少し上の年齢へ移行しています。そしてそうしたアグレッシブなエネルギーをもてあましているはずの日本の青年が、他国ではほとんどない引きこもりといった内向的な格好になっているのはなぜか、という問題提起がされています。引きこもりや不登校は、学校に行っても楽しくない、有意義なものと思えない、社会の魅力がない、希望がもてないということが大きな背景ではないでしょうか。親たちの異常な働き方をみていると、なぜ「よい学校」に行って、大きい会社に入り、がむしゃらに働くのか、疑問をもつのではないでしょうか。それぞれの子どもにとって「よい学校」というのは、違うはずなのにね。ある特定の学校が「よい学校」と全ての子どもの目標のようになっていること自体、おかしなことだと思います。またいつまでも家にいることが許されていることも一因のように思いますが。

A：引きこもりは豊かな社会で起こることです。貧しい国では起こりません。競争に意義を感じることができる子どもには選択の余地がありますが、そういう能力をもっている子どもは、20％くらいでしょうね。それ以外の子どもは何

となく「希望のない先がみえている」状況に追い込まれていると思います。

Q:「子どもと結婚したような母親と会社と浮気しているような父親」（＊10）とありますが、日本の家族で、「子どもが生まれると夫婦に何が起きるか」を言い得て妙だと思います。男性は父親になるが父親をしない。日本の男性にとって、会社は浮気どころか「心中直前の本気」の相手ですよ！

A:「心中直前の本気」になって、どこに、何を、どのように求めているかとなるとわかりませんが、社会が、男性を本気のようにさせているところはあるでしょう。「お前たちきちんと仕事をしなかったら月給もらえないよ」というプレッシャーをかけられていて、つい仕事と心中するみたいなことになっている。そのプレッシャーに従うことだけが仕事ではないことはわかっていながら、みな同じ方向を向いて走り、疲れきっている。会社の幹部の人に会う機会があると、私は「本人が健康な生活を送ることは本人の責任ですけど、邪魔だけはしないでください」と言います。会社は、明らかに邪魔しています。

Q:邪魔していますよね。会社に忠実だということだけで評価するでしょう。そうすると、いつまでも会社に残っていていつでもOKとスタンバイしているのがよくて、さっさと帰るのはダメとなりますよね。会社の働かせ方が日本の男性の心身を病ませている、その責任を問いたいと思います。本人の責任だとするのは酷だと思いますから、先生のようなカウンセラーにはもっと激しく会社幹部に糾弾してほしいですね。もう一つ、「家族と社会環境との相互作用の問題をはらんでいることを忘れてはなるまい」（＊11）とありますが、これはどういうことでしょうか。

A:会社でうつになっていくプロセスをみていくと、まず、かなり能力があって、几帳面できちんと仕事をするので、責任感があると思われている人に起こるものです。真面目で、「できる」人に仕事が集中する。仕事が集中するほど、一生懸命がんばらざるを得なくなる。残業する。睡眠不足で、朝ごはんも食べずに出て行くから、心身過労状態になる。昼、夜は外で食べるからろくなものは食べておらず、メタボリック・シンドロームを抱える。そして家に帰ってもほとんど家族と顔を合わせないという状況だから、家族からは疎まれる。家で

もくつろぐことはできないので、仕事に集中する。その悪循環です。社会と家族の相互作用とはそのようなことです。

Q：企業は、労働者を仕事という側面だけで評価しているでしょう。全人間としてみていない。家族生活をゆっくり楽しむことでリフレッシュしたり人間的に成長したりすることがあるのに、そういうことは全く考慮しない。まさに、使い捨てですよね。そうした状況が大勢なのに、〈家庭に優しい企業〉などとよく言ったものだと思います。そこで何をやっているかというと、わが社には育児休業制度があります、保育園に迎えにいく時間を優遇します、ということ。これらは女性向けの制度ですよね。名目上は男女両方使えるようになってはいるけれども、実際はそうではなく、使うのはほとんど女性。男性の中には、その制度は男性には当てはまらないと思っている人さえ少なくないのですから。
A：実際に男性は、使わないですね。特に一部上場企業の会社員には、「実際、そんなことやっていられない」とよく言われます。会社のメンタルヘルスの研修を夕方の5時半くらいで終了したら、「いまから仕事です」と会社に帰っていくとか。中には、睡眠時間も携帯をオンにして、枕元において寝る人もいました。産業界は、グローバルな競争の中で、世界の時間に合わせて仕事をするのが当たり前のようになっているようです。ただ、病気になると休めるわけですから、実際、いつも危機というわけではないのですが……。ケースJの父親のようになってみないかぎりわからないし、誰も変だと思わない。

Q：日本は、労働時間は長いけど労働効率は悪いと言われています。それは当然でしょう。人間は長く働けば働くほど効率が上がる、というものではありません。機械なら稼動しているだけ能率は上がるけれど、人間の頭はそうではない。疲労による能率低下、誤りや事故の多発などがあることは産業心理学がとうに明らかにしていることです。そういうことについての認識は、一体どうなっているのでしょうね。
A：最近、電車が混むとかで、フレックスタイム制度で、早番の人と、遅番の人ができた会社で、早番の人は、時間中は一生懸命仕事して、早目に帰ることができ、それでも、全然能率は落ちないことがわかったそうです。

Q:だいぶ前に、日本のある研究所に勤務していたアメリカの経済学者に、日本の職場はどうでしたかと聞いたところ、長時間職場にいるけれど、実際には8時間程度しか働いていない、って言うんです。夜遅く帰るから出社は遅くて大体10時くらい、出社するとまずゆっくり新聞を読んで、さあ昼飯でも食べるかといって食事に出る、という有様で午前中は何もできない、しない。食事から帰って午後遅くなってやっとエンジンかかり、それから仕事をする、という状況だと。また、あるシンポジウムで、名古屋大学で初めて男性で育児休業を取った法学の若い教員の方に話をうかがいましたが、育児休業を取って何がわかったかと言うと、いままでは、仕事が大事だと思っていたけれど、家のことをやって戻ってきたら、こんなことをやっているよりも家のことや子どものことをやっているほうが面白い、意味があるというように、仕事の相対化ができたというのです。なかなか面白いと思いました。

A:「家族と社会環境との相互作用」(＊11)「社会環境にも対応できるようになった」(＊12)で、ケースJから言いたかったことは、家族が問題を抱えているのは家族だけの問題ではなく、社会環境の問題もあるということです。会社によるメンタルヘルスへの対応、育児支援などは徐々にしか進んでいませんが、変化のきっかけをつくり始めています。むしろ、「社会がおかしい！」という訴えは、子どもが様々な症状や言動で表現してくれています。臨床の対象となるケースは、その個人の問題とか、家族の問題ととらえられがちですが、むしろ敏感で、弱い立場に立たされた人（子ども）は、様々なかたちで「何かがおかしい！」とSOSを出してくれているのです。そこに直接関係をもつ父母や教師がかかわることで、実は少しばかりの変化が起こっていると言えるでしょう。ただ、その変化は社会全体を動かすほどにはならず、相変わらず個人の責任にされて、微々たる動きとしてしかとらえられないことが、現代社会の病理の大きさに思えます。それが循環的な相互作用だと言いたかったのです。

◇ ま と め ◇

ケースI・Jから印象的だったことの第一は、子どもの問題——不登校であれ引きこもりであれ——は、子ども個人の問題ではなく、また少なくとも子ど

も自身だけに原因があるわけではないということ。それは、親や社会への問題提起であり、変化を促すサインなのである。その事情についての説明は、大量の実証研究データからはみえない・とらえきれない部分だが、たいへん説得力があった。また、これらのケースは、家族は社会に開かれたシステムであり、社会が否応なく家族に侵入していることを雄弁に示している。

ところで、そうしたケースについての理解・解釈は、たくさんの臨床体験の蓄積あってできること、加えて（臨床ケースに限らず）親子関係や子どもの発達についての広い知識あってのことである。その意味で、臨床家には豊富な臨床実践と同時に、親子関係や発達についての理論と実証研究の知識がいかに重要かを痛感した。臨床と理論や実証研究が分離しがちな状況を戒めなければと、改めて感じる。

第二は、子どもに起こっていることが家族、とりわけ親の問題とつながっている事情、さらに親の問題は、とりわけ父親の働き方、ひいては日本の職場や労働の問題と密にかかわっていることが確認されたことである。子どもに起こっていることは子ども（だけ）の責任ではなく、子どもを守るべき家族、その家族が所属している職場に、「人が健やかに育つ」ことが保障されていない日本の病理的状況につながっている。それは、職場のあり方についての啓蒙活動やそこで生じたうつなどのカウンセリングにも携わっているカウンセラーならではの指摘であろう。先にも「うつは日本の社会の産物」といった発言があったが、その当事者の治療回復は臨床家にとって急務の課題である。けれども、そうした対症療法だけではことは済まない。それどころか、やってもやって際限ない対応に臨床家も燃え尽きてしまうのではないかと危惧される。対症療法と同時に、その病根を絶つ、職場や働き方の修正を促すような積極的な働きかけを臨床家に期待したい。昨今しきりに喧伝されるワーク・ライフ・バランスについても、理念的な重要性以上に、日本人の危機的・病理的な生活を断つ上での必要性を最も説得的に主張できるのは、臨床家だと思うからである。

家族療法の中でみえてくる個人・家族・社会の循環的相互影響関係は、おそらく、精神医学、社会福祉学、家族社会学の分野でも認識されていることだろう。問題は、それぞれの分野の人々が自分の専門領域（砦）に留まっていて、連携ができず、社会の力になっていないことではないだろうか。

第2章　子育てをめぐる葛藤

◇ データ篇 ◇

家族の基本単位

　前章でみたように、家族の基本単位が夫婦関係であるアメリカでは、子どもの存在は夫婦間の満足感の低下、女性の幸福感に（男性以上に）ネガティブな影響をもつ。日本の事情はこれとはだいぶ異なり、子どもの誕生を契機に（夫婦関係よりも）親子関係中心となり、妻は育児、夫は仕事とそれぞれ役割を分担することになる夫婦にとって、子どもはその絆を強める「かすがい」であり、アメリカのような「くさび」ではあり得ない。子どもの存在がネガティブな影響をもつなど考えられない、あってはならないことであった。それどころか、子どもは母親にとって自分の分身であり、母親は子どもとの強い一体感を抱いているとさえ言われてきた。そうした文化風土が、母親の育児不安はあってはならぬこととされ、その発生メカニズムを正面から研究することを阻んできたきらいがある。

母性本能という幻想

　日米の母親の子どもに対するしつけやコミュニケーションを比較すると、アメリカの母親が子どもに対して権威をもって明示的に命令をするのに対して、日本の母親は上から命令せず、子どもの意向を汲み取り、暗示的な仕方で対応する点に特徴がある。初めて日本の母子関係について定量的研究を行ったコーディルら（Caudill & Weinstein, 1969）は、日本の母親がアメリカに母親に比べて多くの時間子どものそばにいて、抱きや頬ずりなど身体的接触を多くすることをみいだし、この身体的物理的接近が母子間の心理的近接（母子一体感）を醸成していると理解した。これは、乳児と言えども母親と離れて眠り、母親も子どもとは別な時間をもつ欧米の眼が、驚きと斬新さをもって発見し、意味付け

たものである。この説明は、欧米のみならず日本の研究者にも受け入れられて、母親と子どもとの強い一体感・母親の分身感は日本の母親の特徴とされ、称揚されてきた。前述の日本の母親のしつけの以心伝心的な特徴もその文脈で理解されていた。

しかし、母親と子どもは一心同体、ゆえに以心伝心というこの理解は妥当ではない。以心伝心のコミュニケーションはなにも母親だけの特徴ではない。日本人が日常の会話でしばしば用いる表現であり、さらには文学作品においても直截・論理を旨とする欧米とは異なる「ぼかしの美学」として認められてきたもので、母親の専売特許とは言えない。さらに、これまでの研究では子どもに対するしつけ方略を、もう一人の親＝父親について比較することなしに、日米の母親についてのみ比較して日本の母親の特徴と断定しているが、その点でもこの解釈は早計である。昨今の母親の動向を考えれば、子どもはもはや、母親の分身、一心同体とは言えないのではないか。

こうした問題意識から、父親と母親の子どもや育児への感情（4段階評定）を比較検討したデータが提出された（柏木・若松，1994）。その結果は、これまでの通説——母親にとって子どもは分身との予想——を裏切るものであった（図Ⅱ-2-1）。

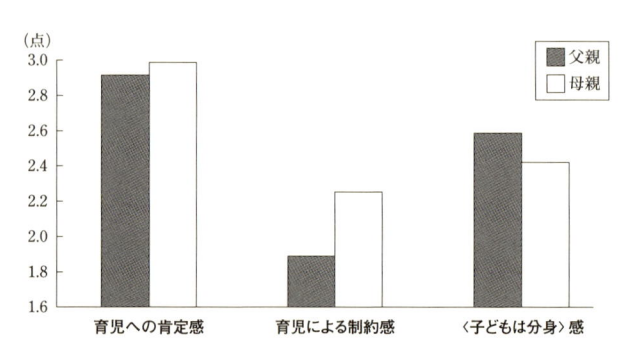

図Ⅱ-2-1　子ども・育児への感情の父母比較（柏木・若松，1994）

子どもや育児への肯定的感情は父親・母親いずれでも最も強く、父母間に差はない。ところが、「子どもから解放されたい」「自分の行動がかなり制限される」「親として不適格なのではないか」といった子どもや育児に対する否定的感情は母親で有意に強い。すなわち、母親にとって子どもは愛情の対象である

が、同時に拘束の源泉でもあった。子どもは母親にとって愛憎双方の感情を伴う存在であり、これまで日本の母親の特徴とされてきた「子どもとの分身感」(4段階評定)は母親よりも父親で有意に強いのである(図Ⅱ-2-2)。さらに興味深いことに、父親を家事・育児参加度によって群分けしてその「分身感」を比較すると、育児しない父親で分身感はより強い(図Ⅱ-2-3)。

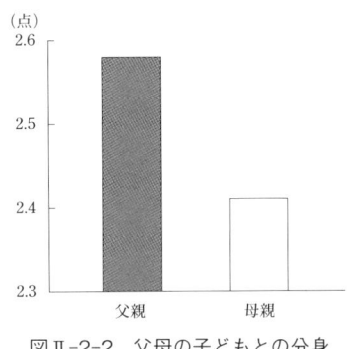

図Ⅱ-2-2 父母の子どもとの分身感 (柏木・若松, 1994)

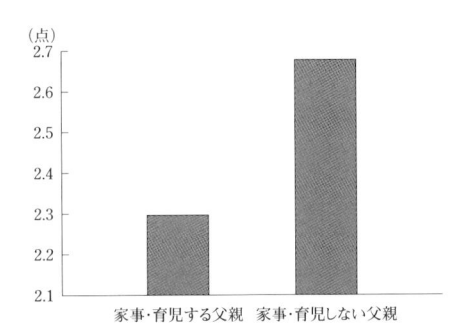

図Ⅱ-2-3 父親の家事・育児参加と子どもとの分身感 (柏木・若松, 1994)

この結果は驚くに当たらない。育児の実体験をもたないものは、待ったなしで理不尽とも言える子どもの行動に翻弄されることはなく、自分と子どもとの葛藤を味わうこともない。日常の育児をせず、時々遊んでやり、夜遅く帰宅して子どもの寝顔だけみている父親にとっては、子どもはあくまでもかわいく、夢を託せる自分の分身だと思っていられるのである。これに反して、全面的に育児を引き受けている母親はもちろんのこと、父親でも育児の体験をしている者は、子どもへの愛情と同時に、子どもとの対立・葛藤を経験する。子どもは子どもなりに意思や気質をもっており、親の思うようにはならないどころか、親の生活に侵入し、親の計画を崩し、親を翻弄するからである。先に、しつけ方略が育児体験の多少によって異なることをみたが、子どもへの感情も性によって絶対的な差があるのではなく、子どもとの実体験によって育まれ変化するのである。

この結果は、日本の「母子一体感」という通説は、観念的な思い込み、あらまほしき母親像によって疑われることなく支持されてきたことを示す。さらに、先述のように、子どもや育児への感情は育児体験の有無によって左右されるこ

II ゆれ動く親と子

とも明らかにされている。母親の子どもへの愛情を母性本能とする言説は、実証的根拠を欠く幻想であったのだ。育児休業を取った父親は子どもの愛らしさや育児のおもしろさを味わう一方、母親と同じような戸惑いや不満、ストレスを感じている（菊池・柏木, 2008）。その語り、「仕事してたほうが楽だった」「誰からも認めらないみたいなね、……社会から遮断されていて誰ともコミュニケーションをとらないし」「ビービー泣かれるから……大人の人と話したいと思った」は、その事情をよく示している。

そもそも、長らく親子関係研究が母子に集中してきた状況を批判し、1975年に「父親を再発見した」として父親を研究の舞台に対象として登場させたのは、アメリカのラム（Lamb, 1975）であった。以来、アメリカでは父親研究が活発に行われたが、その関心はもっぱら父親と母親の違いの発見に集中していた。ラムを筆頭に、母親は子どもに優しい、まめやかに世話する、対する父親は子どもと遊ぶことが多い、それも体を使った活発で新奇な遊びに特徴がある、といった類の研究である。図II-2-4はその典型である（Lamb, 1976）。

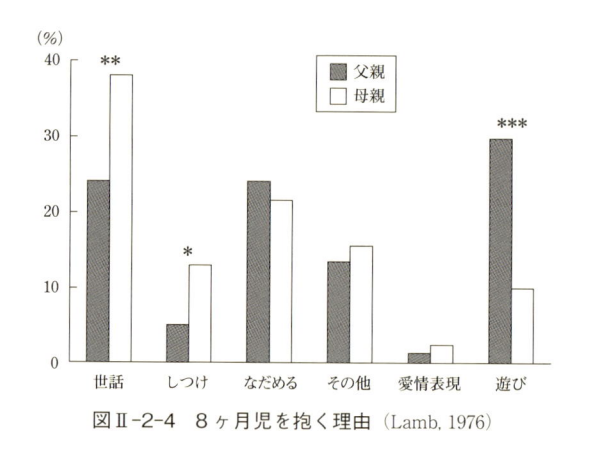

図II-2-4　8ヶ月児を抱く理由（Lamb, 1976）

このように、父親が母親とは異なる特徴をもっていることが「発見」されて、父親は子どもの成長発達に対して母親とは違う役割を果たすべきだとされることになる。とりわけ、遊びは子どもの知的発達にとって重要であるため、知的発達への強い関心から、母親より遊びが多い父親の役割が重視されることにもなった。

こうした父親研究の趨勢の中で、父親と母親との差は男女の差によるものではないことを実証したフィールドの研究（Field, 1978）は画期的な重要性をもつ。フィールドは、父親の特徴とされてきたものが、母親とは異なる育児責任ひいては育児体験の相違によることを明らかにした。①育児責任を主に担っている第一養育者である父親群と、②（母親が第一養育者で）二番手で育児にかかわる第二養育者である父親群を設定し、その行動を③第一養育者である母親と比較した結果、図Ⅱ-2-5のように、育児の第一責任者となっている父親群①の行動は、同じく第一責任者である母親群③と近似しており、二番手の父親群②とは明らかに異なっていたのである（Field, 1978）。

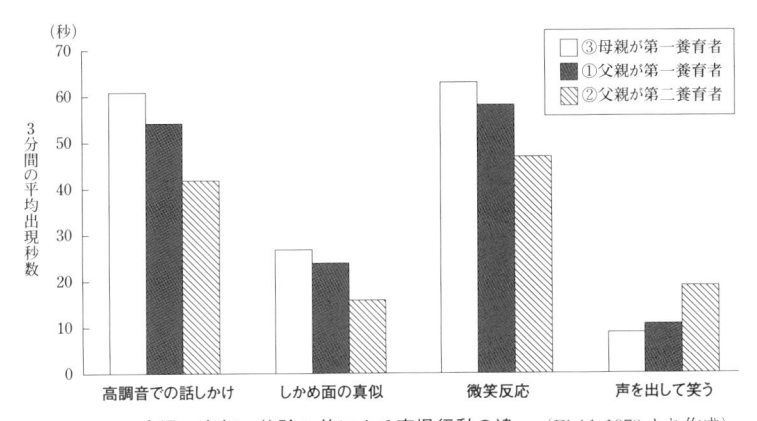

図Ⅱ-2-5 育児の責任・体験の差による育児行動の違い（Field, 1978より作成）

この発見は、それまでの父親研究の視点を大きく転換させる契機となった。そして子どもに対する世話も行動も、女性ならではのもの、母親だけに偏った本能などではなく、責任を負って育児する体験の中で育まれるものであると認識を改めさせることとなったのである（しかし、このことを日本では親子関係を研究していても知らない者がいる。研究者の中にも母性本能言説はいまなお健在だというべきか！ それゆえ、いまもって、母親・母子関係の研究が隆盛なのである）。

母親は「子どもと一体感・分身感をもつ」はいまや幻想であり、子どもや育児への否定的感情＝「育児不安」は子育て中の日本の母親に極めてありふれた現象であることを述べた。他国では、「育児不安」という現象はそれほど強く広くはみられず、その意味では日本の特産（?!）とも言えるかもしれない。し

かし、日本でも育児不安の強さには世代差がある。年輩の世代では育児は生き甲斐、自分の成長の源と肯定的に評価しており、最近の母親がイライラや焦りなど否定感情が強いことと対照的である（大日向，1998：表Ⅱ-2-1）。

表Ⅱ-2-1　三世代の母親の子ども・育児への感情（大日向，1998）

	C世代 31.5歳		B世代 54.0歳		A世代 67.2歳
育児は有意義なすばらしい仕事である	40.8	＜	60.0	＜	74.0
自分にとって育児は生きがいであり、自分の成長にプラスになった	34.7	＜	65.7	＜	78.0
何となくいらいらする	83.7	＞	57.1	＞	34.0
自分のやりたいことができなく焦る	69.4	＞	40.0	＞	24.0
育児ノイローゼに共感できる	59.2	＞	11.4	＞	4.0
育児は楽しい	42.9	＝	37.1	＝	44.0

＞＜は p＜.01 で有意差があることを示す

　このことは、育児不安が最近の日本の育児状況と関連して生じている、極めて今日的な問題であることを示す。では、今日の育児状況のどのような特質が問題なのか、どのような要因が育児不安を招来しているのだろうか。育児不安を強めている規定因をみることによって、育児状況の問題が明らかとなる。

　育児不安については多くの実証研究が行われてきているが、いまのところ一致して規定因として同定されているものは、「母親が就業していないこと」と、育児における「父親不在」の二点である。

専業主婦に強い育児不安

　第Ⅰ部でもみたように、子どもの発達にネガティブな影響を仮定した「働く母親」の研究は、国内外に多くある（ゴットフライド＆ゴットフライド，1996 など）。しかし、その研究結果には、働く母親が子どもの発達に及ぼすネガティブな影響を証明したものは皆無と言ってよい。それどころか子どもの自立や社会性の発達を促進するというポジティブな影響がみいだされている。育児不安についても、（いまも強い働く母親へのネガティブな評価とは裏腹に）就業している母親よりしていない母親で有意に強いことが、多くの研究によって一致して検証されている（たとえば、横浜市教育委員会・預かり保育推進委員会，2001：図Ⅱ-2-6）。

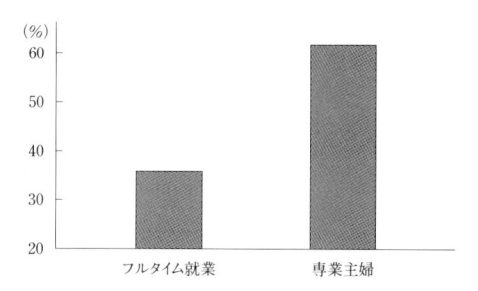

2 子育てをめぐる葛藤

図Ⅱ-2-6 母親の就業と育児不安を抱く割合（横浜市教育委員会・預かり保育推進委員会，2001）

　この結果は世間の思惑に反するものではあるが、育児をめぐる社会文化的・進化的背景を視野に入れた理論モデルに照らせば、十分納得し得るものである。
　その第一は、女性のライフコースの変化（井上・江原，1999：図Ⅱ-2-7）に注目した理論モデルである。少子高齢化という人口動態的変化は、女性にとって母親である時期を著しく短縮させた。かつての女性は、結婚後次々と産まれてくる大勢の子どもを、文字どおり手塩にかけて全て育て上げた時期に、時をおかずに自分の寿命はつきた。つまり女性の一生・幸福＝母親としての一生・幸福であった。一方、長寿命であるのに子どもが少ないという今日の状況では、子育て終了後も長い人生が残される。先にも述べたが、人間は、将来展望する唯一の動物である。現在はかわいい子どもの育児にそれなりの生き甲斐や充実感を抱いていても、将来の自分を考えると、その生き甲斐が失われることを予見し、不安や焦りを感じるのは、人間として当然であろう。

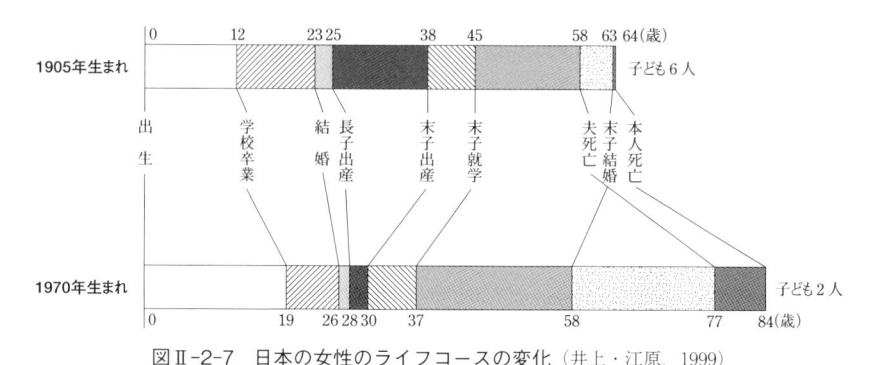

図Ⅱ-2-7 日本の女性のライフコースの変化（井上・江原，1999）

　加えて、現在の女性は学卒後、ほぼ職業経験をもっている。この職業経験の

中で、女性は自分の意欲や能力が活かされ、給料という報酬も含め社会的な評価を受ける。社会の中で個人として生き、活動するという体験は、女性に強烈な印象を残さずにはおかない。社会的・職業的達成に対する強い動機づけを一層醸成することにもなった。女性の高学歴化も無視できない。高学歴化は様々な面で女性の心理と行動に影響していることがみいだされているが、その影響を媒介していると考えられるのは女性の動機づけの変化である。女性がどのような活動に意欲や自信をもち、充実感・達成感を感じるか（5段階評定）を検討した（柏木ほか，2006）ところ、学歴による差があり、高学歴化は日常生活的・家族的なものから社会的・職業的なものへと動機づけの質を変化させていることが確認されている（図Ⅱ-2-8）。

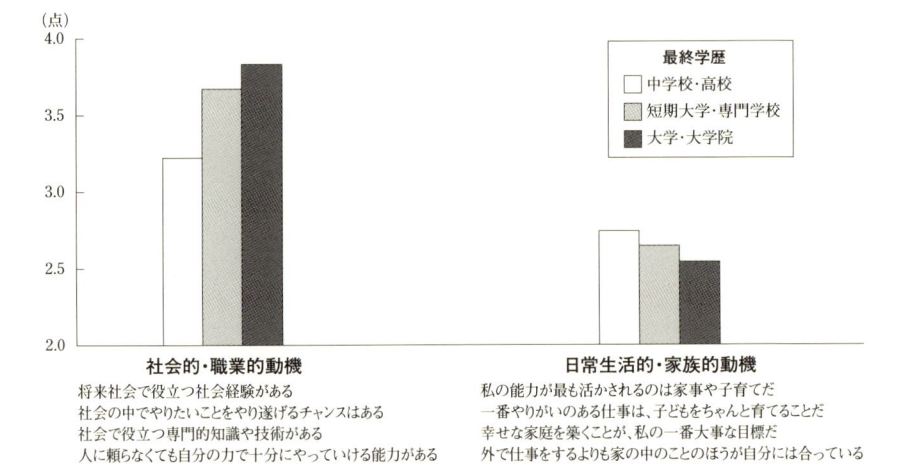

図Ⅱ-2-8　学歴と女性の動機づけ（柏木ほか，2006）

このように職業経験及び教育（高学歴化）によって変化した動機づけをもつ女性は、子どもとの生活や家事・育児だけでは満たされず、不満や焦燥を感じることになろう。子どもの誕生を機に退職し、社会的・職業的世界から離脱した無職の母親において、不満や焦燥が顕著なのは、こうした事情を考えれば自然のなりゆきとして納得できる。

アントノフスキー（Antonovsky, 1993）は心身ともに健康に生きていることの要件として、コヒアレンス感（Sense of Coherence：SOC）の重要性を指摘して

いる。それは、①有意味感（自分の人生が意味あるものと感じる程度）、②把握可能感（自分が直面している課題が秩序だった一貫したもので了解可能だと信じられる程度）、③処理可能感（課題にうまく対処するために自分の資源を動員することができると信じられる程度）、から成る。アントノフスキーは、先進国においては専業主婦という人生経験はこの SOC を満たし強めるものにはなり得ないと指摘する。なぜなら、家事の機械化・外部化が可能な状況では、専業主婦という役割に高い価値が置かれておらず、その仕事は目標も曖昧で際限がなく、達成感ももち難いからである。独身・フルタイム就業という生活から既婚・専業主婦という生活への変化は、アントノフスキー（Antonovsky, 1993）のいうコヒアレンス感における一大変化であり、そのことが育児不安や否定的生活感情など心理的健康を阻害していると言えよう。

　女性の就労、高学歴化、家事の省力化などは、いずれも科学技術の進展を含む社会変動の結果であるが、そのことが本人は意識しなくとも女性の動機づけを確実に変化させたのである。ところが、そのことを認識することなく、コヒアレンス感のない状況に置かれている専業主婦に育児不安が強いことは、上述の事情から理解できよう。社会の変化、それによって生じた女性の心の変化に、女性を母親・主婦だけに留め置くという家族のかたちが対応していない手遅れの状況が、育児不安の根源的背景と言えよう。「母の手で」がいまなお推奨される日本で、それを実践している専業主婦に育児不安が強い事実は、その効力がいまや失墜し、再適性を喪失していることの端的な証拠にほかならない。

　第二の理論モデルは、子産み・子育てを親資源の投資とみる視点に基づく説明である。哺乳類である人間の子どもは母親の胎内で育ち、誕生後は母乳で育つ。離乳後も親による子育ては延々と続く。つまり、子どもの成長は母親の心身に大きく依存しており、出産・子育てとは親資源（親のもつ栄養、心身のエネルギー、時間など）の子どもへの投資にほかならない。

　種の保存（子育て）は生物として最重要な適応課題であるが、他方、個体（親自身）の生存・発達も重要な適応課題であり、これにも資源の投資は必要である（長谷川・長谷川, 2000b；スプレイグ, 2004）。しかし、親の資源というものは時間、体力、心理的能力いずれも有限である。そこで有限の資源の投資をめぐって、投資を必要とする二つの適応課題間に葛藤が生じる。育児（種の保存）

へか／自分の生存・発達へかの葛藤である。双方への投資のバランスがほどほどに取れている場合には問題が生じないが、投資が一方だけに偏り他方への投資がなおざりになった時、葛藤はあらわになる。

就業している母親では、（職業・社会的活動による）自己の生存・発達と（育児による）種の保存双方に資源が分散投資されており、二つの適応課題が同時にそこそこ達成されている。それに対して、専業主婦では資源がもっぱら子ども・育児だけに投資され、自己への投資がされない・できない、というアンバランスな状況にある。自己の生存・発達への投資は、種の保存と共に生物として必須の適応課題であるのだから、このアンバランスが不安・焦燥などの心理的失調を招くのは当然である。

どのようにこのバランスを図るか――どのように女性が出産・子育てと同時に自己の生存・発達のために自分の資源を投資するか――、この方策を探り確立することは個々の女性にとっても、社会政策的にも、緊急に求められている重要な課題である。そのためには、女性一人ひとりが自分の動機づけのありかたを直視すること、そして子どもを産み育てると同時に自分の生存・発達を可能とする生活戦略を慎重に立てることが必要であろう。そのことが、いま日本に広く蔓延している育児不安という資源投資をめぐる葛藤を未然に防ぎ、子どもと親双方の健やかな発達を保障することにつながるからである。これは、親になるための教育の重要課題である。育児不安が起こってから育児相談やカウンセリングで対応する、育児支援をするなど、いわば後始末に追われている現状から、予防的教育に転換する必要は大きい。

育児における「父親不在」

日本の男性の家事・育児時間は極めて短く、幼少の子どもがいる父親が日常子どもと過ごす時間はごく限られており、「父親不在」は日本の顕著な特徴であることを、家庭教育に関する国際比較調査が一貫して明らかにしている（日本女子社会教育会，1995；国立女性教育会館，2006：表Ⅱ-2-2）。その理由は労働時間の長さによるところが大きいが、それだけに帰することはできない。とりわけ幼少時の育児は母親がすべき、父親の出番は子どもが青年期になってから、という考え方も、大きく作用している。

表Ⅱ-2-2 父母が子どもと接する時間の国際比較（国立女性教育会館，2006）

	日本	韓国	タイ	アメリカ	フランス	スウェーデン
父親	3.08	2.78	5.89	4.60	3.79	4.61
母親	7.57	7.13	7.09	7.10	5.71	5.81
父母の差	4.49	4.35	1.21	2.50	1.92	1.20

　この現実の父親不在を反映して、日本では親子関係研究の主流はいまも母子関係が主流であり、研究の舞台でも「父親不在」である。そうした中で、父親、母親、双方を対象とし、父親の育児参加度と母親の育児感情との関係が検討されている（柏木・若松，1994）。父親が日常行っている育児と対子ども行動の頻度を測定し、その得点によって育児参加度の高いほう、低いほうからそれぞれ約60人を選び出し、育児参加度高群、育児参加度低群とした（図Ⅱ-2-9）。

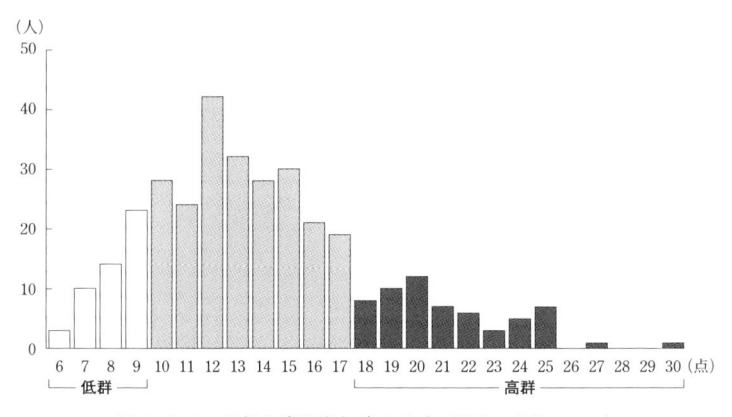

図Ⅱ-2-9　父親の育児参加度の分布（柏木・若松，1994）

　この育児する父親としない父親それぞれの配偶者である母親2群の育児感情（4段階評定）を比較した結果が、図Ⅱ-2-10である。母親2群の育児感情は、対照的な特徴をみせている。育児する父親の配偶者である場合には、子どもはかわいい、育児は楽しい、毎日が幸せなどの肯定的な感情が強く、イライラする、育児が嫌になる、などの否定的な感情は弱い。これとは逆に、育児しない父親の配偶者の場合は、肯定的な感情は弱く、育児不安に類する否定的感情が強い。

II ゆれ動く親と子

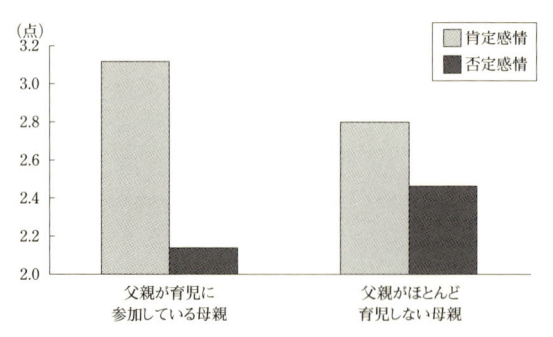

図Ⅱ-2-10 父親の育児参加度と配偶者である母親の育児感情 (柏木・若松, 1994)

　この結果は何を意味するのだろうか。父親が育児しないということは、育児が母親だけに全面的に担われているということである。こうした単独育児という状況は、社会から・夫からの母親の孤立感を深めるであろう。また、これは自己資源をもっぱら子育てだけに使い果たし、自己の生存・発達に投資できずにいる状況でもある。資源投資をめぐる葛藤は最大と言えよう。さらに、夫が専心している社会的活動や経済的稼得の道が自分には閉ざされており、不公平感——先に挙げた"ずるいんじゃない"(第Ⅰ部第2章)の心境——も抱くであろう。育児における「父親不在」は、母親が専業主婦に留まらざるを得ないことにも通じ、育児不安に共通する背景である。

　以上に加えて、父親の育児不在が母親の育児不安を招来する機制は、進化的な視点からも説明できる。そもそも人類は、母親だけで子どもを育ててはこなかった。母親も果実の栽培や農耕に従事していたし、子どもは母親だけでなく、父親や身近な人に臨機応変に世話されていた。つまり共同養育が基本であった(ハーディー, 2005)。

　ところで、多くの動物ではメスがもっぱら育児を行い、オスは単なる精子の供給者にとどまり、親業は行わないのが普通である。しかし、広く動物界をみわたすと、オスが子育てに加わり、父親となっている種がある。それは、仔の体重が重くメスだけでは運搬ができない、仔の数が多く両親がせっせと給餌しなければ育たないなど、何らかの意味で育児が困難で、メスだけでは子どもを成長させられない、つまり種の保存が危うい動物種である。人類の父親は、他の動物とは比類なく長期かつ多大の育児課題を達成するため、つまり、種の保

存・繁殖成功のために、必要有効な戦略として進化したのである（小原，1998, 2005；山極，1994）。この育児に必須の戦略を男性が放棄し、父親が不在、機能不全という状況が、もう一人の親である母親を不安に陥らせるのは当然であろう。

母親に育児不安が強まれば、これ以上子どもを産むことをためらうであろう。孤独で不安や葛藤の多い生活をさらに続けたい、もう一度しようとは思うまい。男性の家事・育児時間と出生率との間に正相関があることを示すデータ（総務庁統計局，2001；UNDP，1995：図Ⅱ-2-11）は、こうした女性の心理メカニズムと進化した父親の意義とを反映している。なお、図中で日本の男性の位置がいかに他国から逸脱しているか——極端に短い家事・育児時間——には注目すべきである。

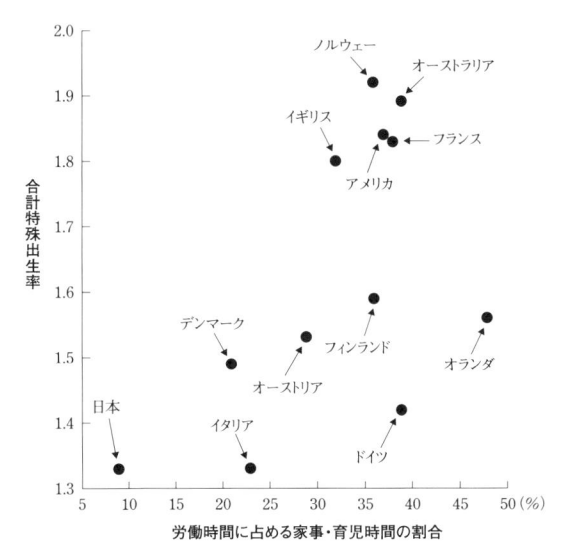

図Ⅱ-2-11　先進諸国の男性の家事・育児時間と出生率の関係
（総務庁統計局，2001；UNDP，1995より作成）

日本の父親は、自ら育児しないだけではない。子どもの誕生後も職業を継続したいと願う母親に対して、父親は育児は「母の手で」を推奨・強要し、その圧力は母親の職業継続を断念させるくびきとなっている（柏木ほか，2002）。こ

のような日本の父親不在・母親の単独育児の状況とは対照的に、父母いずれもが職業をもち共同で育児することが当たり前の社会がある。スウェーデン、フランス、日本の育児期の夫婦を対象に、詳細な面接と調査を行った舩橋（2006）の報告は、日本の育児状況の問題点を明らかにし、必要な社会的対策を示唆している。

親になることによる発達

育児を全面的に担っている母親は、育児不安や否定的な感情に苦しみ、自分自身の発達がおろそかになり、アイデンティティがゆらいでいる。大人としての発達の危機にあると言えよう。では、育児を母親に全面的に委任し、職業専心の生活を送っている父親は幸せであろうか。健全な発達を遂げているであろうか。答えはノーである。

先にみたように、こと夫婦の関係や家族生活についてみる限り、夫の位置は決して安定していない。夫本人は結婚に満足しているが妻は不満足、というギャップのある夫婦は少なくなく、さらに夫のコミュニケーション・スタイルは妻のそれとずれがあり、対等で親密な対話は成立しておらず、その点でも妻の夫への不満や果ては諦めを招来している。このような乖離を生じる一因は、そもそも夫の家庭滞留時間が圧倒的に少ないこと、ひいては家族役割、育児・家事の遂行が（他国の男性と際立った差のあるほど）極めて少ないことによっている。

日本の男性は、家族はもっても、家族をする、とりわけ親をすることは少ない。その原因は、何と言っても職業時間の拘束が大きいことにある。これは、男性を一家の稼ぎ手とする性別役割分業の結果でもある。いずれにしろ「残業が3～5時間、平日の睡眠時間は5時間以下」というのは上場企業では当たり前という現状である。そうした中で、職場や実家などの無理解に遭いながらも育児休業を取得し（男性の育児休業取得率は1.56％しかない）、子育ては妻との共同作業だとの認識、男女ともに仕事も家事も担うとの平等意識を基盤に育児を担っている父親（菊池・柏木, 2008）には注目すべきであろう。日本の「父親不在」の状況に社会・企業の責任が大きいことは確かだが、個々の男性（及びその配偶者）の価値観と生き方が問われる。「家族になる」「親になる」ことができないことを、どうとらえるか——男性自身の責任とするか、社会の責任とす

るか——は議論を要するところである。当の男性がこうした状況をどう認知しているか——子育てしないのではなくできない悲しみや苦しみ——についても、掘り下げた研究が必要であろう。

　子どもをもち、子どもの成長にかかわり、そこで遭遇する課題に自ら対処することが、成人期の発達課題の達成に、また感情面・人格面での成長に大きく寄与することは、つとに指摘されている（エリクソン，1989；レビンソン，1980）が、それは親である誰しもが実感するところであろう。「育児は育自」とか「親になって一人前」と言われるのも、この実感に準拠してのことばであろう。このような親としての発達についての学説や人々の一致した意見にもかかわらず、このことを正面から取り上げた研究は発達心理学でも家族心理学でも長らく皆無であった。先に述べたような母性本能という思い込み、また「親になる」ことは少ない男性研究者が「親としての発達」を研究の俎上に載せるほど重要性を認識しない・できないこともその一因ではなかったか。特に日本では父親の発達の研究が乏しいのも、同様の理由によるであろう。

　そうした中で、母親と父親双方について「親になる」ことによる人格面での変化・成長を扱った柏木・若松（1994）、国内外の父親についての研究を総覧した柏木（1993）を皮切りに、先駆的研究である牧野ら（牧野・中原，1990; 牧野，1996）、その後、尾形・宮下（1999）、氏家（1996, 1999）、森下（2006）など、男性研究者も親研究に参入して、少しずつ成果は蓄積されつつある。当時、父親の育児に対する社会的関心が極めて低かった中で、親研究に参入した男性研究者は、いずれもやむなくあるいは積極的に子育てにかかわり、単に「子をもつ」ことにとどまらず、自ら「親になる」体験をしている。このことが、研究のテーマや視点を展開させた意味は大きい。

　これらの研究は、親になることは、柔軟性、忍耐・自己抑制、視野の広がり、伝統の受容、運命・信仰、生き甲斐・自己存在感、自己の強さなどを親にもたらすことを明らかにしている（柏木・若松，1994）。この人格的発達は父親より母親で顕著だが、それは母親が圧倒的に「親になる」体験をしているからであろう。牧野（1996）は、親としての自覚や人間としての成熟が、育児に多くかかわる父親では有意に大きく変化することをみいだしている（表II-2-3）。

表Ⅱ-2-3　父親の育児参加によって変化する特性（牧野，1996）

因子	No.	項目	因子負荷量	子育ての関与度との関連（x^2検定）
①親としての自覚	21	親としていい加減なことはできないと思うようになった	.70	***
	31	子どもの手本になるように心掛けるようになった	.70	***
	30	子どもというものに対する理解が深まった	.69	**
	22	家族の生活の安定を考えるようになった	.65	*
	33	人への接し方が変わった	.65	**
	38	生活にハリが出てきた	.64	**
	28	子どもの視点からものをみるようになった	.63	**
	25	健康や体に気をつけるようになった	.61	**
	27	子どもの行動や態度をみて自己反省するようになった	.61	**
	34	自分の親への接し方が変わった	.60	
	36	弱いものをいたわるようになった	.60	**
	18	親としての生き方を考えるようになった		
	26	他人の子どもへの接し方が変わった		
	32	人間関係が広がった		
②人間としての成熟	5	性格が丸くなった	.76	*
	7	気が長くなった	.74	*
	8	精神的に強くなった	.68	**
	6	物事を多様な角度からとらえられるようになった	.62	**
	2	忍耐力がついた	.60	**
	4	物事にあまり動じなくなった	.60	**
③ストレス	15	神経質になった	.75	
	13	悩むことが多くなった	.57	
	11	気が短くなった	.54	

No. は調査票の質問番号を示す（*：$p<0.05$，**：$p<0.01$，***$p<0.001$）

男性の発達不全のゆくえ

乳幼児二人を自分が育てる立場になり、以後「親となる」実践をした父親の記録、『父親が子育てに出会う時――「育児」と「育自」の楽しみ再発見』（土堤内，2004）は、育児が子どもの成長以上に親自身の変化成長に寄与した「育自」であることをあますところなく伝え、子育て体験なしにはこのように豊かな人生にはならなかったと感謝とともに述懐している。人の心と力は生活体験の中で養われ特徴づけられるという、人間の発達の基本的原則に照らせば、男性の職業だけの生活がものの見方・感じ方や行動を偏ったものとし、家族、とりわけ配偶者との乖離を招くことになるのは当然であろう。ワーク・ライフ・

バランスの重要性は、この点からも指摘できる。

　稼ぎ手役割こそ自分の使命とそれに没頭する企業戦士のゆく先には、日本に特有の発達不全の現象、過労死がある。これは、仕事で業績を上げるのが男の甲斐性と考え、それに固執し囚われた、男らしさというジェンダーの病の結末とも言えよう。父親がどれほど育児にかかわるかは、そのジェンダー観と密に関連することが明らかにされている（森下，2006）。すなわち平等主義的な考えをもっている父親では育児参加が多いのだが、このことは配偶者との対等な関係を大事にする考え方が、単に観念上のことではなく、稼ぎ手役割に留まらず家族役割を担うことで実践されていることを示す。前述した育児休業を取得した男性たちは、この典型例である。

　過労死は単に過労＝過度の長時間労働によるのではない。他のことは切り捨て職業だけ、単一の仕事だけに没入していることも一因である。過労死するのはほとんどが中高年男性である。しかし、最も労働時間が長く過労状況にあるのは、乳幼児をもつフルタイム就業の母親である。男性に匹敵する就業時間に加えて、（男性はしない）かなりの育児・家事時間があり、それらを総合した全労働時間は誰よりも長い。しかし、不思議なことにこの働く母親たちは過労死しない！　なぜであろうか。働く母親に比して時間的には余裕のある専業主婦に育児不安が強い事実と、過労死する企業戦士のことを考え合わせると、複数役割を担い、異質な活動をすることの積極的な意味が示唆される。複数の役割に能動的にかかわることは精神的健康につながるとの産業心理学での指摘（金井，2002）は注目すべきであろう。

　また、男性の家庭不在という状況は、妻のみならず子どもの眼にも映じ、父親としての存在を危ういものにしている。小学生の子どもに父親の家事・育児（子どもとの交流）の程度を聞く一方、その父親についての評価を求めた研究結果（深谷，1996）は意味深長である。父親にしてみれば、妻子のために仕事に精一杯に励んでのやまない家庭不在であろう。しかし、子どもは、日々の生活で自分と交流し、家事役割を果たしている父親をみることで、父親の持ち味を発見し評価を定める。「親の後ろ姿をみて子は育つ」と言われるが、子どもと向かい合い相互交流をする生活が重要であることを、このデータは示唆している（図Ⅱ-2-12）。

II ゆれ動く親と子

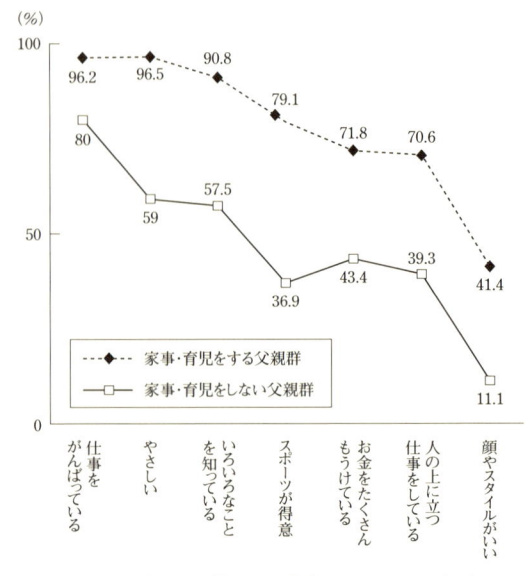

```
(%)
100 ┤ 96.2  96.5  90.8
             79.1
                   71.8 70.6
     80                           41.4
 50 ┤    59  57.5
                  36.9 43.4 39.3
                              11.1
  0 ┤
```

　　仕事を／やさしい／いろいろなことを知っている／スポーツが得意／お金をたくさんもうけている／人の上に立つ仕事をしている／顔やスタイルがいい
　　がんばっている

---●--- 家事・育児をする父親群
---□--- 家事・育児をしない父親群

図Ⅱ-2-12　子どもは父親をどう評価しているか（深谷，1996）

　子どもと向かい合うどころか、その遅い帰宅時間からみると、父親の後ろ姿すら定かにみえないのが今日の日本ではなかろうか。このような父親に対して、子どもの愛着や信頼は育ち難い。青年に「自分が困っている時誰に相談したいか」「その人のことを思い出すことで力づけられるのは誰か」といった質問に対して、父親を選ぶ青年は男女とも極めて少ない（柏木，未発表）。

　しかし、子どもに「進路について話し合う」「厳しく叱る」「一緒に勉強する」ということを誰にしてほしいかを問うたところ、「父親・母親どちらでもよい」「両方ともしてほしい」と子どもは回答している（原，1987）。子どもは、母親だけでなく父親も、区別なく必要だと求めているのである。

◇ ケース篇 ◇

　子育てが母親の役割になって、父親が子どもに直接かかわることの少ない家庭には、当然のこととして「親として発達しない父親」あるいは「子どもから学ぶことのない父親」は多い。もし、家族に大きなつまずきがなく子どもが成

人してしまうと、父親は子どもを育てることで得られるメンテナンス機能を、ほとんど体験することも発揮することもなく人生を送ることになる。産業化が始まってバブル崩壊まで、多くの男女が、このような男性はタスク（課題）中心、女性はメンテナンス（回復・維持）中心といった機能分担をし、それがいかにも正しい人生のあり方であるかのような過ごし方をしてきた。当然のこととして男性は思考と論理、方法と手順・マニュアル、速度と量を基準とした競争の世界で生き、女性は情緒と非合理、例外や矛盾への柔軟性、安定と健康への工夫の世界に生きてきた。その結果、男性は事柄にかかわることが得意になり、女性は関係維持に習熟していったのである。

　課題達成は量として評価されるが、メンテナンス機能は目にみえない上に、平常・健康が維持されていれば当たり前とみすごされ、評価されることはない。家事・育児が多大なエネルギーと不慮のできごとへの関与を必要とする作業であるにもかかわらず無視され、長期にわたって評価されなかった背景には、それが女性の仕事であるという差別観のほかに、平常へ戻すといったみえにくい作業であったことがある。つまり、食事をつくり、後片付けをし、汚くなったものを元に戻す（炊事・掃除・洗濯）などの人間の成長や安寧にかかわる作業は、成果が量として認められないため、たとえ男性が取り組んだとしても価値を認められず、評価されない領域の仕事であった。子育てや介護、清掃といったメンテナンス作業の価値が認められるようになったのは、最近のことである。

　人の生はタスクだけ、あるいはメンテナンスだけで全うされるものではない。もし、課題や成果を収めることだけに意味を認め、メンテナンスを余計な仕事と考えるとしたら、健康という土台をつくらずして仕事に臨むということになる。つまり、他者が自分の健康維持にかかわってくれないかぎり、タスクを達成できる自己がないことになる。何かをやり遂げたいという欲求と、健やかに生き生きと過ごしたいという欲求は相補的で、どちらが欠けても人生の充実は得られないはずである。ところが、男女の性別役割分業は、人間のもつ基本的欲求の充足とそれを土台とした能力・機能の発揮の機会を奪っている。そのバランスの悪さは、家族の健康、安らぎ、かかわりといったメンテナンスにエネルギーを使ってきた女性が仕事を始めると生き生きしてくることや、専業主婦の子育てがメンテナンス的作業ではなく成果を目指した課題になっていること、

逆に、残業もいとわず仕事中毒のように働き続けてきた男性がうつや突然死にみまわれたり、脱サラを考えたりすることなどに現れている。

　その点で、子どもの問題をきっかけに臨床の場に登場する父母は、子どもの問題を通して家族へのかかわりが変化し始め、特に父親が大きく変貌することが多い。もちろん個人差はあるが、前章に続けて、子どもの問題や自立をきっかけにカウンセリングを受け、親の変貌がみられ、その変化を通して家族関係はもちろん、症状や問題が解決していった三つのケースを紹介したい。ケースMでは細かい面接のプロセスは省略して、父親の変貌の例を記述しておく。

ケースK　娘の自立を機に夫婦関係と生き方を模索し始めた母親

（母親：48歳・専業主婦、父親：50歳・会社員、
長女：21歳・大学3年、次女：18歳・高校3年）

　Kさんは、私立の中学から大学まで一貫教育校を出て仕事をしていたが、26歳の時に見合い結婚。長女出産後退職。その後いくつかパートタイムで事務の仕事をしたが、1年前に母親の介護の必要が生じ、パートタイムの仕事を辞めた。

　介護していた母親の死後、落ち込んで、それ以後なかなか元気が出ない。何かというと母親を頼りにしてきたので、よりどころを失った気持ちは大きいが、そのほかに、子どもたちとの関係がかかわっているように思う。これまで子育てにまぎれていて、それほど自分のことを考えたことはなかったが、思いのほか子どもたちの心理的自立が早く、自分一人が置き去りにされた感じが強い。これからの自分のことを考える必要があると思い、カウンセリングを受けようと考えたという。

　Kさんは、夫と相談するとか、話し合うといったことは結婚当初からなく、これまでわが家で夫は経済担当係と、それ以外の役割は当てにしないでやってきた。20年以上続けてきた結婚をいまさら壊すつもりはないが、いずれ子どもたちが独立すると夫と二人になるわけで、このままこの結婚を続けていくのかと考え込んでしまうことがあるという。夫が仕事をしている間はあまりかかわりがないのでどうにかやっているが、この先何年続くかわからない二人の生活を考えると、暗澹たる気持ちになる。特に、自分が気分の落ち込みで不機嫌になると、夫も大声を出したり、怒り出したりするので、できるだけ接触しないようにしている。別れるとすっきりするのかもしれないが、子どもたちにとっては父親であり、考えてしまう。

　夫の世話さえなければ気軽に過ごせるのだが、夫が自分のペースを家族に押しつけ

ることがあり、仕事中心で、仕事の考え方を家庭の中にまで持ち込むことが許せない。夫は効率よく論理的に物事が進めばよいと思っていて、子どもが幼い時も、思う通りに物事が進むわけもないのに、マイペースを崩さなかった。夫の思いを立てながら、どうにか自分のやりたいペースを守ることにエネルギーを使ってきた。このペースの合わなさにはホトホト疲れるが、夫はそれをわかっていない。子育ての最中は手伝ってくれなくても頼らないことにし、一人でやりくりしてきたが、そうした夫のあり方に、最近ではストレスを感じて、疲れてしまう。

　夫への気持ちとこれまでの生活を、時に涙をこぼしながら話した結果、Kさんは、自分の中に渦巻いている思いを振り返ることの重要性に気づき、その後のカウンセリングで、自分の気持ちを整理し、今後の生き方、特に夫との関係を考えるということで、継続面接を契約。週1回のペースで行った面接の経過は以下の通り。

　Kさんは、夫に対する自分の考え方は身勝手かと思っていたが、カウンセリングを受け、自分の正直な気持ちだということがわかり、この気持ちでこれからの生活とどう折り合いをつけるかが課題だと語る。自分の母親の死をきっかけにあれこれ考えるようになったのは、不安であると同時に、ほっとできている証拠かもしれない。ひたすら家族のために過ごしてきた生活を自分のために取り戻したいと思うようになった。あせる気持ちが強かったが、いまからでもできることはあるだろう。仕事をしてもよいし、自分ができることを始めることも考えられる。

　これまでのような家族のことを優先する生活をやめて、自分の居心地をよくすることを考えて生活するようになると、夫は気づいて、「自分勝手だ」*1などと文句を言う。子どもたちの前では波風立てないようにと思っているが、子どもたちは二人をあまり気にせず、無視してくれ、自分をいたわってくれるので助かっている、以前には戻りたくないという。

　Kさんは、居心地よくすることはずるいのではないかと心が痛むところがあったが、徐々にそのほうが楽になり、カルチャーセンターに行って友人たちと話し込み、多少遅れて帰宅することなどもできるようになった。周りに配慮して動き、そんな自分を正当化してもいたが、夫のように周りを巻き込むのも勝手ならば、それを配慮して動こうとするのもある意味で勝手だったのかもしれないと思い始める。自分を振り返ることで、自分の思い込みや自分勝手の具合がわかってきた。これから何かに挑戦するのか日々の生活を調整していくのか、迷っているが、気持ちは落ち着いてきた。

　友人と話していて、夫は周りを従わせる人、自分は周りに合わせる人であって、自分のやってきたことがすべて間違いではなく、皆が温かくみまもってくれることがわかり、これまで通りきちんとやらなくても大きく迷惑をかけることもないし、自分も他者も気楽にできていることがわかった。完璧主義だったことで、迷惑をかけてもい

たようだ。自分のできる範囲で変えていけば、結構心地よく過ごせるかもしれない。夫も、あまり突っかかってこなくなった。

　50年近く生きてきた自分の変わるところと変わらないところがあることもわかり、几帳面できちんとやりたい自分はそのままが一番よいこともみえてきた。これはある意味で夫と似ているところでもある。子どもを二人育て上げること、家族に安寧の場をつくることが母親の役割だったと思うが、そこには自信がもてるし、自分は人間関係をつくることに力を尽くしてきたんだと思えるようになった。

　経済的には確かに夫に頼ってきたが、物事を進める上では高校時代からいつも自分で考え、工夫してやってきた。夫とも穏やかに話をすることができるようになり、相変わらずの身勝手と横暴さにはうんざりするし意見も言うが、夫がよほど依存的なのだとわかり、攻撃的に対応しても意味ないかもしれないと思うようになった。自分が気を回しすぎるのをやめれば自分も楽になるし、相手もそれほど文句を言ったり困ったりもしないこともわかり、落ち込みはほとんどなくなった。

　次女が大学に入学した際に、自分のことを考える機会にするため、家族旅行をした。子どもが完全な親離れをするまで、もう少し時間があるので、ゆっくり自分をみつめ、どんなことをして生きていくかを考えていきたい。今後は自分でやっていけると思う、ということでカウンセリングを終了。

> **解説**　夫は仕事、妻は家事・育児という性別役割分業は、夫婦のライフサイクルの初期には、それなりの安定をみせる。ただし、長期的には夫、妻双方の関係にゆらぎをもたらす。とりわけ子どもの自立を契機に、子どもとの強い関係を失う母親が、夫婦のあり方や自分の生き方を考え始めることは多い。このケースは、母親を卒業して一人の女性として生きる多くの妻たちの物語の一例である。

ケースL　父母の迂回連合により過食に走り登校不能になる長女

　　（長女：19歳・女子大学1年生（一浪で入学）、父親：48歳・商社勤務、
　　　母親：46歳・専業主婦（時にパートタイマー）、長男：17歳・高校生）

　長女は、大学の春の健康診断時、過食気味であることを訴え、カウンセリングを勧められて学生相談室に来談した。過食は、入学後、やりたいことがわからず大学にいることに疑問をもち、他方、高校の時から親子関係では悩んできたので、親との関係、特に父親拒否などからくるストレスのためであると認識していた[*2]。

2　子育てをめぐる葛藤

　数回の面接で明らかになった成育歴は以下の通り。

　小学校3年から中学校1年まで、父親の仕事の関係でアメリカで過ごす。父親とは、時たま怒鳴られたり、殴られたりする以外ほとんど話をしない。母親は、アメリカ生活以来、派手な日常を送っている。長女は、アメリカの日本人学校に通っていた頃は、親の強制はあったものの、外では自由で男の子のように活発に遊んでいた。帰国後は、塾・ピアノ・書道に通わされ、絵を描くことが好きなので将来は絵画の教師になりたいと言うと、「そんな才能あるわけない」と取り合ってもらえなかった。

　また、父親からは「一事が万事」という考え方を植えつけられ、手伝いができなければ、他のこともダメ、勉強ができないでは他のこともできるわけがないと、中途半端を厳しくチェックされたが、ほとんどのことが長続きせず、それを指摘されるという関係により、劣等感を刺激され続けた。

　高校時代に拒食になり、炭水化物を全く取らない生活をして痩せた。ところが3年になって受験勉強に入ってパニックになり、むちゃ食いを始め、父母に注意されるようになる。受験に失敗。父母に隠れて食べる習慣に入る。その間、月経不順で産婦人科を受診する。そのまま一浪して第二志望の大学へ入学。入学時152センチ56キロ。

　当時長女は、6時起きして母親の朝の掃除、朝食の準備を手伝い、一家で朝食をすませ、父親、長男、母親が出かけるとTVをつけて、家にあるものを食べ始めるというパターンの生活をしていた。

　カウンセリングのプロセスで、長女は、自らの父母への複雑な思いを語っていった。母親は病気になっても家の清掃に執心するような「あきれた人」だと母親への憎しみを語ると同時に、母親がパートタイムで働きに出る理由は自分が私立大学に入学したからと気兼ねを口走り、また自分が家事を手伝わないと母親がもっと大変になると心配する。母親の指示通りに動いてきた自分が、何をしてよいか選ぶことができず、イライラし食べる、それを自己嫌悪しまた食べるという悪循環。几帳面に休んだ回数を記録しながら大学には行かず、家にいると食べ続けるので、外出が頻繁になる。アルバイトはしたいが親から反対されているという。

　面接を定期的に受けること、アルバイトをすることで生活のリズムの変化を図ること、好きなことには積極的に取り組むことを目標に、週1回の面接を開始。間もなく、家庭教師のアルバイトを始め、アルバイト料でデッサンの学校に通い始め、自分が決めたことを実行に移していくようになる。

　これらの実行力を背景に、4ヶ月後から父母への働きかけを開始。デッサンの成績がどんどん上がり、教師から数回ほめられたことをきっかけに、父親に「大学をやめたい」と伝えた。父母からは一浪してまで入った大学だと反対されて挫折。

　その後まもなく、大学生活抜きの日常をめぐって母親と大喧嘩になり、カウンセリ

ングでその様子を語ることで、父親・母親・長女の関係が浮き彫りになる。つまり、母親は長女のことを告げ口するかたちで父親に近づく。父親は母親の話を鵜呑みにして長女を叱り、怒鳴る。母親が浮き浮きして長女のご機嫌を取り、洋服などを買い与えるというパターンになっていたのである。このパターンに気づいてから、長女は自分の要求を母親を通して父親に伝えてきたこと、それは父親との葛藤を避ける方法であったが、父母の関係と母親の無意識の操作に巻き込まれていたことに気づき、母親との距離を取り、怒鳴られるのを覚悟で、直接父親に話をするようになる。その結果、父親がかえって優しくなり、やがて、長女の退学希望を理解するようになる。父親の落ち着きで母親が穏やかになり、父母はよく話をするようになる。

　長女は、ファーストフードのアルバイト先で、同年齢の店長と仲よくなり、その女性の若いながらしっかりした生き様に触れ、刺激を受け、同時に愚痴をこぼすことができるようになる。語れる友人ができたことで、父母との距離を取ることがより容易になり、父母に多くの情報を伝えないようになる。帰宅が遅くなって父母から叱られても自分の言い分を伝え、理不尽なことには反抗し、自分の落ち度は認め素直に謝ることもできるようになる。自己主張ができるようになるにしたがって、自己確認をしながら、安定した生活を送れるようになる。長女は12月に退学を決め、デザインの学習に専念することになり、8ヶ月で面接を終了。

解説　長女の面接は、筆者が家族療法を学んで間もなく開始したもので、自宅通学の学生だったことから、摂食障害と親子の相互作用を予測してかかわった最初のケースである。摂食障害の症状は、親子関係の中で維持・継続される可能性と子どもの自立のテーマがかかわっていると指摘されている。このケースはまさに典型的な例と考えてよいだろう。

　この親子の場合、父母の隠された葛藤*3 が母親の子ども支配、母子密着となって固定化され、一方、子どもは間接的に父母の橋渡し役（夫婦の迂回連合）をしていた。母親は子どもの悪口を言うことで父親に接近し、父親はおそらく自分流に家族を気にして子どもを叱る、怒鳴るというコミュニケーションで近づこうとしていたのであろう。子どもが理不尽な父親からの叱責を受けつつ、母子が支え合うパターンは、母親が父親との葛藤を避け、同時に子どもを父親から遠ざけて母子の関係を維持することに貢献していた。子どもは、母親を仲立ちにすることによって父親の支配から逃れ、その役を担っている母親に同情してもいたのだが、実はこの三人の関係の悪循環は、子どもの過食に表現されていたのであった。

　子どもが自立を考える時になってSOSを出し、幸いにデザインの才能を認められるチャンスを得て、家族が悪循環のパターンから抜け出すことができた*4。

青年期までの子どもは、家族の中で弱い立場にあるゆえに、関係の狭間でストレスを受けやすく、その悪循環を何らかの症状や不測の言動によって知らせてくれる。それは家族システムの救助信号であり、よい意味でも悪い意味でも家族のかすがいの機能を果たす。その救助信号を家族全体が受け止め、全体が変化することができれば、子どもはよい意味でのかすがいの役割を果たしたことになる。しかし、子どもが症状や問題行動を続けることで家族関係が維持されていくと、悪い意味でのかすがいになっていることになる*5。

　一方、このケースをジェンダーの視点からみると、攻撃性の強い父親と自己主張（アサーション）ができない母娘のパターン化された男女関係が浮かび上がってくる。母親に自分の思いを代弁してもらう娘、娘の主張を代弁するかたちで自分の思いも父親に伝える母親といったかかわりは、個人としての相互理解を阻み、関係を歪め、ある家族メンバーの犠牲の上に立ったかかわりをつくり上げる。これらのパターンをつくるのはそこにかかわり合うすべてのメンバーであるが、同時に無意識のジェンダー差別がかかわっていることもみのがすことはできない。子どもの症状や問題は、父親一人の責任によるものではないことは明らかであるが、子どもに端を発した父親（男性）の変化は、家族関係を変え、問題の解決に大きな貢献をすることになる。

ケースM　父母の姿が重荷で進路をみうしない不登校になる長女

（長女：17歳・高校2年、父親：44歳・社長、母親：42歳・専業主婦、
　次女：14歳・中学校2年）

　父親、母親、長女、次女の4人で来談。父親は若くして亡くなった自分の父親の後を継いで、勤務していた会社を辞めて社長になり、文字通り不眠不休の努力で会社の拡大、成長を図り、一部上場企業の達成に成功し、「もう自分のできることはすべてやった、思い残すことはない」*6と思っていた矢先に、長女の不登校を知ることになった。それまで子育ては母親に任せきりであったが、折にふれ母親から報告される子どもの様子は、二人とも不自由なく成長し、成績優秀、稽古ごとにも熱心で発表会などでも賞賛されるようなスキルを発揮していた。子どもたちの幼い時期は、特に会社が危機的だったこともあり、土・日の休みもなく、家族とかかわることは少なかった。

　母親は、父親の健康を気遣い、間接的に会社の盛衰を心配することはあっても、父

親のひたむきな仕事振りと、人々への誠実な対応に感心し、その姿を静かにみまもり支え続けてきた。そんな時の長女の不登校であり、スクールカウンセラーに母親が面接した結果、家族で解決する問題である可能性を指摘されて、家族での来談となったのであった。来談前の父母と長女の話し合いでは、長女の進路と将来への不安、会社を支えてがんばっている父母への漠然とした疑問がわかり、家族全員がとまどいと驚きの中で来談を決めたという。

2回の面接で家族が話し合い、明らかになったことは、この家族の文化が重荷になって、人生の目的をみうしないかけている長女の姿であった。父母にとって非常に大切な会社は、自分にとってどうなのか。母親のような生き方はしないにしても、自分のできること、好きなことは何なのか。それを選んだとして、果たして成功できるのか。父親の生き方は成功と言えるのか、成功とはどんなことなのか。次々と出てくる疑問に、受験を目指した現在の自分のあり方にも影が差し、どうすればよいかわからなくなってきたという。父親は、長女に会社を継いでほしいとは思っておらず、自分の進路は自分で決めてほしいと伝えるのだが、長女は、それがわからず、決められないと言う。そこで、父親は3回目の面接を自分一人で受けたいと申し出た。母親はその場で「それがいい」と父親を支持し、姉妹は心配そうに父親の申し出に賛同した。

父親一人の面接では、長女の不登校以来この1ヶ月、常々気になっていたことが語られた。会社は成功し、これからも意味ある成果をあげていくことが予測されるが、これが果たして自分が本当にしたいことだったのだろうかという疑問が明確になってきたという。このまま続ければ、それなりの満足と業績を得ることは可能である一方、自分の残りの生涯をそれに賭けることで後悔することはないだろうか。そんなことが考えたくなったので、妻に相談したら賛成してくれた。1ヶ月ほどそのための休みを取り、自分の時間をもちたい。四国八十八箇所を巡る旅でも、インドへの旅でもしたいので、次の面接では家族にその話をしてみたいというのである。

4回目の面接で、家族は、時機をみて父親が休息をとること、旅に出ることに賛成した。父親の決断を待つこと、長女も時間をかけて自分の進路を考えることになり、母親と次女も淡々と二人の思いを受け入れ、家族全員が今後は自分たちでやっていくことができるだろうということで、カウンセリングを終了した。

解説 この家族は仲が悪いわけでも、お互いに嫌悪の気持ちをもっているわけでもなく、ただ、それぞれなりの思いやりをもちながら多くの会話も情緒的な交流もないまま、必要なことは各自で考え、解決して前進し続けていた人々であった。このように、課題を遂行し成果を収める能力のある人々がつくる家族では、誰もが挫折を感じることなくいわゆる成功の道を歩み続けるかもしれない。

> 　この家族では、子どもが二人とも女の子であったがゆえに、長女が父母の生き方に疑問をもつに至ったのかもしれないし、男の子でも異なったかたちで問題提起をしたかもしれない。いずれにしても、長女のつまずきは、家族メンバー一人ひとりに問いを投げかけ、それがきっかけとなって、家族の結びつきやメンバーの生き方を変えるチャンスが訪れている。ただ、この家族には、すでに生き方・キャリアへの疑問が潜在していたと思われ、それを長女が不登校というかたちで表現したため顕在化したと考えられる。多くの家族では、この家族ほど問題の根本をみつめ、家族の生き方を真剣に考えることはなく、不登校という現象の解決に目が向くだろう。その意味で、このケースは家族の底力を感じさせる。

　一般に、現代の家族は、子どもが親の老後をみることもなく、子育てが核家族の多大のエネルギーと経済的豊かさを必要とする時代になり、子育ては親の負担となり、少数の子どもを力の及ぶ限りで育て、社会的責任を果たそうと考えるか、子どもを産まない決心をするか、夫婦の生き方は変化してきた。逆に、子どもの価値は、子どもが問題行動や症状を出して初めて認識され、現代的なかすがいの意味を付与されるようになっている。

　一方、この章のケースに特徴的なのは、一人ひとりは自立的に生きているようにみえる家族の様相の中に、どこかで情緒的な結びつきを欲する人間の姿が垣間みえることである。それは、次のエピソードにも潜んでいる家族の親密さをめぐる欲求充足の工夫と、直接的かかわりによってしか得られない非言語的交流の不可欠さを示している*7。

　事例の家族とは全く逆の生活を父親自ら提案し、続けている家族もある。
　その夫婦共働きの四人家族は、子どもが幼い頃から長女が大学4年になる現在まで、朝、一番早く出かける人に合わせて家族全員で朝食を一緒にすることにしているという。それぞれの成長と生活の変化によって、誰の時間に合わせるかは異なっているが、例外を除いて必ず一家が顔を合わせるのは朝食であり、そこで交わすしばしの会話が一家をつないでいるという。子どもたちは、意味を感じず面倒がって反発した時もあったが、それは続けられ、長女は大学生になって父親の考えが徐々にわかり始め、感謝していると語っていた*8。

　このように考えてくると、たとえば、DVをする男性は、自分の欲求を充足

してくれる位置に弱き者を置くことで、情緒的に支えられている感じをもちたいのかもしれないし、それが得られないと支配によってでも孤独な心を充たそうとして、暴力に走るのかもしれない。女性はその欲求を充たすことが役割と考えて従おうとするが、それでも相手の男性は情緒的結びつきを感じられないので、要求はエスカレートする。妻や子どもは情緒的結びつきを得たいがゆえに、さらなる努力をするが、恐れと不安による言動が夫や父親を安心させることはない。見捨てられないように努力している弱き者は、要求のエスカレートとエスカレートする要求充足の不可能さにおびえつつも、結びつきを求めて耐え続けるが、そこで両者が結びつく可能性はほとんどない。

　ジェンダーの病としての夫婦の問題には、課題達成志向の男性、情緒的満足志向の女性という歴史的・近代的男女の役割分業の問題が色濃く影を落としており、そこで子どもは犠牲者になったり救助者になったりして、社会システムの維持を担わされているとも受け取れる。

◇ 対 話 篇 ◇

Q：ケースKでは、専業主婦である母親の生き方が、子どもの自立を機会に変化している様子がうかがえます。メンテナンスに価値を置かず、結果・達成のみが評価される社会が、専業主婦の不安を駆り立てている部分もありますね。
A：背後に多くの同様の思いをもった母親たちがイメージできるケースです。家事も育児もきちんとやって生きがいを感じていたと思いますが、親が亡くなって介護の仕事が終わり、子どもが大きくなってケア役割がなくなった時、一体私は何をやってきたのかと思うようになった。これまではさびしさを感じずに過ごしてきたのに、生きている意味がなくなったように感じたのでしょう。

Q：夫が「自分勝手だ」と文句を言うとあります（＊1）が、Kさんがカウンセリングを受けた結果、夫はどうなりましたか。
A：妻がこれまでと変わったので、それを認めるということになったようです。ただ、Kさんはケアすることから離れたので、夫のことも気にならなくなったのではないかと思います。家族内のことについては常日頃できていた人たちだ

ったので、そんなものかと思ったみたいです。

Q：ケースKの母親は、ある程度気づきがあって、自主的にカウンセリングに来たのですね。さらに話しているうちに、自己省察が起こったのですね。
A：気がつき方も面白いです。私がやってきたことはこういうことなのか、と最後に言っています。「私は何もやっていなかったんじゃないか、ものすごくくだらないことをやっていたんじゃないか」というようなことを初めは思っていたけれども、私は「これをやってきて、できたんだ」とこれまでの自分を肯定し、自信がもてるようになった、と。

Q：そういう疑問には、専業主婦で、ある時まで親や子どものことに携わってきたまじめな人はすごく陥りやすいと思います。気づかずにいたら、教育ママになってしまったりしがちですが、そうならなくてよかったですね。カウンセリングが終わった後、どのような生き方になったか、関心がありますが、その後のことを報告に来る人はいるのでしょうか。
A：自分がやれることを嫌だと思わずにちゃんとやってきて、ある時、ふと何だったんだろうと疑問に思ったのですね。それが、「人の世話をするということが、私がやれたことなのだ」と思えた。こういうことに気づく人はボランティアを始めたりしますね。ケースKの母親も、最後に何かを始めると言っていました。その後を報告に来る人もたまにいます。年賀状で、近況を一言書いてくるというのはありますね。

Q：ケースKではカウンセリングを受けること、そこで自分のことを語ることが自己省察するチャンスになっていますね。第Ⅰ部で、友だちに相談して不満を掻き立てられるケースGがありましたが、それよりもよほどいいですね。カウンセラーがちょっと手伝う――その手伝い方のポイントは何ですか。とても重要なことだと思いますが。
A：そのことはあなたにとってどんな意味があったのだろうか、ということを一緒に考え続けることではないでしょうか。他者の目で自分の仕事や行動をみるのに慣れた人がそれを認めてくれる人がいなくなった時、その視点から意味

がなかったのではないかということだけでなく、自己実現の視点で自分がやったこと、できたこととしてみなおす助けでしょう。

Q：ケースLのように本人が過食の理由を自覚したり認識している（＊2）というのはよくあることですか。その自覚や認識は当を得たものなのでしょうか。
A：あります。ストレスフルな状況になると過食しないではいられないからです。ストレスがあるから過食するということは、逆に言えば、食べている間だけは何も考えないでいられるのです。過食の人にとっては、好きなものを食べたいという思いを充たしている時は、他のことを考えないですむ時間です。起きている時はしなければならないこと、周囲からのストレスを感じ続けるので、そこから逃れられる時間がほしいのです。また、過食をやめようとすることもストレスで、葛藤やストレスを忘れるため、そこから解放される時間として過食がある。ケースLの長女には、父親との関係がうまくいかないから私は過食するんだという認識はあったわけです。また、過食をやめようと本を読んだり、カウンセリングを受けようとしたりする可能性も高いです。

Q：ケースLでは、長女は自分のストレスが親のことからくるものだっていうことはちゃんとわかっていた、問題状況を自覚していたのですね。父親が厳格、完全主義であることを、長女は自分のことを受容してくれないと受け止めているわけですね。
A：その上、きちんとやれと言われていて、きちんとやらないとダメだと言われていると思っているわけです。

Q：父親を拒否しているわけではないんですね。むしろ父親のことを気にしているのは、それなりに父親を認めざるを得ないからなのでしょうね。その父親の言うようにはなれない。それで劣等感をもつようになってしまうのですね。
A：拒否というよりも怖がっていますね。父親の言うことは正しいのに、そのようにやれない、というところがあります。父親は厳格で、母親はそこに従っているので、子どもの時から、家庭の価値観は、きちんとすること、できないものはダメ、となっています。長女は、母親は大変な思いをしながらも、父親

に逆らわずに主婦の務めを果たしていると思っているのでしょう。

Q：それで、長女にしてみれば、父母どちらにも受け入れられていないみたいに感じる、と。頻繁に外出する行動に出ていますが、それはなぜですか。本人がそれを望んで行動しているわけではないのでしょう？
A：食べるというのは何も考えなくてよい時間ですね。食べないようにすると、またストレスなので、次は外で動き回るということで考えないでよい時間を増やすということでしょう。心底から望んでの行動ではないです。食べないようにしたいけど、食べてしまうという葛藤の中にいますから。太らないようにするためには食べなければいいんですが、食べないでじっとしてはいられないので、何かをしようと思って過活動になります。

Q：心底ではないとはいうものの、人がやむにやまれずにする行為というものはそれなりの合理性があるものなのですね！　ところで、ケースLの長女はまじめなのですね。
A：すごくまじめです。過食になる人は、こんなことをやっちゃいけないという、もう一つのストレスをもっています。規則や原則を破って主体的になることはできないまじめさをもっています。周りに言われた通りにちゃんとやろうとするようなところがあります。

Q：ケースLの解説（＊3）で書かれていますが、親同士の間に葛藤がある場合、親たちはそれに気づいたかどうかはわからないけれど、その葛藤が子どもに出てしまうのですね。いずれも不登校や摂食障害といった、あまり望ましくないかたちで出てしまう。不登校については、親が子どもに対して最も関心をもっているものの拒否というかたちをとることが前のケースからわかりましたが、このケースではなぜ過食なのでしょうか。
A：直接の原因はわかりませんが、長女はこの時は過食ですが、高校時代には拒食もしていました。拒食の後の過食と、過食だけというのは、パーソナリティと家族関係に多少の違いがあります。拒食の後の過食は、拒食のパーソナリティ傾向が強いのです。いきなり過食という人は、その傾向はありません。少

し単純な解釈になりますが、拒食のパーソナリティ傾向は、ある意味で過干渉とか過保護の環境の中で従順に従おうとしてきたけれども、過剰を排除するといった表現の一つとして、自分がコントロールできるもので自分を立て直そうとするのです。食べることで、自分の体重のコントロールができます。二つ目の理由は、普通のスタイルよりもより痩せたのを普通と思う。歪んだ自己像になるのですね。痩せ過ぎだと人に言われても、そう思わない。ある意味で命を賭けて排除する行動を取っていると言えます。

Q：親からの過干渉や過保護に息詰ってしまう。従順ではもうやっていけない。そうなると、自分で自分をコントロールできることをすることで、自信を取り戻そうとするということなのですね。
A：そうです。拒食の人はすごいですよ。そこまで自分を律するのかと思うくらいです。幼い時から勉強ができ、几帳面で、よい子です。その後、拒食を治そうと思って食べ始めると、自己規律のリバウンドと考えられる過食に移行することがあります。抑えつけていたものが逆に出て、過食になります。抑える気持ちとその反動で、いつも葛藤があります。過食になると、コントロールできないことで自分を責め、それを覆うために食べてしまう。時には、下剤を飲みつつ過食をしたり、食べ吐きをくり返す人もいます。

Q：子どもの内部の問題、生き方の問題が摂食障害というかたちに現れる時、親はどういうかたちで絡んでくることが多いんでしょう。また、どうしてそうなりやすいのですか。
A：親は、過干渉、過保護で絡んでくることが多いですね。子どもは、「これ以上、お母さん、お父さんのかかわりはいりません」というメッセージを出しています。「これ以上私に構わないで。私の思いをあなたたちはわかってくれない。あなたたちはいろいろやってくれたけれど、私の望んでいることとは全然違います」と。その点で、拒食の子どもは自分がどうしたいか、ある程度わかっています。

Q：摂食障害が、子どもの内部だけの問題ならまだしも、親へのメッセージだ

とすると複雑ですね。親もそうだとは気づきにくいし、子ども本人も親への抵抗だなどと自覚して過食や拒食をしているわけではないでしょう。
A：その通りです。親も自覚的に過干渉しているわけではなく、よかれと思ってしていますから、理解に苦しみます。拒食症の子どもの親は、ますます、かかわろうとします。ただ、子どもがわかってもらいたいことはわからなくて、外してしまうのです。

Q：ケースMの解説の、「家族の親密さをめぐる欲求充足の工夫と、直接的かかわりによってしか得られない非言語的交流の不可欠さを示している」（＊7）という部分はどういう意味でしょうか。
A：家族はみな親密でありたいという欲求をもっていますが、真の親密さがどういうものかを理解したり体験したりしていない家族は多いです。基本的に人は親密さを求めて生きており、特に家族にはそれを強く求めます。その欲求を充足する関係が体験できている人々は、大きな欲求不満をもたず、無意識のうちに人に優しく、建設的、積極的に社会に役立つことをしています。それは、優劣を争うといったかたちではなく、むしろ自分ができることをするといったかたちで表現されます。このケースMは、成果とか成功といったかたちで自分を表現することに満足せず、真の意味での自己実現とは何かを追求し始めた家族と受け取ることができると思います。一般に、子どもが薄々それを自覚し始めても、成功した父は他人事のようにみていることが多いのですが、ケースMは、人はいつでも自己実現を問うことができるということを教えてくれます。

Q：ケースMの父親は「自分のできることはすべてやった、思い残すことはない」（＊6）と達成感と満足感を抱いていましたが、これは仕事上の達成でありそれへの満足ですね。これが母親の献身的な家族づくりで可能だったことには気づいていなかったようですが、性別役割分業夫婦の典型で、それなりに当初はうまくいく点でも、よくあるケースとして興味深いです。父親の「男は仕事」の生活が一段落したところで、ちょっと変だと気づき、そこに子どもの問題が起こってカウンセリングに来ますね。親密性を求めてだとありますが、このような状況を本人たちは自覚的に理解しているのでしょうか。また、どうい

うことで、それに納得していくのですか。
A：していないことが多いです。カウンセリングでは、「あなたたちは親密さを欲しているのですよ」と言うことはありません。たとえば、コミュニケーションを促進する言動、肩をもんであげるでもいいし、一緒に食事をする、週末に家族で出かけるなど、実際の体験からわかっていきます。親密な交流ができるよう、その家族にふさわしいことを家族が考えたり、提案したりして、結果として家族が親密さを体験していくわけです。「親密さ」という言葉でそれが理解されるかどうかはわかりませんが、「私たちが欲しいと思っていたのは、こういうことなんだ」ということが家族にわかります。

Q：カウンセラーの側が、この人たちは親密さを求めている、けれども自分たちでは気づくことができないし、どうしたらいいかわからずにいる、ということを推察して、その家族の状況にふさわしい解決へのヒント（たとえばキャッチボールをしてみたらというような）を与える。それを体験することで、本人たちが自分たちは何を求めていたのか、自分たちには何が欠けていたのかがわかるということですね。
A：親密さを求めていたんだということを言語化するかどうかは別として、本人たちは体験を通じてこれを求めていたんだ、こういう関係がもちたかったんだと納得していきます。

Q：具体的なことを提案することになりますから、カウンセラーの側に、その臨床体験で養われた洞察の力量がいりますよね。最近、カウンセラーの志望者が多く、そのための大学院教育が盛んですが、机上の学問や資格だけではダメで、そうした臨床的な力量は、多くのケースを実践し、個々のケースを超えた家族の本質について知識を蓄積し、そして自分自身が豊富な人生体験をする、そうした中で培われるものですよね。臨床家になる訓練の中には、そういうことも含まれているのですか。
A：取り入れようとしています。たとえば、ロールプレイで自分の家族体験を振り返るやり取りをするという訓練をします。自分が家族の中でした体験で、いまも気になっていること、家族の中での記憶に残っているやり取りなどを、

訓練を受けている者同士で再現して、「あの体験は一体何だったのだろうか」とみなおすのです。ロールプレイだから、同じことがそこで起こるわけではありませんが、カウンセラーたちはお互いにプライバシーを守ることを約束し、ある場面の出来事・内容、その場の登場人物などを詳しく聞いて、他のカウンセラーたちが家族のメンバーになり、場面を追体験するのです。そのような訓練をする目的は、忘れている記憶はとりあえず問題にすることはできませんが、記憶に残っている体験、特に腹が立ったり、悲しかったりした体験は、その人の「未完の仕事」になっている可能性が高いからです。あの時、一体自分は何を求めていたのか、家族は何をやろうとしていたのかということは、置き去りにされています。その時はわからないからです。それを成長した現在、再現してみると、そこで求めていたことがわかって納得でき、自分の人生を先に進めることができたり、人の成長に必要な普遍的要素、たとえば親密さなどが理解できたりするのです。この他に、「教育分析」といって、自己理解を深め、臨床家に必要な能力を身につけるための臨床家のための「カウンセリング」のようなもの、小グループによる「人間関係訓練」などの体験学習もあります。

Q：ロールプレイをする時は自分の体験が元になる時もあるし、いろんな人のケースをすることで、自分が体験しない出来事（事件）がわかるのですね。自分のことにしろ他人のことにしろ、渦中にいるとわからないその家族の特徴や問題の核が何かを、距離を置いて客観的にみることになるのですね。人間の心の理解には大変重要だと思います。とりわけ家族のことでは、問題の渦中にいるととらえ方も解釈も偏った視点になったり、感情的な評価だけになってしまったりして難しいですが、相対化するという訓練がとても大事ですよね。
A：その通りです。ロールプレイをすると、自分だけではわからない、普段、考えていたのではわからない体験をすることになります。相対化しつつも、別の家族の身になってみたらそれもまた真実ということがわかります。そういう意味で非言語的交流がとても必要だと思います。別の言い方をすると、メールではできないこと、それでは伝わらないことなのです。親密さを求めている人たちは「会社と浮気」したり、「子どもと結婚」したりすることで、それを表現しているとも考えられます。本当は家族と親密になりたいのでしょうが、こ

れが難しい。

Q：夫婦共働き四人家族で皆それぞれ忙しいけれども、朝ご飯は一緒に食べるという例がありました（＊8）。最近、家族の食事に起こっている変化については問題を痛感しています。人間の家族は一緒に食べるということが一つの契機となって成立しました。一緒に食べることで親しくなったり、家族の様子がわかったりするのに、いまはレトルト食品や外食産業が普及し、その必要がなくなってしまった。それぞれ外食ですませることは容易になり、個人の自由度は大きくなりましたが、それで家族の共同性が希薄になったことは確かです。個人化していく面と共同性という面を、どう統合し折り合いをつけるかが、今日の家族の重要な問題ですが、この解決には、具体的に何か提案するプランを考えなくてはダメだと思っています。若くて忙しい忙しいといっている人は、結局、食事を誰がつくるかということでいざこざになる。そんないざこざはやめて、週に４日は勝手に食べてくるけど２日はそれぞれがつくるとか、お茶だけでも飲むとか、何らかの工夫で家族がゆっくり共に食卓を囲む機会をつくることを考える必要があるのではないでしょうか。それはそれぞれの家族の課題だと思いますが。

A：家族療法では、このような宿題をよく出します。面接は、１ヶ月に１回のペースなので、次回、来談する時までにすることを勧める宿題です。たとえば、食事をほとんど一緒に食べていない家族には、次回までに一緒に夕飯を食べることを２回してくださいと。

Q：宿題には効果がありますか。
A：効果がある時はあります。その体験がよかった時には自分たちで回数を増やす家族もあります。宿題を出された時は、「それ何？　できないことはなさそうだけど……」という感じですが、カウンセラーの経験からいうと、宿題をすれば、宿題をしたことだけでなく、別の効果があることがわかるので期待してもいるのです。ある家族療法家が、合同家族画という、家族で一緒に絵を描くというカウンセリングをやっていました。カウンセリングの場で、家族が何かをしている絵を全員で描いてもらう課題なのですが、一つの絵を描くプロセ

スで、家族は協力したり、衝突したりします。その意味で、家族画は、出来上がった絵もそのプロセスも自分たちを理解するのに非常に役立ちます。その家族療法家が、カウンセリングが終わった時、「あなたたちは本当によく絵を描きましたね。何が一番効果がありましたか」と聞いたところ、期待とは全然別の答が返ってきたというのです。「先生のところに行くと絵を描くことになるので、次に描く絵のために、家族でいろんなところに行ったんですよ。1ヶ月に1回描いた絵は、その時のものです。一番よかったのは、家族が一緒に出かけたことでした」と。そんなことがあるのです。

Q：しつけや家庭の教育力の低下と言われますが、教え込む行為は過剰すぎると言ってもよい状況です。家庭ならではの子どもへの教育力の低下の原因は、大人も子どもも家族中が力を合わせて働くことがなくなったことにあると思うのですが。家族の共行動からは、それぞれの人の力量や特徴も知ることができます。私が子どもだった頃には、家中の畳を上げて干し、床を徹底的に掃除して畳を元通りにする、といった大仕事を家中で一日がかりでしていました。子どもにとっては休日の楽しみを奪われ、しかも重労働の一日でしたが、いま思えば、自分も役に立つことを実感し、大人から認められる、得難い機会だったと思います。

A：家族で共にする体験の中で、大変でもやらなきゃいけないことがあることを学ぶし、一生懸命やってよかったということがありますね。私たちの日常が、そういう協力や助け合いから成り立っているということを学んでいたわけです。

Q：家電製品が家庭に入ってそういう共行動も減りましたが、そのメリットは省力化だけではなく、誰がやっても同じようにできるようになったことなのです。欧米ではそれが注目されて、家電の普及を契機に男性と子どもが家事に参入したそうですが、日本ではそのことが活かされず、家電のおかげで主婦が楽になったというだけだったのです。

A：男性の中には、「僕は掃除より洗濯のほうがいい」と選んでいる人もいますけどね。

II　ゆれ動く親と子

◇　ま　と　め　◇

　子どもが幼い時は、家族に問題があってもそれが顕在化しなかったのに、かなり後（たとえば子どもが青年期になる頃）になって噴出するケースをみたが、親の善意、「よかれ」が本当に子どもにとってよいものなのかどうか、改めて考え直す必要を痛感する。幼い時は必要であり、よかったことが、子どもの成長に伴ってそれほど必要ではなくなる、かえってよくなくなる、手綱の引き方の加減が不調になっている。その意味で、家族、特に親が変化すべきであるのに、変化しないでいる。しかもそれに気づかずにいることが多いのであろう。これは家族の発達という課題の一つである。

　親が変化しにくい、家族の発達が起こり難いことには、次章でみるように、昨今は親が自分の意志で「つくる」ようになった子どもへの教育的営為に対して強い思い入れをもち、一種所有物的な感覚で子どもにかかわっているという態度も、要因として無視できない。その結果、親はよかれと思っていても、子にとっては、むしろ暴力や支配となっていることが少なくないと思われる。子どもも幼いうちは、そうは思わない、またそれに抗することできず、従順な「よい子」でいるが、青年期になり、自分はどう生きたいかを考えるようになると親の「よかれ」の問題に気づく、「よい子の反乱」のケースだとも考えられる。

　こうしたケースをみると、子どもというものは賢い、親をきちんとみている、問題の所在をとらえている、と感心させられる。父親、母親の生き方（「会社と浮気」「子どもと結婚」）、そしてそうした性別役割分業の生活や夫婦の関係のあり方に問題を感じるどころか難なく過ごしている両親に、子どもはそれこそが問題だとのサインを出しているのだ。それが不登校や過食・拒食などの問題行動のかたちを取るのは、子ども本人が問題を明白に意識しておらず、どうして?!　なぜ?!　と、親を振り向かせるショック効果が大きいからだろうか。

　それにしても、親の問題の被害者である子どもに、自分にも不利な問題行動が現れること、問題行動でしか親にサインを出せないことに、痛ましさ、不幸を痛感する。かつてはそれなりの妥当性をもっていた性別役割分業は、近年の

社会変動の中でその最適性を喪失していると実証研究から言える。この社会変動と連動する家族の変化・発達について、人々はあまりにも知らなすぎるのである！　自分の親たちが性別役割分業でやってきたから自分たちもそうするのがよい、皆そうしているから当たり前と思っている人が多く、ケースに出てくる夫婦も、夫は「仕事でやれることはやった」といい、妻は黙って家族役割を引き受けてきている。しかし、それがおかしいということに気づいた子どもから、このような過激で痛ましいかたちでサインが出されるまで、親たちは放置してきた。このような状況を黙ってみすごしていいのだろうか。問題が起こったら臨床的処置というのはあまりにも対症療法的ではないだろうか。

　昨今、予防医学が重視され、日常の健康管理を人々に呼びかけている。家族の問題についても、ことが起こってからの臨床的処置ではなく、いま、どのような家族のありようが幸福につながるかについて、研究で明らかにされていることを人々に事前に伝える必要があろう。心理学の細分化してしまっている研究にも、社会のため、人々の幸福のために成果を伝える「予防心理学」の役割を強く提案したい。また、先にも指摘されたキャリア発達の教育に、どのような家族を形成するか、夫・妻がどのような役割を担うかについて、社会変動を視野に入れて検討することは必須の課題であろう。

第3章　選択としての子どもの価値

◇ データ篇 ◇

人口革命——少子化の影に

　日本では、特殊合計出生率の低下から少子化がかつてない危機的問題ととらえられ、その解決は最大の政策課題の一つとされている。確かに 1.32（厚生労働省，2006）という最近の出生率は人口の置換水準（2.07）を割り込み、このまま推移すれば確実な人口減が社会の各方面に多大な影響を及ぼすであろう。しかし、出生率の低下以上に重要な変化が、子どもの誕生をめぐって生じている。それは、〈結婚—性—生殖〉という連鎖が切れ、子どもが結婚の目的、「授かる」ものではなくなり、親の選択の対象、意思決定に基づいて「つくる」ものとなったことである。これは人類史上初めてのことで、人口革命と言われる。かつて子どもは、結婚した夫婦に次々と誕生するものの、多くが成長を待たずに命を落としていた。しかし、医学の進歩や衛生・栄養の改善によってそうした問題は解決された。長らく「産めよ殖せよ」との政策の下、弾圧されていた「家族計画」、避妊が公然のこととなり、子どもを「つくる」事態が定着した。このような性と生殖の分離は、子どもの命の意味を変えたと言える。『私らしさで産む、産まない』（青木・丸本，1991）、『女の産みどき』（大内，2005）などの書籍が出版されているが、これらのタイトルは著者たちだけの過激な意見ではなく、多くの一般の女性にとって現実のものとなったのである。

　人口革命や生殖革命が多様な親子関係を創出しつつあるように、子どもをもたない夫婦にも多様性があるのも、今日的状況であろう。大別すれば、子どもが授からないことを受容している夫婦、子どもをもたないことを積極的に選択（子ども以外の価値を重視）している夫婦だが、このような多様性の背景には、夫婦や女性がどう生きるか、何に生き甲斐をみいだすかの問題があり、子どもの価値の問題が如実に反映されている。

子どもの価値の相対化と縮小

　子どもの出生と深くかかわる人口問題は、長らく国家的・国際的観点から人口増や削減といった人口政策によって左右され、女性は出産や中絶を強要されてきた。こうした女性の人権無視とその心身の健康阻害の問題がようやく認知されて、1994 年「性と生殖に関する健康と権利」(RHR) が承認された。こうして先進諸国では、子どもは親の意思決定に基づいて「つくる」ものとなった。このことは、親と子の関係にこれまでにない変化をもたらした。その一つは、子どもの価値の相対化、そして縮小である。

　日本では古くから「子は宝」と言われ、一般に子ども好きな国民である。そのような文化的風土の中では、子どもの価値を問うこと自体が無意味で、親は「授かった」子どもを受けとめ、できるだけのことをして育てるものであった。それが産む、産まないは「選択」となり「産みどき」を考えるべきとなって、それまで意識することのなかった子どもの価値がクローズアップされることになった。そして、子どもにはプラスの価値のみならず、親にとってマイナスの価値さえあることが白日のもとに曝されたのである。先進諸国の中でも子育てに社会的支援が整っていない日本では、特にマイナスの価値が顕在化した。

　世界 60 カ国での「女性が充実した生活を送るには、子どもをもつ必要があるか」との価値観調査に対する回答は、今日の日本における子どもの価値を示唆している（電通総研・日本リサーチセンター，2004：図Ⅱ-3-1）。

　「必要あり」は諸外国の中で日本は中間に位置しており、圧倒的に「必要あり」が多い韓国とは大きな差がある。しかし、オランダをはじめとする欧米諸国で極めて多い「必要なし」は、日本ではさほど多くない。注目すべきは、「わからない」との回答が他国になく極めて多いことである。かなりの人々が「必要」としながらも、一方で子どもの意味・価値について迷いがあり、断定できないということであろう。これは、子どもの価値のプラス・マイナスの間でゆれていること、さらに、後にみるように、女性の幸福と葛藤するような育児状況があるという事情を示唆している。その態度は、別な調査で「子どもをもつのが当然」との意見への賛成が、近年減少しつつある事実（NHK 放送文化研究所，2004：図Ⅱ-3-2）にも反映されている。そして「もたなくてよい」との意見は、若い層で多く支持されている（小島，2007）。

3 選択としての子どもの価値

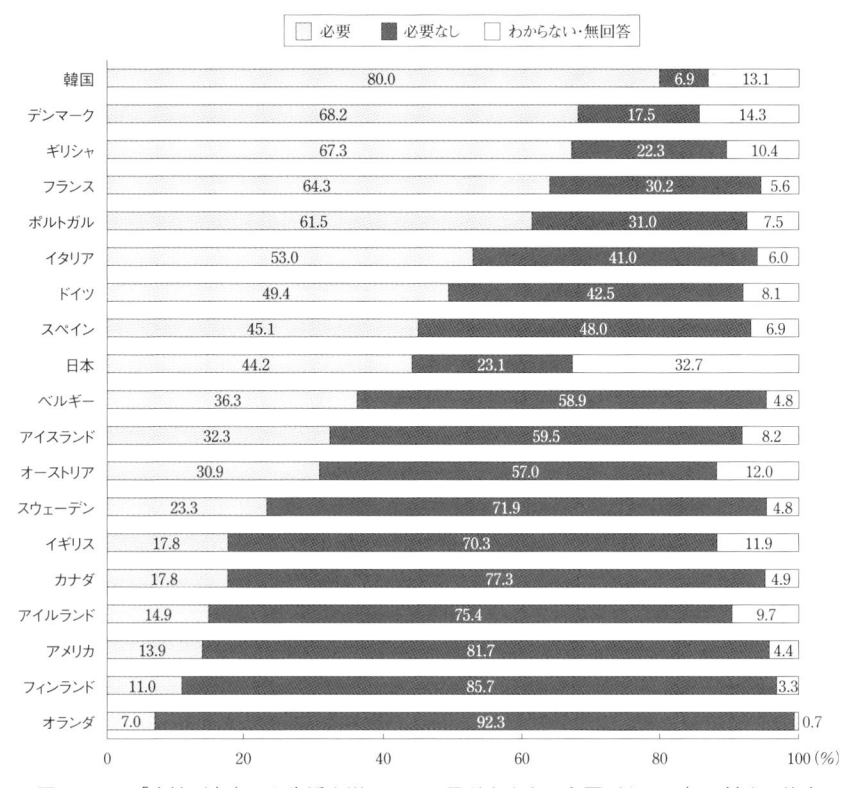

| | □ 必要 | ■ 必要なし | □ わからない・無回答 |

国	必要	必要なし	わからない・無回答
韓国	80.0	6.9	13.1
デンマーク	68.2	17.5	14.3
ギリシャ	67.3	22.3	10.4
フランス	64.3	30.2	5.6
ポルトガル	61.5	31.0	7.5
イタリア	53.0	41.0	6.0
ドイツ	49.4	42.5	8.1
スペイン	45.1	48.0	6.9
日本	44.2	23.1	32.7
ベルギー	36.3	58.9	4.8
アイスランド	32.3	59.5	8.2
オーストリア	30.9	57.0	12.0
スウェーデン	23.3	71.9	4.8
イギリス	17.8	70.3	11.9
カナダ	17.8	77.3	4.9
アイルランド	14.9	75.4	9.7
アメリカ	13.9	81.7	4.4
フィンランド	11.0	85.7	3.3
オランダ	7.0	92.3	0.7

図Ⅱ-3-1 「女性が充実した生活を送るには、子どもをもつ必要があるか」に対する態度
(電通総研・日本リサーチセンター,2004)

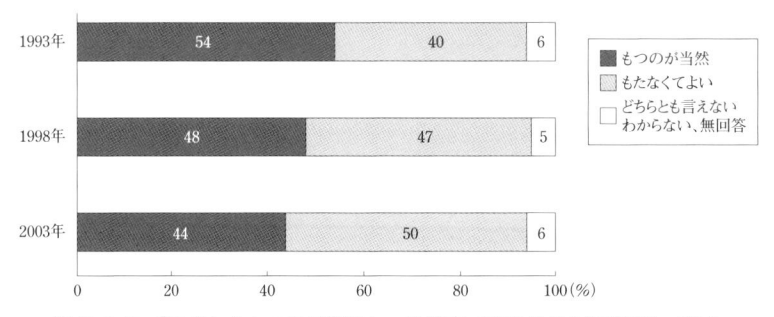

年	もつのが当然	もたなくてよい	どちらとも言えない／わからない、無回答
1993年	54	40	6
1998年	48	47	5
2003年	44	50	6

図Ⅱ-3-2 「子どもをもつのが当然」への賛否 (NHK放送文化研究所,2004)

II ゆれ動く親と子

「子どもはあなたにどのような楽しみを与えてくれますか」と問えば、多くの人々が「家庭が明るくなる」「夫婦の絆が強まる」「生き甲斐になる」といった子どもがもたらすプラスの価値を挙げる。ところが、少子化は止めどなく進行しており、いまなお健在かにみえる「子は宝」思想も実は建前であり、子どものマイナスの価値がプラスの価値をむしろ上回ることを示唆している。

そもそも、子どもの価値は、一概に「子宝」と言えるほど絶対的なものでも普遍的なものでもない。それは、「子どもはどのような満足を与えてくれますか」という設問への回答が、社会の豊かさが異なる国々の間で決定的に異なるという事実が端的に示している（世界銀行，1984：図Ⅱ-3-3）。

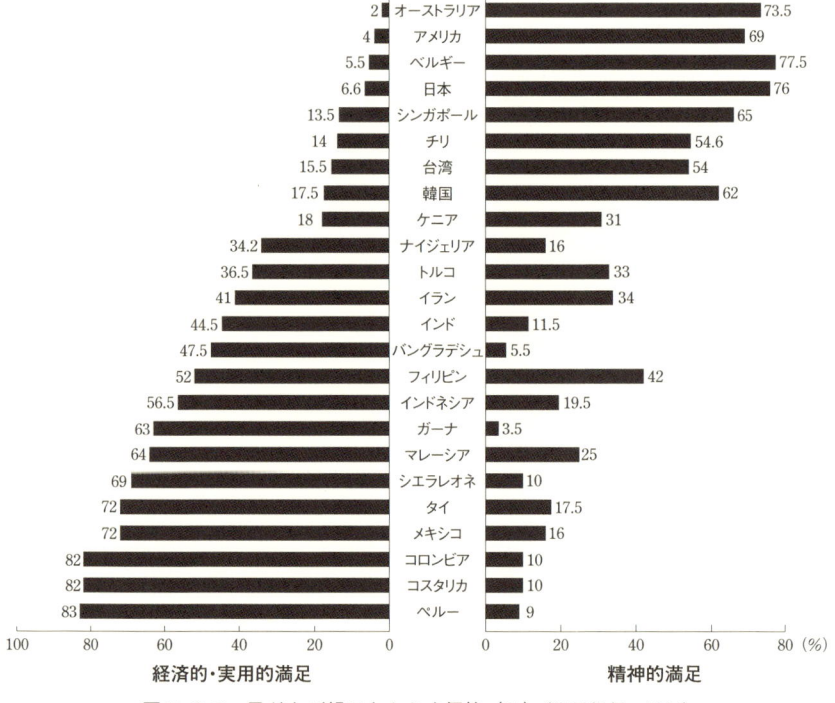

経済的・実用的満足	国	精神的満足
2	オーストラリア	73.5
4	アメリカ	69
5.5	ベルギー	77.5
6.6	日本	76
13.5	シンガポール	65
14	チリ	54.6
15.5	台湾	54
17.5	韓国	62
18	ケニア	31
34.2	ナイジェリア	16
36.5	トルコ	33
41	イラン	34
44.5	インド	11.5
47.5	バングラデシュ	5.5
52	フィリピン	42
56.5	インドネシア	19.5
63	ガーナ	3.5
64	マレーシア	25
69	シエラレオネ	10
72	タイ	17.5
72	メキシコ	16
82	コロンビア	10
82	コスタリカ	10
83	ペルー	9

図Ⅱ-3-3　子どもが親にもたらす価値（%）（世界銀行，1984）

機械化がまだ進んでおらず肉体労働が主である国では、子どもは労働力・経済的資源として期待される。そこで筋力がまさる男児がより大きな価値をもつ。

一方、先進国では、子どもは「かわいい」「楽しみ」「生き甲斐」など精神的・心理的満足をもたらす存在である。しかも、労働においては機械や情報の知識と操作スキルが重要であるため、男女間に労働力としての差はなく、その意味では男児選好の根拠はなくなった。しかし、こうした国々においても、子どもの価値におけるジェンダー差は解消しているわけではない。

しばらく前は、日本でも、男児は労働力として、また家の継承と親の老後扶養の役割を担うものとして、女児よりも高い価値を認められ、手厚い保護を受け、高い教育を与えられていたことは記憶に新しい。こうした親の処遇のジェンダー差は、戦前の日本で女児の死亡率が高い事実に端的にみられる（長谷川・長谷川, 2000a）。しかし、近年では女児選好がじわじわと進行しており（国立社会保障・人口問題研究所, 2002：図Ⅱ-3-4、この理由については第4章に後述）、第一子が女児であった場合に、一人っ子にして以後の出産をやめる率が高いことも確認されている（柏木・永久, 1999）。かつて女児ばかり出産する女性は「女腹」と蔑視されたことが嘘のようである。

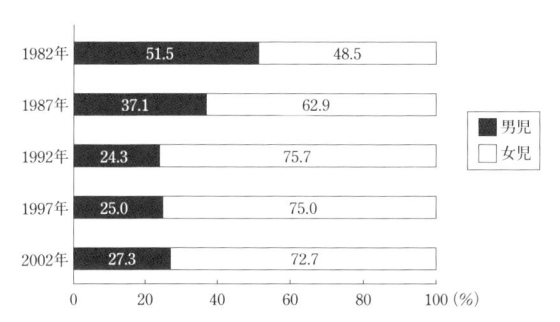

年	男児	女児
1982年	51.5	48.5
1987年	37.1	62.9
1992年	24.3	75.7
1997年	25.0	75.0
2002年	27.3	72.7

図Ⅱ-3-4 男児と女児どちらがほしいか（国立社会保障・人口問題研究所, 2002）
理想子ども数が1人の初婚夫婦のうち、子どもの性別に理想があるとした夫婦の割合（回答者は妻）。

一方、一人っ子政策をとる中国では、いまなお男児の価値が高く、第一子が女児だと出生届を出さずに無戸籍のまま、その多くは国際養子として輸出される。近年、出生前診断による性判別が可能となったが、中国やインドでは女児とわかると中絶されることが多いことが批判を浴びている。

日本では出生前診断は障害の有無について実施されることが多く、性による選別がどれほど行われているかについては不明である。しかし障害であれ性で

あれ、子どもの命が親の視点で望ましいか否か判定され、選別されることは、極めて由々しい問題であることは言をまたない。

いずれにせよ、親の子どもへの愛情は無私でも公平でもなく、親側の利益に少なからず影響されており、これが子どもの価値におけるジェンダー差をもたらしているのである。以下、親側の事情について様々な側面から検討したい。

子どもの価値評価の男女差

主要なライフイベントについて、それが自分にとってプラスかマイナスかを評価させると、一般に、子どもの誕生はその他のイベントより高く評価される。この傾向は特に男性で著しく、他を大きく引き離して人生最大のイベント、自分にとってプラスのイベントとみている。これに対して女性では、子どもの誕生は男性ほど他のイベントから突出したものではなく、またプラスの評価も男性よりも低い（大久保, 1994）。子どもを産むのは女性であり、男性は間接的にしか子どもの誕生にかかわらないのに、これは一体どうしてなのだろうか。

その答えは、子どもの誕生が父親と母親の生活にもたらす違いにある。子どもの誕生の前後で比較すると、経済的・時間的・精神的ゆとりいずれについても母親は「かなり減少」とみており、父親と大きな差をみせている（大久保, 1994：図Ⅱ-3-5）。

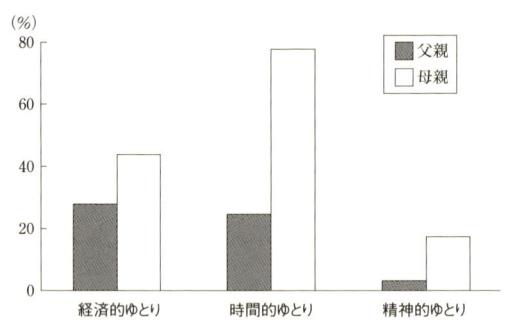

図Ⅱ-3-5　子どもの誕生前後でかなり資源が減少したとする父母の割合（大久保, 1994）

一般に、子どもの誕生は親に愛情の対象と生きがいをもたらし、夫と妻の絆を強めるであろう。しかし、子どもの誕生と同時に始まる育児は主に母親の担当であり、それには多くの時間や心身のエネルギーを要し、経済的負担も増大

する。子どもの誕生以前は、それらの資源はほとんどすべて自分のために消費することができ、また経済的資源を獲得することさえできていた。ところが、子どもの誕生—育児によってその多くが子どもに費やされ、自分の消費可能な部分は限られてしまう、しかも退職して経済的な自己資源も失ってしまうという変化の体験は、子どもの誕生による喜びを凌駕してしまうのであろう。それゆえ、子どもの誕生というイベントにともなうプラス効果とマイナス効果との差し引きの結果、前者がより大きいのは男性、後者がより大きいのは女性という差が生じる。ここでも資源という視点は有用である。

研究者のキャリア形成に関する研究（原, 1999）は、男性研究者では結婚・子どもの誕生という家族形成のイベントに伴い業績も職位も上がっていくのに対して、女性研究者では子どもの誕生に伴い業績の伸びも職位の上昇も滞ることを明らかにしている。育児と家事に追われ、研究活動は二の次になってしまうからであろう。子どもは男性にとっては慰めや励ましを与えてくれるプラスの存在だが、女性にとってはプラスの面以上に自分の資源を消費し、自分の活動を抑制するようにマイナスの負荷が大きい事情がここからもうかがえる。

子どもの価値評価の世代差

このような子どもの価値についての親の態度は、「あなたにとって子どもとは何ですか」といった調査では明らかにできない。それは、親が子どもを産むという決断をする際、どのような事項を考慮するか、どのような要因が決断を促すか否かに反映されている。

40代、60代の母親を対象に、第一子を産んだ時、どのような要因（理由）を重視したかを質問紙調査によって検討した（柏木・永久, 1999）。子どもの価値を反映すると想定して設定した30項目の「産む理由」は、因子分析によって5次元が同定・分類され、各次元の得点（重要視の程度を4段階評定）が算出された。その結果、産む理由には世代差があることがみいだされている（図Ⅱ-3-6）。5次元中3次元は子どもがもたらすプラスの価値であり、他の2次元は子どもをもつか否かを左右する条件、換言すればこの条件が充たされなければ子どもの価値がマイナスとなる要因である。世代差がみいだされた第一は、社会や家のため、一人前の女性と認められるなど、子どもをもつことの社会的価

II ゆれ動く親と子

値で、年輩世代で有意に高い。第二は、条件依存（経済的ゆとりや生活の区切りなどの条件が整っているか否か）で、若い世代で有意に高くなっている。

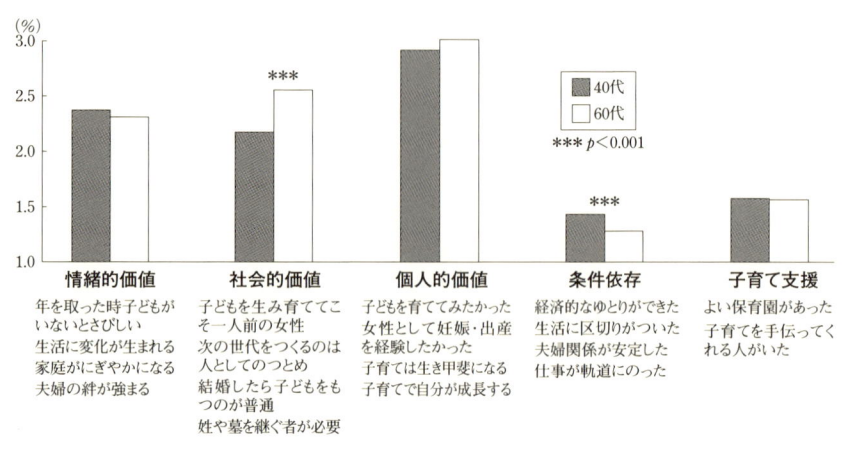

図Ⅱ-3-6　「産む理由」の世代差（柏木・永久，1999）

情緒的価値	社会的価値	個人的価値	条件依存	子育て支援
年を取った時子どもがいないとさびしい　生活に変化が生まれる　家庭がにぎやかになる　夫婦の絆が強まる	子どもを生み育ててこそ一人前の女性　次の世代をつくるのは人としてのつとめ　結婚したら子どもをもつのが普通　姓や墓を継ぐ者が必要	子どもを育ててみたかった　女性として妊娠・出産を経験したかった　子育ては生き甲斐になる　子育てで自分が成長する	経済的なゆとりができた　生活に区切りがついた　夫婦関係が安定した　仕事が軌道にのった	よい保育園があった　子育てを手伝ってくれる人がいた

*** $p<0.001$

これらを総合すると、年輩世代では子どもは自分にとっても価値があるが、社会や家など自分以外に対する価値も認めている。これに対して若い世代では、子どもを産むか否かの選択、産みどきの決定は、子どもの自分にとっての価値にかかっている。しかもその価値は絶対性を喪失し、子どもをもつことによって他の価値が侵害されない条件を探る。このことは、子どもをもつ条件に関する二つの因子が若い世代で高いことに反映されている。さらに若い30代を加えて検討してみると、〈条件依存〉〈子育て支援〉の重要性（4段階評定）はさらに強まっている（柏木・永久，1999・図Ⅱ-3-7）。

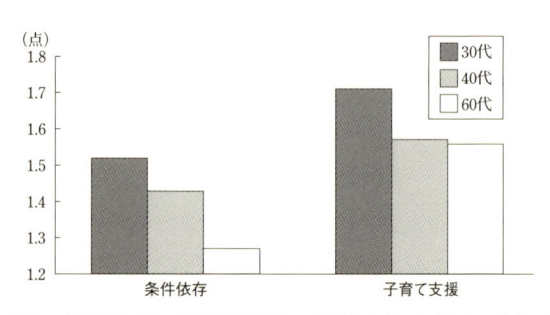

図Ⅱ-3-7　〈条件依存〉〈子育て支援〉得点の世代差（柏木・永久，1999）

家意識と子ども数

少子化が進む中、どのような要因が子どもの数と関係しているかの分析が行われている。そこでみいだされたのは、伝統的家意識の強さ（直井，2000）である。「家系を存続させるために妻は子どもを産むべきだ」「老後は子どもや孫と一緒に暮らすのが望ましい」など、伝統的家意識の強い女性が理想とする子ども数は、そうした家意識に反対の女性よりも多い（図Ⅱ-3-8）。

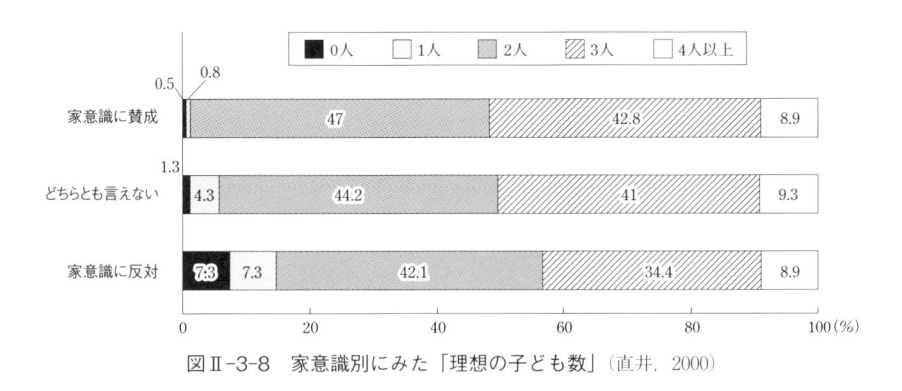

家意識	0人	1人	2人	3人	4人以上
家意識に賛成	0.5	0.8	47	42.8	8.9
どちらとも言えない		1.3 / 4.3	44.2	41	9.3
家意識に反対	7.3	7.3	42.1	34.4	8.9

図Ⅱ-3-8　家意識別にみた「理想の子ども数」（直井，2000）

先に、子産みの理由の世代差をみたが、若い世代でも伝統的な家意識を保持している層はあり、その層では少子化の流れの中でも子ども数は相対的に多い。しかし、こうした層でも、子どもを授かるものとして無制限にもとうとしてはいない点では、子どもが選択・決断の結果となっていることは変わらない。

このような伝統的家意識とは対照的な意識をもつと思われる一人っ子の親が一人しか産まなかった理由は、表Ⅱ-3-1のようなもので、時間や自分の生活への制約を避けようとの動機が多く含まれている（柏木・永久，1999）。そこには、子どもを家のために産むという意識はみられず、子どもをもつことを自分の生活との関連でとらえ、子どもを産み育てることに要する自分の負担が冷静に比較検討されている。しかも、世論調査結果から指摘されるような経済的負担以上に、時間的・心理的な負担についても検討されていることがわかる。

育児の負担感（4段階評定）を経済・時間・心理の三つの側面について比較してみると、経済的負担が最高であるものの、それに匹敵して時間の負担が高く、特に高学歴層ではその傾向が顕著である（柏木・永久，1999：図Ⅱ-3-9）。

II　ゆれ動く親と子

表II-3-1　一人っ子にした理由（柏木・永久，1999）

一人しか産まなかった理由	40歳平均値	(n=26)(SD)
自分のことをする時間がなくなる	3.04	(1.08)
生活のリズムを崩したくない	2.92	(1.13)
また子育てするのは億劫	2.92	(1.13)
生まれてくる子どもの健康が心配	2.73	(1.19)
子どもに生きよい社会や地球環境ではない	2.54	(0.95)
迷っているうちに期を逸した	2.50	(1.21)
子どもが多いとお金がかかる	2.42	(1.06)
以前の妊娠出産が大変だった	2.42	(1.36)
子どもや子育てが好きではない	2.38	(1.17)
教育や受験を思うと気が重い	2.35	(1.26)
子どもの数だけ気苦労が増える	2.27	(1.22)
一人の子に充分なことをしてやれない	2.27	(1.12)
教育費がかかる	2.27	(1.00)
夫が子育てに非協力的	2.23	(1.21)
子どもは欲しいだけ産んだ	2.12	(1.21)

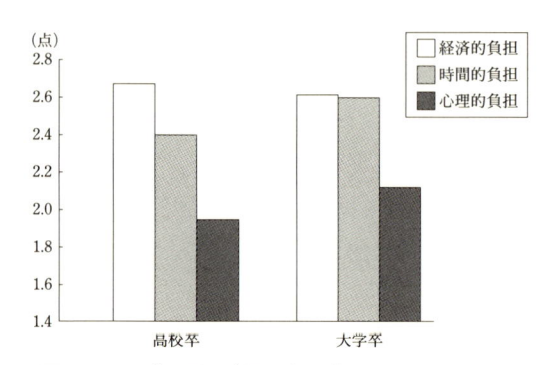

図II-3-9　学歴別の育児の負担感（永久・柏木，1999）

　時間的負担とは単に物理的な時間ではない。1日は24時間という有限の時間が子育てのために奪われ、自分への配分が制限されるという、心理的なものである。同様に経済的負担も、子どもへの経済的投資そのものというより、そのためにほかのことにお金がかけられなくなるという意味が大きいであろう。このことは先にみた「条件依存」が若い世代で大きいことと対応している。

3 選択としての子どもの価値

女性のアイデンティティの変化

　少子化の進展は女性の就業と密接に関連している。5年おきに行われている出生動向基本調査は、女性の退職のタイミングが「結婚」から「出産」へと移ってきていること、さらに第一子を妊娠するまでの期間が延長しており、女性の就業は出産を遅らせる方向に作用していることが報告されている（新谷, 1998）。他方、子どものいない夫婦も年々増加してきており、とりわけ妻が就業継続の夫婦では子どもなしの比率は高い（表Ⅱ-3-2）。

表Ⅱ-3-2　子どもなしの夫婦の推移（%）（新谷, 1998を改変）

結婚持続期間	妻のライフコース			子どものいない夫婦の割合			
	就業継続	就業非継続	専業主婦	1982年	1987年	1992年	1997年
0-4年	72.2	28.3	29.8	38.9	32.5	38.9	42.6
5-9年	29.7	3.9	5.1	4.3	4.8	8.6	10.3
10-14年	14.4	3.2	5.9	2.5	3.3	4.8	5.5
15-19年	9.7	1.8	4.2	3.2	2.8	3.1	3.7

　このように、出産・育児という繁殖と職業という社会経済的活動とがトレードオフの関係にあり、後者への資源配分に傾いていく方向が示唆されている。

　以上の結果は、子どもが選択の対象となったいま、子どもの価値が他の価値（生活水準、社会的活動など）と比較検討される相対的なものとなり、結果として子どもの価値が縮小しつつある状況を示している。このことは、女性が自分をどう定義しているか、どのような役割に自己のアイデンティティを置いているかの変化を反映している（図Ⅱ-3-10）。

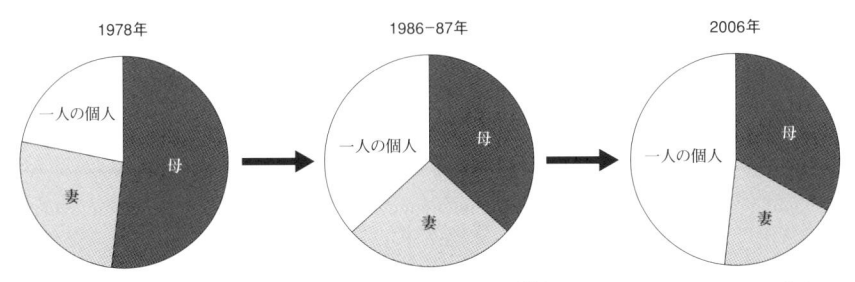

図Ⅱ-3-10　女性がどの役割を重要と考えているかの割合（Schooler & Smith, 1997；鈴木, 1987, 1997；柏木ほか, 2006；柏木, 未発表より作成）

1978年に、日本の女性にとって大きな位置を占めていた〈母親〉としての自分は、約10年後の1986年には縮小し、代わって〈一人の個人〉としての自分が拡大している。この傾向は、約30年後の2006年にはさらに加速され、〈一人の個人〉として生きることに自分の意味を大きくみいだしている。このアイデンティティの変化は、妻・母親として以外の生き方が女性に可能となった社会的状況あってのものである。少子化はこうした女性の個人化志向による子どもの価値の相対的な縮小を背景としていると考えられよう。

さらに女性の高学歴化は子どもとの心理的距離に影響し、子どもとの一体感（4段階評定）は学歴が高いほど低くなっている（柏木・若松, 1994：図Ⅱ-3-11）。

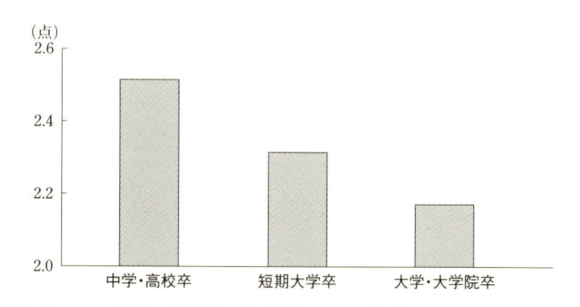

図Ⅱ-3-11 母親の学歴と〈子どもとの一体感〉（柏木・若松, 1994）

子どもの有無と結婚満足度との関係についての理論モデル

先に、子どもの有無が夫婦の幸福感とどう関係しているかをみたアメリカのメタ分析の結果は、子どもがいないことが幸福感につながっており、この傾向は学歴や社会経済的地位の高い層で、また若い世代ほど顕著であった。この事実は、四つの理論モデルによって説明されている（Twenge *et al.*, 2003）。

第一は役割葛藤モデルで、子どもの存在が職業役割と育児役割の葛藤を引き起こすことによるとする。そのため、この葛藤は夫よりも妻で、また高度の専門職ほど、そして夫の育児支援がないほど、大となることが予想される。とりわけ専門職や高い地位の職業の妻では、子どもの存在による満足度低下が（夫よりも）大きいことはこの仮説を支持している。これは、親資源の投資戦略の視点からも、自己への投資と子どもへの投資との葛藤が、高い地位にある女性で大であるとの説明と対応する。

第二は自由の制約モデルで、子どもの存在が個人としての自由（自分のキャリア追求）の制限・縮小をもたらすことが、幸福感の低下をもたらすとする。この説明も、親資源の投資のトレードオフにおける自己への投資と子どもへの投資との葛藤として説明可能である。男性よりも女性において子どもの存在が幸福感の低下に大きく作用することは、子産み・子育てが女性により多くの投資を要するからである。

　第三は性的不満モデルで、子どもの存在が夫婦の性的親密さを阻害・妨害することが、夫婦の幸福感の低下をもたらすとする。概して性的欲求が強い男性ではこの要因が強く働くことが予想される。また子どもの誕生後も夫婦同室就寝であるアメリカよりも子どもが夫婦と同室就寝となる日本で、この要因が強くなると予想される。しかし、日本では子どもの存在が男性では幸福感と結びついている事実とは矛盾し、説明力は弱い。

　第四は経済的コストモデルで、子どもにかかる費用が家計を圧迫し、他の消費を制限することが夫婦の幸福感の低下を招くとする。先の経済社会学の説明に対応する。

　以上の理論モデルは、第三の性的不満モデルを除けば、時間・自由・経済いずれに焦点づけているかの違いがあるものの、いずれも子どもをめぐる心理的葛藤を、子どもへの投資と自己への投資のトレードオフにおける葛藤とみる進化的視点に通じる。有限の自己資源の子どもと自己への投資配分における葛藤の量を分析的にみる上では、有用な区分であろう。

　日本にはメタ分析をするほどのデータの蓄積はないが、1999年度の国民生活選好度調査は、生活満足度が男性では子どもありの場合になしの場合より高いこと、女性では全体としては子どもありの場合が高いものの、就業している女性では逆に子どもなしの場合が高いことを明らかにしている（経済企画庁, 2000：図Ⅱ-3-12）。就業している女性で子どもの存在が生活満足と葛藤すること、高学歴化に伴う子どもとの一体感の低下を考え合わせると、少なくとも女性においては、子どもの価値が相対的に縮小し、アメリカと同様の傾向に向かいつつあることを示唆しているのではなかろうか。

　アメリカの四つの理論モデル（相対的投資理論）に加えて、日本の場合には、第五として父親欠損モデルを提案したい。他国に例をみないほど父親の育児不

在が日本では著しく、父親の育児不参加が母親の育児不安を高めている。これらの事実を考え合わせると、自己資源をめぐる葛藤のみならず、母親の抱く配偶者の不在に対する不満及び配偶者との不平等感も無視できないと考えられるからである。父親不在は母親を完全に育児に拘束することとなり、個人としての社会的・職業的活動からの疎外、社会的孤立を招来している。女性が結婚し子どもをもてば、職業を断念するか、継続したとしても家族役割を一人で背負うという状況が、女性にとって子どもの価値を相対的に低下させるのに与っているのではなかろうか。

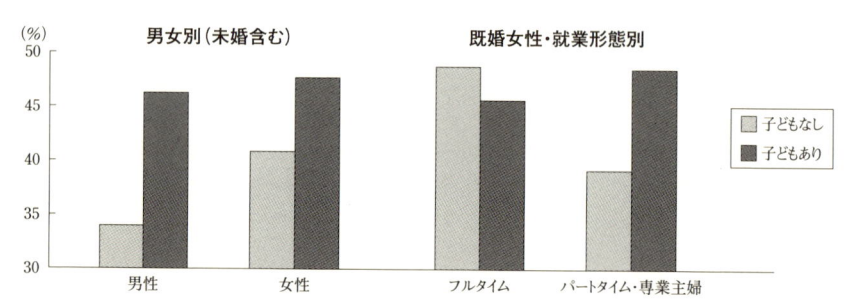

図Ⅱ-3-12 子どもの有無と生活全般に満足している割合（経済企画庁, 2000）

少子化を説明する理論モデル

子どもの価値をめぐる女性の心理の変化は、いま日本の社会で問題視されている少子化にもつながる。この説明にはいくつかの理論モデルが可能である。

その一つとして、進化視点に立つ生活史理論が有用である。第Ⅱ部第2章の育児不安のモデルにも登場した「親資源の投資戦略」モデルであるが、適応とは自己の生存・発達と種の保存である。動物のライフヒストリーは、自分の時間及び心身エネルギーという資源をこの二つの適応にいかに配分するか、そのトレードオフの過程であり、種ごとの特徴（妊娠期間、授乳期間、成長速度、寿命など）に応じた過程を経て、「最適」配分投資戦略を行使して繁殖成功を図っている（長谷川・長谷川, 2000b；スプレイグ, 2004）。人間も例外ではなく、妊娠—出産—子育てという繁殖行動は有限の親資源配分をめぐるトレードオフの過程にほかならない（Keller et al., 2002；長谷川・長谷川, 2000b）。ところで、今日、先進諸国に共通して起こっている少子化は、他の動物にはみられない特異な現

象である。豊かで自己の生存が安泰であるにもかかわらず、繁殖率低下が生じている。なぜであろうか。

　他の動物では自己の生存・発達はすなわち生命の維持と種としての成長である。しかし人間においては、その含意は生物学的レベルにとどまらず、幸せや生きがいなど主観的な価値に準拠しているため、人により、また状況によって変化する。人類の寿命の著しい伸長及び（人工乳や離乳食による）授乳期間の短縮はいずれも科学技術の成果だが、これがライフヒストリーを変化させ、それに投資したい自己資源の水準を高め複雑化させた。とりわけ女性にとっては、就業を初め社会的活動の場が増え、自己資源の投資対象が広がり、子育てという選択肢の比重・魅力は相対的に低下した。その結果、有限の自己資源の自己への投資と繁殖への投資とが葛藤し、少子化という繁殖戦略が採用され、富裕な社会における出生率低下という生物の進化の原則を外れた現象を生んでいるのである。

　このような観点からみると、現在の少子化は、子育て＝種の保存への資源投資よりも個体・自己への投資が優先されている状況であり、これを食い止められるか否かは女性にとって自己の生存・発達と出産・育児という選択とがバランスを取れる状況が保証されるかどうかにかかっていると言えよう。

　経済的側面を重視し、子どもへの投資と他への投資との関係に注目した「相対的投資理論」モデルが、経済学・社会学の領域で提出されている。少子化の原因として、また、理想の子ども数をもたない理由としても、教育費などの経済的負担がしばしば挙げられる（国立社会保障・人口問題研究所，2005）。そこで、この経済的負担を解消すれば少子化を阻止できると言わんばかりに、様々な給付の政策が実施されている。しかし、妊娠・出産を機に退職あるいはパートタイム就業に移行する慣行の強い日本では、子どもを産み育てることは子どもへの経済的投資であるだけでなく、女性にとって自己資源を得る機会の喪失または減少、つまり経済的資源そのものの損失でもある。仕事による経済的メリットが失われることは、すなわち働かないことの経済的デメリットである（橘木，2005）。さらに、職業的・社会的活動によって得てきた達成感や充実感の損失という心理的損失・負担もある。育児には時間や心身の労働など自己資源の投資を要するが、それも見方を変えれば負担である。これは親資源投資の問題と

かかわる。無職になることで自己資源が目減りするばかりか、残る限られた資源が子育てにだけ配分され、自分への配分がされないアンバランスの状況となった時、子どもと子育てのマイナスの価値が浮上する。この体験をすれば、理想の子ども数を産まない方向に作用するであろう。

愛情という名の支配

このように子どもをめぐる状況の変化は、親と子の関係に画期的な変化をもたらした。親は選択の末に「つくる」と決めて産んだ子どもを私物化する傾向を強め、「よく育てる」こと、すなわち子どもの地位達成——高い学歴をつけ高い職業的地位を得させること——は親の大きな関心事となる（天童, 2004）。「つくった」からにはとの強い思い入れに、従来の「できるだけのことをしてやる」のが「親の愛情」というイデオロギーが加わって、数少ない子どもへの教育的営為に、親は経済的・時間的・心理的エネルギーを大きく投資するようになった。教育的営為には投資が大きいだけにリスクもあるが、近年、地位を獲得するための要件の複雑化と不確定要素の増大によって、リスクは一層大きくなっている。この子どもの地位達成リスク意識が、女性の生き方、とりわけ結婚、出産、育児へのコミットメントを左右する。本田（2005）は、子どもの地位達成リスク意識は図Ⅱ-3-13のような方向で作用するとの仮説を全国規模の大量データによって検証している。

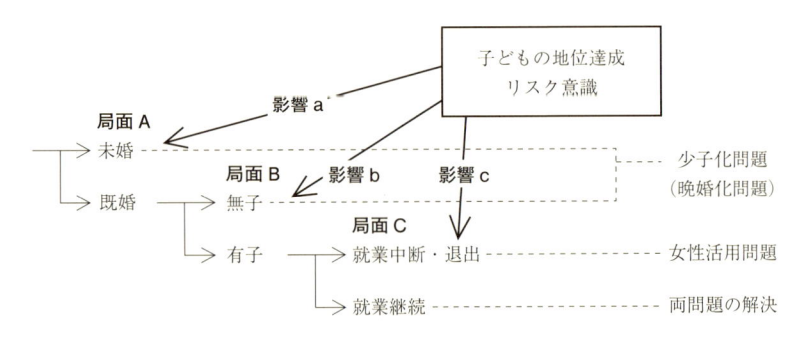

図Ⅱ-3-13　子どもの地位達成リスクの影響についての仮説（本田, 2005）

その分析結果によれば、リスク意識は結婚を躊躇させる形には作用しない。結婚が必ずしも子どもをもつことにつながらない、つなげなくてもいい今日だ

からである。しかし、結婚した場合、子どもの地位達成を重視し、そのリスクを強く意識していることは、子どもをもたない選択か、もつ場合には母親は職業を中断・退出する、という方向に作用している。

　子どもをもつことを選択し、子どもの誕生を機に退職した母親は、子どもの"良育"を自らの使命として課すことになる。自分が諦めた社会的職業活動と失った稼得、さらに少なくない子どもへの投資に見合う結果を求めて、子育てに「賭ける」教育ママが誕生し、子どもへの教育は加熱する（本田，2005）。この背景には達成・成果に価値をおく今日の社会の風潮がある。子どもを産み育て家族の世話をするという関係維持能力に対する評価がなくなってしまったいま、さりとて社会的・職業的達成の場をもたない専業主婦が、子育てを達成・成果を得る場とし、それに賭けることになっていると言えよう。自分の職業を放棄して子どもの教育に賭けた場合、子どもの「教育成功」は母親にとって一種代理達成の趣きをもちやすい。職業から撤退した母親は自己不全感を抱きやすいが、その母親は子どもの地位達成の舵取り役となり、それに成功することで自己不全感が吸収され払拭される効果がある。

　様々な文化の子育てを総覧した原・我妻（1974）は、日本の育児を「先回り育児」と特徴づけたが、その傾向は少ない子どもへの強い思い入れによって一層顕著となり、子どもの生活も園・学校選びも親の理想や計画のもとにおかれることになる。親の「よかれ」は子どもにとっては必ずしも「よく」ないのだが、親の庇護下にある無力な子どもは親のペースに巻き込まれやすい。親の「よかれ」はその価値観や愛情によるとは言え、結果的には子ども自身の自発的な探索や試行錯誤による発見や達成の機会を奪う、「愛という名の支配」「愛情という暴力」「子どもの愛し方がわからない」といった指摘（斎藤，1995）は重要である。

　こうして家族の最大の課題が子どもの教育（保育と就学の成功）になった事情を明らかにした「教育（する）家族」論（中内，2001；神原，2001）は、今日の家族そして母親の特徴を言い得て妙である。それは夫婦中心の家族ではなく、教育の担当である母親と子どもがセットとなって展開される家族である。子どもの誕生を契機に夫婦のパートナーシップは放棄され、性別役割分業の中で教育家族は機能する。母親は教育家族の課題の担い手となり、それに成功するこ

とは自己の存在証明ともなる。こうした状況の結果生まれた、日本の「教育ママ」は世界的に有名である。しかし、全ての母親が教育ママとなるわけではない。本田（2004）は、子どもの地位達成に投資できる資源を豊富にもつ層に概して「教育ママ」は出現しやすいが、それも母親が子どもの地位達成を重視するか否か、自己資源を子どもに賭けるか自分に配分するかという、母親のアイデンティティによっても左右されることを明らかにしている。この間の事情を明らかにする研究は未だほとんどないが、子どもの進学塾通い、教育アスピレーションを母親の諸属性との関連で検討することは重要な研究課題である（平尾，2004）。

養育の忌避・放棄・虐待

教育熱が加速する一方で、子どもの教育どころか、親としての養育役割すら忌避・放棄するケースが近年注目されている。朝食抜きでの登園・登校などは昨今珍しくないが、子どもの心身の保護を怠る、さらには虐待する割合は年々増加してきている（厚生労働省大臣官房統計情報部，2002, 2005a, 2008：図Ⅱ-3-14）。

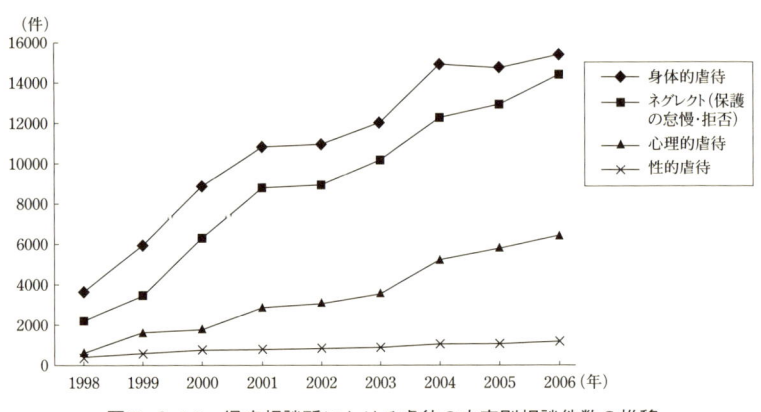

図Ⅱ-3-14　児童相談所における虐待の内容別相談件数の推移
（厚生労働省大臣官房統計情報部，2002, 2005a, 2008）

　虐待した親の事例を検討した大日向（2002）は、虐待に走る母親に多様な原因をみいだし、最初は育児に懸命に取り組んでいたものが、夫の援助もない孤

立や経済的逼迫などのストレスから、虐待や過酷な仕打ちに及んでしまう、それを自分でも止められないケースが少なくないことを指摘している。また、子どもへの愛情を抱きながら「自分」へのこだわりと葛藤を生じ、葛藤の原因を短絡的に子ども・子育てに帰してしまうケースもある。いずれも当の母親個人だけに原因を帰することはできず、夫から・社会からの孤立を始めとする育児状況の問題性を露呈している。先にみた育児不安の二つの規定因――専業主婦であること・父親不在であること――は、虐待の背景とも共通すると言えよう。

　こうした一般的な背景を認めつつも、虐待に至る親には、親子関係に関する認知の歪みがあることに注目したモデルが複数提出され、アメリカでは実証的にも検証されている。

　その一つが、ミルナーの社会的情報処理モデルである（Milner, 2000）。その骨子は、子どもと養育についての親の信念・価値体系（スキーマ）の不正確・歪みに原因があり、このスキーマに準拠して行動することが虐待につながるというものである。スキーマの不正確・歪みとは、子どもの行動や状態についての気づきの欠如、感情表出の読み取り困難、子どもの行動を不服従とみる傾向、子どもの行動への否定的評価（悪意・故意・恒常的特性への帰属など）、さらに状況に応じた柔軟な対応・応答性の欠如などである。こうした認知的な歪みに基づく親行動の不適切さは、昨今の発達環境、発達過程での体験に帰せられる部分も大きいであろう。子どもの世話をした経験なしに親になれば、こうした認知的な歪みが起こるのは当然であろう。また生活水準が上がったことは、我慢や抑制、持続的努力の機会を失わせ、状況に応じた柔軟な対処能力の発達を乏しくしている。こうしたことが、子育てという忍耐や柔軟な対応を要する場面に適切に対処できず暴力的行為に走らせる要因であろう。虐待は、いわゆる弱者に向かって「キレる」現象の最たるものと言えよう。

　もう一つが、ブーゲンタルらの帰属理論に準拠した、親子の力の認知に関する虐待モデルである（Bugental *et al.*, 2000）。このモデルでは、親は養育体験から自分自身と子どもの力のバランスについての認知を形成し、それが養育行動に影響するとの研究から着想されたもので、親子の相互作用における成功・不成功場面の原因を親自身に帰属させるか子どもに帰属させるかに注目する。不成功場面で生じたネガティブな結果が、親にはコントロール不能だが子どもに

はコントロールできる要因によって引き起こされていると帰属する親、つまり子どもより自分のほうが力のバランスが低いと認知している親（LP）に対して、子どもより自分のほうが力のバランスが高いと認知する親（HP）が、養育場面で不適切な行動をとりやすいとの知見に基づいており、親と子の力のバランス認知が虐待に至るプロセスを、図Ⅱ-3-15のようにモデル化している。

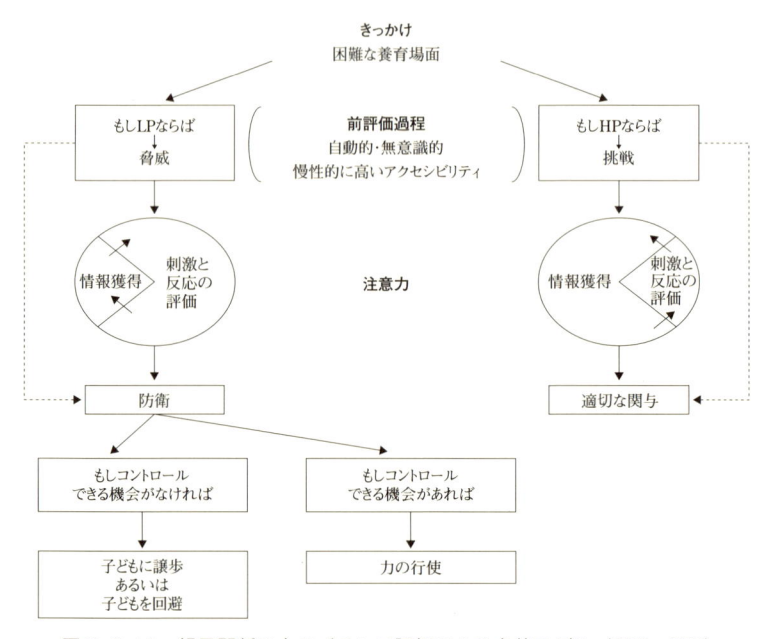

```
                        きっかけ
                      困難な養育場面
              ┌────────┼────────┐
              ↓        ↓        ↓
        ┌─────────┐  前評価過程   ┌─────────┐
        │もしLPならば│ 自動的・無意識的│もしHPならば│
        │  脅威   │慢性的に高いアクセシビリティ│  挑戦  │
        └─────────┘              └─────────┘
             │                         │
             ↓         注意力          ↓
        (情報獲得／刺激と反応の評価)  (情報獲得／刺激と反応の評価)
             │                         │
             ↓                         ↓
         ┌──────┐                 ┌──────────┐
         │ 防衛 │                 │ 適切な関与 │
         └──────┘                 └──────────┘
          ↓     ↓
  ┌──────────┐ ┌──────────┐
  │もしコントロール│ │もしコントロール│
  │できる機会が  │ │できる機会が  │
  │ なければ   │ │ あれば    │
  └──────────┘ └──────────┘
       ↓             ↓
  ┌─────────┐   ┌────────┐
  │子どもに譲歩│   │ 力の行使 │
  │あるいは  │   └────────┘
  │子どもを回避│
  └─────────┘
```

図Ⅱ-3-15　親子関係の力のバランス認知による虐待モデル（川西，2006）

要するに、親が自分を子どもよりも劣勢にあると認知していると、その力の回復を目指して高圧的かつ権威的な態度で子どもに対応するというのである。このモデルの妥当性はアメリカでは検証されているが、問題も残る。それは、そもそも自分と子どもの力関係に関する認知が、どのように何を契機に形成されるのかが不明だからである。たとえば、育児体験の中で無力を体験したことによるのか、生育史の中で自分の存在や能力についての評価、つまり自尊感情の問題なのか、などである。だとすると、より広く親の自己認識の発達が問題となり、自己抑制やフラストレーション耐性とも関連してこよう。

このような虐待の発生メカニズムを説明するモデルの是非もさることながら、そもそも親には子どもに対する暴力につながりやすい構造が潜在している。先にみたように、とりわけ家族の最大の課題が子どもの教育となった「教育家族」では、その目的達成のために教育の任にあたる母親には、「よかれ」による子どもの支配が生じる。それは裏を返せば子どもの意思や人格を無視することでもある。幼少時に親の言うことを聞く"よい子"だった子どもが、後になって問題行動を起こす例は少なくないが、それはそうした親の愛情という名の暴力に対する子どもの抵抗・叛乱と言えよう。また、虐待が最も多いのは3歳以下の幼児に対してだが、この時期、子どもは無力で親に絶対依存せざるを得ない。この状況下では、親は子どもに対して無償の愛を注ぐ存在であると同時に、子どもの生殺与奪の権限をもつ存在でもある。しかも、親は子どものしつけ・教育の責任をもつ立場にあり、しつけの名の下に叩く、押し込めるなどの体罰を行使することになりやすい。このような親子の関係性のゆえに、親は子どもに対して暴力的・支配的な権力者となる可能性が潜在しており、ふとしたきっかけがあれば虐待が引き起こされることになる（芹沢, 2001）。

このような親子関係自体が内包する親の暴力性のうえに、母親に「自分」というテーマが浮上してきたことが問題を一層先鋭化しているであろう。子どもへの投資と自分への投資との葛藤が解決されていない場合、弱者である子どもに対して攻撃が向けられやすい。子育てによる拘束感を何とか抑圧してきた母親が、努力や我慢の限界に達した時、抑圧を強いてきた子どもに対して爆発的な暴力を加える。その後、悔悟の念から今度は子どもに対して過剰な保護を行う。しかしそれもそう長くは続かず、またも暴力・虐待に走ってしまう。虐待のメカニズムにはこのような悪循環がある。自己抑制やフラストレーション耐性の弱さなど、最近の親世代に共通する人格の未成熟もこうした悪循環を促進しているであろう。

「できちゃった」結婚に潜む問題

子どもは選択の対象となり、子どもをもつメリット・デメリットが事前に検討された上での出産がいまや大勢となった。少なくともそれが可能となった。にもかかわらず、「できちゃった」子どもは少なくない。「できちゃった」結婚、

妊娠先行型結婚は年々増加している（厚生労働省大臣官房統計情報部，2005b：図Ⅱ-3-16）。

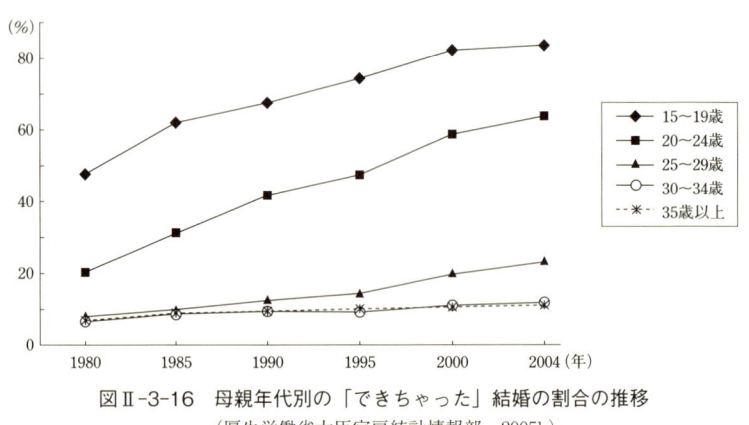

図Ⅱ-3-16　母親年代別の「できちゃった」結婚の割合の推移
（厚生労働省大臣官房統計情報部，2005b）

　また、若年層での中絶は、「できちゃった」が結婚に結びつかなかったケースが多いと推定されている。中絶は子どもの命の抹殺という最大の虐待だが、「できちゃった」結婚の場合にも、虐待の危険性は潜在的に高いと考えられる。望まない妊娠の結果誕生した子どもの発達は、知的・社会的・情緒的側面すべてにわたり劣っていることを、プラハ研究がすでに明らかにしており、それは教育的配慮やしつけの問題によると考えられている。この点から、「できちゃった」子どもの養育がどのようになされているかは注意深くみる必要があろう。
　「できちゃった」結婚の場合、事前に適切なトレードオフのための検討が行われておらず、葛藤が強いなどの事情があり、子育てに前向きに取り組み、困難な育児課題を遂行することを妨げる。結果として、育児放棄や虐待に走る危険性は十分に考えられる。児童相談所で扱った事例中、望まない妊娠の結果の子どもが占める比率は約3割で、それらの親たちは夫婦仲が悪く、親族や近隣との交流もなく、孤立無援の状況だという報告（藤井，1996）は、「できちゃった」結婚の問題性を示唆するものであろう。
　さらに「できちゃった」結婚には様々な事情がある。無知や不用意のための予期しない妊娠もあろう。他方、意図的な「できちゃった」結婚もある。子ど

もの誕生そのものを望んではいないが、相手や親の結婚承諾の手段としての妊娠はその典型である。このような場合、誕生後に子どもに対する適切な養育ができるかどうかは危うい。

　日本は先進国には稀な国際養子の輸出国である（朝日新聞大阪社会部，1995）。その多くは、10代の妊娠や不倫の結果の妊娠の末に、親による養育が拒否され、日本の社会からも疎外された「できちゃった」子どもたちである。彼らの受け皿が国際養子であるという事実は、日本の社会の問題性を露呈している。

生殖医療技術とゆれる親子の絆
　子どもの命を「授かる」ものから「つくる」ものへと変貌させた人口革命に加え、近年著しく進歩した生殖医療技術は、体外授精、代理母、精子の選別など、多様な命の創出を可能とし、生殖革命と呼ばれて様々な影響を多方面にもたらしている。

　たとえば、子どもの生まれない夫婦が「不妊症」とされ、不妊治療の道が開かれたことで、子どものいない人生を考える前に不妊治療に賭けるという新たな選択肢が生じた。その成功率はそれほど高くなく、治療には多大の心身及び経済的負担を要するにもかかわらずである。そうした選択肢は、人々に新しい欲望を生んだといってもよい。不妊治療を受けるか否かは当事者である夫婦だけの問題ではなく、とりわけ女性の側に親や周囲の人々からの有形無形の圧力が強制のように作用している。「子どもをもって一人前」「子どもがいてようやく家族」という考えがこの背景にあり、不妊治療は当事者にとって単純に福音だとは言えない。しかも日本では、不妊治療は制度的に結婚した夫婦に「血縁」の子どもを提供することに重点が置かれている。このことは、血縁重視の考えを一層助長することになろう。何としてでも子どもをもちたいと望む人々が少なくないという現実もあり、卵子提供や代理妊娠・出産などの道を求めて渡航するケースも、後を絶たない。

　このように、生殖医療技術は、これまでとは全く異なる関係の親子が生まれる可能性を包含している。子どもを求め、親となる権利が主張される一方、子どもの人権にかかわる問題——親とは誰か、親側の思惑とは無縁に誕生する子どもの権利の保障など——が提起されている。これらの問題についての十分な

論議が不在で、適用基準も定かでないままに進行している生殖医療技術は、子どもの誕生にかかわった人々、夫婦、そして誕生した子どもに少なからぬ苦悩と混乱をもたらしている。特に深刻な問題は、親の熱意と生殖医療技術によって生命を得た子どもの側に起きている。

　ある医学生が遺伝子診断の検査結果から、母親とは血縁関係があるが父親とは血縁関係がないことを知った。それまで両親を実の親だとずっと信じてきた彼にとって、この判定は衝撃であった。母親に問いつめたところ、通院していた大学病院で、夫側の理由で妊娠しないこと、精子提供により妊娠する可能性を知らされ、それを受け入れて妊娠し出生した子どもであることが告白された。以来、彼は父親とはもちろん、母親とも気まずい関係となり、アイデンティティが崩壊し、母親が妊娠した当時の医学部学生（主な精子提供源）の写真調査を始めるなど、自分の出自を求める苦しい日々が続いている（古澤, 2005）。このような苦悩を、誕生にかかわった医者や親たちは予測しなかったのであろうか。どう解決できるのだろうか。この種のケースは今後、確実に増え、また生殖医療技術の高度化に伴って一層複雑な様相を呈すると予想される。

　そもそも子どもは、自分の意志や希望をもって生まれてくるものではない。不妊治療を受けるかどうかも含めて、子どもはもっぱら親側の意志や期待で誕生する。出生前診断さえ行われ、親の観点からの選別さえ可能である。これに対して、子どもは自身が誕生を希望したのでもなく、親を選ぶことも不可能であり、知る権利から疎外されている。

　このような親子の立場の相違・対照のゆえに、親は子どもを養育する義務をもち、子どもは養育される権利をもつ。しかし、それだけで十分ではない。子どもは自分の出自について知る権利ももっている。先に述べた親の教育的営為などの愛情による支配も子どもがもつ発達権とかかわる問題だが、生殖革命は、親子の関係及び子どもの権利について、新たに重大な問題を引き起こしている。

「誰が」よりも「どのように」育てるか——養育の質の研究へ

　日本では、養子は子どもがいない夫婦が跡継ぎ・老後のために迎える、つまり親の利益を期待して行う場合が多い。その際、成年養子の場合は当事者間の了解があるが、幼少の養子を迎える場合には、子どもにも周囲にも養子である

ことを告げず、一貫して「実」の子どもとして育てることが多い。この慣行は血縁重視の考えを背景にしている。これは、子どもがいる夫婦が血縁のない子どもを養子とし、子どもの育ちを援助しようとの欧米の福祉的視点によるものとは基本的に異なる。

　それゆえ、日本では、血縁のつながりがないという事実が子ども本人にも周囲にも知られないよう、親は様々な腐心をする。出生と同時にすぐ自分たちの戸籍に入れる、引っ越しをして妊娠しなかった事実を隠蔽するなどである。しかし、ふとしたことから真実が子どもに知れ、それまでの信頼関係が壊れたり、子どもの心や行動に不適応の徴候が生じたりする例は少なくない。いずれも親側の利益や思惑が先行し、子ども側への配慮を欠くことに由来している。

　このような従来の養子慣行の問題性に鑑みて、子どもに実の親でない＝養親であることを告げることを条件とする新しい養子制度（オープン・アダプション制度）を推進しているグループ（「環の会」）がある。これは、子どもの知る権利を保障する方法と言えよう。

　このオープン・アダプション制度によって養子を迎えた母親たちを対象とした研究（古澤ほか，1997）によると、養親たちには子どもや育児に対する否定的な感情は低く、親であること、育児することを肯定的に評価している（4段階評定）。さらに家のためにと子どもを抱え込まず、親とは別個な存在として認め、その自立を期待していることが特徴的である（図Ⅱ-3-17）。

　このような養親の特徴は、育児不安や一層顕著となっている子どもの私物化・支配傾向とは一線を画す。血縁のないことを親子ともに知り、認めた上で子どもの育ちにかかわっている養親たちは、子どもに自分への見返りを期待することなく、子どもが育つこと、子どもを育てること自体に、喜びと意味をみいだしているようだ。また、こうした養親夫婦は妻も夫も深く信頼し強い愛情を抱き合っていることも特徴で、相互信頼や配偶者に対する評価（7段階評定）が低い実親夫婦の全般的傾向とは対照的である（古澤ほか，1997：図Ⅱ-3-18）。

　養親たちは、子どもに恵まれないという「不幸」を契機に、夫と妻が問題を共有し、夫婦関係や生き方について共に悩み真剣に話し合い、その結果、子どもに真実を告げて育てるオープン・アダプション制度の趣旨に賛同して養子を育てている。その決断に至る過程が、二人の絆を強め、多くがいわゆる性別役

II ゆれ動く親と子

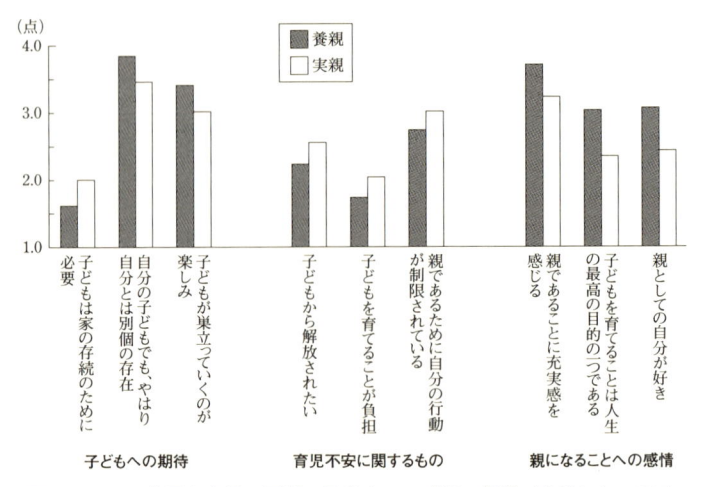

図II-3-17 養子と実子の母親の子どもへの感情・期待（古澤ほか, 1997）

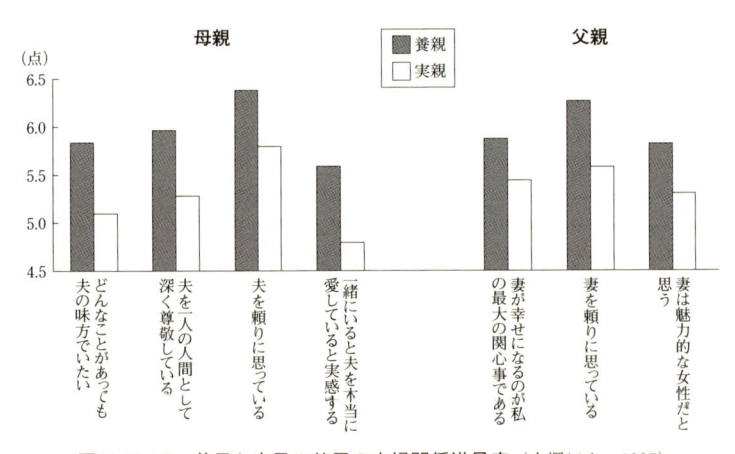

図II-3-18 養子と実子の父母の夫婦関係満足度（古澤ほか, 1997）

割分業の夫婦でありながら、子どもの成長に共同でかかわる共同育児を実践させ、育児不安とは無縁な生活を可能としたのであろう。

　従来、日本で最善とされてきた血縁のある親子関係が、親の価値観や利益、都合などに左右され、子どもに対して適切な距離と愛情をもったかかわりを困難にしているのが昨今の状況である。そのような中で、このような養親たちの存在は、親とは何か、誰が子どもの養育をするかについて多くの示唆を与えて

くれる。子どもの育ちに心と力を注ぎたいと思う者は、血縁の有無によらず、愛情をもって、また自立心を育む適切な距離をもって、子どもを育てることが可能であることを、この養親たちは示している。

乳児院に育った子どもの発達を追跡した網野（2003）は、実の親による育児を絶対視することを排し、血縁を超えて子どもの育ちにかかわる者＝社会的親の重要性を強調している。「母の手で」が強いメッセージとして広く日本の社会を覆っていた頃、職業をもつ母親によって数少ない乳児院に預けられた子どもたちは、知的・人格的・社会的発達において家庭で母親に育てられた子どもと何ら差は認められなかった。また、国内外の研究のメタ分析によっても、家庭保育が施設保育に勝ると断定し得る結果は極めて少ない（網野，2003）。

こうしたことから、子どもの発達にとって重要なことは、養育者が「誰か」ではなく、「どのように」養育するかという、養育の「質」の問題へと移行してきている（Scarr, 1984；金田ほか，2000）。発達初期の母親との一対一の愛着が排他的重要性をもち、それが後々の対人関係や自尊心の発達を規定するとのモノトロピー理論が提出されて以来、母親の重要性と初期経験決定論は、臨床的問題の解釈（母親や幼児期に原因を帰そうとする体質）にも大きく影響してきた。しかし、その後の研究では、初期の母親との愛着が後の発達に決定的に影響するという事実は確認されず、初期経験決定論は否定されている。また、乳幼児は母親のみならず父親、きょうだい、保育者、友だちなど複数の対象と愛着関係を結ぶことが明らかになり、この多様な愛着の絆が後の発達にポジティブに作用することが確認されている（数井・遠藤，2005）。

これらの理論と実証的知見は、今日の子育ての社会的支援の発達心理学的根拠である。子どもの発達にとって重要な愛情と応答的な対応には、保育者と血縁の親とで差異はない。昨今の育児不安に苛まれている母親では欠けがちな子どもへの敏感な応答性、子どもそれぞれの持ち味を尊重したかかわりは、むしろ保育者を初め子どもの養育にかかわる人によってこそ実践され得る。少子化や育児不安の蔓延を背景に、子育て支援が政策課題となり、様々な事業が展開されている。しかし子育て支援事業は必ずしもこうした理論的根拠を明確に踏まえてはいない。また育児不安に苦しむ母親たち、また幼い子どもを保育園に預けるのはかわいそうだと思う母親たちは、未だに子育ては「母の手で」との

考えを信奉したり、それに拘束されたりしている。研究上の知見とこうした現実とのギャップを埋めることが、研究者に求められていると思う。

社会心理学の領域で始まった多重役割の研究の成果にも留意すべきであろう。そこでは、単一の役割に没入するよりも複数の異質な活動にかかわることの積極的意味が検証されつつあり、男性は仕事のみ、女性は家事・育児のみに専一する性別分業の問題点を示唆しており、ワーク・ライフ・バランスが大人の発達にとっても重要であることを明らかにしている。

現在の子育ての社会的支援は、孤立している母親の子育てを社会的にサポートすることに主眼がおかれている。もちろんそれも必要である。血縁を超えた多様な養育者の眼、心、手が子どもの発達には必要だからである。しかし、もう一人の親である父親が育児にも家庭にも不在である現況、それをそのまま放置しての社会的支援はどこかおかしい。母親の孤立、子どもにとって貧困な発達環境、父親のワークとライフのアンバランスなどの問題解決あっての社会的支援でなければならない。そのためには、育児に参加できない父親を支援するしくみ、男性に子育てを初めとする家族ケア役割を遂行・享受できるよう保障する制度・政策が必須であろう。

父親にとっての育児の意味

離婚の増加は単親家庭を生み、母子家庭のみならず父子家庭もじわじわと増加し、また、再婚による再編家族も生まれている（図Ⅱ-3-19、図Ⅱ-3-20）。

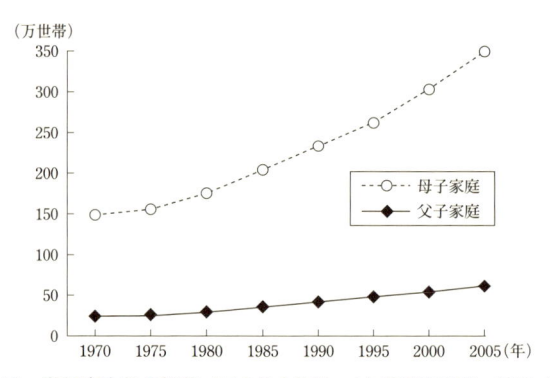

図Ⅱ-3-19　単親家庭数の推移（国立社会保障・人口問題研究所, 2009 より作成）

3　選択としての子どもの価値

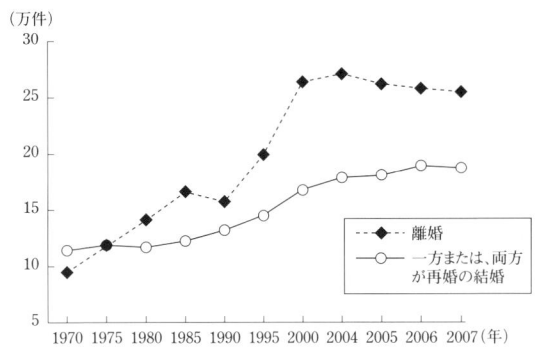

図Ⅱ-3-20　離婚件数・再婚件数の推移（厚生労働省，2007より作成）

　こうした子ども及び結婚の価値の変化の産物としての親子関係の多様性は、研究においても臨床においても従来にないテーマを提起している。しかし、未だに血縁重視・母親偏重の文化の強い日本では、親子と言えば母子の研究がなお優勢であり、父子や新たな親子の関係についての研究は緒についたばかりで、とりわけサンプル数も十分な実証研究は少ない。

　そうした中で、父親による育児の実相を極めて具体的に記した記録が出版されている。妻が自分より多忙な部署にいて、しかも誕生したのは双子だったという切羽詰まった状況から、共働きの夫が妻以上に育児にかかわることになったケース（墨，1995）、離婚して二人の幼い男児の育児に奮闘するケース（土堤内，2004）などである。このように、多くのケースは自発的・積極的に父親役割を担ったわけではなく、外的な状況が父親役割の遂行を促したものである。しかし、やむなく子育てにかかわったにもかかわらず、父親たちは母親に劣らぬ細やかな愛情と世話ぶりを見せている。それだけではない。子育てという営みが（子どものためであるという以上に）育てた自分自身にとって、職業では得られない苦楽相伴う貴重な体験であり、それによって成長したことを述懐し、「育児は育自」と断言している（土堤内，2004）。

　親としての発達という問題意識は、主として子育てを担う女性の視点から提起されてきた。親となっても育児をしない男性にとっては、子どもは慰めや励ましにはなっても、それまでの価値観をゆるがせ、視点の転換や柔軟な対処など行動の変化を迫られる自分の発達にはつながらなかった。しかし、上記のよ

237

うな父親の実体験記録は、多くの男性の仕事への偏りをあらわにし、男性も育児や家事など日常生活の中で、職業や社会的活動では得られない成長・発達を遂げる事実と、その重要性を明示している。「ワーク・ライフ・バランス」の発達心理学的根拠はここにある。アメリカでも、父親にとって育児がどのようなものであるか、そこで何を得たかについての詳細な面接に基づいた本、"American Father"（MacKey, 1996）が出され、先に記した、育児を子どものためだけでなく男性の発達としてとらえる視点（牧野・中原，1990；柏木・若松，1994）が提起されている。

　しかし、男性が父親役割を遂行することは現実には容易ではない。同じ単親家庭でも、母子家庭の場合には経済的困難は大きいものの、そもそも家事・育児は母親が担ってきたものであり、援助も得やすい。父子家庭では全く異なる困難がある。母親任せにしてきた家事・育児には徐々に慣れていくであろうが、男性が家事や育児をすることに対してかわいそう・情けないといった社会の評価、さらに、「母の手で」信奉の立場からの男親ではだめだとの厳しい批判や不信感にさらされる。育児休業を取った父親たちも、子育て支援施設や保育園や病院など、乳幼児関連の場がスタッフも含めて女性と子どもだけと、子育ての担い手として母親を前提としている「女社会」であることにとまどい、閉口している。

　そこには、男性は仕事、女性は家事・育児とのジェンダー規範があり、それが父子家庭に対する社会の強い風当たりとなり、父親自身もそれに縛られて、子どもとの関係づくりがぎくしゃくすることになる。父子家庭の集いに継続的に参加して父親たちの愚痴や体験をつぶさに見聞した春日（1989）は、増加する父子家庭における子育てと父親の実態を明らかにした貴重な記録を残している。その中でとりわけ重要な指摘は、父子家庭の父親が社会の周縁に置かれた困難の中で、それまで自明視してきた会社のあり方や男性の働き方への疑問、家事・育児の意味、地位とは何かに気づいていくことである。人と人、子どもと親、夫と妻が人として深く出会い、正面からかかわることが子育てや結婚の意味であることに気づき、「お金を稼いでくる」だけでは父親でも夫でもないことに眼が開かれ、それを疎外している会社や社会の仕組みに批判の眼が向けられている。このような「父子家庭を生きる」男性の到達点をみると、父子家

庭を「欠損家族」だとか母親のいない病理的家族だと問題視することこそ問題だと春日は厳しく指摘している。

これまでジェンダー問題は、ほとんど女性の問題として研究されてきた。女性が男性に比べて心理発達において葛藤が多く自尊感情が低いこと、家族役割の遂行や夫婦の関係性における不平等の体験などには、いずれも女性に期待され社会化される、ジェンダー規範が背景にある。最近続々と刊行されているジェンダーに関する心理学書（青野ほか，1999；福富，2006；鈴木・柏木，2007）はこうした様相を網羅的に展望し、ジェンダー規範のみなおしとそれからの解放を提言している。

しかし、言うまでもなくジェンダー規範は女性の役割のみについてのものではない。必ず男性の役割と対をなし、女性の役割と男性の役割とを対照的なものとしている。そのうち女性役割についてのみジェンダー規範による負の影響が問題とされてきたのは、思えば奇妙なことである。女性役割より男性役割のほうが上等であり、女性はそれを志向すれば問題が解決すると言わんばかりの状況は、男性は既存のジェンダー規範によって何ら拘束や負の影響を被っていないからなのであろうか。

この問題を正面から追究した多賀（2001）は、20代独身男性と30代既婚男性との面接によって男性役割の認知と実践、さらにその変化の契機を明らかにしている。対象者の多くは、程度の差はあれ、男らしさや男性役割を無自覚のうちに慣習のように受け入れていた。それは家庭、学校など周囲からの社会化の結果であろう。しかし、職業選択や重要な他者（恋人や配偶者）との接触の中で、自分がそれまで無自覚に抱いてきた男らしさのジェンダー規範に気づき、自分がいかにそれに囚われ抑圧されてきたかを発見する。そしてどう生きるかを主体的に考える中で、男性ジェンダーの呪縛から解き放たれる脱ジェンダー化が行われている。

日本では、いまなお男児に対する親の処遇は篤く、男児に対してはより高学歴が求められ（図Ⅱ-3-21）、高等教育への高い進学率（図Ⅱ-3-22）に示されるように、より高額の経済投資が行われている。このような男性への厚遇は職業生活においても続き、男性は女性のように差別や不遇をかこつことなく満足しているのが通例である。男性であることへの期待（ジェンダー規範）は一見有利

な立場につながるかにみえるため、その問題には気づきにくい。それがふとしたきっかけから、男らしさのジェンダー規範が人間として幸福に充実した生を送ることと抵触し、抑圧として作用していることに気づくケースは、人間ならではの主体的な発達と言えよう。父子家庭に生きる男性が体験的に到達した結論——男性が男らしさというジェンダー規範に拘束されて稼ぎ手であることにのみ集中していることへの疑問、そしてそれまで男性が放棄してきた人と人、親と子どもとの深い生のかかわり合いの重要さへの気づき——は、発達不全を食いとめる一歩であろう。

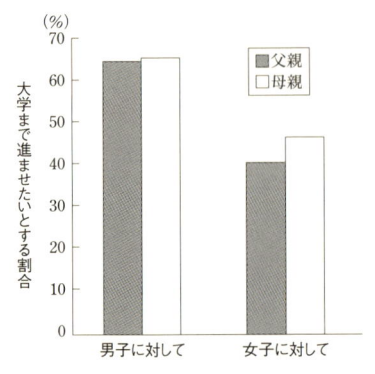

図Ⅱ-3-21　子どもの性別と親の進学期待
（内閣府，2001 より作成）

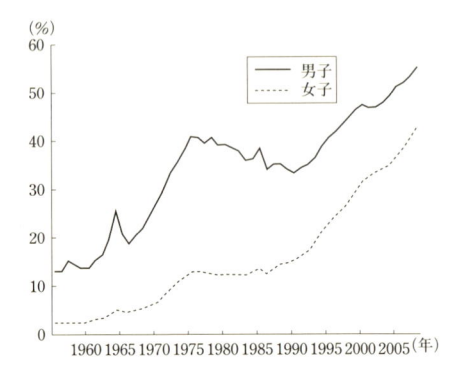

図Ⅱ-3-22　性別と大学への進学率の推移
（文部科学省，2008 より作成）

　一方で、父子家庭の父親は子どものため残業はできず、休みを取ることも多く、職場では当てにされない存在となりがちで、昇進の遅れ・停止はおろかリストラの対象となり、経済的・心理的にも追い込まれていく者も出てくる。このような職場環境は、他の父親に対して子育てへのコミットが同様の危機をもたらすことを予測させ、旧態依然の性別役割分業を続けさせることにつながっている。「父親不在」がやまない現状の背景である。

◇ ケース篇 ◇

　富裕で便利な生活が保障される社会において、人はかつて生命と安全の確保のみに使っていた時間や労力を子産みに向けるかというと、そうではないよう

である。むしろ、少数の子どもに時間と労力をかけて育てるという方向をとる。加えて、時間的に「親をする」ことができない父親は、子育てにかかわれない責任を自分にも社会（勤務先）にも帰することができないジレンマに陥っている。臨床の場に姿を見せる父親は、家族のためを思って働いているつもりでありながら、家族からないがしろにされ、「濡れ落ち葉」になる自分を呆然と受けとめるだけということもある。その意味で、「子育てしない」のではなく、「子育てに参加させてもらえない」父親に関する調査・研究が望まれるところである。

　子どもの誕生に親の選択がかかわるようになったいま、心理臨床の世界では、「選択としての子ども」を象徴するできごとが、クローズアップされている。一つは不妊をめぐる問題で、もう一つは子ども虐待をめぐる親のありようにみられる問題である。いずれも意のままにならぬ生命への人の支配欲が両極に現れた問題と受けとめることができる。

　母親による子ども虐待は、社会の問題として広く取り上げられ、先述のように、様々な要因が絡まって生じている。望まない妊娠、若年の一人親であること、子どもの育てにくさなど個人的要因がかかわっていることもあれば、母親の社会的孤立といった現代社会の事情も絡んでいる。母親にとって、不安とストレスに満ちた子育てから来る無力感と無意識の怒りは、唯一の対象である子どもに向けられやすい。そこから始まるかかわりは、子どもの不服従、母親のいらだち、反抗とも見える子どもの自閉的反応、母親の怒りのエスカレートといった関係の悪循環を招く。加えて、子育ての失敗は、母親としての能力や伝統的性役割における女性としてのアイデンティティに疑問を投げかけ、うつ状態や子どもへの嫌悪、憎しみに陥らせたりもする。家族にかかわりの少ない父親は虐待に気づかぬことが多く、発見や支援が遅れ、取り返しのつかない事態になることもある。そこに子育て支援の必要性がクローズアップされる。

　一方、最近は、不幸にも父親もかかわる虐待死という事態が発現することで、子どもを虐待する親の心理や親子・夫婦関係の現代的メカニズムをうかがい知ることができるようになった。社会から隔絶された家庭という密室で大人二人が加害者になるという意味で、虐待はより一層深刻な様相を呈している。

　以下に、父親の子ども虐待をみてみぬ振りをし、虐待に加担している母親の

II ゆれ動く親と子

事例、子どもを縛り付ける緩やかな虐待とも受けとれる「教育ママ」の事例、不妊治療を含む生殖医療におけるカウンセリングを取り上げ、「選択としての子ども」の問題を考えてみたい。

> **ケースN　父親のしつけのエスカレートが引き起こした長男の学校不適応**
>
> （母：31歳・パート勤務、父：40歳・地方公務員、
> 長男（前夫との子）：7歳・小学校2年、長女：2歳）

　母親の来談は、小学校の養護教諭から勧められてのことだった。担任との面談で長男の学校での落ち着きのなさ、成績の低下、乱暴などが伝えられ、保健室への出入りも多いことを知らされた。養護教諭と話をした結果、まず、母親がカウンセリングを受けるようアドバイスされたという。

　母親は、教師から聞く学校での長男の様子が家にいる時とは全く違っていることが不可解で納得できなかったため、しばらく放置していたが、担任から長男のことを相談してきてほしいと再度強く勧められて来談したという。母親の態度と話し振りからは、とまどいと無気力が感じられ、どこかオドオドしているところが印象的であった。

　母親は、4年前に前夫と離婚後間もなく、長男を連れて、職場で知り合った現在の夫（父親）と再婚して3年ほどになる。母親の話によると、父親はしつけや養育に厳しい人で、再婚時に長男のしつけができていないことに憤慨し、「自分がやり直す」と言って、かなり厳しく長男の養育にかかわっているという。そのおかげで、長男は父親の前では緊張しつつも言いつけを守り、礼儀正しくなり、幼稚園の年長時には周囲からほめられるほど「いい子」に育っていた。小学校に入学後も変わらず、担任から指摘を受けたこともなかった。しかし、2年生になって担任から2度も注意を受けることになった。確かに成績は下がっており、それは父親も問題にして家でも指導している。しかし、家事の手伝いなどは時に叱られながらもできており、家では落ち着きがない様子や乱暴な言動は全くみられないという。

　初回面接では、これを父親に知られたら大変なことになるので、その前に子どもの学校での言動にどう対応したらよいか教えてほしいということが主たる訴えであった。

　その後の面接で次第に明らかになっていったことは、長男への父親の厳しいかかわりは再婚後間もなくトイレの不始末をしたときから始まり、排泄のしつけ、あいさつや食事のマナー、起床就寝、身支度、整理整頓などかなりの範囲に及んでいる。前夫も母親もあまり関心を払ってなかったことだったこともあり、驚いたという。父親は

母親のいい加減な家事・育児に関しても厳しく管理し、時に子ども共々殴られること
もあった。それらを母親は、父親の几帳面さと家族思いの表れと受け取り、怖いとは
思いつつも、きちんとできるようになることが母子の課題と受けとっていた。

　その後の母親へのカウンセリングは、しつけと称する肉体的、心理的なストレスと
恐怖にさらされている長男の状況の理解を進め、父親任せのしつけは母親の長男無視
の状態を招いていることに気づかせた。母親として自分がしつけの責任をとることの
重要性を納得し、父親にもそのためにカウンセリングに通うことを伝え、了承を得た。
その後のカウンセリングは、母親の長男へのかかわりを具体化し、父親とも話し合い
を増やしていった。父親から母親への指導が多少激化したものの、カウンセリングで
は、母親の自己卑下、父親への服従といったマインドコントロールからの解放も含め
て、関係の変化を視野に入れた心理教育的アプローチが取り入れられた。母親自身、
抑圧していた気持ちや無力感が父親との関係にあることを理解するに及んで、自分の
問題に気づき、父親へのかかわりを変えていった[*1]。父親が基本的に悪意をもって
母子にかかわっていなかったことがプラスして、紆余曲折はありながらも、夫婦関係
の改善が図られ、問題は解決していった。

　子どもが幼児ではなく、外の世界に出ていたことで、無意識ながらも危機を訴え、
教師がその合図を受けとめたことで、致命的な危機に至らないですんだ事例である。

解説　子どもへの虐待や殺害は、しつけがエスカレートした結果であり、殴打な
どの肉体的虐待を経て、ネグレクト、死へ至ることが多い。両親が虐待にかかわ
る場合の特徴としては、まず、子どもを虐待する父親は、実父ではなく、このケー
スのように継父または母親のパートナーであることが多い。第二に、ケースに
みられるように、父親が母親よりもかなり年齢も高く、権威的、指導的役割を取
る位置におり、母親自身も虐待されている傾向がある。

　現代の子育て状況において、父親の介入や干渉は、一見、育児参加や支援にみ
えなくもない。支配欲や権力欲の強い父親が参入すると、子育てに自信のない母
親の父親への依存度は高まり、問題を正視できなくなる。経済的にも父親に依存
している母親は、愛ある結びつきを期待し、みすてられる恐怖を抱えて、父親へ
の従順さを強化していく。やがて母親は、徐々に進んでいる父親の子どもへの虐
待をみすごし、至らなさを自責し、「悪い人ではない」「家族のためにやっている」
といった父親への幻想と、父親に逆らうことで自分が暴力の対象になることへの
恐怖とで、マインドコントロールされた状態になり、虐待に服従し、暴力的な関
係に閉じ込められていく。

　そこには、同時にDVのメカニズムがみて取れ、母親自身が継続的虐待を受け

ているほどの強烈さはないものの、PTSD（外傷後ストレス障害）の特徴のいくつかが現れる。虐待する父親のそばで息を潜め、怒りを買うまいと神経をすり減らして過ごす日常は、母親の無力感を高め、受動性、見当識の喪失、無感覚、他人への興味の欠如を招き、子どもを危険にさらすことになる。特に無防備で、抵抗することができない3歳以下の幼児の場合、母親が直接手を下さなくても死に至ることになる。加えて、母親の心理に潜む子どもや父親への無意識の怒りと無力感は、助けを求めるといった行動にはつながらず、弱い者に向かって父親と共謀するという様相を呈していく。

一方、父親は、母子が命令に従い、支配の傘下にいることが家族の姿であり、また親密さの表れでもあると思い込み、しつけや養育の名の下で家族を意のままに動かし、恐怖を喚起することでコントロールしようとしている。コントロールの対象は、成績や進路といった課題の場合もあるが、主として母子の日常の言動であり、しつけにかかわることである。母子は父親にとって、常に心地よい環境や関係を整え、提供する者であり、心の安寧を侵す者であってはならない。意のままにならぬ母子の言動は、父親の望む一体感を崩す脅威であり、その存在を無きものにしようするところまでエスカレートするのである。

また、母親と前夫との子どもの血縁、親密性に無意識の脅威や羨望を感じている父親もいる。それを補償しようとする母親が、虐待に屈したり、見逃したりするという共謀関係も存在する。つまり、「よかれ」という思いや、羨望や不安が関係の中でずれを生み、無意識のうちに凶暴化の悪循環の中に巻き込まれていることも多々ある。孤独な育児、孤立化する家族の姿の一つの表れとして受け取る視点も必要である。一方、生命を意のままにできるという錯覚は、医療（延命治療と生殖技術）の進歩によって生まれたともいえる。性別を含め子どもの誕生を選択できる技術の出現が生命の尊厳までも冒瀆していくプロセスは、今後も大きな問題となっていくであろう。

ケース⑩ 「教育ママ」の押しつけに疲れた長女の無気力

（母：35歳・専業主婦、父：38歳・商社勤務、長女：6歳・小学校1年、次女：3歳）

母親は長女の小学校の担任の紹介によって来談した。紹介によれば、長女は宿題や持ち物を忘れることが多く、教室ではほとんど居眠りをしており、仲間との遊びにも

参加せず、すべての活動において無気力な状態が続いているという。さらに担任は、長女は1週間に7種類の習い事や塾に通っており[*2]、学校生活のためのエネルギーは残ってないのではないかと想像していると付け加えた。母親には長女の様子が心配なので医者かカウンセラーに相談するよう勧めたところ、カウンセラーを選んだとのことであった。

母親も、担任から長女に疲れが目立ち、子どもらしい覇気が感じられず、悪気なく居眠り、物忘れをしているようなので、健康上の心配があると言われたという。しかし、長女は食欲もあり、睡眠もとっており、毎日元気に過ごしているので、医者に連れて行く必要は感じられず、とりあえずカウンセラーに会おうと思ったとのこと。

長女は幼稚園から大学まである私立の有名一貫校に通っており、激しい受験競争を経て幼稚園に入り、親子とも非常に満足しているとのこと。長女の様子は、下校後は毎日、土日も含めて学習塾か習い事に通っており、中でもピアノは最重要課題として熱中しているという。ピアノの練習には、母親の監督の下で多くの時間を割いており、時に宿題をする時間がなくなることはあるが、親子とも気にしていない。低学年の間はそれほど予習復習をしなくても十分ついていけるし、ピアノの技術の習得にはいまが重要だと思っているとのこと。学校での居眠りについては、「先日も注意したので、今後なくなると思います」との返事であった。また、長女と同じくらい習い事をしているクラスメートはほかにもいて、長女だけが特別多いわけではないと主張。

学校で居眠りが続き、授業も十分受けられていない状態への対応を考え合った末、ようやく習い事を減らすために、次の面接までに長女にとって関心の薄い活動について長女と話し合ってくることになる。

数回の面接の結果、母親は心配をぬぐいきれぬ思いはありながら、習い事を二つ減らす試みに合意。驚いたことに、母親が最も熱心し熱意を示していたピアノの稽古を長女はやめたいと言い、母親の大きな失望を招いた。しばらく様子をみているうちに、担任から長女が見違えるほど元気になったとの報告があり、カウンセリングを終了。母親は、改めて長女にとってピアノの稽古はよほどの負担であったことを納得した。

解説　厳しく親批判をすると、親による子どもの「私物化」「愛情という名の支配」の一例である。このような事例は稀ではなく、親の真剣な思いは、「将来どの道で能力が発揮されるかわからないので、なるべく多くの可能性を開いておきたい」というものである。ただ、親の経済力に任せた子どもへの過重負荷には気づいてない。一般に、父親はこのような状況に全く関与しておらず、また帰宅が遅いこともあり、子どもの状態に気づくこともない。父親に象徴される課題達成志向の日常は家族にも及んでおり、母親は自己の課題達成に注ぐ能力とエネルギーを子

どもの成功に傾けている。同時に、子どもを通して自己実現を図ろうとしている母の姿もみえ隠れする。

ケースP　不妊治療をめぐる夫婦の葛藤と妻の落ち込み

（妻：37歳・専業主婦、夫：39歳・公務員）

妻が知人に紹介されて来談。妻は大学卒業後、銀行勤務をしたが、結婚退職し、子どもがいないまま10年を経過している専業主婦である。27歳で結婚したが、しばらく夫婦二人の生活を楽しむことにしていたこと、妻自身が語学研修の希望をもち、また、夫が旅行好きということもあり、海外旅行を含めて二人で過ごすことに満足していた。周囲からよく「子どもはまだか」と聞かれることはあったが、あまり気にせず過ごしていた。しかし、30代半ばに入り、年齢のことが気になり始めた妻が子どもをつくることを提案した。

ところが、なかなか妊娠せず、2年前に検査を受けた。検査の選択、不妊の原因が夫なのか妻なのかをめぐる葛藤などがある中で、医師より投薬を始めとする治療の勧めを受ける。治療は短期間で終わるわけではなく、度重なる検査、スケジュールに合わせたセックスなどの中で、日常生活がすっかり変わっていった。お互いにセックスは負担になり、身体的・性的自尊心を失い、不適応感が増し、妊娠を気にしながらの生活は二人にとって大きなストレスになった[*3]。さらに、時がたつにつれ、妻は早く子どもがほしいと焦るのだが、夫は子どもにこだわることはないと不妊治療にも積極的ではなく[*4]、葛藤が大きくなる。

カウンセリングで妻は、夫はそもそも子どもなどほしくなかったのではないかと疑い、夫とのかかわりにも消極的になったと語る。夫は、妻の気分の変調が激しく、落ち込みも大きいので、カウンセリングを勧めたという。妻自身は、子どもがいないことは女性として一人前ではないし、周囲もそうみているだろう、夫を不機嫌にさせて、楽しくない生活を招いている自分はみすてられるのではないかといった不安をもち、カウンセリングを受ける気持ちになったという。

実情を聞いてみると、二人の不妊検査と治療は中途半端に終わっていながら、続けるか否かも決まっておらず、特に子どもをもつことに対する考え方の違いのために、お互いに向き合って話し合うことができない状態になっていた。人生の再プランニングを迫られるできごとであり、困惑は当然であることを受けとめ、大切なできごとと

して方途を探し、取り組むことを勧める。まずは、検査や治療を続けるかどうかを夫と話し合うことを勧め、話し合いができない場合は、夫婦でカウンセリングに来ることも可能であることを伝えた。治療先に生殖心理カウンセラーがいるかどうかを確かめること、いる場合は、医療の場で併行してカウンセリングを受ける可能性があることも伝えた。

その後は、治療・カウンセリングとも医療先で行うことになった。結果は、不妊治療は不成功に終わり、二人の生活を続けることになったと聞いている。

> **解説** 不妊治療が不成功に終わった結果とその後のプロセスについて詳しく知ることはできないが、ここまで述べたプロセスから、不妊のもたらす夫婦・家族・親子の問題、心理的負担などが想像できるであろう。
> この夫婦のように、生殖補助医療（ART：Assisted Reproductive Technology）なしでは妊娠成立の可能性が低い難治性不妊症、あるいは ART 治療でも妊娠の可能性が極めて低い不妊のケースにおいては、治療前、治療中、治療後におけるカウンセリングの必要性は高まっており、生殖心理カウンセリングの領域で仕事をしている心理カウンセラーの資格認定も始まっている。

父親の母子虐待と教育ママの二つの事例は、意のままに相手を動かそうとする親の姿とみることもできるが、課題志向の現代社会の反映でもあり、親もみえない糸に操られていると受け取ることもできる。興味深いことに、父親と母親が志向する支配の内容には違いがある。父親はどちらかというと日常の振る舞いや関係の維持のために相手を動かし、母親は課題や成果の達成に相手を向かわせている。弱い立場にいる者を利用して父母が日常生活で充たしきれていない部分を埋めようとしている姿、ジェンダーによる役割分担の影の部分がみえるとも言える。

ただ、よい子は育てるが、意のままにならない子は排除しようとする心理と人間を機械のように動かそうとする欲求は現代的であり、父母ともに変わらない。あるいは、父母が異なる欲求をもつ時、夫婦の葛藤は子どもを挟んで対立し、その対立を身近にみている子どもは、自分の存在が父母を対立させていると悩む。実は、この延長線上に、子どもの孤立感やみすてられ不安、非教育ママ・パパ、ネグレクト・放任を中心とする虐待がある可能性がある。豊かさと

放任は子どもの自己抑制・持続的努力の低下を招き、子どもの言動は親の対処能力を超え、親子の柔軟な対応ができないという悪循環に陥っていく。親子ともに、家族に向かってキレるだけではなく、無差別な暴力や殺人という方向に暴走しているかにもみえ、人間の社会化の問題を突きつけている。

　子育てを忌避し、子どもをなき者にしようとする夫婦がいる一方で、周囲からの圧力も含めて不妊をめぐる出産・育児に悩んでいる夫婦もいる。近年のARTの進歩は、日本の出生児の65人に1人がARTによると報告されるまでになっている。ARTは、不妊に悩むカップルに希望をもたらしたと同時に、難治性不妊症や長期にわたる痛みを伴う高額の不妊治療、多胎妊娠、自然妊娠で生まれる子どもとの違いをめぐる問題など、医学的、遺伝学的、心理学的、法的な問題を惹起している。

　不妊原因には主として、排卵障害（卵子の成熟度と排出）、卵管因子（受精・着床・妊娠の妨害など）、男性因子（精子の質と量）の三つが挙げられるが、男性側に原因がある場合でも女性の負担を強いる治療法が施され、また妊娠しない女性に対して責任を帰すことが多い。

　家族心理学の視点からみると、不妊は①家族の発達の危機、②不妊への情緒的・心理的反応、③結婚への影響などの問題をはらんでいる。

① 　家族の発達の危機：家族ライフサイクル上、不妊は夫婦にとって目的の喪失や父母の期待に応えないことを意味し、人生の失敗にも思える喪失体験であり、アイデンティティの再構築など、発達上の危機になりうる。また、社会的責任を果たしていないといった責め、医学的問題を性的問題とする誤解、子どものいない30歳以上の女性に対する偏見などにより、夫婦は余計な負担を負う。そのため、不妊は家族の秘密にもされやすい。隠そうとする心理は直面化を遅らせ、その影響が世代を越えて家族全体へ及んでいくこともある。

② 　不妊への情緒的・心理的反応：事例にもあるように、不妊は夫婦関係に大きな影響をもたらす。不妊を話題にすることへの躊躇、相互の責任の追及と裏切られた気持ち（契約違反）、期待し、モデルとした家族関係の喪失など、関係に様々な危機をもたらす。それは、ショックと悲嘆・否認・怒り・罪悪感・自責・自尊心の低下・無力感といった喪失体験であり、不妊

の発見・診断・治療の過程は長期にわたる上に、そのプロセスにおいても検査の回避、事実の無視、ART後の妊娠判定日の期待と不安、判定が陰性と伝えられたときの落胆、焦りなど様々な心理反応があり、夫婦関係にストレスをもたらす。事例にもあったようにこのプロセスは夫と妻では異なり、それが葛藤や不和の元にもなる。多くの場合、夫は不妊を受け容れる傾向がある。妻が仕事をもっていない場合、治療中に結婚への不適応を起こしやすく、離婚に至ることもあるが、就職して自分の子どもを養育することを諦める取り組みが始まり、適応する場合も多い。また、長い不妊後の妊娠は、夫婦にとって大きな喜びであると同時に、流産の不安など、夫婦共に心理的動揺を体験することでもある。こうしたプロセスを経て不妊を受け容れ、より強い絆を得て、二人の生活を充実させたり、養子縁組や里親へと人生を展開させたりしていく夫婦もいる。

③　結婚への影響：ここでは上記②の心理的影響以外の影響について触れる。不妊検査、治療には身体的負担に加えて経済的負担が大きい。夫婦の努力や負担が無になったという思いをもたらすこともあり、不妊以外の潜在的な問題を表面化させることにもなりかねない。さらに、不妊は、養子の問題にもかかわってくる。養子となった子ども、あるいは非配偶者間人工授精で生まれた子どものことが秘密にされている場合があり、子どもの知る権利を侵し、次世代にまで影響が及んでいくこともある。オープン・アダプション制度には学ぶところが多いだろう。不妊も他の問題と同様、家族にとって問題解決を通した関係の再構築、強化、人生の再選択などのプロセスが望まれる重要なできごとの一つである。

　子どもをもつか否かの選択が可能な現代社会においても、不妊は、女性にとって未だに「自己の支えを失うこと」「子どものいない家庭＝マイノリティ＝社会的孤立」「母性愛神話＝女性は子どもがほしいはず、子どもを育てて一人前」「不妊治療の不成功による喪失体験＝命、時間、経済的喪失」「不妊による問題回避・否認＝妊娠すれば、あるいは子どもが生まれれば、すべてが解決する」といった意味をもつことが多く、大きな挫折感、傷つきになりがち（中島, 2007）と言われている。さらに、現代の女性は30代までアイデンティティの確立において早期完了、モラトリアム、モラトリアム拡散状態にあることが多

く、母親アイデンティティを失うことへの対応も困難であれば、子育てにおいてもそれを確立し得ない人々が多い。

そこには、先の役割葛藤モデル、自由の制約モデル、性的不満モデル、経済的コストモデルなどはあまり見当たらず、父親欠損モデルのみがかかわっているように思われる。つまり、子育てを女性の役割とする社会の傾向は、不妊・子育ての双方に見られ、その裏返しとしての父子家庭の問題もここで考えておく必要があるだろう。つまり、母親が育児放棄したり、母親と離死別したりして、父親が子育てをしていく場合、日常の支援がない状況で、幼い子どもの養育に時間をとることに大きな困難が伴うだけでなく、降格やリストラの対象にもなり、母子家庭と同様の手当ての支給は得られず、経済的に子育てが不可能な状況に追い詰められることもある。子育てまでも課題化され、人生の自然なできごと、家族の営みになり得ていない現代社会の姿が浮き彫りにされていると言えるだろう。

◇ 対 話 篇 ◇

Q：ケースNの問題は、子どもと父親の間に血縁がないための厳しさということもありますか。母親の立場からすると、子どもが継父とうまくやってくれないと自分と夫との関係もうまくいかないと危惧して、父親から子どもをガードできなかったのでしょう。また継父にとって子どもは夫婦関係に割り込む存在ですから、その子どもに暴力的になることは起こりやすいでしょうし……。こういうケースは多くなりますよね。

A：多いですね。これは典型的な虐待の一例です。夫と血のつながりのない子どもに引け目を感じ、夫にみすてられないように子どもを犠牲にしていくのです。この母親は、小学校の先生から勧められて来談しましたが、初めのうちは、あまり家庭の状況を語ることができませんでした。虐待に近いことが起きていることを感じていたのでしょう。学校では子どもの行動が問題になっていましたが、家ではむしろきちんとしていたし、母親に訴えることもなかったのでわからなかったわけです。明確にわかる場合、現在は学校から児童相談所に伝えることもでき、すぐ対処しますが、ケースNはそこまで明確でなかったので

カウンセリングに紹介されたわけです。子どもが新しい父親に従おうとして母親にも気をつかっていたと思われます。母親がカウンセリングの中で虐待を認め、自分のかかわりを変える努力をしたことで、関係が変わっていきました。

Q：ケースNでは、カウンセリングが母親に自分の気持ちや立場に気づかせる役割を果たしていますね（＊1）。そのカウンセリングを勧める人がいたことが大変大事ですね。この後、父親との関係はうまくいったのですか。
A：父親からみて、しつけがきちんとできていない子どもであったことは確かだったのでしょう。そういう意味で、父親は当たり前のことをやっているつもりだったので、母親の子どものしつけへの積極的・支持的かかわりが功を奏したところがありました。その結果、母親と子どもの連合に父親がより干渉を強めようとした時期もありましたが、母親が自分の子育てについて振り返り、父親に協力するためにカウンセリングに通うことの了承を得ることができて、関係は徐々に落ち着いていきました。

Q：子どもは犠牲者ですね。母親と子どもは新しい父親をめぐって利害が対立するようなところがあるでしょう。父親は、しつけは熱心だけれど支配的だというのは、母親のほうが、一人では生きていけないような依存的な人だったのでしょうか。
A：それはあるでしょう。おそらく、きちんとしつけができない人だったと思います。それが、母親の子どもに対する消極性を招いていたとも考えられます。

Q：また、結婚してもらいたくて、引け目がいっぱいなのでしょうね。女性自身が自立的に生きる力と意思をもっていないことから、結局支配されるということになっているのではないでしょうか。女性の自立や心理発達の問題でもありますね。しかし、何よりもこのような状態に置かれた子どものこの先が心配です。親が子どものために「よかれ」と思い込んでやっていることが、実は子どもにとっては心理的暴力となっている場合が少なくありませんが、その意味では、このケースNの継父のしつけも血縁のない場合の例外ではないことに注目したいと思いました。

Ⅱ　ゆれ動く親と子

A：虐待の問題には、「子どもを思う親のしつけ」「よかれと思うゆえの過剰期待」などが絡んでいるので、暴力や力の行使によって相手を自分の思い通りに動かそうとする無意識の人権侵害やジェンダー差別に気づかないことがあります。パワーを有する者がそれに気づくことがまず重要ですが、同時に、両者の自立の問題、かかわり方の問題も絡んでいることをみさだめる必要があります。

Q：ケースOは、親の「よかれ」による支配の典型ですね。専業主婦である母親は子どもの教育は自分の責任と思い熱心に取り組む。他方、商社勤めの父親は仕事が自分の役割と子育ては母親に全権委任している。こうした性別役割分業家族に起こりやすい状況ではないでしょうか。母親は、あのお稽古、このお稽古と、どんどんエスカレートしていますね（＊2）。すべてよかれと思ってなので歯止めがなくなってしまうのでしょう。子どもにとってそのような状況がどうかについて考えるゆとりがなくなってしまうのでしょうね。親の学歴があまり高くなかった頃は、自分はやりたかったのにできなかったと、子どもを進学させたりお稽古に行かせたりすることが多かったと思います。この場合、子ども自身もやりたければよいけれど、親はやらせたいが子どものほうはさほどやりたくないというずれがあると、親の願いは子どもへの圧力になるという不幸になりますね。私は、たとえば自分はピアノを習いたかったけど習えなかったから子どもに習わせるのだというという話を聞くと、じゃあ、子どもよりもあなたがピアノを習っては、と勧めます。何もピアニストになるではないのだから、これから親が始めたっていいのです。母親が楽しそうにピアノをやっているのをみて、子どもも「私もやるわ」となればそれもいいし。

A：このような親の中には、幼い頃から子どもの可能性を広げておいてあげたい、後の祭りにならないように、可能な限りいろいろなことを試させてあげたいといった気持ちがある場合もあります。自分ができなかったことを、経済力に任せて子どもにさせてあげていると思っています。

Q：父親が母親に任せきりだから、余計、母親は子どもの可能性を伸ばしてやるのが自分の責任ということになってしまうのでしょう。「よかれ」の通りにしようとするのは、親による子どもの私物化ですね。そもそも幼稚園からよい

学校など子どもが選べるわけがないのです。親が決めているわけでしょう。
A：ケースOではありませんが、勉強しなくてもよいからピアノだけはやってほしいという親もいます。子どもが勉強が嫌いでピアノはみこみがありそうだからかというと必ずしもそうではないので、学校の先生からみると的外れな期待と映るのです。宿題をやってこなかったり授業中は居眠りをしていたり……。

Q：外国から有名なピアニストが来たりしますが、ピアノでも何でも概して日本ほど早くから始めている国はないですね。相当一流でも6歳とか7歳とかで始めたという人が少なくないのです。先手必勝じゃないですよ。「そんなに急いでどこへ行く」と言いたいですね。中でも一番過剰だと思うのは、英語。小さい時にペラペラ話せたって、それで一生英語がうまいとはかぎらないでしょう。それにみな通訳になるわけでもないのに。日本語でさえちゃんと考えることができない時に、違う言語体系が入ったら当然混乱しますよ。複数の言語を使う必要がある場合ならいいですが、日本にいて日本人の家族で生活している子どもに、早くから英語を習わせることには無理がありますね。子どもにとっては苦行以外の何物でもないでしょう。これは、小さい時に学ぶことが重要だ、絶対だという初期経験の重要性についての信念があるからでしょう。この初期経験の意味や限界について、心理学が専門の立場からしっかりした情報を伝えていない、それがこうした風潮を煽っている、その責任を感じます。
A：日本の親には「なるべく早くしたほうがいい」という神話があるのですよね。バイリンガルに育てられる子どもはものすごく混乱するらしいですね。父親と母親がスペイン語とイタリア語を話す国際結婚の娘さんと話したことがありますが、両方しゃべれるようになった時にやっとすっきりしたと言っていました。それまで相当つらかったようです。

Q：ケースPでは不妊をめぐる問題が扱われていますが、子どもが生まれない、つまり妊娠しない場合、みなが不妊治療を受けるとは限らないでしょう。なぜ、心理的、身体的、さらに経済的にも負担の大きい不妊治療（*3）をしてまで、子どもをもつことにこだわるのでしょう。選べないからでしょうか。
A：「産まない」とこだわる人と、「治療しても産みたい」とこだわる人の違い

は何か——よくわかりませんが、実際、不妊治療を受ける人はたくさんいます。「産む選択ができる」からではないでしょうか。それから、一つは女性の証ということがあります。もう一つ、子を産んで育てる体験をしたいということもあるようです。後者の中には、「育てる体験」と言いつつ、無意識に自分のさびしさを埋めることを望んでいる場合もあります。

Q：「産む選択ができる」とおっしゃったこと、重要だと思います。データ篇で「体験欲」と書きましたが、これは今日ならではの現象です。以前は、黙っていても嫌でも体験した・できた妊娠・出産が、選択になって欲望として意識化したのですから。けれども、体験欲だけだったら、一回すれば十分ですよね。妻は妊娠にこだわるけれど、夫も大変です。一人ではできないことですから。妻がそう望めばついていかなきゃいけない。そういうことから二人の関係がこじれてしまうこともあるでしょう。

A：医療が進み、夫の精子の問題で生まれないことも山ほどあることがわかってきました。以前と比べて有効に受精する精子の量が減っていると言われています。夫のせいだけではないけれども、夫側の原因もあって生まれないのに、妊娠しないのは女性だから、その葛藤があるのです。そのような時に夫はさっさと諦めます（＊4）が、妻がこだわることもあります。

Q：そうなると、一体何のために生きているのかということになりますね。子どもはつくったで終わらない、つくったからには、と子どもに思い入れいっぱいでかかわる、という問題も出てくる。以前は、授かった子どもを産み育てるというふうに、自然の営みとして淡々やっていたことが変わりました。子どもを産むか否かを選択する計画出産によって「つくる」子ども、さらに不妊治療を重ねた結果「つくり出した」子どもとなったいま、その子どもに対する強い思い入れとコミットメントが生まれました。こうした事情を考えると、子どもと親のその後がとても気になります。不妊のカウンセリングはこのあたりのことにどういうプリンシプルで取り組むのですか。

A：基本は、その人はどんな認知の世界でどういうふうに苦しんでいるかを聞き、その苦しみがその人にとってもっともだということを、まずこちらが受け

とめます。まず、不妊治療を受ける人たちには、自分の思いが達成されない喪失感があることをわかる必要があります。同時に妊娠を実現するために、周りの人との関係も混乱して、苦しんでいる部分もあります。夫はもういいと思っているのに妻は納得しないとか、親や周囲が期待やプレッシャーをかけるなど……。そういう葛藤や大変さを理解し、その意味を考えていくのです。その人の悩みをまずは全部受けとめます。後はもう可能性がないと告知された後に、悲嘆のプロセスを夫婦でたどる支えをすることです。

Q：妻の気持ちを受けとめ、それを支えるよう夫や周囲の調整をする、カウンセラーの努力は大切でしょう。しかし、不妊治療そのもの以上に、そうして生まれてくる子どもの未来、その子どもへの親のかかわりが大変気になります。親の思い入れと「よかれ」による介入が、生殖医療までして生まれた子どもには、より過剰に働くのではと危惧するからです。親の権利の保障だけでなく、生まれた子どもの発達する権利も阻害しないような配慮が必要だと思います。ところで、最近、妊娠出産のデッドラインが40歳だということで治療を始めるので、妊娠の可能性が一層低いわけでしょう。考えてみれば、自分たち夫婦が子どもよりもやりたいこと・大事なことがあるから、妊娠を延ばしていたわけで、その結果、高年齢になって、妊娠もしにくい、という事情を受けとめねばと思うのですが、それでよいと考えないのはなぜなのでしょう。全部手に入れたから、今度は子どもだということになって、それを決めたらダメだった。ものごとは計画どおりうまく運ぶものだという社会の価値の反映でもあるでしょうが、その価値規範でやってきた夫婦関係が、妊娠がうまくいかないことを機に、ダメになることもあるでしょうね。

A：不妊なんて自分たちにはないと思っていたのでしょうね。夫婦関係がダメになることはあります。妻にとっては、不妊治療自体が苦痛でもあり、周囲から不妊を妻だけのせいにされたり、夫婦の思いが不一致だったりすると、関係がまずくなることがあります。とりわけセックスがダメになる人たちは結構います。そういう葛藤を聞くことが多いです。

Q：日本性教育協会編『「若者の性」白書』（2007年度版）をみて改めて驚いた

のが、性の自由化が進む一方で、カップルのセックスレスが増えていることでした。これはなぜでしょうか。婚前交渉の当然視とか、性が自由化しすぎた結果かなと考えると、大変皮肉な現象だと思うのですが。他の国もそうですかね。
A：セックスレスの研究はいろいろと進んでいて、一つは、あまりに自由になったから、男と女みたいなことにこだわらない関係になってきている。もう一つは、一般的に性的な欲求がなくなってきているようです。なぜかはわからないのですが。性に関するオープンなやり取りが必要なのに、それができない。それができている人は問題はないと思いますけれど。

Q：2005年に日本発達心理学会で「生まれた子どもがなぜ悩まなければならないのか——AID（非配偶者間人工授精）と子どもの出自」というシンポジウム（企画：古澤頼雄）が行われました。血縁重視の現状の中で、多様な家族、血縁を超えた家族のことを考えたいと企画されたのです。ここでの体験報告をした医学生の例を先にも取り上げましたが、AIDの結果生まれた彼の苦悩がアイデンティティにかかわる問題であることに、聞く者は衝撃を受けたことを記憶しています。これは不妊治療が親の希望に中心を置いていて、子どもの側への配慮や対策がされていないという状況を露呈していますよね。
A：生殖医療を選べるから起こった悩みですね。子どももどういう治療で生まれたかによって抱える問題は様々です。たとえば、日本ではAIDで父親がほかにいることの告知率はとても低いです。血縁関係についてもほかに、産みの母親がいることや養子であることの告知を含め、たくさんの問題があります。

Q：自分が親になる権利と言うけれど、子どもの権利こそ何かと問うべきですよね。まだあまり研究が入れないところですが……。
A：親は自分たちの望みを実現したのかもしれないけれど、子どもにとっては、なぜそこまでして産んだのか、自分の出自がなぜ隠されていたのかなど、親に対する不信感やアイデンティティの問題があります。この点、イギリスはすごく進んでいるようです。日本は子どもへの告知をきちんとしたがらない父母が多く、特に父親が拒否するそうです。母親は自分のお腹を痛めて産むのでこれでいいのか疑問に思うようです。ここには本当に様々な問題があります。遺伝

治療の施設や試みをやっている病院でなければ出てこない問題ですが、とても医師だけでは対応しきれないですね。カウンセリングが必要なところです。

◇ ま と め ◇

　子どもは、長らく〈結婚―性―生殖〉の連鎖の自然な結果〈授かる〉ものであったのが、産むか否かを選択し〈つくる〉ものになり、さらに生殖医療によって〈つくりだす〉ものとさえなった。多くの先進諸国に共通して起こったこの人口革命が、親子関係、その結果としての子どもの育ちに様々な問題を生じさせていることが、ケースからもうかがえる。

　まず注目されるのは、子どもが親の意思と科学技術という人間の力の産物となったことが、親の支配を強める背景になっていることである。親はそれを必ずしも意識しているわけではないが、人間の力に恃む時代精神が生まれ、子どもへの親の教育的営為もその一環となったと言えよう。自分たちの意思に基づいてつくった子どもに対して、今度は精一杯の力を尽くすことになる。父親は仕事に没頭し稼ぎ手として、母親は子どもの教育責任を担う。そうした状況が母親を教育ママとし、「よかれ」と子どもに過剰に介入させることになるのであろう。

　親の善意や熱意にもかかわらず、それが子どもには負担だったり圧力になったり、さらには親のありようそのものが問題だったりすることに、親は気づかずにいる場合が少なくない事情が、ケースからもみて取れる。「よかれ」との信念が強く、問題だと疑う余地がないからなのだろうか。事例の2ケースで、子どもの異変とその背後にある親の問題に学校側が気づいて、親にカウンセリングを勧めているのが印象的である。こうした敏感な洞察がなかったらどうなっていただろうか。学校・教師の役割の重要さを痛感する。

　次に考えさせられたのは、血縁のない親子の問題である。生殖医療による子どもの誕生をめぐる問題は、医学だけではもはや対処できないが、さりとて心理学、カウンセリングも倫理、法律などとのコラボレーションなしに対処し、解決するのは無理である。人間の養育の特徴は血縁を超えるところにあることは確かだが、親の離婚―再婚によって子どもが非血縁の親と遭遇することにな

った場合、厳しい状況が生じる。血縁を超えた愛情や養護が子どもに与えられる以前に、夫婦同士の関係が優先され、子どもがその関係の中で邪魔な存在となる危険な様相をケースは示しているが、このことは離婚・再婚が多くなった昨今、看過できない。そもそも非血縁子への攻撃性は、オスの自己保存と種の保存上の行動として必然性をもつものではあるが、だからといってそれを容認し看過するのではなく、子どもの危険を予知したみまもりや支援をすることこそ人間ならではの責務だと思う。

　離婚については、最近の増加の動向やその理由など親の側にスポットを当てた分析はなされているが、離婚により一方の親と離別することになったり、再婚によって新しい親と出会ったりする子どもについては、研究は極めて少ないのが現状である。親の幸福が子どもの幸福よりも優先されてしまっている現実を、研究は追認するのでなく、子どもの生活と発達にもっと眼を向ける必要があるだろう。弱者である子どもに対する暖かなまなざしを研究者も臨床家ももたねばならない。

　ケースには登場しないが、離婚で父子家庭になった場合には母子家庭とは違った困難がある。「母の手で」がよしとされる日本の社会は、懸命な父親の子育てを心理的にも経済的にも支援することが少ないのだ。子育て広場に子どもを連れて行けば、母子集団に圧倒され、そこにいるスタッフも女性ばかり。職場では、子どものために仕事がおろそかになることに厳しい批判がある。血縁の母親による子育てが当たり前、それが一番という暗黙の風土を払拭し、男性や非血縁者による子育てが暖かく応援されるように、育児環境の軌道修正と整備が必要であろう。

　最後に、生殖医療カウンセリングは大変重要だが、心理学やカウンセリングの知識や技能だけでは不十分であり、医学はもちろん、倫理、宗教、法律など、子どもを産み育てること、さらには女性の生活や家族などにかかわる様々な領域の知恵と仕組みを結集する必要がある。不妊や生殖医療で苦しむ人々が増えていく中で、そうした人々の力になり得る多様な知識と技能の訓練を受けたカウンセラーの養成が急務であろう。心理学は研究も臨床も他領域との協同なしにはもはや実を上げられないことを改めて銘記したい。

第4章　分離・自立の難しさ

◇データ篇◇

パラサイト・シングル

　これまで親子の研究といえば、幼少期の親子の関係や親のしつけなどの問題に集中し、家族は、子どもの独立によって親役割を終了した夫婦が再び二人の生活へ移行するものとして描かれてきた。もちろん、子どもが独立しても親との関係は続き、幼少期とは質的に異なる関係をもつ。また、親の扶養という資源の還流も起こる可能性があり、人間の親子に独自の特徴として指摘されてきた（落合・佐藤，1996）。しかし、成人した子どもと親との関係については長らく、実証的な研究は極めて少ない状況が続いてきた。

　それが近年、成人した子どもが親の家から離れず、独立した生活を送っていない、つまり親と密な関係を継続しているケースがクローズアップされてきた。山田（1999）のいうパラサイト・シングル現象がその典型であり、日本の家族の親子中心の特徴を反映している。

　詳細な調査（宮本ほか，1997；宮本，2004）によると、未婚成人子の親との同居率は全体で74.5％と他国と比べて極めて高い。これは、裏を返せば成人した子どもが家を離れ、一人暮らしあるいは友人と同居する率の低さでもある（内閣府，2004b：図Ⅱ-4-1）。

　親との同居率を年齢、学歴別にみた結果は図Ⅱ-4-2の通りで、概して男性より女性のほうが高く、高学歴層では低く、高年齢ほど低下する（宮本，2004）。

　親と同居している子どもの生活の内容を家事と経済の点からみると、概して女性で家事が多いが、男女とも収入によって家事率は異なることが注目される。男性では、低収入の場合は家事参加は多いが、高収入になると減少し、半数が全く家事をしていない。女性でも、高収入の場合は自分でしている家事数が0のものが40％弱もいるが、低収入の場合には家事が多い（宮本，2004：図Ⅱ-

II ゆれ動く親と子

4-3)。子どもの収入の多さは、家に入れる金額にもつながっている可能性は高いが、高収入の働きをしていると子どもには、家事を免責させる仕組みとなっている。つまり家事と収入はトレードオフの関係にあると言えよう。

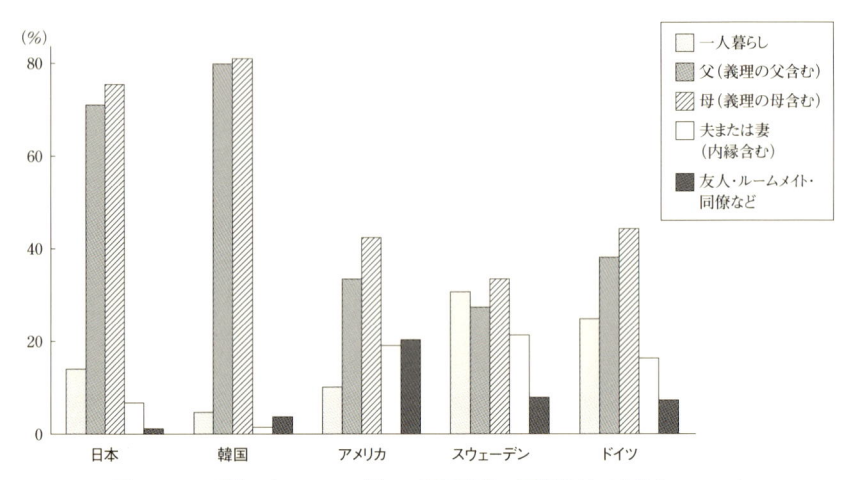

図II-4-1 青年（18～24歳）の同居形態の国際比較（内閣府，2004b）

図II-4-2 未婚成人男女の年齢・学歴別の親との同居率（宮本，2004を改変）

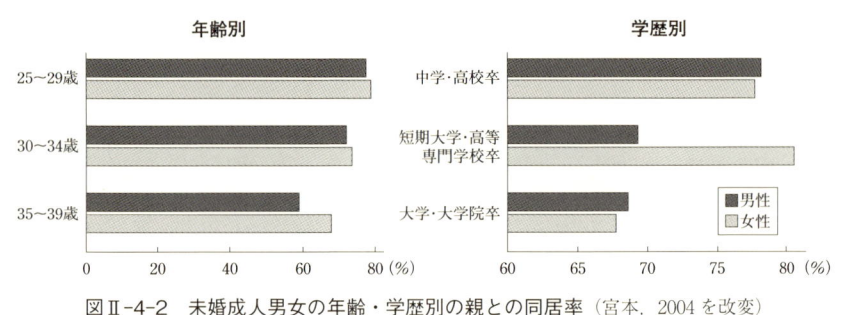

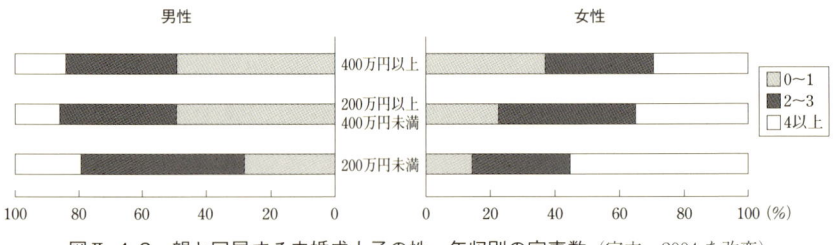

図II-4-3 親と同居する未婚成人子の性・年収別の家事数（宮本，2004を改変）

親との同居生活を、子どもは「さびしくない」「食事や洗濯をしてもらえるから楽でよい」「経済的に楽でよい」と肯定的に評価している（宮本，2004：図Ⅱ-4-4）。一人で生活する場合に比べて、遥かに多くの家事を親に依存できることが「楽」との肯定的評価の主源泉と推定される。

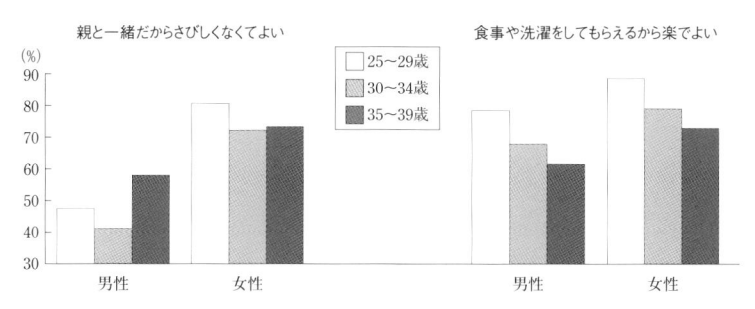

図Ⅱ-4-4　未婚成人子の性・年齢別の同居に対する評価（宮本，2004を改変）

　一方、親の側は子どもの同居に対して概して許容的である。大多数の子どもは親から「何も言われたことがない」としており、親が「卒業・就職したら独立せよ」との明確な規範を示すケースは全体の10％に過ぎない。この傾向は特に父親に顕著で、子どもの結婚についても「本人の意思に任せる」との態度が極めて強く、特に女子が年長になるほどそのような物わかりのよい態度を示す。これに対して、母親は独立や結婚について明確な意思表明をする傾向が父親より強い。母親が子どもの養育責任を負い、子どもの具体的な世話に関与しているからであろう。しかし、全般的には親は子どもの同居を容認している。
　このように受容的な親との生活を、子どもはさほど「干渉されてうるさい」と感じることもなく、むしろ経済や家事の点で「楽」だと肯定し享受している。そして男女とも親と同居しているほうが独立しているよりも自由に使えるお金は概して多く、生活満足度は高い。
　このように未婚成人子が同居する親の経済力・労力に依存し、親の資源を含み財産としている状況が、山田（1999）が巧みに命名したパラサイト・シングル現象にほかならない。

II ゆれ動く親と子

子別れの重要性

このような未婚成人子と親との同居が多くなった背景はいくつかある。

第一は人口動態的要因である。少子化によって、多子の場合には不可能であった親から子どもへの資源投資を、高い密度でしかも長期にわたって行うことが、可能となったのである。

加えて、産業構造の変化は子どもが一人前になる条件を高め、「大人になることの意味とかたちの変容」（宮本, 2004）をもたらした。それは親による子どもへの教育投資を増大させ、子どもにとっては親への依存期間を延長し、独立を先延ばしする方向に作用した。これを可能としたのは、経済的余裕をもち、心身ともに健康な親世代の出現である。日本社会の経済成長と年金制度の充実が、こうした親世代を生んだのである。

こうした状況は先進諸国にほぼ共通する。しかし、他国では日本のように未婚成人子の親との同居は多くない。パラサイト・シングルは名実ともに和製英語である。その原因は、親の役割及び子どもの独立についての規範、さらに家族の軸をどこに置くか、などの違いによる。

血縁者間の相互依存的関係を重視する日本の考えは、子どもの独立についての規範の曖昧さ、ゆるさにつながる。子どもの誕生を機に母子中心の家族となる日本では、母親にとって、子どもを手元に置き世話をすることは、生き甲斐や存在証明になりやすい。そこに「できるだけのことをしてやるのが親の愛情」との日本に強いイデオロギーが加わり、多大な経済的・心理的投資の長期継続を促進させた。子どもとの同居の意味は母親だけにあるわけではない。子どもの誕生以来、パートナーシップを二の次にしてきた夫婦にとって、子ども抜きの夫婦関係の構築は困難で、子どもとの同居は親にとっても「快適」なのである。また、親役割の長期化を促す社会的圧力も強い。子どもがいくつであれ、何かことが起こると「親の顔をみたい」との反応はその典型だが、子どもの育ちや問題行動の原因を家族・親に求める世論、はては臨床的解釈なども無縁ではない。

しかし、親子の分離の重要性は、最近の発達理論と研究の視点からもみなおしが求められている。その一つは、人間の発達は幼少期の家族や親による社会化以上に、参加・接触する様々な集団や社会において子ども自身の働きかけや

活動によって形成され促進されることを指摘した集団社会化理論（Group Socialization Theory：Harris, 1995）である。未熟に誕生する子どもにとって、万全の養育を担う家庭環境の重要性は言うまでもない。しかし、発達の初期から有能な探索者・主体的学習者である子どもにとって、家庭以外の世界や親以外に出会う他者の役割の重要性は明らかである。

　もう一つは、母子の一対一の愛着・結合を強調するモノトロピー理論に対して、複数の愛着の重要性を指摘する最近の愛着研究の成果である（数井・遠藤, 2005）。さらに重要なのは、従来、母子の結合に焦点づけられてきた子育てに対して、母子の分離の重要性を指摘し「子別れ」を提唱する視点（根ヶ山, 2006）である。親子関係の研究や臨床にかかわる者は、これら最新の発達研究の成果に注目すべきであろう。

　親とりわけ母親の役割の偏重は、人間の能力及び発達の過小評価にほかならないが、そのことが家族依存症（斎藤, 2008）を招来しているとも言えよう。先に、親が子どもに対して愛情と言う名の暴力で支配する危険性を指摘したが、それは幼少期に限らない。成人した子どもとの同居は、親が子どもよりも恵まれた生活条件であることで成り立っている。親が経済力・労力を子どもに分け与えてやっていること自体、それが親の善意に発するとしても、支配的な関係をつくっていると言えよう。そして長期にわたる親の保護は、子どもの自立をはばみ、大人になることを阻害していることは確かである。

資源の還流――生涯にわたる親子関係

　人類の親子関係は、子どもの独立で関係が終了する動物とは異なり、量と質のいずれにおいても様々に変化しながらも生涯にわたって持続する。子どもによる老親扶養はその最後の関係であるが、これは子どもの幼少期の養育で親から子どもに投資された資源が、子どもがその扶養・介護をするかたちで親に還流する仕組みである。しかし、その形態や程度は状況によって異なる。

　老親扶養について、かつては「よい」「当然」との肯定的な意見が大勢を占めていた。それが1990年を境に急速に減じ、代わって「（制度や施設が整っていないから）やむを得ない」が増加し、「よい習慣とは思わない」という意見さえ見られるようになった（毎日新聞社人口問題調査会, 2000：図Ⅱ-4-5）。

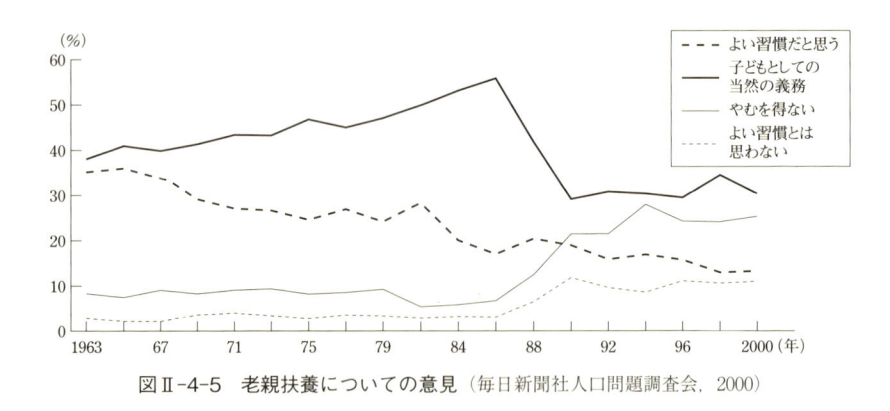

図Ⅱ-4-5　老親扶養についての意見（毎日新聞社人口問題調査会，2000）

　こうした意識の変化を、最近の若者が親不幸になった、薄情になったと断じることはできない。人口動態的な変化、すなわち極めて長寿になった親を少数の子どもで扶養することは、経済的にも心身の能力の上でも困難になったのである。長男が扶養の責任を負う制度もなくなった。このような状況は、親も十分承知しており、自分の老後の生活をどう計画するか、誰に何を期待するかなど、成人子との関係のあり方に影響している。とりわけ母親においては、夫よりも長命が予想されること、経済的資源がより乏しいこと、子どもとの関係が密である、などの事情から、この影響は顕著である。

　そこで、経済的にも介護についても子どもに全面的な扶養はもはや期待できないとしても、同居や身辺の世話、話し相手などの心理的サポートの役割を期待できる・したい存在として、「娘」が浮上したのである。前章で最近の女児選好をみたが、これは娘への期待と対応している。娘には老後の世話役割という新しい実用的価値が生まれたのである。

双子の母娘——女性の発達の問題

　母子関係の肥大化・長期化の極みに、一卵性双生児現象とさえ言われる最近の母親と娘との緊密な関係がある。男児の価値が大きかった30年前には、母親と息子との絆は娘との絆よりも強かった（Makoshi & Trommsdorff, 2000）が、今日それは様変わりしている。男女双方の子どもをもつ50代の母親を対象に、子どもや父親との関係と母親の諸属性とを調査した研究は、子どもとの絆（5

段階評定）は、息子とよりも娘とで遥かに密であることを明らかにしている（高木・柏木, 2000）。母親が子どもを「自分の理解者」「一心同体」とみなす親密な関係は、息子よりも娘に対して有意に強く、さらに子どもの人生への関与と将来の世話への期待も娘に対してより強い（図Ⅱ-4-6）。

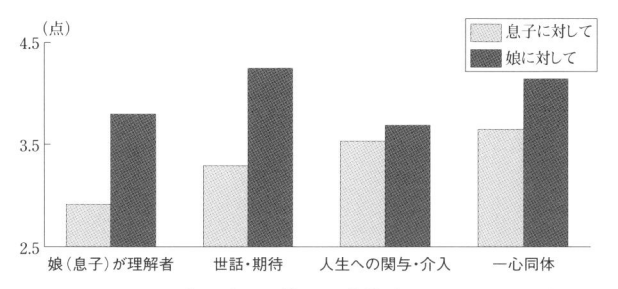

図Ⅱ-4-6　母親の息子・娘への感情（高木・柏木, 2000）

かつて、女性が子どもをもって初めて嫁としての座を得た時代、労働力としてもまた家の継承や老後扶養の点でも期待される男児の価値は高く、その男児の教育が母の使命であり、母と子の絆とは母と息子の関係を意味した。しかし、社会経済的変動によって労働力としての価値に男女差はなくなり、また家の継承と親の老後保証の役割も息子にはもはや期待できなくなった。さらに、男児への教育投資は女児より大きいにもかかわらず、その投資に見合う見返りを息子には期待することはできなくなった。これに対して、女児には投資がより少ない上、先にみたように、老後の世話という新たな実用的価値が浮上した。この価値は、親とりわけ母親の長命化に伴って期待されるようになったものだが、ここからも子どもの私物化傾向がうかがえる。同時に、育児、介護などケア役割は、母・妻・嫁など女性が担うケアの女性化という状況が背景にあることも否めない。その意味で、女児の価値の高まり、母娘の密な関係は、ジェンダー問題と女性の発達に深くかかわっている。

母親が老後どのような生活を希望しているか（娘と同居・近居か、独居・老人ホームか）と娘へのしつけ（4段階評定）との関連を検討したところ、娘との同居・近居を期待している母親は、娘に優しさと従順、さらに家事能力などの女性特性をしつける（＝性別しつけをする）傾向が認められている（高木・柏木, 2000：図Ⅱ-4-7）。

II　ゆれ動く親と子

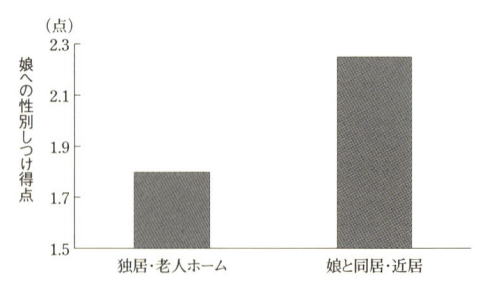

図Ⅱ-4-7　娘への老後の依存期待と性別しつけの関係　(高木・柏木, 2000)

　性別しつけは、娘と同居・近居を期待する母親にとって、自分への世話という価値を高める役割を果しているとみることができ、ここにも親の子どもの私物化、子どもに対するしたたかな期待をうかがうことができる。
　宮本(2004)は、親の期待は、息子に対しては家や資産の相続、墓や家名の保持が強い一方で、娘に対しては年齢や同居・非同居にかかわらず介護が強いことをみいだしている(図Ⅱ-4-8)。

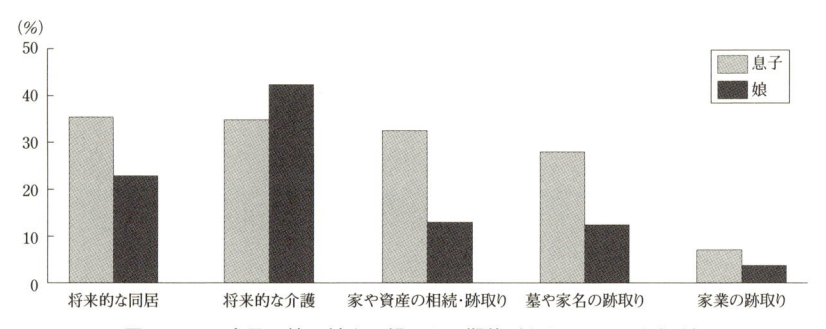

図Ⅱ-4-8　息子・娘に対する親からの期待　(宮本, 2004より作成)

　親の娘に対する介護期待はいくつかの要因によって左右されているが、きょうだい数が少なく親の暮らし向きが普通以下で現在子と同居している場合に、より強い。逆に、親の暮らし向きが良好で、娘の学歴が高く、母親が職業継続している場合に弱い。つまり、娘による介護期待の強さはまず親の経済的条件によって左右される。一方、母親自身の経済力と社会的経験も、娘の生き方に自由を認める方向に作用している。これは女性の高学歴化と就業がその心理、とりわけ子どもに対する感情や達成動機を変化させ、個人化志向を推進させた

状況の一端であろう。このような母親の価値観と生き方（個人化志向か相互依存重視か）が娘への老後期待を決め、それが先にみたように娘へのしつけに反映されることになる。

　娘と母親との関係にかかわるもう一つの要因は、それぞれの配偶者との関係である。結婚した娘と母親との関係は、もののやりとりや精神的交流いずれにおいても、娘とその夫との関係に匹敵するほど強い（森永・寳山，2001）。また、先にみたように母親は娘を自分のよき理解者だとみているが、その認識は夫に対して以上に強い。

　このような母娘間の物心両面にわたる強い絆は、子どもの誕生を機に夫婦のパートナーシップを二の次にし、性別役割分業の子ども中心家族となることから生じた結果である。夫は仕事中心で妻との相互信頼や円滑なコミュニケーションを欠いていること、夫からの情緒的サポートが少ないことが、娘を自分の理解者とみる、娘との一心同体的な感情と結びついている（高木・柏木，2000）。これは、一卵性双生児的母娘関係はほとんどが母親の不幸、家庭内離婚が背景にあるとの臨床的知見からの指摘（中村，1994；信田，1997）と対応するものであろう。また母親の強い支配・介入は娘の人生と心を病ませてもいる（信田，2008；斎藤，2008）。

　いまも、全国規模でみれば夫の親との同居のほうが多いが、都市部では妻の親との同居が増えつつある（毎日新聞社人口問題調査会，2000）。「子どもは二人」が大勢となり、息子のいない場合も少なくないため、一概には言えないが、これまでみてきたような強固な母娘関係の当然の結果であろう。

　これは、親側の娘への期待と同時に、娘側からも親、とりわけ母親への期待もあってのことである。娘が結婚し子どもをもつと、出産・育児という体験を母親と共有することから、一層親密な関係となり密な交流が生じることになる。結婚し子どもをもつ娘と母親との物質的・心理的やりとりを分析した研究（春日井，1997）によると、母親も娘も大方が親子の関係をうまくいっていると評価している。そして母→娘、娘→母のやりとりをみると、プレゼントや家事や買い物の手伝い、相談などはほぼ対等に交換されているが、金銭的援助は圧倒的に〈母→娘〉が多い（表Ⅱ-4-1）。結婚し離家した後も、経済的パラサイトは続いているのである。

表Ⅱ-4-1　既婚の娘と母親の援助の交換（％）（春日井，1997）

	与え手		受け手	
	娘	母	娘	母
プレゼント	97.1	97.8	94.2	96.5
家事や買物の手伝い	74.5	70.2	55.8	65.9
世話の提供	61.3	63.9	60.3	35.3
相談に対する助言	79.3	71.1	89.6	66.8
金銭援助	5.8	45.4	46.7	2.6

　このような子育て期の娘への母親からの資源投資は、高齢期の母親への世話というかたちで娘からの資源還流となる可能性を含んでいる。保育園も乏しく子どもの養育に困難の多かった時代、職業をもつ娘に代わりその母親が孫の養育を担ったケースは少なくない。今日でも緊急時子どもを預ける相手、ふだん子育てを手伝ってくれる人は自分の母親である（垣内・櫻谷，2002：図Ⅱ-4-9）。

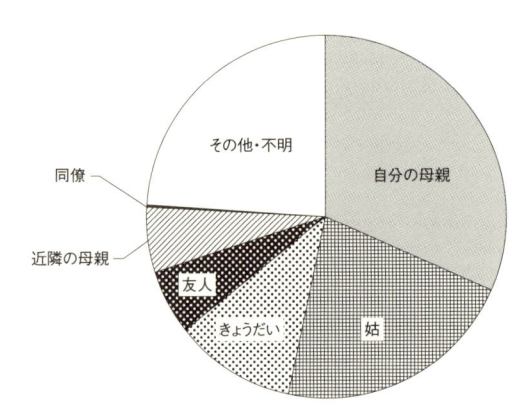

図Ⅱ-4-9　ふだん子育てを手伝ってくれる人（垣内・櫻谷，2002）

　人類の女性が生殖能力を失った（閉経）後も長命であることは進化上の謎であるが、これについて、自分の親族（娘）の生殖（出産と育児）を援助するかたちで種の保存に貢献しているとの「おばあさん仮説」が提唱されている（長谷川・長谷川，2000b）。この仮説はまだ十分検証されていないが、母親による娘の育児支援はその視点から理解することも可能であろう。

　このような娘の育児への母親の協力・関与は、どう評価されているだろうか。祖母による育児を甘やかしとして批判し、育児は母親の責任とする否定的な態

度と、祖母の育児参加は母親にゆとりができる、優しい気持ちや文化や家風が伝わるなど肯定的態度とを調べたところ、概して祖母の育児を肯定する態度が強く、それは妻の親と同居の場合に、妻の就業形態にかかわらず最も強いことがみいだされている（直井，2000：図Ⅱ-4-10）。

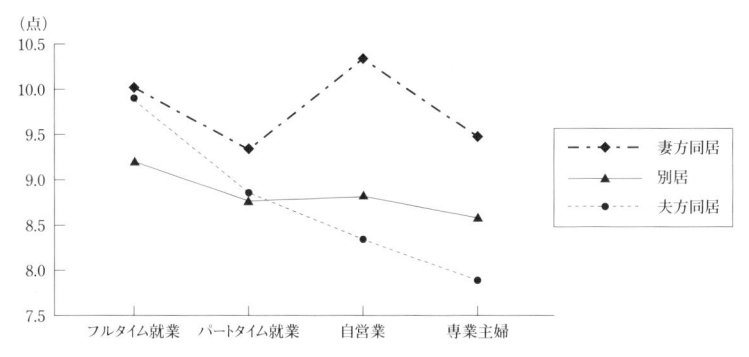

図Ⅱ-4-10　同別居・妻の就業形態別の「祖母の育児」好意度得点（直井，2000）

このような育児における祖母の役割を肯定する意識の変化、それに母親側の自分の老後における娘への期待、それら双方の思惑が相まって妻方の親との同居が促進される可能性は大きい。先にも述べたが、第一子が女児の場合には、次の出産を辞める、つまり一人っ子（娘）にする傾向がみられる（柏木・永久，1999）。このことも母―娘、親―娘の絆を強め、母系化を推進することになるかもしれない。今後の動向に注目したい。

　以上のような母娘の密な関係は、大局的には社会経済的・人口動態的状況によってもたらされたものであるが、個々の母親及び娘の価値観にも左右される。とりわけ相互依存的関係を重視するか・個として自立的に生きるか、子どもを自分と分離した存在とみるか・一心同体の存在とみるか、また血縁にもとづく関係を重視するか・血縁を越えた社会的ネットワークや資源を重視するか、などが深くかかわっている。また、女児選好や性別しつけには、特に母親の娘に対する老後の世話役割の期待が反映されている様子をみてきたが、ここには親による子どもの私物化傾向、女性の自立困難、夫とのパートナーシップの欠如、ケアの女性化など、今後解決していくべき女性及び家族の発達上の問題が多々暗示されている。

II ゆれ動く親と子

◇ ケース篇 ◇

　本章の始めに述べられている日本のパラサイト・シングル現象は、親子双方にとって経済的安定、心理的快適さ、生活上の利便性をもたらしているかぎり、カウンセリングのテーマにはならないようである。経済的に自立していて精神的にも心理的にも家族の外に親密な異性を必要としないとか、理想の配偶者に出会えないといった場合に、敢えて結婚を望まない人々は多くなった。何らかの心理的葛藤や自立の問題が家族で問題視されなければ、シングルで通し、そのまま出生家族と同居し続けることは、親子にとって最も安定した次善の選択となるからである。一方、多様な結婚相談事業が展開している背景には、多忙で、コミュニケーションのチャンスもスキルも乏しい現代の若者の問題が横たわっている。

　パラサイト・シングルも、富裕な親の元で不自由なく育ち、結婚しても経済的にも精神的にも親から支援され続けている夫婦も、大きな違いはない。これは日本だけでなく、北米にもみられる現象であり、個人及び家族のライフサイクルにおける若者の自立・自己分化の問題が潜んでいるのだが、問題になるようなできごとが起こらないかぎり、その問題性は気づかれにくい。むしろ、最近では、親は心理的・経済的自立を望んでいるが、何らかの理由で引きこもり、ニートやフリーターと呼ばれる状況にいるなど、一見パラサイト・シングルのような生活をしている若者が問題として取り上げられることは多くなった。いずれも生きにくい社会を反映している。

　ここでは、一種のパラサイト現象として、長期の交際を続けながら結婚できない男女や、結婚後すぐ離婚の危機に陥る夫婦の相談のケースを取り上げる。

ケースQ　母親の反対で結婚に踏み切れない長女

（長女：32歳・銀行勤務一般職、父親：58歳・会社員、母親：56歳・専業主婦）

　長女の初回面接の話は以下の通りである。20代半ば頃から、親戚や両親の勧めで

数度見合いをしたことがあったが、自分も両親も相手を気に入らず、断ってきた。一方、5年ほど前から交際しているボーイフレンド（35歳・会社員）がおり、半年ほど前に結婚を考えていることを両親に伝えたところ、母親が「彼は気が強そう」とあまりよい反応をしなかった。以来、結婚に踏み切れないでいる。

ボーイフレンドは、局長にまで昇進した公務員の父親と賢婦と呼ばれる母親の築いた、経済的にも知的にも恵まれた家庭で、不自由なく育った人。確かにわがままなところがあり、よくけんかをする。けんかの種は、彼が思い通りに物事を進めようとすることで、長女が反発を感じて文句を言うところから始まり、最終的には彼が引いて収まることが多い。彼とは結婚の約束はしたが、彼に対して安心感がもてず、結婚そのものに対しても不安があり、迷っている。仕事は強気でこなしてきたし、現在の仕事に大きな問題も不満もなく、できれば結婚後も続けたいと思っているが、改めて将来のことを考えると、展望があいまいで、結婚同様決められないでいる。

父親は仕事でそれなりの地位を築き、母親は家族の面倒をよくみて家族を支えており、恵まれた環境で育ったと思っている。次女（30歳）はすでに結婚して家を出て、教師を続けている。ただ、母親はよく「結婚生活は不自由、我慢の連続。結婚などするものではない」とか、「これからの女性は、仕事をもって自立することが必要」と言い、子どもを大学まで行かせることに熱心だった。母親の愚痴や望みは、その通りと思っているし、結婚は女性にとって不利だとも思っている。父親は長女が結婚しないことを特に気にしている様子はない。

長女は、周囲の状況に大きな障害はないのに、自分が結婚を決められないのは問題であり、これまで恵まれた状況に流されて、大きな選択もせず生きてきたことを見直し、将来を考える必要があると思い来談した。また、結婚への迷いが母親の反対から始まり、彼への不安が高まり、自信喪失に陥っている。母親との関係を考える必要もあると思っていた。

解説　初回面接から想像できるように、知的にも経済的にも恵まれ、大きな野心も抱かずに進学・就職して、無難な生活を送ってきた若者の中には、このような心理的自立の問題をもった男女がかなりいる。このケースの長女のように具体的な問題に直面して初めて、母娘関係、父母関係の影響を受けた子どもの無意識の依存の問題が浮かび上がってくる。カウンセリングの結果は、結婚に至る場合も至らない場合もあり、その経過は複雑で、長期にわたることもある。

長女の場合は、自立の問題についてはっきり自覚していたわけではないが、母娘関係の問題に気づいていたので、カウンセリングはそのみなおしから始められた。まず、衣食住にかかわる雑用の無意識の母への依存、母を利用しつつ母の立

場に同情し、同時に母の考えやパワーから逃れられないというジレンマなどが明確になるに従い、ボーイフレンドへの不信やくり返される喧嘩が、父母関係の投影であることに気づくようになった。自宅での親子関係がある程度把握された後、カップル面接が継続され、両者の心理的自立の問題を検討して、結婚に至った。

後半のカップル面接は、アメリカで行われている婚前カウンセリング PREPARE (Pre-marital Personal Relationship Evaluation：Olson et al., 1986, 2000) の支援に近いプロセスをたどっている。つまり、結婚のレディネスを個人の心理、対人関係、経済的・社会的要因から検討し、カップルがそれらを共有し話し合うことによって、結婚するかしないかも含めて、最終決断をするものである。アメリカでは、結婚を決めようとしているカップルに対して、教会の牧師やカウンセラーが実施するものであるが、日本においては、自立がテーマにさえなっていない若者たちに対して、結婚を考える前に行うと有効であろう。

ケース R　夫婦関係の問題を出生家族にもち込む妻

（妻：25歳・会社勤務、夫：26歳・会社勤務）

妻は、一歳年上の夫と結婚して2年あまりになる。高校を出て銀行に勤めたが、内気なせいもあって特定の男性との交際もなく、両親の持ち込んだ見合いを数回し、同僚が結婚のため次々と辞めていくのに焦りを感じつつ過ごしていた頃、兄の友人だった現在の夫を紹介されたのだった。夫は、兄の仕事の取引先の相棒であったが、その如才ない、気さくな性格を兄は気に入っており、また、夫も彼女にすぐ好意をもち、積極的にかかわってきた。妻にとって夫は、望み通り大学卒であり、引っ込み思案な自分を引き立て、リードしてくれる存在であり、望まれた結婚でもあり、兄の知り合いという安心感と焦る気持ちも手伝って、結婚を決めたのであった。

夫は、他県出身の末っ子で、大学入学以来、東京のアパートで一人暮らしをしていたが、結婚に当たって新居のマンションが親からの共同出資で提供され、妻はほかの多くの先輩女性にならって結婚を機に退職した。

ところが結婚してみると、夫の社交性は、予告なしに同僚を家に連れてくる、座を独り占めにして騒ぐというかたちで現れ、そこに参加できない妻はひたすら来客のもてなし役をこなすことになった。そのくせ夫は家計に厳しく、食費から接待の費用をまかなうことは当然と考えているようで、妻が家計の苦しさを訴えると、「うまくや

りくりするのが妻の役目」という。妻は手広く家電製品の販売をしている商家で育ち、好きなときに好きなものが買え、自分の月給を含め経済的なやりくりなどしている様子がない母親の影響もあって、夫の生活に合わせて月給の中で家計を管理することは至難の業であった。やりくりが行き詰まると、母親に窮状を訴え、小遣いを補給してもらいながら急場をしのいできた。結婚生活に対する期待は崩され、夫に対する不満や愚痴が増え、母親に訴えることも多くなっていった。

　当初は経済的な急場しのぎを密かに手伝うことで娘夫婦を支援していた母親も、娘の心理的不満を充たすことはできないため、次第に義理の息子に対する不信や疑念を深め、悪口を言い始める。兄も夫を「悪い人ではない」とかばいつつも、妹の気持ちの晴れない生活を心配し、夫への疑問を発し始める。妻は、夫に対する親や兄の厳しい意見と夫への払拭しきれぬ期待とのジレンマの中で混乱し、家庭では沈黙がちになり、母親の前でよく泣くようになって、母親の友人の勧めで来談した。

　母親に伴われて来談した妻は、一見元気そうに振舞っていたが、無力感に陥っているようであった。どちらかというと結婚にこだわっているのは妻で、母親はこんなことになるのは心外、娘を早く引き取りたいという勢いであった。父親も娘をとても可愛がってきたので、思いがけぬ状況に憤慨しているという。兄を通して夫に注意を促そうとしたが、仕事上の関係もあってうまくいかず、相談する気になったのであった。

解説　内気な妻と外交的な夫という相補性を備えたかにみえる二人が、性別役割分業に添った夫婦関係をよしとして結婚したものの、現実は二人の依存性が表面化したケースと言えよう。末っ子としておそらく自由気ままに児童期・青年期を過ごし、社交性で周りを巻き込んでいく夫と、内気で周囲の動きに依存する妻の組み合わせは、結婚当初はお互いの弱いところを補い合う関係としてうまく機能していた。ところが、相補性のエスカレーションは、まず、経済的な問題となって現れ、結果として妻の心理に影響を及ぼし始めた。来談が比較的早かったことと、夫が他者への無頓着さはあるものの、気さくな話し合いができる性格のもち主だったこともあって、夫婦の具体的な話し合いを支援することで生活の建て直しは成功した。

　このようなケースに起こりがちなことだが、状態を放置して親が経済的な支援を続け、さらに夫婦に子どもが生まれても、祖父母が子ども夫婦と孫両方の親であるかのような状態が続く家族もある。それがしばらく続いた後、子どもの問題で相談を始めることもあるが、子どもは例えば不登校をもって「きちんと親（父母）をやってほしい」と父母にメッセージを発していたりするのである。

　逆に、祖父母がこのような状態を夫婦に任せておけず、様々な介入を始め、つ

> いに離婚に至るような働きかけをすることもある。ケースの妻のように窮状を親に訴えると、家族そろって夫を悪者にし、娘を取り戻して元の家族に納まる場合である。このような動きを積極的に取るのは、必ずしも母親とはかぎらない。あるケースでは、夫が浮気をしているようだという娘の訴えに、すぐさま父親が私立探偵をつけて義理の息子の行状を調べ、証拠を突きつけて離婚に至らせた。つまり、子どもの結婚の危機に親が支援をするつもりで介入しているのだが、その支援は親の思い通りにことを処理するというものになっているのである。

　家族療法家は多くの臨床の中で、長引いた恋愛時代後の結婚と性急な結婚は、いずれも将来のライフサイクルの移行期に問題を引き起こすことを経験している。ここで取り上げた2ケースもその例である。このようなケースには、いくつもの問題が重なっていることを指摘することができるが、そのいくつかを取り上げておこう。

　第一は、ケースQにみられる家族ライフサイクルにおける「若い大人」の時期の意味である。この時期の発達課題は、出生家族との遮断や親代理（恋愛の相手）への情緒的逃避をすることなく、親との分離を首尾よく果たすことである。つまり、新たな家族システムを創造する前に、個人の人生目的を定め、自己確立をある程度果たしていることが必要になる。出生家族の情緒的関係に巻き込まれていないほど、新しい家族にかかるストレスは少ない。この時期は、家族から引き継ぐもの、家族に残すもの、新たに創造するものなどを考えるチャンスでもある。

　ところが日本では、このような「若い大人」の時期における出生家族からの自己分化の意味は十分理解されていないばかりか、その課題は男性には課されても、女性には適用されてこなかった。先に述べた現代の家族に課された多重役割の負荷は、子育てを妻に任せる傾向を生み、妻の経済的自立を脅かす。さらに、この時期、男性は仕事に集中する傾向があり、自己理解に関心を払う機会は少ない。つまり、心理的自立は両者にとって先延ばしになりやすい。自己の成長に十分な時間をかけ自立を志向する女性は、出生家族と距離をとり、結婚しないでキャリアを追求するか、結婚とキャリアの両立に向かうが、キャリア追求を重視しない女性は、出生家族からの自己分化も不十分なまま、結婚も

選択しないといったことが起こり得る。

　ここで、出生家族の問題、つまり父母の問題が絡むと、自立の問題はさらに複雑になる。特に父母が子どもと情緒的に離れられない場合、ケースRのような状況が、結婚前にも後にも起こる可能性は高い。パラサイト的な状況にある者が、何らかの問題に出会うと、自分では決められず自信欠如を体験する。あるいは他者からのコントロールにも情緒的反応で対応し、自己表現（アサーション）ができず、対人葛藤を起こすか葛藤回避による問題解決の先延ばしをすることになり、出生家族からの自己分化と親密性の問題が表面化する。すなわち、親子ともに自己分化の低さがあるため、自立を経た親密さと依存に満ちた密着関係の区別がついていないのである。

　第二は、上記とも関係があるが、夫婦の組み合わせ、相互作用の問題である。夫婦のどちらかが自己分化ができている場合は、その影響で二人の関係の中で自己分化が進むことがあるが、自己分化の低い者は情緒的な対応をする傾向が強いため、同じように自己分化の低い相手を選んでしまう可能性が高いと言われている。特に、親の干渉や過保護から逃れようと親子関係を遮断した子どもは、不安定になりやすく、無意識のうちに親代わりの相手を選び、親子関係と同様の夫婦関係を形成する可能性が高くなる。

　パラサイト現象は、単に子世代だけの問題ではなく、親子二世代、時には三世代にわたる多世代の関係と、現代の女性の自立の難しさがかかわっているだろう。両親にとって、出生率の低下、退職後の長い生活、空の巣による空虚感は、無意識に子どもの依存を許容し、さらにジェンダーによる社会的位置取りの困難さは、「若い大人」たちの自己分化を困難にし、両世代の境界の確立を困難にしている。

　パラサイト・シングルを初め、大人になっても結婚しても経済的・精神的に親に依存している子どもたちは、豊かで便利な生活を手放すことを恐れているのだろう。生活を犠牲にして仕事をしている父親（母親）をみても、充実感のない日常を送っている専業主婦の母親をみても、それが幸せな自分の将来像とは思えない。だからといって、仕事と結婚を両立させる理想の生き方を追求するには、優れた能力と途方もない努力が必要にみえる。それは、いわばフロンティアがなくなった状態なのであろう。

能力はありながら選択に迷っているうちに仕事に就けない人、恵まれた日常から抜け出せず結婚しない人、逆に、早々と前線から退いて引きこもり、ニートやフリーターになる人など、チャレンジすることに臆病だという意味では、親に依存するパラサイトの構図は変わらないのかもしれない。

自分の生活を含めたキャリア発達の問題、ワーク・ライフ・バランスの問題は、老後の生活などの課題を含め、常に選択と決断を迫って次々と現れるはずだが、漠然とした不安はありつつも直面しないで先延ばしにする。パラサイト状態の子どもは親に依存した生活の末に、親の介護を引き受け、親子共々いかにも利害が一致しているようにみえる。しかし、子どもの側の老後は果たしてどうなるのかという問題が残る。本書では家族の老後、介護のテーマは取り上げなかったが、新たなチャレンジである。

ただ、チャレンジのないところに安定も安全も、まして喜びや生きがいもないということに気づくチャンスが、若い時に必要であろう。

◇ 対 話 篇 ◇

Q：ケースQは、恵まれた家庭に育って、それなりに学歴も高い女性が、結婚をなかなか決められないという……。よい悪いは別としても、もう一人前になった、教育も受けた、働けばそれなりに暮らしていける力をもった段階でも家にいる、親に依存した暮らしができるということが、結婚に対して非常に消極的というか、慎重になる理由なのではないでしょうか。つまり、パラサイトしていることが結婚にマイナスに働くという印象をもつのですが、このケースもそうではありませんか。

A：そうかもしれませんね。よい面では、あまり大した相手もいないのに結婚、結婚と焦らなくてもよいという部分もあるかもしれませんが、悪い面では、自分がどう生きるのかということについて関心がなくて、結婚して家事や家庭のマネージなどを担うことから逃れられる状況にいるのが一番楽だと思っているということかもしれません。漠然と何か変だと感じたところから、自分探しが始まったケースでした。

Q：稼げるようになっても親がかりの生活をしているということは、要は差し迫った状況にないわけですよね。アメリカでは、成人しても自立しないで家にいる子どもを、「母親のエプロンの下に隠れている」と言うそうです。つまり、親の庇護の元にいて一人で考えることがないという状況が、自分がどう生きるかを真剣に考えさせないのではないかと思うのです。データ篇でもみましたが、他国では家を出た後、友達や結婚したパートナーと暮らしています。一人で暮らすということになった時に初めて、自分にとってどういう他者が必要か考えるよすがができるのではないでしょうか。そういう意味で、最近いつまでも親が子どもを手元に置いておくことの問題を痛感しますね。みな親がかりで社会的な責任も取らないでいるから、幼いというか。

A：アメリカからの研修生に、日本では不登校がとても多くて、スクールカウンセラーの最大の課題なのだと話したら、「信じられない！　学校に行かなかったら将来どうするんですか」と驚いていました。彼らはなるべく早く家を出ようと思っているから、学校に行かないなどということは考えられない、と。

Q：日本の子どもが不登校で家にいるというのは、居心地がよいのでしょうね。アメリカの子どもは居心地が悪いというわけではないけど、とにかく家から出るのが一人前という共通理解が、子どもにも親にもあるから、いつまでも学校に行かないで家にとどまっているわけにいかないと思う。そういう社会的規範のようなものがあるというのは、とても大事なことですね。さらに引きこもりやニートなども、家庭がセーフティ・ネットになってしまっているというのは、よい面もあるけれども、社会的な問題にしていかなければいけないとも思うのですが……。

A：引きこもりやニートの人たちは、個人的問題や症状があると思われがちですが、支援に当たる側が驚くくらい、人がよくて優しくて一生懸命です。それなのに、社会から責められたり、脅かされたりして、社会とやり取りできなくなってしまっています。怠けているというよりは、いじめを受けたり、成果が示せない子どもはダメといわれたりして、引っ込んでいくわけです。その結果、この厳しい社会の中で太刀打ちできないと思ってしまった、それを家族がかばってしまったという……。

II　ゆれ動く親と子

Q：家族が守らなければどうしようもない面もあるし、引きこもりになった原因は、子どもにもないとは言えないけれど、むしろ学校や職場などの環境にあると思います。そういうところについていける子どもはよくて、そうでない子どもはダメというのも、とても問題です。それにしても、どこまで親が子どもを支えるのか、タイミングとか程度とかの問題がありますよね。

A：データ篇から、豊かさが、人間の決断を鈍らせているというか、よりよいものを求めようとする意思を働かせないようにしているように思いました。

Q：ケースQのように、経済的にも環境的にも恵まれた家庭に、そのままいてよいということになれば、そこから出る勇気など必要になりませんものね。もっと先のことを考えてほしいと思います。親も自分も歳を取るのは自明のこと。その時にこのままの状態が続いていたらどうなるのかという問題まで含めて考えるということが、現在どう生きるか、何をすべきかの洞察を得ることにつながる、一つの課題ではないでしょうか。

A：そうですね。昔はいまが大変だからもっとよくなろうと思って先をみていたけれども、最近はいまがいいから、このままでもいいや、となっています。でも実は、そんなふうに刹那的に生きていると、最近の不況によって明らかになってきたように、突然仕事を打ち切られたり、住む場所がなくなったりして追い込まれていくわけですね。ケースQの解説でPREPAREにふれたのはそういう意味もあります。

Q：それから、ケースQの場合、母親が自分の結婚に対して否定的なことが、娘に大きな影響を与えていると思いますね。現在、晩婚化が進んで、このままだと非婚になってしまうだろうという人たちが多くいますけれども、データ篇でみたように、妻が夫に比べて結婚に不満で、幸福感が有意に低いことはすべての実証研究で一致して確認されています。娘のパラサイト現象は、親世代をみていて、結婚しても、特に女性にとってはよいことなどない、というメッセージを受け取っているからなのではないでしょうか。親の結婚がモデルになっているというか。

A：そうですね。女性の晩婚化とシングル・ライフの選択が進んでいる大きな

理由の一つでしょう。

Q：ケースRは、いまでもこんな人がいるのかと驚きました。こうした女性は親や兄頼り、その延長としての夫依存なのですね。結婚してみたら大違いとありますが、結婚前にちゃんと人をみていないのでしょうね。結婚したらどういう生活を二人でするか、ということについての合意もないですね。兄がいいと言ったからいいと。楽観的というか……。
A：内気で交際ができない人は、引っ込み思案で人と交際するチャンスがなく、「名もなく美しく」生きているわけです。そのような場合、一人で生きるか、パラサイトになることもありますが、このケースのように、たまたま兄の紹介で夫がみつかった。こういうケースは結構あるのではないでしょうか。自分で探す自信がないから、来たチャンスに乗ったということだと思います。社交的でいい人だと思ったのでしょう。

Q：二人は結局別れてしまったのですか。
A：敢えて結果は書かず、こういうこともあるということを示しました。「家庭は、まず二人の生活が重要です」という話になり、その後は続いていると思います。

Q：結婚した相手がどうであれ、「嫁でいる」だけではもう駄目だという認識はないのでしょうか。それが欠けていると思います。よい相手だと思ったらふわふわと結婚する人をみると恐ろしい。愛情というものは変わる、消えるに決まっているものなのに……。自分たちは大丈夫だと思っているとしても、世の中、離婚がこんなに多いのをみれば、愛情は永遠だというのは幻想だと思うようにならないものでしょうか。現在「3高」の夫だって、いつ失職するかわからないし、別な女性を好きになるかもしれない。そんなリスクが結婚にはあるのに。想像力がないというか、結婚すればすべてよしとの楽観というか……。結婚してもしなくても、自分はどう生きるか、生きていけるかといったことについての認識がない。こういうケースはとてもショックです。
A：多くの人たちはそう思っていません。愛は消えるなんて全然思っていませ

んし、育むものということも知らないでしょう。実際、結婚がどういうものかみえていない人が多いでしょう。みえていたら独身かもしれません。一人で生きることのさびしさや孤独に耐えられないか、そんなこともはっきりわからないけれど、これでいいと考えて結婚する。あれこれ考えたら結婚できないですね。だから考えないのかもしれませんし、自分の出生家族がうまくいってない時は、現在のさびしさや孤独を埋めることのほうが緊急になる場合もあります。また、最近は仕事と浮気している夫をみかぎって、ホストクラブに通ったり浮気したりしている妻もいて、結婚は経済的安定と割り切っています。夫も妻が別の男を好きになるかもしれないなどと思っていない場合もあります。

◇まとめ◇

　取り上げられたケースは、パラサイト・シングルそのものではないが、親子関係において「大人になる」ことの問題という点では共通している。パラサイト・シングルはまだ臨床の対象にはなっておらず、また親にも子どもにもそれなりの利便性がある限り問題にはならないとのことだが、これらのケースをみると、問題として現れていると言えるのではないだろうか。いまのところは親子とも利便性を享受しているとしても、子どもの発達、家族の発達の問題が潜在しており、長期的にみれば平穏ではあり得ないように思えてならない。
　ここでの問題の現れ方はいろいろで、豊かな生活条件や家事依存の快適な生活に慣れ、条件が悪くなりそうな結婚を躊躇するケースQからは、子どもが親から離れ、自立することにそう積極的ではない態度がみられる。かつては娘が嫁にいく時、「実家の敷居はまたぐな」と言っていたのに、いまは「嫌なことあったらいつでも帰っておいで」と言い、娘の部屋はそのままにしておく風潮があるようだが、子どもの自立躊躇はこの親の態度あってのことだろう。子どもに「できるだけのことをしてやる」ことを親の愛情と考える日本の風土が、こうしたパラサイト・シングル現象、子どもの自立不全を招来していると言えよう。子どもが独立することの重要性を改めて痛感した。
　大人としての成熟を欠いた状態での結婚が、親への依存から配偶者への依存への移行になるのはごく自然の流れだろう。かつては経済力がなく、どこかの

家に属するほか生きられなかった、つまり「嫁」として生きねばならなかった女性の状況は、いまは様変わりし、女性も教育を受け、就職して経済力をもっている。にもかかわらず、親に依存し続け、「三高」の結婚相手を求め、夫に依存しているケースは、まるで「時が止まっている」状態ではないだろうか。

　聞く耳と柔軟な姿勢をもっている場合は、臨床的な介入が功を奏して問題に気づき、変化・修正の努力をし、問題の解消に向かっている。しかし、問題が起こってからの後始末的対応でいいのだろうか。高齢化により、誰もが一人で生きなければならない可能性が出てきたし、長くなった夫婦期間に比して人の心はうつろいやすい現実を前に、永遠の愛や生活保障を結婚に期待することは幻想になりつつある。こうしたことを考えれば、親や配偶者への依存に甘んじているのは、想像力の不足か、よほどの楽観主義ではなかろうか。心理的・経済的及び生活上の自立は、性別にかかわらず最重要な発達課題である。社会の変化と連動して変化した結婚の意味、自立の可能性と必要性について、早くから子どもに知識を与え、自分の生き方を考えさせる機会が必須であろう。これもキャリア教育の一環にほかならないと思う。

　しかし、気になることは、パラサイト的状況の蔓延を親や子どもだけの非に帰してしまうことはできないということである。長時間労働、過重な責任ある仕事の連続に、ようやく就職した若い労働者たちは喘いでいる。こうした息子や娘を前に、食事や洗濯などできることをしてやることが親として精一杯の支えだ、それなしには子どもの職業生活は成り立たない、との声をよく聞く。かつて妻たちは、長時間労働で多忙な夫に対して万全の世話をすることで、企業戦士と企業とを支えてきた。その結果、男性の家庭不在と全く共感的かかわりの期待できない「粗大ゴミ」「産業廃棄物」を産出し、妻たちもその空しさに気づいた。同じ轍をいま、子どもたちに対して踏んでいるのではないだろうか。ワークだけの労働者、ライフは親や妻が肩代わり、こうした生活を強いている日本の企業社会の問題を提起せずにはいられない。

終章 ケースの先にみえるもの

　これまで各章のテーマに関連した臨床ケースを挙げ、その意味について解説と質疑応答を行ってきた。それによって、実証研究で明らかにされていることが、臨床的な個別のケースではどのように具体的な形で現れているか、またどのような問題を呈しているか、かなり理解できた。
　最後に、臨床ケースとりわけ夫婦・親子の家族カウンセリングの特徴について全般的な疑問と意見の交換をしたい（以下，K＝柏木，H＝平木）。

カウンセリングに来談するケースの特殊性、一般性
K：まず、そもそもカウンセリングに来談するケースが、どれだけ日本の家族の問題を代表するものかについてです。夫婦や親子に起こる「問題」は、おそらく誰にとっても重要なテーマに違いなく、程度の差はあれ多くの家族が抱えているものではないかと思います。けれども、そうした私的な問題をカウンセリングという場にもってくるかどうかとなると、様々な条件が関与しているのではないかと想像されます。カウンセリングがどのように、どの程度期待されているかといった点についての、一般の関心にも応えるものではないかと思います。臨床ケースは具体的で詳細な資料を提供してくれますが、何と言っても少数。そこで、そのケースがどのような層か、特殊性を押さえる必要があると思うのです。特にIPI（統合的心理療法研究所：平木が所長を務める）に来談したケースからどれだけ一般化できるかを考える上で知りたいのですが、いかがでしょうか。
H：共通するものがあるとすれば、家族の問題について助けを求めれば解決できると期待していることでしょう。昔は、家族の問題で助けを求めるということは考えられなかったけれど、それを考えることができるようになりました。一般に、個人療法では、問題を感じたり症状をもったりした個人に治療の必要があり、その人が治ればそれでいいと考える傾向がありますが、家族療法では、関係がつくる問題は関係を変えることで解決すると考えますので、その視点が

終 ケースの先にみえるもの

重要です。つまり、夫も妻も実家では大きな問題もなく育ったとしても、二人が一緒になると問題が生じることはあるわけです。また、一人が問題や症状をもつと、家族関係にも影響が出ます。そんなことから支援を受けたい人は増えていると思います。家族が相談に行ってもいいし、夫婦の問題は夫婦で行ったほうがいいという認知は高まっているようです。

　私の研究所IPIに来談する人の特殊性・代表性については、一般化することは難しいと思います。ただ、問題や症状の傾向としては時代に共通のものがあり、時代や社会の動きに反応して、いち早くケースに変化が現れます。学会の発表や研究を縦断的に見ていると確かめられます。IPIの特殊性として、日本には非常に少ない、カップルや家族のカウンセリングを専門にする機関を標榜していることで、クライエントが自分たちの問題をその視点からみようと考えたり、その枠組みに入ると認めたりして、来談することがあります。もう一つ、民間の研究所では相談料が必要ですので、その費用を支払える余裕がある人が来談します。

　一方、経済的に無料の相談を必要とする人々は公的機関を活用すると考えられます。児童相談所は家族療法を取り入れた支援を行っていますし、病院や教育相談所、家庭裁判所などにも少数ではありますが、家族療法ができるスタッフがいます。ケースは、全体の傾向を一般化しないかもしれませんが、ケースの人々の心理や問題の内容は、一般の人々の傾向を示してくれるのではないでしょうか。

K：自分たち家族の問題を専門家に出すことをためらわずにカウンセリングに来談する人や家族には、何か共通の背景があるのでしょうか。心理臨床が役に立つと思っていることがあるように思いますが。そのほかにたとえば、学歴が高い、経済力があるといった……。

H：必ずしも学歴が高いとはかぎりません。経済的なことは関係するでしょう。1回、1時間半で、1万5千円払える家族ということになりますが、面接は月に平均1回なので、数人が個人療法を受けるとか、毎週受けることを考えると、それほど高くはないのです。民間の機関では、個人療法は1回45〜50分で8千円前後ですから。ただ、医療ではありませんので、保険はききません。

K：専門家のところへ行くことの効果を認めているということですね。1万5千円が高くない、その判断はそれを払ってでも解決したいという動機付けというか、問題意識が高いのですね。
H：来談する人の動機付けは高いです。自分たちに必要な助けを自覚していて、自分たちでは解決の試みに失敗しているので助けを求めるのです。ただ、非常に依存的な人もいます。

K：専門家を必要と考える点では共通でも、カウンセラーへの依存度は様々だということですね。ともあれ、カウンセリングを受ける人は一般に増えてきているのでしょうか。
H：増えたと思います。少なくとも、カウンセリングを受けることに大きな引け目を感じている人は少なくなりましたし、受けてみると、第三者の助けが有効なことがわかることが多いと思います。

K：心理的な問題、家族の問題の解決に専門家の力を借りることが、抵抗なく受容されるようになってきたことはよいことですね。通常、友人や親族などが相談相手になるのでしょうが、そうした相手が少なくなったり、個人的な関係の中で問題をさらすよりも専門家に、と考えるようになったのでしょうね。言い換えれば、心理臨床の力が社会で認められてきたということでしょうか。身内への相談では、知識や意見が偏ってしまいがちでしょうから。
H：特に夫婦の場合、二人ではどうにもならないので、客観的に見られる立場の人の助けが欲しいといわれます。
K：専門家によるカウンセリングは、自分たちについての客観的認識を進める、また多様な視点を得ることになる。これは、自問自答や身近な人への相談ではもてない大きなメリットだと思います。

カウンセラーとの相性

K：来談してカウンセラーと話すことになる場合、カウンセラーとの相性というものはあるのでしょうか。友人は選べますが、カウンセラーは決められてしまう。その場合、カウンセラーとの相性というものはどういうふうに扱われる

のでしょうか。

H：カウンセラー側は相性で拒んだりすることはめったにありません。ケースによって、難しいという言い方をする時はありますが、スーパーヴィジョンを受けたりして、それなりに頑張ろうとします。クライアントのほうからカウンセラーを変えてほしいと言われることはあります。話しにくいとか、相性が合わないとかですが、その時は、カウンセラーと話し合って、少し続けることもあれば、交代することもあります。クライアントの言っていることをカウンセラーがわかっていないとか、カウンセラーがやろうとしていることをクライアントがわかっていないということもあるので、なぜ相性が悪いのか、きちんと話し合いをする必要があります。そのあたりを確かめることが重要です。話し合うことができれば、軌道修正ができる場合もあります。時に仲介役が必要なこともあります。単なるわがままや、相性のところで常につまずいているクライアントである場合は、変えても意味がないこともあり、カウンセラー・ショッピングをしている可能性もありますので、そのあたりを慎重に検討して、カウンセラーを変えることになります。

K：「（クライアントが難しいと思っても）カウンセラーはそれなりに頑張ろうとする」とのこと。ここには専門家としての誠実な姿勢を感じます。しかし、受ける側からすれば、たとえ（友人ではなく）専門家であっても、自分に呼応する相性のいい人を求めることは十分あり得ると思います。その点で、軌道修正や仲介役があって、調整が行われるような機関かどうかは重要でしょうし、相談機関の選び方も重要だと思いました。

ケース対応

K：ケースに複数のカウンセラーがかかわる場合がありますね（合同面接、個別面接など）。このような場合、相談内容についての理解や見通しについて、カウンセラー間で一致していることは重要だと思われますが、どのようにして進め方を決めていくのでしょうか。ケース・カンファレンスで決めていくのですか。

H：インテーク・カンファレンス（受理会議）で決める場合もありますが、IPIの場合は、初回面接する人を私が決め、その人たちがそのまま続ける場合が多いです。つまり、電話申し込みの内容やその際の問題についての結果を判断し

て、適切と思われるカウンセラーを配備します。全員、臨床心理士ですが、ベテランと新人がいます。臨床心理士の資格はあっても、研究所に入って半年から1年目の臨床心理士は、すべて私がスーパーヴァイズするか、夫婦・家族の合同面接の場合は、ベテランと組んでコ・セラピーをします。それは新人の訓練にもなります。また、月に1回ケース・カンファレンスがあり、そこでカウンセラーたちのケース検討が行われます。

　コ・セラピーは、可能性を秘めた素晴らしい方法だと思っています。相談の方向性やスキルの活用の適否などについては、ある程度の一致が必要ですが、夫婦・家族の合同面接では、むしろ基本的に複眼の意義が強調され、カウンセラーの違いや異なったものの見方の披露が、家族に、人は違ってよいのであり、常に一致している必要はないこと、自由に思いを伝え合うことの重要性を知らせることになります。「違い」は「間違い」ではないこと、葛藤は当たり前で、そこから関係は始まることなどは、家族療法の中で家族が身につけていくことです。

K：このような相談を受ける側のシステムというか、相談を進める方針や仕組みは、一般（相談を受ける／受けたいと思う側）には知らされていませんが、いまの説明から、とても重要なことだと思いました。心理臨床の効用ともかかわることですし、受けたいと思う気持ちを左右するという点でも。さらに、臨床家の養成・訓練という点でも重要なことだと思いました。しかし、このようなコ・セラピーは、臨床家の養成に積極的な責任感がなくては実施できないでしょうね。少ないスタッフでたくさんのケースの応対に追われるという状況では、無理でしょうし。

カウンセラーの価値観の影響

K：カウンセリングを進める上で、カウンセラー自身の考え、たとえばこういう結婚がよいとか、女性はこうあるべきだとか、そういうカウンセラーの価値観は、影響をもつものでしょうか。それとも、影響しない・させないものなのでしょうか。いかに非指示的カウンセリングと言えども、カウンセラーの価値観は否応なく入り込むのではと思うのですが、そうならないように伝達を工夫するのでしょうか。具体的な説明がほしいのですが。

終　ケースの先にみえるもの

H：基本的には価値観を押し付けることはしません。カウンセラーとクライエントとの間にはパワーの差があるので、カウンセラーの考え方が相手にどう伝わるかには、倫理的配慮が必要です。専門家が自分の意見を言った時に相手がそれを同じようなパワーで受け取れるかわからない。立ち位置の違いを自覚してやり取りをすることが重要なのです。けれども、クライエントの認知が他の認知を受け入れないほど凝り固まっている場合には、選択肢を増やし、認知を無理なく広げるにはどうしたらよいかをカウンセラーは常に考えています。

　リフレームというのは、認知の幅を広げるアプローチです。心理療法家は問題を解決するためにクライエントと同じ目標をもつのですが、本人が問題と考えていることと、カウンセラーなりにみた問題、カウンセリングの進行の見通しなどには当然違いがあります。その立ち位置の違いを両者が合意しながら進むのがカウンセリングです。医療で言うと、インフォームド・コンセントということが問題になっていますが、カウンセリングでも同じです。クライエントは「おなかが痛い。それを治してほしい」と訴えます。医師は「これは盲腸です。手術する必要があります」と伝える時、どのように相手にわかりやすく、しかも不安が最も低くなるように伝えるかということを考えますが、これが一般に知られていない病気の時、癌のように命にかかわるような病気の時は、告知に心を砕きます。同様に、心の問題はわかりにくく、カウンセラーの見立てをクライエントがすぐわかるとはかぎりません。立ち位置が違うところから始まることはわかっていて、クライエントは違う人が、何かを教えてくれるだろうとも思っています。

　見立てを伝える時は、あなたの問題をあなたはこんなふうに思ってきましたね、あなたは問題をこう解決したいと思っていますよね、と一方でクライエントの立ち位置で受けとめながら、こんなふうに助けられるかもしれない、という提案をします。その意味で、カウンセリングの契約は告知と似ていて、この人は癌だけど、いま、この人にそれをどう伝えるか、受け容れやすくわかりやすい伝え方はどうか、といった二人の立ち位置を埋める作業と前向きに協力しようとするかかわりがとても大切です。たとえば、対人恐怖で人に会うのが怖い、人の前に出ていけない、外出が困難と言っている人には、小さい時からの体験を聞いて癒したり、成功体験を思い出させたりします。クライエントとカ

ウンセラーが相互理解のプロセスをたどり、方向が重なったところで苦しみを克服する契約をします。その人がもっているフレームを大切にしながら、そのフレームにこちらのフレームを付け加え、解決の道がみえる可能性について合意を得ていきます。

K：来談した人は、自分ではあることが問題だと思っているけれど、カウンセラーが話を聞いてみると、その人が考えるのとは別のフレームの問題もあると考えられる。そこで、そのフレームが必要だと考えてそういう提案をするわけでしょうか。
H：カウンセラーは別のフレームが必要だと思っているわけではありません。こんなフレームからみることもできるけれど、その見方はあなたにとって受け容れられますか、と認知のフレームが広がる可能性を探るのです。

K：「別な見方がある」という判断はどういう場合でしょう。
H：カウンセラーは、その人のパーソナリティや親子関係などについてのアセスメントを総合してみます。また、他のたくさんの臨床ケースや発達課題も総合してみます。だからといって、別の見方があることを押し付けたり、指示したりするのではなく、それらを参考にしながらその人がもっている力や無意識に抑え込んでいる考え方などが導き出されるように、その人にふさわしい生き方の物語が生み出されるように共に探っていくのです。

K：カウンセラー自身にそれをできる力、別な見方や発達課題についての知識と実践の蓄積がないと、そのようなことはできませんね。そして、それができる人はそうたくさん育つわけではないと思うのですが……。その辺に臨床家の育成の大変さがあると想像します。
H：訓練はものすごく大変です。ただ、膨大な知識や生き方を知っているから教えられるというのではなく、クライエントや家族と共に考えていくから、そこにその人にふさわしいあり方や生き方の選択ができていくのだと思います。つまり、カウンセリングはその人らしい生き方を探る手伝いであり、同時にカウンセラーの生き方も変える相互作用なのです。

終　ケースの先にみえるもの

K：柔軟性、相手に寄り添った応答性ですね。子どもを育てる、学生を育てる時に通じるものだと思いました。

エビデンスベースについて
K：近年、「エビデンスベース」の重要性が言われますが、臨床におけるエビデンスベースについてどうお考えですか。
H：エビデンスベースというのは、目にみえる証拠、明確な成果を出して、カウンセリングの効果を示すということです。したがって、どのような方法を活用すれば、どのような症状がどれだけ回復したかといったエビデンスに基づいて、技法を選択するカウンセリングを言います。人の思いや考え、人間関係の中で起こるやり取りはまだブラックボックスの部分が多く、エビデンスが出せることと出せないことがありますので、カウンセリングは「アートかサイエンスか（芸術か科学か）」といった議論が始終なされます。エビデンスは確かに大切ですが、それだけではすまないのが心理療法なのではないかと思います。

K：私も漠然とそう思っていましたが、カウンセリングがカウンセラーの直感や考えなどでなされるのでは困ります。クライエントその人自身についての情報とその背景について、カウンセラーにはそれまでのたくさんの経験や研究成果などが必要で、それらエビデンスに基づいてフレームを提案・示唆することではないかと思うのですが。
H：一般的なことはそうだと思います。ただ、人間は個別性をもっていますので、一般的な答えがその人の生き方に合っているわけではありませんし、カウンセラー自身も独自の価値観やバイアス、文化の影響を受けて生きていますので、そのバイアスを意識しながら、クライエントの個性をどこまで活かし、その人が生きる文化や社会に適応していくかということを考えていくことが重要になります。エビデンスベースの心理療法家たちは、治療に関して過去の成果で有効だったことを何度も試行して、ある症状にはこの方法が適しているといったエビデンスで、治療をしているのです。

K：それだったら、実証研究とそう違わないような感じもしますが。たとえば、

不登校という症状そのものは同じでも、その背景や症状の意味はそれぞれ違いますよね。しかし、個別性と同時に、一般性を発見する作業も必要だと思いますが……。

H：エビデンスには仮説があって、それを証明する数がベースになって導きだされていきます。ある特定の症状に対するある方法の信頼性というエビデンスを大切にします。人間共通の特性に有効な方法の探索です。一方、個別性へのアプローチは、結果をみるだけではなく、プロセスを細かくみることも必要です。その場合こういう症状をもったこういう人が、こういう状況になった時にこういうアプローチをしたらこう変わった、という瞬間をいくつもビデオに撮って、そこにある共通性を確かめる。表情や言語が証拠になる。そんなエビデンスの集め方もあります。これは臨床家にとって、とても役に立つエビデンスです。言葉使いやタイミングなどを学べます。立ち位置が違うところをどんな言葉で埋めるかということはカウンセラーの課題ですが、カウンセラーの処法がクライエントの生き方に当てはまるかどうかが問題なのではなく、双方のやりとりが、クライエントの生きやすさをどう創り出すかが問題なのです。

K：私は日頃から思ったことをはっきりと発言する（直球しか投げないと言われたことがあります）のですが、平木先生は実にソフトにというか、控え目に話されるのが印象的です。それもそうした臨床体験と関連があるのでしょうね。

H：相手が傷つくかどうかを考えるということもありますが、私が意図するように相手に受け取ってもらえたか、相手の意図の通りにこちらがきちんと受けとめているかは気にします。クライエントの中には、教祖みたいな権威やパワーをもっている人の言葉がほしいという人もいますが、それは基本的なカウンセリングの考え方ではありません。

参考になるもの

K：見立てとしてのフレームを考える時に、広い意味でのエビデンスになるようなものとして、臨床的な経験やケースがあると思いますが、その他にはどんなものが参考になりますか。子どもの発達にしても家族の問題にしても、私たちがいまもっている方法論による心理学の研究は、たかだか50年の歴史しか

終　ケースの先にみえるもの

ありません。社会的な状況も文明も今日とは大きく違う時代に、人々がどのように生活し、何を喜びや生き甲斐としていたかなどを知ることが必要ですが、心理学とは別の領域である歴史や、さらに人間がどういうふうに生きてきたか、どんな家族だったかを知ることができる記録は大変貴重だと思います。そうした社会的・歴史的な展望をもたずに、「家族が崩壊する」とか「危機」だと言ってしまう風潮があるのが気になります。

H：人がつくった文明は、地球を崩壊に導くかもしれないというおそれを感じさせますが、一方で、人が普遍的にやってきたことは、私たちを元気づけてもくれると思います。たとえば河合隼雄さんは、昔から言い伝えられている民話や古典などに関心があり、そこから心理療法に多大な示唆を与えました。人間はどこで何を考えてきたのか、そこに流れている人間の真実とは何かを探ろうとされました。私自身は歴史人類学など、特に少数の人、目立たず生きている人の物語に関心があります。表には出なくても、大きな流れはつくらなくても、その人の中にある率直で、正直な苦しみや悲しみ、喜びや感動などの心のひだに人の真実、人に普遍のあり方があると思っています。

K：(小説以上に) 古い時代の手紙や日記などは大変参考になります。当時、人々が何を幸せと思い、何を悲しみ苦しんでいたかということがよくわかり、今日の人々の生活と心理との違いをみることができます。最近、生活上の便利さや経済的な豊かさの魅力が大きくなってきているでしょう。「人間の真実」と言われましたが、時代を超えた真実もあるでしょうけれども、同時に、人々が生を受け生活している状況によって影響されるのが人間。また同時に、人間は状況に支配・影響されるだけでなく状況を変化させることもある、ということも大事でしょう。そんなことを日記や手紙は教えてくれますから。

H：最近、苦労することを忌み嫌いますね。豊かになると人の心も豊かになると思ったけれど、そうではないですね。

K：そう、手間ひまかけることで、その人の力や心遣いが認められて、心身ともに豊かな関係があったことなどを、便利になったいま思い出すことが重要でしょうね。体験の貧しさが、人の発達を狭くしていますね……。

実証研究と臨床実践

K：ケースから私たちが学べるのは、現在のことだけでなく過去の話を聞くことができるからですが、カウンセリングが長くなるほど過去から現在へとどう変わっていくかをみることになります。その意味で、ケース研究は一種の縦断研究とも言えますね。そのあたりがとてもおもしろく、通常の発達研究ではできないことがみられるように思いました。

不登校についてのケースで印象的だったのは、「子どもは賢い」ということ、そして、自分について、また家族のあり方について、認知と行動を変化させるカウンセリングの力でした。新しい視点と体験による自己分化（距離を置いて自分を客観的にいろいろな視点からみる、という青年期の自己の確立に重要と言われていることに当たる）は、自分はこれでいい、問題ないと思い込んでいる親にも必要ですが、その必要を親が自分では感じていない時に、子どものサインがショック療法的に作用して、そしてカウンセリングという介入で初めてこうした認知と行動の変化が起こるという経緯は、意味深いものでした。子ども本人はそれほど明確に自覚してはいないけれども、結果的にみると親の問題を指摘することになっていますよね。それがあらわになるのは、カウンセリング過程での「宿題」や話し合い中の認識の変化などに負っていて、親も子どもも自力ではみとおせなかったわけです。こうした親と子どもとが相互に絡み合いながら変化していくメカニズムは、実証研究では切り込めないところだと思いました。

H：臨床のプロセスでは、一つの「答」を探るのではなく、もしかしたらこうかもしれないと、逆転の発想を取ることもできますね。子どもの不登校は親の問題だと考えてみて、「待てよ。子どもが親を助けているかもしれない」とも考えてみることができますから。その意味で、IPは自分の救助信号でもあると同時に、周囲の人々の救助信号でもあります。

K：親のしつけが悪いから不登校になる、などと簡単に片付けられていることが多いように思いますが、その親に対して子どもが信号を出していることの不思議さというか、子どもの力はすごいと思います。

H：そういう意味では子どもってすごいですよね。不登校は、本人が学校に行きたくない信号というだけではなく、家族がおかしいとか、さらに学校や社会

がおかしいという SOS かもしれません。子どもは教えられるだけの存在ではなく、十分にうまく表現できないけれども、何かをつかんで、様々な行動や症状で教えてくれているのではないでしょうか。

さらに学びたい人のための読書案内

平木典子（1998）．家族との心理臨床――初心者のために　垣内出版．

平木典子（2003）．カウンセリング・スキルを学ぶ――個人心理療法と家族療法の統合　金剛出版．

平木典子・中釜洋子（2006）．家族の心理――家族への理解を深めるために　サイエンス社．

柏木惠子（2003）．家族心理学――社会変動・発達・ジェンダーの視点　東京大学出版会．

柏木惠子・大野祥子・平山順子（2006）．家族心理学への招待――今、日本の家族は？　家族の未来は？　ミネルヴァ書房．

中釜洋子（2008）．家族のための心理援助　金剛出版．

中釜洋子・野末武義・布柴靖枝・無藤清子（2008）．家族心理学――家族システムの発達と臨床的援助　有斐閣．

日本家族心理学会（編）（2008）．家族心理学と現代社会　金子書房．

ゴットマン，J. M., & シルバー，N.　松浦秀明（訳）（2007）．結婚生活を成功させる七つの原則　第三文明社．

引用文献

青木やよひ・丸本百合子（1991）．私らしさで産む、産まない　農山漁村文化協会． ［209］
青野篤子・森永康子・土肥伊都子（1999）．ジェンダーの心理学――「男女の思い込み」を科学する　ミネルヴァ書房． ［239］
赤澤淳子（1998）．恋愛後期における性別役割行動の研究．今治明徳短期大学研究紀要，**22**, 47-63． ［106］
赤澤淳子・伊月知子・金井令子（2005）．男女共同参画社会における望ましいパートナーシップ構築への提言　今治明徳短期大学えひめ男女共同参画研究会． ［91, 97, 98］
朝日新聞大阪社会部（1995）．海を渡る赤ちゃん　朝日新聞社． ［231］
東洋・柏木惠子・ヘス，R. D.（1981）．母親の態度・行動と子どもの知的発達――日米比較研究　東京大学出版会． ［111, 141］
阿部謹也（1991）．西欧中世の男と女――聖性の呪縛の下で　筑摩書房． ［139］
天野寛子（2005）．厳しさを増す労働環境とせめぎあう夫婦の家庭生活時間．伊藤セツ・天野寛子・天野晴子・水野谷武志（編著）．生活時間と生活福祉　光生館． ［65］
網野武博（2003）．母性神話と乳幼児保育．柏木惠子・高橋惠子（編）心理学とジェンダー――学習と研究のために　有斐閣．pp. 79-85． ［235］
池田政子・伊藤裕子・相良順子（2005）．夫婦関係満足度にみるジェンダー差の分析――関係は、なぜ維持されるか．家族心理学研究，**19**(2), 116-127. ［24, 27, 28-30, 32］
伊藤公雄（2002）．男のディスクールを越えて――ヴァージニア・ウルフ『灯台へ』を軸に．言語，**31**(2), 48-53． ［105］
伊藤セツ・天野寛子・天野晴子・水野谷武志（編著）（2005）．生活時間と生活福祉　光生館． ［36, 122］
伊藤裕子・池田政子・川浦康至（1999）．既婚者の疎外感に及ぼす夫婦関係と社会的活動の影響．心理学研究，**70**(1), 17-23. ［98］
伊藤裕子・池田政子・相良順子（2003）．職業生活と家庭生活が夫婦の心理的健康に及ぼす影響――ジェンダー・ギャップの視点から　平成13-14年度科研費報告書 ［39, 40］
伊藤裕子・伊藤あや子・池田政子・相良順子（2004a）．ソーシャルサポートと夫婦の心理的健康――中年期と老年期の比較を通して．聖徳大学研究紀要，**15**, 47-53. ［39, 40］
伊藤裕子・相良順子・池田政子（2004b）．既婚者の心理的健康に及ぼす結婚生活と職業生活の影響．心理学研究，**75**(5), 435-441. ［27, 66, 67］
伊藤裕子・相良順子・池田政子（2006）．職業生活が中年期夫婦の関係満足度と主観的幸福感に及ぼす影響――妻の就業形態別にみたクロスオーバーの検討．発達心理学研究，**17**, 62-72. ［66-68］
稲葉昭英（1995）．有配偶女性の心理的ディストレス．総合都市研究，**56**, 93-111. ［39, 63］
稲葉昭英（2002）．結婚とディストレス．社会学評論，**53**(2), 69-84. ［25］
井上清美（2001）．家族内部における孤独感と個人化傾向――中年期夫婦に対する調査データから．家族社会学研究，**12**, 237-246. ［26］

引用文献

井上輝子・江原由美子（編）(1999). 女性のデータブック第3版――性・からだから政治参加まで　有斐閣．　　　　　　　　　　　　　　　　　　　　　　　　　　　[175]
上野千鶴子（編）(2008).「女縁」を生きた女たち　岩波書店.　　　　　　　　　　　[123]
上野千鶴子・電通ネットワーク研究会（編）(1988).「女縁」が世の中を変える――脱専業主婦のネットワーキング　日本経済新聞社．　　　　　　　　　　　　　　　　　[123]
氏家達夫 (1996). 親になるプロセス　金子書房．　　　　　　　　　　　　　　　　[183]
氏家達夫 (1999). 親になること、親であること．東洋・柏木惠子（編）社会と家族の心理学　ミネルヴァ書房．pp. 137-162．　　　　　　　　　　　　　　　　　　　　[183]
内田伸子 (1997). 会話行動に見られる性差．井出祥子（編）女性語の世界　明治書院．pp. 74-93．　　　　　　　　　　　　　　　　　　　　　　　　　　　　　　　[110]
宇都宮博 (2004). 高齢期の夫婦関係に関する発達心理学的研究　風間書房．　[29, 30, 115]
宇都宮博 (2005). 結婚生活の質が中高年者のアイデンティティに及ぼす影響――夫婦間のズレと相互性に着目して．家族心理学研究, **19**(1), 47-58.　　　　　　　　　　　[115]
NHK放送文化研究所 (2004). 現代日本人の意識構造〔第六版〕日本放送出版協会
　　　　　　　　　　　　　　　　　　　　　　　　　　　　　　　　[6, 7, 210, 211]
エリクソン, E. H.　村瀬孝雄・近藤邦夫（訳）(1989). ライフサイクル、その完結　みすず書房．　　　　　　　　　　　　　　　　　　　　　　　　　　　　　　　　[183]
遠藤由美 (1997). 親密な関係性における高揚と相対的自己卑下．心理学研究, **68**(5), 387-395.　　　　　　　　　　　　　　　　　　　　　　　　　　　　　　　[106]
大内悦子 (2005). 女の産みどき　WAVE出版．　　　　　　　　　　　　　　　[209]
大久保孝治 (1994). 子どもの誕生と社会保障――個人的資源の増減をめぐって．社会保障研究所（編）現代家族と社会保障――結婚・出生・育児　東京大学出版会．pp. 55-70．[214]
大日向雅美 (1998). 母性の研究　川島書店．　　　　　　　　　　　　　　　　　[174]
大日向雅美 (2002). 母性愛神話とのたたかい　草土文化．　　　　　　　　　　　[226]
岡崎奈美子・柏木惠子 (1993). 女性における職業的発達とその環境要因に関する研究．発達研究, **9**, 61-72.　　　　　　　　　　　　　　　　　　　　　　　　　　　[122]
尾形和男・宮下一博 (1999). 父親の協力的関わりと母親のストレス――子どもの社会性発達および父親の成長．家族心理学研究, **13**(2), 87-102.　　　　　　　　　　　[183]
岡村清子 (2001). いま団塊夫婦は――どこからどこへ．天野正子（編）団塊世代・新論――〈関係的自立〉をひらく　有信堂高文堂．pp. 10-30．　　　　　　　　　[117, 120]
落合良行・佐藤有耕 (1996). 親子関係の変化からみた心理的離乳への過程の分析　金子書房．pp. 193-200．　　　　　　　　　　　　　　　　　　　　　　　　　　　[259]
小野寺敦子 (2003). 親になることによる自己概念の変化．発達心理学研究, **14**, 180-190.
　　　　　　　　　　　　　　　　　　　　　　　　　　　　　　　　　[144, 145]
小野寺敦子・柏木惠子 (1997). 親意識の形成過程に関する縦断研究．発達研究, **12**, 59-78.
　　　　　　　　　　　　　　　　　　　　　　　　　　　　　　　　　　　[144]
小原嘉明 (1998). 父親の進化――仕組んだ女と仕組まれた男　講談社．　　　　[181]
小原嘉明 (2005). イヴの乳――動物行動学から見た子育ての進化と変遷　東京書籍．[181]
垣内国光・櫻谷眞理子 (2002). 子育て支援の現在――豊かな子育てコミュニティの形成をめざして　ミネルヴァ書房．　　　　　　　　　　　　　　　　　　　　　　　[268]
家計経済研究所 (2000). 新現代核家族の風景――家族生活の共同性と個別性　大蔵省印刷局．

柏木惠子（編著）（1993）．父親の発達心理学——父性の現在とその周辺　川島書店． [99]

[183]
柏木惠子（1999）．社会変動と家族の変容・発達．東洋・柏木惠子（編）流動する社会と家族
　　Ⅰ　社会と家族の心理学　ミネルヴァ書房．pp. 9-15. [63]
柏木惠子（未発表）．女性の自己同一性——妻として／母として／個人として． [97, 186, 219]
柏木惠子・永久ひさ子（1999）．女性における子どもの価値——今，なぜ子を産むのか．教育
　　心理学研究，**47**(2)，170-179. [31, 95, 213, 215-218, 269]
柏木惠子・平山順子（2003）．結婚の"現実"と夫婦関係満足度との関連性——妻はなぜ不満
　　か．心理学研究，**74**(2)，122-130. [113, 114]
柏木惠子・若松素子（1994）．「親となる」ことによる人格発達——生涯発達的視点から親を研
　　究する試み．発達心理学研究，**5**(1)，72-83. [170, 171, 179, 180, 183, 220, 238]
柏木惠子・数井みゆき・大野祥子（1996）．結婚・家族観に関する研究 (1)-(3)　日本発達心
　　理学会第7回大会発表論文集．pp. 240-242. [23, 104]
柏木惠子・平山順子・目良秋子・小坂千秋・平賀圭子・飯島絵理（2002）．育児期女性の就労
　　中断に関する研究——なぜ仕事を辞めるのか？　辞めるとどうなるのか？　平成14年度埼
　　玉県男女共同参画推進センター共同研究報告書． [71, 105, 182]
柏木惠子・平山順子・目良秋子ほか（2003）．育児期女性の就労中断に関する研究　With You
　　さいたま平成14年共同研究報告書． [143]
柏木惠子（代表）（2006）．社会変動と家族・自己・ジェンダーに関する文化・発達心理学的研
　　究　平成18年度科研費報告書． [8, 119, 176, 219]
数井みゆき・遠藤利彦（編）（2005）．アタッチメント——生涯にわたる絆　ミネルヴァ書房．
[235, 263]
春日キスヨ（1989）．父子家庭を生きる——男と親の間　勁草書房． [238]
春日井典子（1997）．ライフコースと親子関係　行路社． [267, 268]
加藤容子（2002）．共働き女性のワーク・ファミリー・コンフリクトの対処——夫婦の関係性
　　の視点から．経営行動科学，**16**, 75-87. [71, 72]
加藤容子・金井篤子（2006）．共働き家庭における仕事家庭両立葛藤への対処行動の効果．心
　　理学研究，**76**, 511-518. [71-73]
門野里栄子（1995）．夫婦間の話し合いと夫婦関係満足度．家族社会研究，**7**, 57-67. [93]
金井篤子（2002）．ワーク／ファミリー・コンフリクトの規定因とメンタルヘルスへの影響．
　　産業・組織心理学研究，**15**, 107-122. [64, 65, 185]
金井篤子・若林満（1998）．女性パートタイマーのワーク・ファミリー・コンフリクト．産
　　業・組織心理学研究，**11**, 107-122. [70]
金田利子・諏訪きぬ・土方弘子（2000）．「保育の質」の探究——「保育者—子ども関係」を基
　　軸として　ミネルヴァ書房． [235]
鎌田とし子（1999）．社会構造の変動とジェンダー関係——ダブルインカム家族の「世帯単位
　　主義」からの離陸．鎌田とし子・矢澤澄子・木本喜美子（編）講座社会学14　ジェンダー
　　東京大学出版会． [103]
唐澤真弓（2001）．日本人における自他の認識——自己批判バイアスと他者高揚バイアス．心
　　理学研究，**72**(3)，195-203. [106]
川浦康至・池田政子・伊藤裕子・本田時雄（1996）．既婚者のソーシャルネットワークとソー

引用文献

シャルサポート——女性を中心に．心理学研究，**67**，333-339. [39]
川西千弘（2006）．歪められた親子関係——虐待への社会認知的アプローチ．京都光華女子大学人間関係学部人間関係学科（編）ひと・社会・未来——ライフサイクルの人間科学 ナカニシヤ出版．pp. 99-114. [228]
神原文子（2001）．〈教育する家族〉の家族問題．家族社会学研究，**12**(2), 197-207. [225]
菊池ふみ・柏木惠子（2008）．父親の育児——育児休業をとった父親たち．文京学院大学人間学部紀要，**9**(1), 189-207. [172, 183]
黒川順夫（2005）．（新）主人在宅ストレス症候群 双葉社. [117]
経済企画庁（2000）．平成11年度国民生活選好度調査. [221, 222]
小泉智恵（1997）．仕事と家庭の多重役割が心理的側面に及ぼす影響．母子研究，**18**, 42-59. [64, 65]
小泉智恵（1998）．職業生活と家族生活．柏木惠子（編） 結婚・家族の心理学 ミネルヴァ書房．pp. 185-232. [63]
厚生大臣官房統計情報部（編）（2000）．離婚に関する統計 厚生統計協会. [27, 141]
厚生労働省（2006）．平成18年人口動態統計. [4, 5, 209]
厚生労働省（2007）．平成19年人口動態統計. [124, 237]
厚生労働省大臣官房統計情報部（編）（2002）．社会福祉行政業務報告（福祉行政報告例）平成12年度 厚生統計協会. [226]
厚生労働省大臣官房統計情報部（編）（2005a）．社会福祉行政業務報告（福祉行政報告例）平成15年度 厚生統計協会. [226]
厚生労働省大臣官房統計情報部（編）（2005b）．「出生に関する統計」の概況——平成17年度人口動態統計特殊報告. [230]
厚生労働省大臣官房統計情報部（編）（2008）．社会福祉行政業務報告（福祉行政報告例）平成18年度 厚生統計協会. [226]
国立社会保障・人口問題研究所（2002）．第12回出生動向基本調査. [213]
国立社会保障・人口問題研究所（2005）．第13回出生動向基本調査. [3, 4, 6, 8, 9, 223]
国立社会保障・人口問題研究所（2009）．人口統計資料集 厚生統計協会. [236, 237]
国立女性教育会館（編）（2006）．家庭教育に関する国際比較調査報告書 平成16年度・平成17年度. [178, 179]
国立女性教育会館・伊藤陽一（編）（2006）．男女共同参画統計データブック2006——日本の女性と男性 ぎょうせい. [115]
古澤頼雄（企画）（2005）．生まれた子どもがなぜ悩まなければならないのか—— AIDと子どもの出自 日本発達心理学会第16回大会シンポジウム. [232]
古澤頼雄・富田康子・鈴木乙史・横田和子・星野寛美（1997）．養子・養親・生みの親関係に関する基礎的研究——開放的養子縁組（Open Adoption）によって子どもを迎えた父母．明治安田こころの健康財団研究助成論文集，**33**, 134-142. [233, 234]
小島宏（2007）．日本・韓国・台湾における子どもの必要性意識と性別選好．谷岡一郎・仁田道夫・岩井紀子（編）日本人の意識と行動——日本版総合的社会調査JGSSによる分析 東京大学出版会．pp. 59-72. [210]
ゴットフライド，A. E., & ゴットフライド，A. W.（編著）佐々木保行（監訳）（1996）．母親の就労と子どもの発達——縦断的研究 ブレーン出版. [174]

斎藤学（1995）．「家族」という名の孤独　講談社． [225]
斎藤環（2008）．母は娘の人生を支配する――なぜ「母殺し」は難しいのか　日本放送出版協会． [263, 267]
篠田有子（2004）．家族の構造と心――就寝形態論　世織書房． [141, 142]
下仲順子・中里克治・河合千恵子（1990）．老年期における性役割と心理的適応．社会老年学, 31, 3-11. [123]
寿岳章子（1979）．日本語と女　岩波書店． [109]
東海林麗香（2006）．夫婦間葛藤への対処における譲歩の機能――新婚女性によって語られた意味づけ過程に焦点を当てて．発達心理学研究, 17(1), 1-17. [106]
白井利明（1997）．時間的展望の生涯発達心理学　勁草書房． [43]
新谷由里子（1998）．結婚・出産期の女性の就業とその規定要因―― 1980 年代以降の出生行動の変化との関連より．人口問題研究, 54(4), 48-62. [219]
末盛慶（1999）．夫の家事遂行および情緒的サポートと妻の夫婦関係満足感．家族社会学研究, 11, 71-82. [42, 44]
菅原ますみ・詫摩紀子（1997）．夫婦間の親密性の評価――自記入式夫婦関係尺度について．季刊精神科診断学, 8, 155-166. [23]
鈴木淳子（1987）．フェミニズム・スケールの作成と信頼性・妥当性の検討．社会心理学研究, 2(2), 45-54. [219]
鈴木淳子（1997）．レクチャー「社会心理学」3　性役割――比較文化の視点から　垣内出版． [219]
鈴木敦子・柏木惠子（2007）．ジェンダーの心理学――心と行動への新しい視座　培風館． [239]
スプレイグ，D．（2004）．サルの生涯、ヒトの生涯――人生計画の生物学　京都大学学術出版会． [177, 222]
スペンダー，D．れいのるず・秋葉かつえ（訳）（1987）．ことばは男が支配する――言語と性差　勁草書房． [110]
墨威宏（1995）．僕らのふたご戦争　共同通信社． [237]
世界銀行（1984）．サンプル調査． [212]
芹沢俊介（2001）．母という暴力　春秋社． [229]
総務庁統計局（2001）．平成 13 年度社会生活基本調査． [181]
園田雅代（2008）．アサーション・トレーニングを求める男性――男性が自分らしく生きるということ．柏木惠子・高橋惠子（編）日本の男性の心理学　有斐閣．pp. 269-274. [135]
多賀太（2001）．男性のジェンダー形成――〈男らしさ〉の揺らぎのなかで　東洋館出版社． [239]
高木紀子・柏木惠子（2000）．母親と娘の関係――夫との関係を中心に．発達研究, 15, 79-94. [265-267]
高崎みどり（1993）．女性のことばと階層．日本語学, 12(6), 169-180. [109, 110]
高崎みどり（1996）．テレビと女性語．日本語学, 15(10), 46-56. [109]
高崎みどり（2002）．「女ことば」を創りかえる女性の多様な言語行動．言語, 31(2), 40-47. [109, 110]
高橋桃子（1995）．夫婦間コミュニケーション――平行親面接での査定からコミュニケーショ

引用文献

ンの機能を探る．白百合女子大学大学院修士論文（未公刊）． [98]
橘木俊詔（編著）（2005）．現代女性の労働・結婚・子育て――少子化時代の女性の活用政策　ミネルヴァ書房． [223]
田中重人（2001）．生活時間の男女差の国際比較――日本・欧米六カ国データの再分析．大阪大学大学院人間科学研究科年報人間科学, **22**, 17-31. [36]
土倉玲子（2005）．中年期夫婦における評価ギャップと会話時間．社会心理学研究, **21**, 79-90. [98]
土堤内昭雄（2004）．父親が子育てに出会う時――「育児」と「育自」の楽しみ再発見　筒井書房． [184, 237]
電通総研・日本リサーチセンター（編）（2004）．世界60カ国価値観データブック　同友館． [210, 211]
天童睦子（編）（2004）．育児戦略の社会学――育児雑誌の変容と再生産　世界思想社． [224]
土肥伊都子（1995）．性役割分担志向性・実行度および愛情・好意度に及ぼす性別とジェンダー・パーソナリティの影響．関西学院大学社会学部紀要, **73**, 97-107. [106]
土肥伊都子（1999）．"働く母親"、多重役割の心理学――個人化する家族の中で．東洋・柏木惠子（編）社会と家族の心理学　ミネルヴァ書房．pp. 113-136. [63]
土肥伊都子・広沢俊策・田中國夫（1990）．多重な役割従事に関する研究――役割従事タイプ、達成感と男性性、女性性の効果．社会心理学研究, **5**(2), 137-145. [64, 65]
ドンズロ, J. 宇波彰（訳）（1991）．家族に介入する社会――近代家族と国家の管理装置　新曜社． [5]
内閣府（2001）．第2回青少年の生活と意識に関する基本調査． [240]
内閣府（2003）．平成15年版男女共同参画白書． [140]
内閣府（2004a）．平成16年度高齢者の日常生活に関する意識調査． [119]
内閣府（2004b）．第7回世界青年意識調査． [259, 260]
内閣府（2005）．平成17年男女共同参画白書． [37, 38, 69, 70]
内閣府（2006）．男女間における暴力に関する調査． [107]
内閣府（2007）．平成19年男女共同参画社会に関する世論調査． [7, 125]
直井道子（2000）．家意識と祖母の育児．目黒依子・矢澤澄子（編）少子化時代のジェンダーと母親意識　新曜社．pp. 91-110. [217, 269]
中内敏夫（2001）．家族の人づくり――18-20世紀日本　藤原書店． [225]
中島美佐子（2007）．生殖心理カウンセリングの現状と問題点　第4回日本生殖医療カウンセリング学会・学術集会発表論文集． [249]
長津美代子・濱田由紀子（1999）．中年期における女性の夫婦間のディストレス．日本家政学会誌, **50**(8), 793-805. [42]
永久ひさ子（1995）．専業主婦における子どもの位置と生活感情．母子研究, **16**, 50-57. [26, 27, 42, 43]
中村延江（1994）．愛しすぎる悩み、愛されない不安――母と娘の心理学　広済堂出版． [267]
中村桃子（2001）．ことばとジェンダー　勁草書房． [110]
難波淳子（1999）．中年期の日本人夫婦のコミュニケーションの特徴についての一考察――事例の分析を通して．岡山大学大学院文化科学研究科紀要, **8**, 69-85. [95, 96, 108]
西田裕紀子（2000）．成人女性の多様なライフスタイルと心理的well-beingに関する研究．教

育心理学研究，**48**(4)，433-443. [*120, 122*]
ニッセイ基礎研究所（1994）．日本の家族はどう変わったか　日本放送出版協会． [*92*]
日本女子社会教育会（編）（1995）．家庭教育に関する国際比較調査報告書――子どもと家庭生活についての調査． [*178*]
日本性教育協会（1986）．結婚をめぐる日米比較調査報告書． [*91, 92*]
日本性教育協会（編著）（2007）．「若者の性」白書――第6回青少年の性行動全国調査報告　小学館． [*256*]
根ヶ山光一（2006）．〈子別れ〉としての子育て　日本放送出版協会． [*263*]
信田さよ子（1997）．一卵性母娘の関係　主婦の友社． [*267*]
信田さよ子（2008）．母が重くてたまらない――墓守娘の嘆き　春秋社． [*267*]
ハーディー，S.　塩原通緒（訳）（2005）．マザー・ネイチャー――「母親」はいかにヒトを進化させたか　上・下　早川書房． [*180*]
博報堂エルダービジネス推進室（2004）．団塊世代の夫とその妻の定年に対する意識調査　HOPEリポートXV． [*117*]
博報堂生活総合研究所（編）（1998）．連立家族――日本の家族10年の変化． [*25*]
長谷川寿一・長谷川眞理子（2000a）．戦後日本の殺人の動向．科学，**70**, 560-568. [*163, 213*]
長谷川寿一・長谷川眞理子（2000b）．進化と人間行動　東京大学出版会． [*177, 222, 268*]
働く母の会（1997）．働く母たちの定年――百人の証言　ドメス出版． [*121*]
働く母の会（2005）．働いて輝いて――次世代へつなぐ働く母たちの50年　ドメス出版． [*121*]
林治子・唐澤真弓・柏木惠子（2006）．定年退職後の夫婦関係と主観的幸福感．発達心理学会第17回大会論文集．p. 465. [*118*]
原ひろ子（編）（1987）．母親の就業と家庭生活の変動――新しい父母像創造のための総合的調査研究　弘文堂． [*186*]
原ひろ子（編）（1999）．女性研究者のキャリア形成　勁草書房． [*215*]
原ひろ子・我妻洋（1974）．しつけ　弘文堂． [*225*]
ピーズ，A., & ピーズ，B.　藤井留美（訳）（2000）．話を聞かない男、地図が読めない女――男脳・女脳が「謎」を解く　主婦の友社． [*112*]
平尾桂子（2004）．子育て家族の教育戦略と母親の就労――進学塾通塾時間を中心に．本田由紀（編）女性の就業と親子関係――母親たちの階層戦略　勁草書房．pp. 97-113. [*226*]
平木典子・平山順子・秋山弘子・柏木惠子（2003）．老年期における性役割と心理的適応．安田生命社会事業団研究助成論文集，**38**, 133-141. [*103*]
平山順子（1999）．家族をケアするということ――育児期女性の感情・意識を中心に．家族心理学研究，**16**(2), 1-12. [*35, 39, 41, 42, 101*]
平山順子（2002）．中年期夫婦の情緒的関係――妻からみた情緒的ケアの夫婦間対称性．家族心理学研究，**16**(2), 1-12. [*36*]
平山順子・柏木惠子（2001）．中年期夫婦のコミュニケーション態度――夫と妻は異なるのか？　発達心理学研究，**12**(3), 216-227. [*27, 96, 101, 102*]
平山順子・柏木惠子（2005）．女性の生き方満足度を規定する心理的要因――今、女性の"しあわせ"とは？　発達研究，**19**, 97-115. [*44, 71*]
深谷昌志（1996）．変わりつつある父親像．牧野カツコ・中野由美子・柏木惠子（編）子ども

引用文献

の発達と父親の役割　ミネルヴァ書房．pp. 14-30. ［185, 186］
福富護（2006）．ジェンダーの心理学　朝倉書店． ［239］
福丸由佳（2000）．共働き世帯の夫婦における多重役割と抑うつ度との関連．家族心理学研究，**14**(2)，151-162. ［67］
福丸由佳（2003a）．父親の仕事と家庭の多重役割と抑うつ度──妻の就業の有無による比較．家族心理学研究，**17**(2)，97-110. ［67］
福丸由佳（2003b）．乳幼児を持つ父母における仕事家庭の多重役割　風間書房． ［67］
藤井東治（1996）．「望まない妊娠の結果生まれた児」への虐待をめぐる問題──児童虐待に関する調査と考察．家族心理学研究，**10**(2)，105-117. ［230］
藤原武弘・石井真治・黒田耕誠・春日キスヨ（1986）．21世紀に向けての女性に関する市民意識調査　広島市民政局． ［91, 92］
舩橋惠子（2006）．育児のジェンダー・ポリティクス　勁草書房． ［182］
ベルスキー，J.，& ケリー，J.　安次嶺佳子（訳）（1995）．子供をもつと夫婦に何が起こるか　草思社． ［143］
ヴォーゲル，E. F.　佐々木徹郎（訳編）（1968）．日本の新中間階級──サラリーマンとその家族　誠信書房． ［141］
本田由紀（2004）．「非教育ママ」たちの所在．本田由紀（編）女性の就業と親子関係──母親たちの階層戦略　勁草書房．pp. 167-184. ［226］
本田由紀（2005）．子どもというリスク──女性活用と少子化対策の両立を阻むもの．橘木俊詔（編著）現代女性の労働・結婚・子育て　ミネルヴァ書房．pp. 65-96. ［224, 225］
毎日新聞社人口問題調査会（2000）．日本の人口──戦後50年の軌跡　全国家族計画世論調査　第1回～第25回調査結果． ［263, 264, 267］
牧野暢男（1996）．父親にとっての子育て体験の意味．牧野カツコ・中野由美子・柏木惠子（編）子どもの発達と父親の役割　ミネルヴァ書房．pp. 50-72. ［183, 184］
牧野暢男・中原由里子（1990）．子育てにともなう親の意識の形成と変容──調査研究．家庭教育研究所紀要，**12**，11-19. ［183, 238］
正高信男（2003）．ケータイを持ったサル──「人間らしさ」の崩壊　中央公論新社． ［159］
松田茂樹（2005）．男性の家事・育児参加と女性の就業促進．橘木俊詔（編著）現代女性の労働・結婚・子育て──少子化時代の女性活用政策　ミネルヴァ書房．pp. 127-146. ［103］
宮本みち子（2004）．ポスト青年期と親子戦略──大人になる意味と形の変容　勁草書房． ［259-262, 266］
宮本みち子・岩上真珠・山田昌弘（1997）．未婚化社会の親子関係──お金と愛情にみる家族のゆくえ　有斐閣． ［259］
目黒依子（1987）．個人化する家族　勁草書房． ［31, 95］
目黒依子（1999）．日本の家族の近代性──変化の収斂と多様化の行方．目黒依子・渡辺秀樹（編）講座社会学2　家族　東京大学出版会．pp. 1-19. ［i］
目良秋子（1997）．父親と母親のしつけ方略──育児観・子ども観と父親の育児参加から．発達研究，**12**，51-58. ［111, 112］
望月嵩（1987）．配偶者選択．望月嵩・目黒依子・石原邦雄（編）リーディングス日本の社会学4　現代家族　東京大学出版会．pp. 145-159. ［142］
森川早苗（1996）．フェミニストセラピーにおける夫婦関係．家族心理学年報，**14**，100-116.

引用文献

森下葉子（2006）．父親になることによる発達とそれに関わる要因．発達心理学研究，**17**(2)，182-192． [*183, 185*]

森永康子・寶山敦子（2001）．結婚した娘とその母親．日本教育心理学会第43回論文集．p. 107． [*267*]

守屋慶子（1995）．自立を助け合う家族の創造．柏木惠子・高橋惠子（編著）発達心理学とフェミニズム　ミネルヴァ書房．pp. 102-113． [*123, 124*]

諸井克英（1989）．対人関係への衡平理論の適用（2）——同性親友との関係における衡平性と情動的状態．実験社会心理学研究，**28**, 131-141． [*37*]

諸井克英（1990）．夫婦における衡平性の認知と性役割観．家族心理学研究，**4**(2)，109-120． [*37*]

諸井克英（1996）．家庭内労働の分担における衡平性の知覚．家族心理学研究，**10**(1)，15-30． [*32, 33, 37, 42*]

諸井克英（1997）．子どもの眼からみた家族内労働の分担の衡平性——女子青年の場合．家族心理学研究，**11**, 69-81． [*37*]

諸井克英（2003）．夫婦関係学への誘い——揺れ動く夫婦関係　ナカニシヤ出版． [*105*]

文部科学省（2008）．平成20年度学校基本調査． [*240*]

矢野眞和（編）（1995）．生活時間の社会学——社会の時間・個人の時間　東京大学出版会． [*36*]

矢吹理恵（1996）．日米結婚における夫婦間の調整課題と調整過程　白百合女子大学大学院修士論文（未公刊）． [*94*]

山極寿一（1994）．家族の起源——父性の登場　東京大学出版会． [*181*]

山田昌弘（1999）．パラサイト・シングルの時代　筑摩書房． [*259, 261*]

山田昌弘（2000）．結婚の現実的意味．善積京子（編）結婚とパートナー関係——問い直される夫婦　ミネルヴァ書房．pp. 56-104． [*34*]

山田昌弘（2004）．家族の個人化．社会学評論，**54**(4)，341-354． [*31*]

大和礼子（2001）．夫の家事参加は妻の結婚満足感を高めるか？——妻の世帯収入貢献度による比較．ソシオロジ，**46**(1)，3-20． [*39, 41, 97*]

横浜市教育委員会・預かり保育推進委員会（2001）．文部科学省預かり保育調査研究最終報告書． [*174, 175*]

ライフデザイン研究所（1999）．高齢男性の夫婦関係——妻の目から見た夫の自立性． [*24*]

レビンソン，D. J.　南博（訳）（1980）．人生の四季——中年をいかに生きるか　講談社． [*183*]

渡辺恒夫（1986）．脱男性の時代——アンドロジナスをめざす文明学　勁草書房． [*123*]

Antonovsky, A. (1993). The structure and properties of the sense of coherence scale. *Social Science & Medicine*, **26**, 725-733. [*176, 177*]

Bugental, D. B., & Happaney, K. (2000). Parent-child interaction as a power contest. *Journal of Applied Developmental Psychology*, **21**, 267-282. [*227*]

Cater, E. A., & McGoldrick, M. (Eds.) (1980). *The Family Life Cycle: A Framework Therapy*. Gardner. [*140*]

Cater, B., & McGoldrick, M. (Eds.) (1999). *The Expanded Family Life Cycle: Individual, Family, and Social Perspectives* (3rd ed.). Allyn and Bacon. [*121, 140*]

Caudill, W., & Weinstein, H. (1969). Maternal care and infant behavior in Japan and

引用文献

America. *Psychiatry*, **32**(1), 12-43. [*141, 169*]
Clark, M. S., & Mills, J. (1979). Interpersonal attraction in exchange and communal relationships. *Journal of Personatity & Social Psychology*, **63**, 613-628. [*32*]
Field, T. (1978). Interaction behaviors of primary versus secondary care-taker fathers. *Developmental Psychology*, **14**, 183-184. [*173*]
Gottman, J. M., Driver, J., & Tabares, A. (2002). Building the sound marital house : An empirically derived couple therapy. In A. S. Gurman & N. S. Jacobson (Eds.) *Clinical Handbook of Couple Therapy* (*3rd ed.*). Guilford. pp. 373-399. [*130*]
Harris, J. R. (1995). Where is the child's environment? A group socialization theory of development. *Psychological Review*, **102**, 458-489. [*263*]
Keller, H., Pootinga, Y. H., & Scholmeid, A. (2002). *Between Culture and Biology : Perspectives on Ontogenetic Development.* Cambridge University Press. [*222*]
Kikuchi, A. (2006). Independent and interdependent self-construals for multicultural society. *Japanese Psychological Review*, **48**, 1-16. [*95*]
Lamb, M. E. (1975). Fathers : Forgotten contributors to child development. *Human Development*, **18**, 245-266. [*172*]
Lamb, M. E. (1976). *The Role of Father in Child Development.* Wiley. [*172*]
MacKey, W. C. (1996). *American Father : Biocultural and Developmental Aspects.* Plenum. [*238*]
Makoshi, N., & Trommsdorff, G. (2000). *The Value of Children.* IACCP. [*264*]
Markus, H., & Kitayama, S. (1991). Culture and the self : Implications for cognition, emotion, and motivation. *Psychological Review*, **98**, 224-253. [*106*]
Milner, J. S. (2000). Social information processing and physical child abuse : Theory and research. *Nebraska Symposium on Motivation*, **45**, 39-84. [*227*]
Olson, D. H., & Olson, A. K. (2000). *Empowering Couples : Building on Your Strengths* (*2nd ed.*). Life Innovation. [*55*]
Rhodes, S. L. (1977). A developmental approach to the life cycle of the family. *Social Casework*, **58**, 301-311. [*140*]
Sagara, A., Ito, Y., & Ikeda, M. (2006). Gender role attitude and psychological well-being of middle-aged men : Focusing on employment patterns of their wives. *Japanese Psychological Review*, **48**, 17-26. [*69*]
Sayer, L. C., & Bianchi, S. M. (2000). Women's economic independence and the probability of divorce. *Journal of Family Issues*, **21**, 905-943. [*126*]
Scarr, S. (1984). *Mother care / Other care.* Basic Books. (柴田都志子（訳）(1987). 働く母親と育児　コンパニオン出版.) [*235*]
Schooler, C., & Smith, K. C. (1978). Women as mothers in Japan : The effects of social structure and culture on values and behavior. *Journal of Marriage & the Family*, **40**, 613-620. [*220*]
Twenge, J. M., Cambell, W. K., & Foster, C. A. (2003). Parenthood and marital satisfaction : A meta-analytic review. *Journal of Marrige & Family*, **65**(3), 574-583. [*143, 220*]
United Nations Development Programme (1995). *Human Development Report.* [*181*]

実証研究と臨床実践の交流を終えて

　夫婦と親子に関する実証研究と臨床実践のコラボレーション、読者はどのように受け取られたでしょうか。
　これまで、心理学の知見を紹介する著書の中で、同一テーマについて調査研究による実証データと臨床実践の個別ケースを交流させることはほとんどありませんでした。その意味で本書の試みは一つのチャレンジです。また、従来、実証研究と臨床実践とはほとんど交流なく行われてきたきらいがありますが、本書の試みによって、両者の対応とそれぞれが明らかにできる面が定かになるとの感触をもっています。それは研究者にとってはもちろん、臨床家にとってもケースの背景やそれらに通底する傾向を把握するという点で、必要なことでしょう。その意味で、研究と臨床との対話、相互交流が今後一層展開されることを願っています。
　実証研究の成果は、グラフや表、解説を通してクリアに示されることで、読者にとっては、日頃身近に体験し、疑問に思っていることが社会全体ではどうなっているのか、多くの人々はどんな傾向を示しているのかを知り、また、全体の中での自分の位置づけを理解して、問題を客観的に見渡す助けになったでしょう。臨床家にとっては、調査研究によって一般的傾向を知ることは、臨床の場に現れる個別の悩みや症状が全体の中でどのような意味や位置づけをもつのか、一般的傾向に重なる悩みと重ならない悩みはどう関連しているのか、ケースが社会全体に出しているSOSは何かなど、個別ケースの社会全体における受けとめ方、解決の仕方を思索する上で大きな手がかりになります。
　一方、個別ケースは、「そんなこともあるの？」「やはりそうですか」といった思いを喚起することで、一般的傾向の裏で進行している人々の悩みの細かいプロセスや、多くの人々には気づかれないひずみなどを伝えたと思います。
　本書は、両者の対応によってそれぞれが明らかにできる側面を示し、同時に、両者を重ねてみることで人々の心模様の理解に幅と深みを求めました。
　最後になりましたが、本書の成立に大きな力添えをいただきました方たちに

心から感謝いたします。田矢幸江さんには、本書に掲載されている図表の作成とレイアウト、柏木と平木の対話のテープ起しと整理など綿密な作業に参加していただき、本書の構成を整えることができました。また、実証研究と臨床実践から家族を考えたいとの企画に賛同し、本にする上でのヒントをくださった東京大学出版会の後藤健介氏、このような異なる形式の研究のコラボレーションを読者と編集者の目から読んでくださり、細やかな配慮に富んだ示唆をくださった小室まどかさんの多大な貢献に改めてお礼を申し上げます。

2009年3月

平木典子・柏木惠子

索　引

あ行

愛着　263
アイデンティティ　116, 219, 226, 249
IP　161, 293
アサーション　18, 129, 135, 193, 275
アンドロジニー　123, 130
家意識　217
育児休業　165, 185
育児不安　48, 57, 84, 143, 173, 174, 177, 180, 181, 235
いじめ　160
逸脱行動　111
迂回連合　146, 153, 190, 192
うつ　48-50, 57-59, 61, 164, 167, 241
ART　247, 248
AID（非配偶者間人工授精）　256
SOC　→　コヒアレンス感
エビデンスベース　290
ENRICH　55
オープン・アダプション　233, 249
大人の発達　84, 182
親資源の投資　177, 221, 222
女ことば　109

か行

介護　61, 263, 264, 266, 276
回避　81, 127, 129
カウンセリング　51, 54, 62
　　——の契約　288
　　——の再契約　54
　　——の終了　54
　　——の申し込み　45

過食　190, 198, 200
家族づくり　50
家族内ケア　35
家族発達段階論　121
家族発達モデル　140
家族療法　75, 147, 149, 152, 161, 204, 283
虐待　60, 146, 226, 227, 229, 230, 241, 243, 247, 250, 252
キャリア・カウンセリング　55
キャリア発達　48, 50, 52, 53, 55, 62, 89, 207, 276
教育家族　225, 229
教育ママ　197, 225, 226, 242, 245, 257
共感　101-103
共同的関係　31, 32, 42
拒食　160, 199, 200
ケア役割　57, 265
経済格差　54
経済的コストモデル　221
結婚の価値　5, 6, 8, 16
結婚満足度　23, 27, 38, 45, 47, 49, 91, 113, 115, 125, 143, 220
欠乏仮説　63
高学歴化　176, 220
交換的関係　31, 32, 37, 39
合同面接　15, 19, 286, 287
衡平理論　37
コーピング・スタイル　49, 57
国際結婚　94
個人化　31, 58, 121, 125, 126, 220, 266
個人としての関係　27, 60, 104
コ・セラピー　287
子育て　58, 83, 84

索　引

孤独感　26
子どもの価値　210, 212, 214, 215
コヒアレンス感　176, 177
個別面接　15
コミュニケーション　12, 14, 15, 18, 22, 52, 54, 81, 91, 93, 95-98, 100, 101, 106, 109, 112, 126, 127, 129, 130, 134, 146, 169
子別れ　262, 263
婚前カウンセリング　55, 272

さ行

産業心理学　165
ジェンダー　16, 17, 36, 37, 41, 46, 47, 50, 53, 56, 58, 67, 69, 86, 98, 105, 106, 109, 111, 113, 115, 123, 126, 145, 160, 185, 193, 196, 213, 214, 238-240, 265, 275
資源の還流　259, 263
自己開示　10, 15
自己実現　116, 198, 201, 246
自己省察　197
仕事中心　78
自殺　58
自尊感情　162
しつけ　111, 155, 169, 205, 242, 243, 251, 265, 267
社会的学習理論　155
集団社会化理論　262
自由の制約モデル　221
主訴　74
主張的対処　106
出生家族　16, 153, 272, 274, 275
生涯設計　52
少子化　222, 262
少子高齢化　101, 125, 175
情緒的価値　8, 10, 20, 21
情緒的ケア　36, 39
情緒的サポート　22, 39, 49, 95, 98, 100, 115
譲歩的対処　106

人口革命　209, 257
親密性　20, 21, 201, 275
心理教育的アプローチ　153, 243
性格の相補　18
生活感情　27, 42
生活史理論　222
生殖医療　231, 242, 256, 257, 258
生殖心理カウンセリング　247
生殖補助医療　→　ART
性的不満モデル　221
性の自由化　7, 256
性別役割分業　28, 29, 33, 34, 39, 53, 56, 60, 63, 65, 69, 71, 98, 101, 102, 104, 114, 115, 118, 121, 122, 142, 143, 182, 190, 201, 206, 225, 252, 267
セックスレス　59, 139, 256
摂食障害　154, 192, 199, 200
専業主婦　43, 45, 51, 55, 66, 67, 100, 104, 121, 122, 131, 174, 177, 180, 196, 197, 225, 227, 252, 275
増大仮説　63
相対的資源理論　103
相対的投資理論　221, 223
相談料　19, 284
相補性　18, 131, 149, 273
ソーシャルサポート　48

た行

対配偶者ケア　35, 39
多重役割　63, 70, 88, 236, 274
男女共同参画　65, 69, 102, 104, 123
男性の発達不全　58
父親欠損モデル　221, 250
父親研究　172, 173
父親不在　178, 182, 227, 240
追及　78, 81, 127, 129
DV　107, 244
ディストレス　25, 39, 42, 49, 50

定年退職　*116, 123, 125, 133*
ディンクス　*139*
できちゃった結婚　*229*
適齢期　*4*
動機づけ　*177*
道具的価値　*8, 20*
特殊合計出生率　*209*
共働き　*19, 65, 74, 99, 104, 105, 110, 120, 160, 195, 204*

は行

パートタイマー　*70*
発達不全　*62*
母娘関係　*264, 270*
パラサイト　*259, 261, 262, 270, 275, 276, 278, 280*
晩婚化　*4, 5, 8, 278*
PTSD（外傷後ストレス障害）　*244*
引きこもり　*152, 162, 163, 270, 276, 277*
非言語的交流　*203*
非行　*154, 160*
非衡平性　*56*
非婚化　*4, 5*
夫婦の会話　*91, 92, 98, 99*
父子家庭　*238, 240, 250, 258*
不登校　*146, 149, 152, 154, 160, 162, 163, 193, 195, 199, 276, 293*
不妊　*231, 232, 242, 246–249, 253, 255, 258*
PREPARE　*55, 272, 278*
不倫　*10, 12, 14, 18, 21*
別居　*76*
母子一体感　*171*
母性本能　*169*

ま行

マインドコントロール　*243*
見合い結婚　*3*
見立て　*288, 291*

メンタルヘルス　*166*
メンテナンス　*187, 196*
燃え尽き　*59*
モノトロピー理論　*235, 263*
モンスター・ペアレンツ　*154*

や行

役割葛藤モデル　*220*
役割としての関係　*27, 32*
ヤマアラシのジレンマ　*14*
養子　*232*

ら行

ライフコース　*43, 47, 55, 175*
離婚　*27, 29, 51, 61, 77, 80, 85, 86, 121, 124, 126, 158, 236, 258*
リフレーム　*148, 288*
恋愛結婚　*3, 15, 19, 35, 94*
ロールプレイ　*202, 203*

わ行

ワーク・ファミリー・コンフリクト　*65, 70–72*
ワーク・ライフ・バランス　*22, 52, 62, 77, 167, 184, 236, 238, 276*

〈著者紹介〉

柏木 惠子（かしわぎ・けいこ）

1955 年	東京女子大学文理学部心理学科卒業.
1960 年	東京大学大学院人文科学研究科博士課程単位取得退学.
1987 年	教育学博士, 東京大学.
現　在	東京女子大学名誉教授.
主　著	『子どもという価値』（中央公論社, 2001）
	『家族心理学』（東京大学出版会, 2003）
	『家族心理学への招待』（共著, ミネルヴァ書房, 2006）
	『子どもが育つ条件』（岩波書店, 2008）
	『日本の男性の心理学』（共編, 有斐閣, 2008）ほか多数.

平木 典子（ひらき・のりこ）

1959 年	津田塾大学学芸学部英文学科卒業.
1964 年	ミネソタ大学大学院教育心理学修士課程修了.
現　在	統合的心理療法研究所所長. 東京福祉大学大学院社会福祉学研究科臨床心理学専攻教授. 臨床心理士. 家族心理士.
主　著	『アサーション・トレーニング』（日本・精神技術研究所, 1993）
	『新版 カウンセリングの話』（朝日新聞社, 2004）
	『家族の心理』（共著, サイエンス社, 2006）
	『図解 自分の気持ちをきちんと〈伝える〉技術』（PHP研究所, 2007）
	『カウンセリングの心と技術』（金剛出版, 2008）ほか多数.

家族の心はいま──研究と臨床の対話から

2009年4月30日　初　版

［検印廃止］

著　者　柏木惠子・平木典子

発行所　財団法人　東京大学出版会

代表者　長谷川寿一

113-8654 東京都文京区本郷 7-3-1 東大構内
http://www.utp.or.jp/
電話 03-3811-8814　Fax 03-3812-6958
振替 00160-6-59964

印刷所　新日本印刷株式会社
製本所　株式会社島崎製本

ⓒ 2009 Keiko Kashiwagi and Noriko Hiraki
ISBN 978-4-13-011124-9　Printed in Japan

®〈日本複写権センター委託出版物〉
本書の全部または一部を無断で複写複製（コピー）することは，著作権法上での例外を除き，禁じられています．本書からの複写を希望される場合は，日本複写権センター（03-3401-2382）にご連絡ください．

家族心理学──社会変動・発達・ジェンダーの視点
柏木惠子　A5判・368頁・3200円

もっぱら子どもの発達への影響要因として扱われてきた家族を，オープンシステムとしてとらえ，ジェンダーの視点を導入しながら，「社会のなかの家族」の特質を明らかにしようとする．

女性の就業と家族のゆくえ──格差社会のなかの変容
岩間暁子　A5判・240頁・3800円

家族にとって，女性=「妻・母」が働く意味は，経済格差の拡大が語られる現在，大きく変わりつつある．少子化・高齢化・雇用の不安定化のなかで，女性の就業を規定する様々な要因から，日本社会の構造的変容に迫る．

現代家族のパラダイム革新──直系制家族・夫婦制家族から合意制家族へ
野々山久也　A5判・328頁・4300円

家父長制のイエ制度である直系制家族から，戦後の夫婦制家族を経て，個々の成員のライフスタイル選好を尊重しつつ展開する合意制家族の時代へ──．家族変動をとらえる新たな分析視角を提示し，家族社会学のパラダイム革新を目指す．

心理援助のネットワークづくり──〈関係系〉の心理臨床
中釜洋子・髙田治・齋藤憲司　四六判・272頁・2800円

家族，学校，施設などの場で「心理だからこそできる」こととは何か．それぞれのフィールドで，クライエント自身の目標と発達，カウンセラーとしての場の見立て方，動き方をリアルに伝え，ポスト「一対一」の心理臨床を現場から構想．

家族臨床心理学──子どもの問題を家族で解決する
亀口憲治　A5判・280頁・3400円

未曾有の変革期にある家族をとりまく心の危機の深層を解明し，具体的かつ効果的な対応策を提示．家族療法家である著者が，長年の臨床経験を通じて体得した到達点を豊富な事例とともに紹介する．

ここに表示された価格は本体価格です．ご購入の際には消費税が加算されますのでご了承ください．